유아언어교육의 이론과 실제

이차숙 저

학지사

저자약력

이차숙

고려대학교 사범대학 교육학과 졸업
미국 일리노이 대학교 대학원 유아 및 초등교육학과 졸업(석사)
미국 일리노이 대학교 대학원 교육심리학과 박사과정 수료
고려대학교 대학원 교육학과 졸업(교육학 박사)
(현) 경원전문대학 유아교육과 교수
홈페이지: stud.kwc.ac.kr/~kwc1103

유아언어교육의 이론과 실제

2005년 7월 30일 1판 1쇄 발행
2017년 4월 20일 1판 9쇄 발행

지은이 • 이차숙
펴낸이 • 김진환
펴낸곳 • (주) 학지사
　　　　　04031 서울특별시 마포구 양화로 15길 20 마인드월드빌딩
대표전화 • 02)330-5114　　　팩스 • 02)324-2345
등록번호 • 제313-2006-000265호

홈페이지 • http://www.hakjisa.co.kr
페이스북 • https://www.facebook.com/hakjisa

ISBN 89-5891-143-3　93370

정가 17,000원

교육문화출판미디어그룹 학지사

심리검사연구소 **인싸이트** www.inpsyt.co.kr
원격교육연수원 **카운피아** www.counpia.com
학술논문서비스 **뉴논문** www.newnonmun.com

서 문

언어 능력을 신장시키는 일, 교육에서 이것보다 더 중요한 일은 없다. 언어 능력, 그것은 곧 사고 능력이고, 문제를 해결하는 능력이며, 다른 사람들과 의사소통하는 능력이다. 인간 삶에서 이것보다 더 중요한 것이 또 있을까? 나는 약 30년 전 대학에서 교육학을 전공하고, 대학원에서 언어교육을 세부 전공으로 결정한 이후 지금까지 교육의 궁극적인 목적이 행복한 삶을 살 수 있도록 도와주는 것이고, 행복한 삶을 살 수 있도록 도와줄 수 있는 첩경은 '생각할 수 있는 힘'을 키워 주는 것이며, 그 '생각할 수 있는 힘'은 언어 활동을 통해서 가장 효율적으로 극대화시킬 수 있다는 언어 교육의 중요성에 대한 신념은 한 번도 흔들려 본 적이 없다.

지난 반세기 언어교육 분야는 짧은 역사에 비해 많은 연구가 이루어지고, 중요하게 다루어짐으로써 언어교육의 개념이 더욱 정확하고 깊이 있게 밝혀졌으며, 그에 따라 언어교육의 방법들도 다양하게 제시되었다. 1970년대 이후 인지 심리학자들은 언어 활동 속에 내재된 정신적 과정들을 밝혀내는 일에 큰 족적을 보였으며, 그 결과, 언어 활동의 능동적이고 구성적인 특성들을 설득력 있게 나타내 보였다. 이 책은 미래의 유아교사들과 현장의 교사들에게 최근의 이런 이론들과 함께 교육 실제를 위한 아이디어들을 제공함은 물론, 언어교육의 중요성을 일깨움으로써 언어교육에 대한 소명감과 새로운 교육 방법에 대한 반성적 사고를 촉진하고 격려하기 위해 쓰였다. 이 말은 현재나 미래의 교사들이 이 책에서 소개되는 최근의 이론들과 교육 방법들을 무조건 수용하라는 말이 아니라 그것들을 현장에 적용해 보고, 그 타당성을 검증하여 이상적인 언어교육의 실제를 만들어 내는 데 이용하라는 말이다.

현대는 다양성의 시대다. 다양한 환경 속에서 다양한 경험을 하고 사는 유아들에게 어느 한 이론만이 확실히 옳고 절대적인 것은 아니다. 언어 활동은 분명 여러 가지 요소들이 서로 아우러져서 일어나는 통합적이고 총체적인 활동이다. 그러나 언어교육의 방법은 언어의 여러 가지 요소들을 작은 단위로 분절하여 그 요소들을 위계적인 방법으로만 가르쳐서도 안 되고, 또 그것들을 전부 통합하여 총체적인 방법으로만 가르쳐서도 안 된다. 이 책은 언어의 본질적 특성이나 언어 발달의 특성들을 소개하는 최근의 이론들과 함께 각 이론들이 내세우는 언어교육의 방법들을 소개하는 정도에 그칠 수밖에 없었다. 각 이론들과 교육 방법들의 적용성이나 효용성 그리고 타당성을 따지는 일은, 나의 견해가 있기는 하지만, 이 책의 몫이 아니고 현재나 미래의 교사들의 몫이라는 뜻이다.

최근, 우리나라에서도 하루가 멀다하고 쏟아져 나오는 이 분야의 개론서들을 보면서 나도 또 이 일에 끼어들어야 하는가라는 자괴감이 들기도 했지만, 그러나 이 책의 출판은 적어도 내가 가르치고 있는 학생들에게 최근 연구된 이론들과 교육 방법들에 대한 정리된 나의 생각을 가장 효과적으로 전달할 수 있는 매체가 될 수 있을 것이라는 판단이 들어 감히 출판을 시도했다.

소개할 분량은 많았지만, '한 학기'라는 시간적 제약을 생각하면서 줄이고, 또 줄여서 현재의 모습으로 내놓았다. 책을 내놓고 보니 많이 부끄럽다. 아무쪼록 유아들을 교육하는 성스러운 일에 동참하고 있는 우리의 현재 그리고 미래의 교사들에게 조금이나마 도움이 되었으면 좋겠다. 학지사 김진환 사장님과 너무나 꼼꼼하게 원고를 살피고 정리하여 근사한 책을 만들어 주신 이지혜 선생님, 더운 날 추운 날 가리지 않고 내 연구실 문턱을 넘나드신 한승희 님께 지면을 빌려 감사의 말씀을 드린다.

2005년
복정동 연구실에서
저자 이차숙

차 례

제1부 유아언어교육의 이론

유아언어교육의 기초

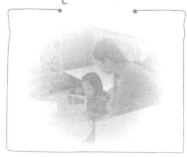

유아언어교육 방법

제2부 유아언어교육의 실제

유아언어교육의 이론

유아언어교육의 이론

유아언어교육의 기초

인간과 언어

1. 인간과 언어

인간이 인간다울 수 있는 이유 중 가장 중요한 것은 아마도 언어를 사용하는 것이 아닐까? 만약 인간에게 언어가 없다면 어떨까? 언어는 의사소통의 도구일 뿐만 아니라 우리가 생각하고 세상을 인식하는 가장 중요한 도구다. 언어로 의사소통을 한다는 것은 말을 통하여 자신의 생각을 표현하고, 말로 표현된 다른 사람의 생각을 이해하는 것이다. 여기에는 중요한 의미가 있는데, 인간의 언어 활동에는 '생각' '말' '전달' '이해'라는 네 가지 요소가 포함되어 있다는 사실이다. 인간의 의사소통이 다른 동물들과 크게 다른 것은 바로 이 언어 활동 속에 포함된 네 가지 요소들 때문이다. 인간의 언어는 단순히 지시대상(referents)을 나타내는 기호 체계가 아니라, 생각을 표현하는 기호 체계다. 다시 말하면, 단순한 신호가 아니라 말이라는 뜻이다. 말을 전달(표현)하고, 전달받기(이해) 위해서는, 즉 언어 활동을 하기 위해서는 반드시 몇 가지 조건이 충족되어야 한다. 첫째는 인간 내면에서 의미작용이 일어나야 하고, 그 결과 생겨난 의미를 외적 기호인 언어로 표현해야 한다. 둘째는 외적 기호로 표현할 때 아무렇게나 표현하는 것이 아니라 표현된 의미를 다른 사람들이 이해할 수 있도록 약속된 체계로 표현해야 한다. 셋째는 의미를 전달하고, 전달된 의미를 이해하는 데는 적어도 두 사람 이상의 언어사용자가 전제되어야 한다. 따라서 언어 활동은 반드시 한 사람이 다른 사람에게 의미를 전달하고자 하는 의도(intentions)가 전제되어야 한다.

동물의 언어와 인간의 언어가 다른 것은 이와 같이 인간 언어 활동에 내재되어 있는 전제 조건들 때문이다. 동물들도 제한적이기는 하지만 의사소통을 한다. 그러나 이들의 의사소통은 단순한 신호 체계일 뿐이지 말이 아니다. 인간은 말을 주고받는 의사소통을 하기 때문에 사회적인 관계를 형성하며 살아갈 수 있는 것이다. 인간은 다른 동물과는 달리 태어나서 상당히 오랜 기간 동안 다른 사람의 도움을 받지 않고는 살아갈 수 없다. 태어나서 처음 얼마간은 혼자 힘으로 몸을 가눌 수 없는 것은 물론이요, 먹는 것, 자는 것, 목욕하는 것, 옷을 갈아입는 것, 대소변 보는 것 등 그 어느 것 하나도 다른 사람의 도움을 받지 않고 해결할 수 있는 것이 없다. 따라서 인간은 태어나면서부터 다른 사람들과 관계를 맺으려고 애를 쓰게 된다. 다른 사람과의 관계 형성은 의사소통을 통하여 이루어진다.

그런데 만약 언어가 없다면 어떻게 의사소통을 할 수 있을까? 아마도 특별한 동작이나 몸짓을 해 보이거나, 춤을 추거나, 혹은 얼굴에 미소를 띠거나, 찡그리거나 그 밖의 다양한 표정을 지어 표현하고 그것들을 이해해야 할 것이다. 그러나 이런 것들로는 결코 충분한 의사소통을 할 수 없다. 다시 말하면, 이해하기를 원하고 이해받기를 원하는 인간의 욕구는 언어 없이는 결코 채워질 수 없다. 다행히도 인간은 언어를 사용할 수 있는 생리적인 조건들과 자신이 태어난 문화에 민첩하게 적응할 수 있는 능력을 가지고 태어나기 때문에 쉽게 언어를 배우고 사용할 줄 알게 된다. 한마디로, 동물의 의사소통은 매우 제한적이지만 인간의 의사소통은 언어를 사용하기 때문에 거의 완벽에 가까울 정도로 무한한 의사소통을 할 수 있고, 또 무한한 의사소통이 가능하기 때문에 사회적인 관계를 이루면서 살아갈 수가 있다. 인간 관계를 형성할 줄 모르는 인간은 결코 인간다운 인간이라고 할 수 없다.

둘째로, 인간에게 언어가 없다면 어떤 일이 생길까? 인간은 언어 없이는 생각하는 것도 불가능하지만 학습하는 것도 불가능하다. 인간이 언어를 사용할 수 있기 때문에 세상을 이해할 수 있고, 새로운 것들을 끊임없이 배울 수 있다. 이 세상에 태어난 인간은 쉬지 않고 주변 세계에 주의를 기울이고, 정보를 받아들이며, 지각하고, 이해하고, 기억하고, 판단하는 등 사고를 한다. 이 모든 과정들은 언어가 없다면 결코 일어날 수 없다. 우선, 인간은 주변 세계의 여러 정보들을 감각 기관을 통해 받아들인다. 받아들인 정보들을 의미 있는 정보들로 개념화하여 지각해야 하는데 대부분의 개념들은 어휘라는 그릇에다 담아낸다. 정보들을 개념화하여 어휘라는 그릇에 담아 두기만 하면 이 세상이 저절로 이해되고 판단되는 것은 아니다. 그것들은 낱개의 연결되지 않은 정보들일 따름이다. 개념화된 정보들은 인간의 내면에서 더 복잡한 여러 가지 사고 작용을 거쳐 하나의 아이디어로 구성되어야 하고 지식으로 변해야 한다. 사고 작용이란 개념화된 정보들이 머릿속에서 여러 가지 변형의 과정들을 거쳐서 어떤 결론에 도달하는 것을 말한다. 개념화된 정보들의 변형은 정보들이 합쳐지기도 하고 확대되기도 하면서 일어난다. 즉, 개념화된 정보들이 낱개로 흩어져 있으면 의미를 생성할 수 없다는 뜻이다. 의미를 생성하려면 반드시 개념과 개념을 한 덩어리로 묶어야 한다. 이것이 곧 명제적 사고다. 따라서 명제적 사고도 언어가 없이는 불가능하다. 이때 사용되는 언어는 문장이나 구의 형식을 취하게 된다. 문장이나 구의 형식을 취한 명제는 내용을 가진다. 경험한 것들이나 세상을 이해하고, 문제를 해결하고, 새로운 것들을 창조해 내기 위해서는 개념과 개념들을 묶어 만들어 낸 낱개의 명제적 내용들을 연결하여 구성해야 한다. 이것이 곧 언어 활동이다. 언어가 없다면 결코 사고는 불가능하고, 사고가 없다면 세상에 대한 이해는 불가능하다. 혹 언어가 없는 사고가 가능하다고 할지라도 자신의 사고를 다른 사람들에게 확실하게 알릴 수 있는 방법은 없다. 자신이 사고한 것을 알려 주는 사람이 없다면 우리는 다른 사람의 사고를 알 수 없고, 다른 사람의 사고를 알 수 없다면 우리가 인식할 수 있는 세계는 제한적일 수밖에 없다. 인식의 세계가 제한적이면 제한적일수록 우리가 학습할 수 있는 것도 제한적이 될 수밖에 없다. 한마디로, 인간은 언어를 사용함으로써 시대와 공간을 초월하여 다른 사람의 경험과 생각을 알 수 있고, 또 그것들을 기초하여 더 나은 지식으로 발전시켜 나갈 수 있다. 인간이 사고할 수 없고, 그 결과 학습할 수 없다면 인간의 실체는 더 이상 창조적인 인간 모습이 아닐 것이다.

언어가 없는 인간생활은 생각할 수 없다. 인간의 언어 능력이야말로 인간을 인간답게 만드는 가장 기본적이고 필수적인 요건이다.

2. 언어와 인류의 발전

이처럼, 언어는 개인의 생존과 발전에 없어서는 안 되는 필수적인 도구이기도 하지만, 또한 인류 공동체의 유지와 발전에도 없어서는 안 될 중요한 도구다. 우리 인간이 이토록 찬란한 문명과 문화를 가질 수 있었던 것은 언어라는 가장 경제적이면서도 유능한 도구가 있었기에 가능한 일이었다. 다시 말하면, 인간이 가진 찬란한 문명과 문화는 인간의 정신력에서 나온 것이며, 인간의 정신력은 언어를 통해서 얻어진 것이다. 문명은 물질적인 발전의 총합이고, 문화는 정신적 발전의 총합이다. 그러나 물질적 발전의 총합인 문명은 정신적 발전의 총합 없이는 결코 자발적으로 진행될 수 없는 것이다. 인류는 역사를 통하여 끊임없이 생각하는 방식을 발전시켜 왔고, 생각하는 방식의 발전은 인간의 사상을 더욱 정확하고 합리적인 방향으로 발전시켜 왔다. 그리고 정확하고 합리적인 인간 사상은 결과적으로 인간 생활을 더욱 편리하게 만들 수 있는 능력으로 발전시켰다. 즉, 고도의 문명을 가져왔다. 인간 생각의 발전은 아마도 인간이 역사를 통하여 수많은 질문들을 끊임없이 제기하고, 그 질문들에 대한 올바른 답을 찾으려고 애쓰며 살아왔기 때문일 것이다. 역사를 통하여 인간이 항구적으로 제기한 질문들은 인간과 인간이 속해 있는 우주에 대한 심오한 질문들이며 이 질문들은 인간의 전 우주적인 방향 설정에 기본적인 역할을 하였을 것이다. 항구적인 질문의 제기와 질문에 대한 대답은 언어가 없었다면 과연 가능했을까?

특별히, 오늘날 우리가 누리고 있는 찬란한 문명과 문화는 인간의 언어 사용 중에서도 문자언어의 사용 덕분이다. 인간의 문자언어 사용은 크게 두 가지로 그 의미를 정리할 수 있다. 하나는 문자의 사용으로 인간은 시간과 공간을 초월하여 정보를 공유할 수 있게 되었다는 점이고, 다른 하나는 문자를 사용함으로써 언어 그 자체의 기억으로부터 해방되어 내용을 다룰 수 있는 고차적인 사고의 세계로 들어갈 수 있게 되었다는 점이다. 문명사적 측면에서 볼 때, 문자의 발명 및 사용은 기록을 통한 정보의 공유 시대를 열었다. 문자는 말소리를 기록하는 시각적인 기호 체계다. 따라서 인간은 문자를 사용함으로써 자신의 생각이나 느낌을 기록으로 남길 수 있게 되었으며, 이 기록이 시간과 공간을 초월하여 다른 사람에게 전달될 수 있게 된 것이다. 그 결과 인간은 그보다 앞선 시대의 문명을 이어받을 수 있게 되었으며, 이를 기반으로 새로운 문명도 창조해 나갈 수 있게 된 것이다. 그야말로 누적적인 발달이 가능하게 된 것이다.

문자언어의 사용이 갖는 두 번째 의미는 문자의 사용으로 인간은 언어적 사고에서 기억의 부담으로부터 해방될 수 있게 되었다는 점이다. 음성언어의 세계에서는 언어 그 자체를 기억해야 한다는 부담 때문에 많은 내용을 깊고 넓게 사고할 수가 없다. 말하기에서 많이 보이는 화제의 빈번한 바뀜, 말하는 내용의 비 일관적 흐름, 같은 말의 반복 그리고 듣기에서 많이 보이는 내용 기억의 어려움, 전체 내용 구조 파악의 어려움 등은 모두 언어 그 자체의 처리가 부담이 되어 나타나는 사고의 어려움들이다. 다시 말하면, 기억 능력의 대부분을 언어 처리에 할애하는 데서 오는 사고(내용) 처리의 어려움을 보여 주는 것이다. 오직 기억에 의해 전해지는 구비 전승의 언어가 리듬을 띤 짧은 구조의 언어인 운율적 발화(utterance)의 형태를 띠었다는 것도 언어 사용에서 언어 그 자체의 처리가 얼마나 큰 부담으로 작용하는가를 말해 주는 것이다.

그러나 문자언어의 사용에서는 언어 그 자체를 기억할 필요가 조금도 없다. 기록을 해 두면 되기 때문이다. 따라서 필자나 독자는 그의 지적 노력의 대부분을 전달하고자 하는 내용의 처리(내용의 이해, 적용, 분석, 종합, 평가 등)에만 기울일 수가 있는 것이다. 그 결과 인간의 언어는 문자언어를 사용하면서부터 언어 그 자체를 강조하는 운율적 발화의 형태에서 벗어나, 점차 내용을 강조하는 서사적 진술(statement)의 형태로 바뀌게 되었다. 이 같은 변모는 인간의 언어적 처리가 사실의 단순 기억을 내용의 기술과 설명 그리고 그 내용의 논리성, 합리성 등을 추구하는 고등 수준의 사고로 바꾸어 놓는 결과를 가져왔다는 사실이다. 문명사학자들은 문명 발전이 바로 이런 고등 수준의 사고에서 가능해졌다고 본다. 그런데 이런 고등 수준의 사고는 바로 문자언어의 사용으로 가능해진 것이다. 언어가 없었다면 인류의 발전은 기대하기 곤란했을 것이다.

3. 언어교육의 중요성

지금까지 살펴본 바와 같이, 인간과 언어는 떼려야 뗄 수 없는 관계다. 이렇게 떼려야 뗄 수 없는 인간과 언어의 관계를 김진우(1992: 16-17)는 데카르트의 말을 빌려 "나에게는 언어가 있다. 그러므로 나는 존재한다."라고 말하고 있다. 그리고 인간의 언어는 인간만의 것이고, 인간 모두의 것이며, 인간이 가지고 있는 능력 중에서 가장 중요한 것이고, 인간성의 총체적 표현체라고 말하면서 인간에게 있어서 언어의 중요성을 실감나게 강조하고 있다. 언어가 없다면 개인의 생존이나 유지는 참으로 힘들다. 그리고 인류의 문화생활도 불가능하다. 문화는 정신적 발전의 총합이라고 했다. 정신력이 없는 인간을 더 이상 인간이라고 말할 수 있을 것인가? 인간에게 언어가 없다면 인류는 여전히 원시 상태의 인간으로 남아 있을 것이다. 그렇다면 인간이 배워야 할 것 중에서 가장 중요한 것이 무엇이겠는가? 바로 언어 사용의 기술이다.

이제, 언어 사용 기술을 신장시키는 일이 교육에서 얼마나 중요한지 유아들의 학습과 관련지어 구체적으로 생각해 보자.

첫째, 언어교육은 의사소통 기술을 지도한다. 의사소통 기술은 아동 개인에게나 교육 프로그램에서 도구적인 역할을 한다. 언어는 다른 사람에게 의미를 상징하여 나타내 보이고 전달하는 준 언어적인 그리고 언어적인 두 가지를 다 포함한다. 준 언어적인 상징은 얼굴 표정, 팔, 다리, 목, 그 외 다른 신체 부위의 움직임 등을 통해서 나타내 보일 수 있고, 이것은 또 의미로 전달될 수 있다. 예를 들면, 순이의 얼굴 찡그림은 슬픔을, 돌이의 재빠른 팔 동작과 어깨 움직임은 '슈퍼맨'을 상징하는 것이다. 언어적인 상징은 소리의 조음뿐만 아니라 낱자들을 조합하여 만든 글자, 알아볼 수 있는 그림까지 포함한다.

언어교육을 통해서 의사소통의 형태를 가르치고, 개발하고, 촉진하는 것은 결국 아동에게 다른 교과에서도 성공할 수 있도록 도와주는 것이며, 사회생활을 원만하게 할 수 있도록 도와주는 것이다. 유치원에서의 하루 중 대부분은 언어적인 혹은 준 언어적인 의사소통의 시간들이다. 따라서 언어교육은 유아의 학습에서 결정적 요인이다.

둘째, 인간은 언어를 통하여 대리 경험을 할 수 있다. 언어교육과 관련한 경험은 두 가지다. 하나는 직접 경험이다. 유아들은 구체적인 대상과 사람들과 직접적으로 접촉하면서 의사소통의 형태와 언어 사용 기술을 배운다. 예를 들면, 영아는 '우유병' '고양이' '숟가락' 등을 직접 만지고 보면서 그것들의 개념을 배운다. 즉, 유아들은 구체적인 대상물과 언어적인 상징을 연결시키면서 언어적인 상징을 사용하고 싶어 하는 마음을 가지게 되며, 또 그것의 필요성을 느끼게 된다. 그리고 그런 상징을 사용하기 시작한다. 따라서 유아들의 언어 능력과 개념을 발달시키기 위해서는 반드시 주변의 물리적 환경과의 직접적인 감각 경험이 필요하다. 언어 및 개념 발달의 시초에는 보고, 듣고, 냄새를 맡고, 만져 보고, 움직이는 등 감각을 사용하는 직접 경험이 필요하다. 직접 경험은 감각을 사용하는 표상적 개념을 발달시킬 수 있는 기회를 제공하며, 동시에 그런 개념들을 나타내는 소리, 낱말, 문장 등을 구성할 수 있도록 해 주기 때문이다. 다시 말하면, 직접 경험은 개념적 이해, 기술(skills) 그리고 언어와 개념 학습을 위한 기초를 다져 줌으로써 언어교육에 기여한다.

언어교육과 관련한 두 번째 경험은 대리 경험이다. 대리 경험은 간접 경험이라고도 할 수 있는데, 그것은 새로운 정보, 친숙하지 않은 정보들을 과거의 경험이나 이미 존재하는 정보들과 관계 지음으로써 이해시켜 주는 역할을 한다. 언어교육에서는 대리 경험을 통하여 아동에게 새로운 이해, 기술, 태도 등을 개발하고, 형성하고, 확장하는 일을 한다.

우리는 책이나 이야기를 들려줌으로써, 드라마나 텔레비전의 극중 인물의 역할을 보게 함으로써 아동에게 풍부한 대리 경험의 기회를 제공하고, 그러한 기회를 통하여 아동은 이미 가지고 있는 언어 능력이나 개념 발달을 더욱 확장시켜 나갈 수 있다. 아동은 나이가 들어 감에 따라 직접적 경험보다는, 직접적 경험을 통하여 다져진 언어 능력의 바탕 위에서 대리 경험을 더 많이 하게 된다. 따라서 아동의 개념 발달과 의사소통 능력의 발달은 직접 경험보다는 대리 경험의 기여가 더 크다.

셋째, 언어교육의 중요성은 언어와 사고의 긴밀한 관련성에서도 찾아볼 수 있다. 연구자들은 언어 발달과 언어의 기능적 사용은 사고의 발달과 직접적인 관계가 있다고 본다. 언어와 사고의 관계에 대해서는 최근 연구자들 모두가 다 밀접한 관계성을 강조하기는 하지만 각기 다른 견해들을 가지고 있다.

① 언어의 상대성 이론을 주장한 Whorf와 같은 학자들은 언어가 인간의 사고를 통제한다고 주장한다.

인간은 객관적 세계에서 홀로 사는 것이 아니며, 일상적으로 이해되고 있는 사회적 활동의 세계에서도 홀로 사는 것이 아니다. 언어의 도움 없이 인간 생활은 불가능하다. 언어 사용 없이 현실에 적응하며 살 수 있다는 생각은 환상에 불과하며, 언어는 특별한 문제를 해결하는 데 우연적인 도구일 뿐이라고 말하는 것은 말도 안 되는 소리다. 우리는 언어적인 습관에 따라 보고, 듣고, 경험하며, 선택하고, 이해한다(Sapir, 1958).

② Bruner는 언어가 사고를 지배한다는 Whorf의 생각에 동의하지 않는다. Bruner는 언어를 인간이 직접적 경험을 기술하고, 분석하고, 추상화하며, 더 깊은 의미를 찾아내는 수단으로 본다. 이런 견해에서 언어 발달은 아동을 인간화하는 데 매우 중요한 역할을 한다고 본다.

언어는 경험을 표상할 뿐 아니라, 경험을 변형시키기도 한다. 아동이 일단 언어를 인지적 도구로 내면화하는 데 성공하기만 하면 아동은 이전보다는 훨씬 더 융통성 있게 그리고 강력하게 경험을 표상하며, 경험의 규칙성을 체계적으로 변형시킬 수 있게 된다(Bruner, 1964).

③ Piaget(1923)는 언어와 사고의 관계에 대하여 또 다른 견해를 가지고 있다. 피아제는 사고가 언어에 우선한다는 사고 우선론을 지지하면서도 종국에는 아동의 언어 발달이 인지 발달에 매우 중요한 기능을 한다는 견해를 표명했다. 예를 들면, 아동은 인지적으로 발달하면서 남에게 뜻을 전달하려는 의도 없이 말을 하는 자기중심적 언어(egocentric speech)의 단계에서 남에게 의도적으로 뜻을 전달하기 위해 말하는 사회화된 언어(socialized speech) 사용의 단계로 넘어간다는 것이다. 이처럼, 자기중심적 사고에서 다른 사람의 관점에 관심을 가지는 탈 자기중심적 사고로의 발달은 아동의 언어 발달에도 그대로 반영된다. 그러나 아동의 언어 발달은 아동의 개념 발달에 기여하고, 개념 발달은 아동의 조작적 사고에 크게 기여한다. 개념은 어휘라는 그릇에 담겨지면서 확실히 개념화가 이루어지고, 개념 발달 없이는 아동의 효율적 사고 작용은 불가능하다. 따라서 아동의 언어 발달은 결국 아동의 사고 발달에 결정적 역할을 한다.

④ 언어와 사고의 관계성에 대한 마지막으로 러시아의 심리학자 Vygotsky(1962)의 견해를 살펴볼 수 있다. Vygotsky는 아동 발달에서 언어와 사고는 각기 다른 뿌리를 가지고 있으며, 서로 다른 실체라고 보았다. 그러나 비록 이들이 서로 다른 실체이기는 하지만 발달 과정에서는 서로 교호(交好)하여, 말이 생각으로, 생각이 말로 끊임없이 이동한다고 주장한다. 그는 또 언어 형식에는 내적 언어와 외적 언어가 있는데, 내적 언어는 자신에게 소리 내지 않고 하는 말이고, 외적 언어는 타인에게 소리 내어 하는 말이라고 보고 있다. 아동의 언어 발달은 사회 외적인 언어에서 출발하여 자아 중심적인 것으로, 그리고 다시 내적 언어로 진행된다고 본다.

Vygotsky는 Piaget의 견해를 새롭게 해석하고 있다. 즉, Piaget가 말하는 자기중심적 언어는 실제로는 자기중심적 언어가 아니라 어린 아동들의 언어는 아직 내적 언어와 외적 언어가 분화되지 않아서 내적 언어를 소리 내어 표출했을 따름이다. 언어의 최종 발달 단계는 내적 언어의 출현이고, 그것은 언어가 생각으로 들어가는 것이며, 언어적 사고라고 본다. 즉, 아동과 타인 간의 의사소통의 수단으로 시작된 사회적 언어가 내적 언어로 전환하면, 이는 곧 아동의 사고를 조직하게 하는 내면적 정신 기능이 된다는 말이다.

언어와 사고의 관계에 대한 위의 네 가지 견해는 서로 상이하지만, 이 네 견해가 모두 언어 발달이 사고 발달에 매우 결정적 요소가 된다는 것을 동일하게 강조하고 있다. 학습은 사고 작용의 결과이며, 언어 발달은 곧 사고의 발달이기 때문에 유치원 교육에서 언어교육의 중요성은 아무리 강조해도 부족하지 않다.

넷째, 언어와 사고의 관계가 불가분의 관계이듯이, 언어와 성격의 관계도 불가분의 관계다. 언어 능력과 의사소통의 능력은 자아 개념의 획득과 사회적 집단과의 접촉을 통해서 성격 형성에 지대한 영향을 미친다. 의사소통의 과정을 통하여 아동은 그들의 물리적, 사회적 환경 속에서 다른 사람과 상호작용한다. 유아들은 언어를 통하여 다른 사람의 행위에 효과적으로 반응할 수 있다. 그러한 반응에 대한 또 다른 반응은 아동의 자아상이나 자존감의 형성에 영향을 미친다. 예를 들면, 유아들이 그들의 생각과 느낌을 정확하고 분명하게 전달하는 데 어려움을 겪는다면 다른 사람들이 그 뜻을 정확하게 이해하지 못해 어리둥절해 할 것이고, 이런 현상이 오래 지속되면 유아의 자아상에 부정적인 영향을 미칠 수 있다. 초등학교에 들어갈 때까지도 계속해서 아기식 언어와 발음으로 말한다면 다른 아이들로부터 놀림을 당할 것이고, 그런 놀림은 다른 아동들과의 접촉을 기피하게 만드는 것은 물론, 부정적인 자아상을 낳게 될 것이다.

적절한 언어교육은 아동의 사회성 신장에도 도움이 된다. 인간은 사회적 동물이다. 인간은 집단으로 모여 살고, 서로 관계를 맺으면서 살아간다. 인간은 자신이 속한 주변 사람들과 관계를 형성하는 것을 제일 먼저 배우고, 또 집단의 일원이 되기 위해 노력을 기울인다. 언어는 사회적 관계 형성에서 없어서는 안 될 중요한 도구다.

지금까지 우리는 언어라는 렌즈 없이는 인간이 이룩해야 할 모든 측면의 학습이 불가능하다는 사실을 알았다. 부모나 교사는 유아들이 언어를 기능적으로 사용하는 것을 경험시킴으로써 유아들의 언어 사용 기술을 신장시켜야 할 것이며, 이것은 유아들의 학습에도 결정적인 도움이 될 것이다. 유아들에게 언어 사용 기술이 부족하다면 그들의 사고나 학습은 물론, 사회성 발달에도 문제가 따른다. 그러므로 유아의 관점에서 언어가 그들의 모든 학습에 어떻게 영향을 미치는지 정확하게 이해할 필요가 있으므로 어떤 교육보다도 먼저 언어교육에 신중을 기할 필요가 있다.

2

언어의 본질

올바른 언어교육은 언어에 대한 올바른 이해에서부터 출발한다. 이 장은 언어교육의 올바른 방향 설정을 위하여 먼저 언어의 본질적 특성에 대한 이해에 초점을 맞춘다. 과거의 언어학은 언어를 소개할 때, 주로 언어의 형태적인 그리고 구조적인 특성에 초점을 맞추어 소개하였다. 따라서 아동의 언어학습에 관한 문제도 주로 언어의 형태나 구조적인 측면에 초점이 맞추어지곤 했다. 그러나 최근 들어, 언어학의 패러다임은 과거의 구조주의나 생성주의 언어학에서 기능주의 언어학으로 변했고, 심리학도 행동주의 심리학에서 인지주의 심리학으로 발전하면서 아동의 언어 학습도 전인적(全人的)이고 전 언어적(全言語的)인 관점으로 변하게 되었다. 아동의 전인적이고 전 언어적인 언어 학습 과정에 대한 이해는 유아들의 언어 습득 과정이나 언어 처리의 인지적 과정에 대한 이해를 크게 향상시켰으며, 언어교육의 방법에서도 언어의 기능적인 사용을 강조하는 쪽으로 큰 변화를 가져왔다. 이 장은 이런 관점에서 언어에 대한 소개를 시도한다.

1. 언어의 정의

사람의 말소리에 의미를 부여하지 않는다면 그것은 단지 단순한 신음소리나 끙끙거림에 불과하다. 낱개의 말소리나 의미의 단위들, 즉 모든 언어학적인 요소들은 '언어규칙'으로 서로 관련되어야만 의미가 생성되고, 생성된 의미들을 주고받음으로써 언어적 의사소통이 가능해진다. 다시 말하면, 언어란 여러 가지 상징들을 체계적이고 조직적으로 사용하여 사회 구성원들 간에 서로 의미를 주고받을 수 있는 의사소통 체제로, 이 체제는 사회적으로 공유하는 기호 체계다. 특정 사회에 속해 있는 사람들이 서로 의사소통을 하며 살아가기 위해서는 반드시 그 사회의 모든 사람들이 하나의 상징을 같은 의미로 이해하고 사용해야 한다. 한국어도 영어나 불어처럼 하나의 언어다. 각각의 언어들은 나름대로 독특한 상징들과 그 상징들을 조합하여 사용하는 서로 다른 규칙들을 가지고 있다. 따라서 한국어나 영어 혹은 불어를 사용하는 사람들은 각기 자기가 사용하는 언어의 규칙들을 잘 이해하고 그것들을 적용할 줄 알아야 그 사회에서 원활하게 언어적 의사소통을 하면서 살아갈 수가 있다.

이상의 정의를 통해서 알 수 있듯이, 언어가 언어로서 기능하기 위해서는 다음과 같은 몇 가지 중요한 조건들이 충족되어야 한다.

첫째, 언어는 특정의 역사적, 사회적, 문화적 맥락 내에서 사용되어야 한다. 언어는 집단 구성원들 간의 의사소통 체제라고 했다. 의사소통을 하려면 부모와 가족, 이웃과 자기 나라 사람들이 특정의 기호 체계를 공유해야 한다. 한 사람이 자신이 생각한 것을 다른 사람에게 이해시키려면 반드시 다른 사람이 이해할 수 있는 상징을 사용해야 하고, 다른 사람이 이해할 수 있는 언어 체계로 말을 해야 한다. 즉, 그 사회에서 통용되는 언어 체계의 규칙을 반드시 따라야 한다는 뜻이다. 따라서 언어는 언어사용자들이 사용할 상징과 따라야 할 규칙들에 대한 합의에서부터 시작된다. 언어 체계의 규칙들은 사회 구성원들 간에 암암리에 이루어진 하나의 규약이다. 그러므로 언어 체계의 변화도 사회 구성원들이 인정해 주어야 한다. 과거에는 ·, △, ㅸ, ㅸ,

ㅎ 등의 글자들을 사용했으나, 오늘날에는 사용하지 않는다. 그리고 과거에 없던 새로운 단어들이 새로 생겨나기도 하는데, 요즘은 특별히 컴퓨터 관련 용어들이 새롭게 많이 보태지고 있다. 뿐만 아니라, 한 사회의 언어는 다른 사회의 영향을 많이 받는다. 프랑스 사람들이 되도록이면 영어식의 용어를 사용하지 않으려고 온갖 정책적인 배려를 다하지만 영어식 용어들이 불어에 서서히 침투하는 것이나, 우리나라 말에 라디오, 텔레비전, 컴퓨터 등 영어가 많이 사용되는 것이 그 예다. 이처럼, 사회적으로 약속되고 공유된 언어 부호를 사용하기 때문에 같은 언어를 사용하는 청자, 화자, 독자, 필자 간에 정보 교환이 가능하다. 또한 효율적인 언어사용자가 되려면 그 언어가 사용되는 사회의 문화적, 역사적 맥락에 대한 배려 없이는 곤란하므로 반드시 그가 속해 있는 사회적, 문화적, 역사적 지식을 공유해야 한다.

둘째, 언어는 사고를 표현하는 기호들의 체계다. 따라서 언어는 반드시 사고 작용의 과정이 수반되어야 한다. 이 말은 언어 기능이 사고의 속성이라는 것이 아니라, 사고와 밀접한 관계를 맺고 있다는 뜻이다. 언어 기능이 없는 사고 작용도 불가하지만 사고 작용이 없는 언어 기능도 불가하다. Louis(1985, 이한헌 재인용, p. 17)는 동물들이 언어를 가지고 있지 못한 것은 반드시 물리적인 능력이나 신체적인 기관의 문제 때문이 아니라 인간과 같은 지적 능력을 가지지 못했기 때문이며, 인간처럼 사고할 수 없기 때문이라고 말한다. 인간 내면에서 사고하는 정신이 존재하지 않는다면 인간들이 사용하는 창조적인 언어 능력은 절대로 불가능할 것이다. 기계나 동물은 어떤 부분들을 만지거나 때리면 비슷한 반응들을 보이지만 인간은 내면에서 자신의 의사를 조절하여 반응한다. 즉, 인간은 어떤 자극에 대하여 프로그램화된 반응을 보이는 것이 아니라 창조적인 언어 사용의 결과를 나타내 보인다. 이 문제를 조금만 더 구체적으로 생각해 보자. 잠깐 눈을 감고 '바다' 라는 말을 생각해 보라. 머릿속에 물결이 일렁이고 흰 파도가 넘실거리는 장면이 떠오를 수도 있고, 끝없이 펼쳐진 모래사장이 떠오를 수도 있을 것이다. 혹은 어부들이 배를 타고 고기를 잡는 장면이 떠오를 수도 있을 것이다. '바다' 의 의미에 대한 이해는 이처럼 개인이 가지고 있는 과거의 경험과 연관해서 이루어진다.

어떤 말의 의미는 개인의 과거 경험에 따라 다르게 이해될 것이며, 언어 사용의 경험도 개인의 과거 경험에 따라 달라질 것이다. 따라서 개인의 언어 사용은 각자의 관심과 경험과 사고 능력에 따라 개인의 내면에서 일어나는 사고 과정을 반드시 수반한다. 그러므로 단순히 남의 말을 흉내 내거나 무의미한 말을 반복하는 것은 진정한 의미에서 언어가 아니다. 따라서 효율적인 언어 사용자가 되려면 적절한 지적 능력이 절대적으로 필요하다.

셋째, 언어는 의사소통의 기능을 할 수 있어야 한다. 소통은 일방적인 것이 아니고 쌍방적인 것이다. 인간은 본능적으로 내가 생각한 것을 다른 사람들에게 전하고 싶어 한다. 이때 내가 생각한 것을 전하기 위해서는 반드시 상대방을 알고 상대방에게 맞게 전해야 한다. 만약 바다의 일렁이는 물결과 흰 파도에 대한 내 생각을 다른 사람에게 전하기를 원한다고 가정하자. 그것을 전하기 위해 그 사람을 바다까지 끌고 가서 그 장면을 보여 줄 필요는 없다. 간단하게 말로 표현하면 된다. 그러나 쉽게 보이는 이 일도 결코 쉬운 일만은 아니다. 의사소통은 반드시 효율성의 문제가 따르기 때문이다. 그것은 전하는 사람의 표현력에 따른 문제일 수도 있고, 받아들이는 사람의 이해력에 따른 문제일 수도 있다. 그 어느 쪽이든, 일단 효율적인 의사소통이 되기 위해서는 말을 전하는 사람은 말을 받아들이는 상대방의 현재의 심리적 상태, 교육의 정도, 성격, 흥미, 관심 그리고 현재 상대방이 처한 여러 가지 상황과 조건들을 고려하면서 말을 해야 한다. 이렇게 해서 의사소통이 이루어졌을 때 우리는 언어가 기능적으로 사용되었다고 할 수 있다.

의사소통이란 쌍방 간에 의미를 주고받는 활동이다. 동물이나 곤충들도 제한적이기는 하지만 의사소통을 한다. 그러나 이들의 의사소통은 결코 인간의 것과는 다르다. 예를 들면, 꿀을 발견한 꿀벌은 동료들 앞에서 정확하게 춤을 추어서 햇빛이 비치는 방향에서 어느 쪽으로, 어느 정도 멀리 날아가면 꿀이 있는지를 알려 준다. 그러면 다른 꿀벌들은 그 춤을 보고 있다가 정확하게 그 자리를 찾아간다. 꿀을 먼저 발견한 벌이 전달하는 의미를 정확하게 이해한 것이다. 그러나 이것은 완전한 의사소통의 체계라고 보기보다는 단순한 신호 체계라고 보는 것이 더 옳을 것이다. 꿀벌들은 동료가 가르쳐 주는 꿀이 어디에 있는지 정확하게 이해하고 그곳을 찾아가기만 할 뿐이다. 그러나 인간은 상대방이 전해 주는 말을 듣고, 말의 내용을 단순히 이해하는 정도에 그치는 것이 아니라, 비판하고, 분석하고, 종합하고, 판단하여 자신의 생각을 바꾸기도 하고, 고집하기도 하여 반응을 한다. 그리고 그 반응은 또 다른 반응을 이끌어 낸다. 즉, 인간의 언어는 상대방을 설득시키기도 하고, 이해시키기도 하여 쌍방적인 의사소통을 가능하게 하는 중요한 기호 체계다. 따라서 효율적인 언어사용자가 되려면 반드시 상대방을 아는 사회적 통찰력이 필요하다.

2. 언어의 구조

언어는 여러 가지 구성 요인들로 구조화되어 있는 매우 복잡한 의사소통 체계다. 따라서 언어의 본질을 이해하려면 언어의 구성 요소들을 밝혀 보는 것도 하나의 방법이 될 수 있다. 언어는 그 비중이 결코 동일한 것은 아니지만, 크게 형태(form), 내용(content), 사용(use)이라는 세 가지 측면에서 그 구성 요인들을 생각해 볼 수 있다(Bloom & Lahey, 1978). 언어의 형태적 측면의 요인은 의미를 가진 소리와 상징들을 연결하는 음운(phonology), 형태소(morphology), 구문(syntax)의 체계들이다. 전통적으로, 언어학은 주로 이런 언어의 형태적인 측면을 연구해 왔다. 내용적인 측면은 주로 의미론과 관련한 요인이고, 사용적인 측면은 화용론과 관련한 요인이다.

이 다섯 가지 요인들—음운, 형태소, 구문, 의미론, 화용론—이 언어에서 발견할 수 있는 기본적인 구성 요인들이며 이것들은 규칙 지배적으로 작용한다. 예를 들면, 우리말에서 '니소닥페챠콜하데쿠로'라고 말한다면 음성학적인 규칙과 형태소 규칙이 적용되지 않아 의미가 통하지 않는다. 구문규칙은 단어의 배열 순서와 관련한 문제다. '먹었다 는 그 을 밥'이라는 문장은 음성학적 그리고 형태소적인 규칙은 적용되었지만, 구문규칙이 적용되지 않아 의미가 통하지 않는 말이다. 주어, 목적어, 동사 순으로 '그는 밥을 먹었다.'라고 정리해 주면 의미가 쉽게 이해된다. 단어들을 순서에 맞게 잘 배열하더라도 의미규칙이 적용되지 않는다면 말이 되지 않는다. '코는 잠을 주었다.'라는 문장은 비록 주어, 목적어, 동사 순으로 구문규칙을 적용하여 단어들을 배열했지만 의미가 통하지 않는다. 그리고 의미가 통하는 문장들을 서로 어떻게 연결하여 주제를 드러내는지의 문제도 의미규칙과 관련하여 생각해 보아야 할 문제다. "소가 잠을 잔다. 의사는 휴식을 취하라고 그에게 권했다. 바람이 불어 참 시원하다. 모두들 학교에서 공부를 한다."는 문장 하나하나는 이해되지만 연결하여 생각하면 도무지 이해되지 않는 글이다. 아이디어와 아이디어들이 서로 의미 있게 연결되지 않았기 때문이다. 또 모든 규칙들이 적용되어 의미가 통하는 문장이라도 상황에 맞지 않는 문장이라면 언어로서의 기능이 불가능해진다. 예를 들면, 초상을 치르고 있는 친구를 찾아가서 여행의 중요성을 설명하고 지금 바로 여행을 가자고 제안한다면 이는 상황에 맞지 않는 말일 뿐만 아니라, 제안자의 정신 능력이 크게 의심을 받게 될 것이다. 상황에 맞게 말을 한다는 것은 화용론적인 규칙을 적용한다는 뜻이다. 이 다섯 가지 구성 요인들로 구성된 언어의 구조를 그림으로 표현하면 [그림 2-1]과 같다.

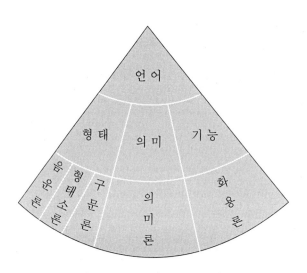

[그림 2-1] 언어의 본질적 요소들

1) 음운(phonology) 요인

음운은 말소리의 조합과 관련한 것이다. 각 언어들은 다양한 말소리들 (phonemes)로 이루어지는데, 이 말소리들을 음소(phoneme)라고 부른다. 음소 (phoneme)는 소리의 차이를 통하여 의미를 변별하게 하는 가장 작은 말소리 단위다. 영어는 방언에 따라 약간의 차이는 있지만 약 45개의 음소를 사용하 며, 우리말은 자음 24개(ㄱ, ㄴ, ㄷ, ㄹ, ㅁ, ㅂ, ㅅ, ㅈ, ㅊ, ㅋ, ㅌ, ㅍ, ㅎ, ㄲ, ㄸ, ㅃ, ㅆ, ㅉ, ㄳ, ㄵ, ㄶ, ㄺ, ㅀ, ㅄ), 모음 19개(ㅏ, ㅑ, ㅓ, ㅕ, ㅗ, ㅛ, ㅜ, ㅠ, ㅡ, ㅣ, ㅐ, ㅒ, ㅔ, ㅖ, ㅚ, ㅝ, ㅞ, ㅟ, ㅢ) 모두 43개의 음소를 사용한다. 우리는 43개의 음소를 조합하여 무한히 많은 말들을 만들어 낸다. 음운규칙 은 음소들의 배분과 연결을 결정한다. 그러나 음소들의 배분과 연결을 화행 (speech acts)으로 생각하면 곤란하다. 말소리를 내는 것은 실제로 매우 기계 적인 행위이기 때문이다. 음운규칙이 없다면 말소리의 배분과 연결이 아무렇 게나 될 것이다. 규칙에 따라 말소리를 배분하고 연결한다는 것은 음소들이 단어 내에서 점하는 위치가 있다는 말이다. 예를 들면, 'ㅂㅎ사ㅐㅔ'와 같은 말소리의 배열은 있을 수 없다. 대체로 우리말은 자음과 모음, 모음과 자음의 배열 순서를 보인다. 또 영어에서는 'ing'와 같은 말소리는 결코 단어의 앞에 나오지 않는다.

2) 형태소(morphology) 요인

형태소는 단어의 내적 구조에 관한 것이다. 단어는 하나 이상의 형태소로 이루어진다. 형태소는 더 작은 단위로 쪼개어지면 의미가 없어져 버리는 최 소의 문법 단위다. 예를 들면, '사람'은 최소의 의미 단위인데 '사'와 '람' 으로 쪼개어지면 의미가 없어져 버린다. 우리가 사용하는 많은 단어들은 하 나 혹은 두 개의 형태소로 이루어져 있다. 예를 들면, '문법'이라는 단어는 '문(sentence)'이라는 형태소와 '법(rule)'이라는 형태소로 이루어진 단어다. 형태소는 자유 형태소(free morphemes)와 의존 형태소(dependent morpheme)

가 있다. 자유 형태소는 명사, 동사, 형용사와 같이 독립적으로 뚜렷한 의미를 갖는 형태소이고, 의존 형태소는 문법적 형태소라고도 하며, 문법적인 범주나 관계성을 나타내 주는 형태소다. 주로 부정, 복수, 조사 등을 나타낼 때 많이 사용한다.

3) 구문(syntax) 요인

문장의 형태나 구조는 구문규칙을 따라야 한다. 이 규칙은 단어의 순서, 문장의 구성, 단어들 간의 관계성, 단어의 품사 등에 관한 성격을 밝혀 준다. 문장은 서술, 명령, 의문 등 사용해야 할 문장의 기능에 따라 그 구성을 달리한다. 그러나 모든 문장의 가장 기본적인 요소는 명사와 동사구다. 이것은 명사, 동사, 형용사 등 여러 종류의 품사와 여러 유형의 단어들로 구성된다.

구문규칙은 단어의 조합이 올바른지, 혹은 문장이 문법적인지 아닌지를 판단할 수 있게 해 준다. 단어의 배열은 임의로 하는 것이 아니라 정해진 규칙을 따라야 한다. 구문규칙은 또 단어의 순서뿐만 아니라 어떤 품사의 단어가 명사구나 동사구에 나와야 하는지를 결정한다. 같은 의미를 지닌 문장이라도 언어에 따라 단어의 배열 순서가 다르다. 우리말이나 일본어, 화란어는 주어-목적어-동사(예: 나는 순이를 바라보았다.) 순이지만, 영어는 주어-동사-목적어(예: He played the piano)이며, 아이리시어는 동사-주어-목적어 순이다.

4) 의미론적(semantics) 요인

의미론적 구조는 '무엇을 의미하느냐?'와 관련한 것이다. 이것은 단어나 단어 조합의 의미나 내용을 결정하는 규칙이다. 의미는 실재(reality)를 최소한의 작은 범주로 나누는 분류 체계다(Bolinger, 1975). 작은 범주로의 분류는 언어사용자가 사물, 행위들을 관계 지을 때 유사한 것들을 묶고, 서로 다른 것들은 구분하는 것을 가능하게 한다. 작은 범주를 나타내는 단위들 중에서 어떤 단위들은 서로 배타적인 것들도 있고, 중복적인 것들도 있다. 예를 들

면, 남자나 여자는 상호 배타적인 단위로서 인간은 남자이거나 여자이지, 남
자도 되고 여자도 될 수는 없다. 또 여성, 여자, 숙녀 등은 다소 중복적인 단
위로서 어느 정도는 같은 개념으로 사용될 수 있고, 또 서로 다른 개념으로도
사용될 수 있다. 예를 들면, 모든 여성이 다 여자인 것은 아니다. 동물의 여
성을 여자라고 말하지는 않기 때문이다. 이처럼, 의미론적인 구조는 단어나
단어의 조합에서 유사성과 차이성을 말해 줌으로써 사물, 사건들에 대한 관
계성을 따질 수 있게 해 준다. 따라서 의미론적 구조는 사물, 사건 그리고 그
것들 간의 관계성, 그리고 인지와 사고에 관한 문제들을 언어의 형태와 관계
짓는 기능을 한다(Owens,1992).

실재에 대한 지식을 인지적 지식이라고 한다(Wells, 1974). 인간이 경험한
것들이나 지각한 것들은 분류되고, 구조화되고, 서로 관계 지어져서 개념을
형성한다. 이렇게 형성된 개념들은 개개인의 기억 속에 개념의 형태로 혹은
정보의 형태로 저장된다. 여기서 우리는 실재에 대한 인간 지식을 일화적 기
억(episodic memory)과 의미적 기억(semantic memory)으로 구분할 수 있다
(Tulving, 1972). 일화적 기억은 특정한 사태에 대한 개인의 경험적 기억이고
의미적 기억은 단어와 상징적 정의를 포함하는, 즉 기본적으로는 언어적인
기억으로서 일종의 개인의 '정신적 백과사전'이라고 해도 좋을 것이다. 이
두 종류의 기억은 서로 밀접하게 관련되어 있는데, 일화적 기억은 특정한 사
태에 대한 경험이 일반화된 개념이고, 의미적 기억은 일화적 기억에 저장된
정보들을 기초하여 만들어진 기억이다. 따라서 개념 형성은 언어적 관계성을
기초한 인지적 과정이다. 이렇게 보면, 언어의 의미는 개인의 실재에 대한 지
식에 기초하고 있음을 알 수 있다.

5) 화용론적(話用論, pragmatics) 요인

우리는 다른 사람들과 정보를 교환하고자 할 때, 화용론적인 규칙을 적용
시켜야 한다. 화용론이란 의사소통적 맥락 내에서 언어사용과 관련한 사회언
어학적 규칙이다. 다시 말하면, 의사소통이 이루어지기 위해서 언어가 어떻게

구조화되어야 하는가의 문제라기보다는 언어가 어떻게 사용되어야 하는지를 고려하는 문제다.

모든 말은 화행(speech act)이며, 화행은 그것이 타당한 것이 되기 위해서 어떤 조건들을 충족시켜야 한다. 즉, 의사소통자들 간에 적절한 말을 주고받기 위해 의사소통에 참여하고 있는 사람들이 의도하고 있는 것과 의사소통 상황을 적절하게 배려해야 한다(Searle, 1972). 만약 어떤 사람이 "이 과자 하나 먹어도 될까요?"라고 했다면, 이 말이 타당한 말이 되기 위해서는 반드시 그 자리에 과자가 있어야 하고, 그 과자를 주는 것을 허락할 수 있는 사람이 있어야 하며, 그 과자를 그 자리에서 먹어도 될 만한 상황이 전제되어야 한다. 만약 그렇지 않다면 그 말은 잘못 사용한 말이 될 것이다.

화행은 직접적인 화행과 간접적인 화행이 있다. 직접적인 화행은 "창문을 열어라."와 같이 화자의 의도와 문장의 의미가 같은 구문의 형태를 사용하는 말이고, 간접적인 화행은 "공기가 좀 답답하지 않니?"와 같이 화자의 의도가 문장 속에 간접적으로 반영되어 있는 말이다. 많은 경우에 간접적인 화행이 좀 더 예의 바르고 공손하게 느껴진다.

이처럼, 의도한 것을 효과적으로 전하기 위해서는 여러 가지 고려해야 할 것들이 많다. Ervin-Tripp(1977)은 효과적인 의사소통을 위해 고려해야 할 세 가지 사회적 규칙이 있다고 한다. 첫째는 대안적 규칙이다. 상대방과 상황에 따라 "밥 줘." "뭐 좀 먹을 것 없니?" "배고프지 않니?" 등의 말을 선택하여 골라 사용하는 것이다. 둘째는 제약성의 규칙이다. 어느 정도 강하게 말을 하느냐의 문제와 관련이 있다. 강압적인 어투로 말을 할 수도 있고, 제안적인 어투로 말을 할 수도 있다. 제안적인 어투로 말을 하면 훨씬 더 예의 바르게 들릴 것이다. 셋째는 의례적인 규칙이다. 초상집이나 잔칫집 그리고 생일이나 축하할 만한 일이 생겼을 때 그 상황에 따라 하는 말이 있다. 그것들에 관하여 알고 상황에 맞게 의례적인 말들을 골라 사용하는 것도 필요하다.

이상의 규칙들을 원활하게 적용시켜 말을 하기 위해서는 두 가지 사실을 반드시 고려해야 한다. 첫째는 어떤 종류의 말을 골라서 사용해야 할지 언어적 선택의 문제이고, 둘째는 의사소통을 해야 하는 이유, 즉 의사소통의 의도성을 결정하는 일이다. 이것은 청자나 상황에 대한 화자의 지각에 따라 달라질 것이다. 화자의 화행에 영향을 미치는 청자의 특징은 성, 연령, 민족, 스타일, 성격, 사회적 지위, 교육 정도 등이다.

6) 언어적 구성 요인들 간의 관계

전통적으로 구조주의나 생성주의 언어학자들은 다섯 가지 언어적 구성 요인들 중에서 구문, 형태소, 음운, 의미론적 요인들을 중요하게 생각했지만, 최근에는 화용론적인 요인을 중요하게 생각하는 쪽으로 변하고 있다. 그것은 인간이 의사소통을 하기 위해서는 언어의 형태나 내용을 선택하기에 앞서 의사소통을 해야 하는 필요성을 먼저 인식하게 되며, 의사소통에서 상황과 맥락이 매우 중요하게 영향을 미친다는 사실을 인식하게 되었기 때문이다. 이런 인식의 변화는 기능주의 언어학자들의 기여 때문이다.

3. 언어의 특성

언어의 정의나 언어의 구조에 대한 기술들을 통해서 우리는 몇 가지 언어의 중요한 특성들을 발견할 수 있다.

첫째, 언어는 인간 행위의 한 형태라는 점이다. 언어 활동의 가장 기본적인 형태는 인간의 입과 혀와 성대를 통하여 만들어진 소리의 연결이다. 인간은 태어나면서부터 듣기와 말하기를 배운다. 모든 인간 사회는 음성언어를 가지고 있다. 문자는 음성언어의 또 다른 표현이다. 예를 들면, 영어는 26개의 낱자로 우리가 낼 수 있는 모든 소리들을 나타내며, 우리말은 24개의 낱자로 우리가 낼 수 있는 모든 소리들을 나타낸다. 이처럼 몇 개의 낱자들을 가지고 우리가 낼 수 있는 소리들을 표현하기도 하지만, 모든 인간 사회가 다 문자를 가지고 있는 것은 아니다. 미국 인디언이나 아프리카의 원주민들 중에는 문자가 없는 경우가 많다. 그러나 문자가 없는 사회는 있어도 언어가 없는 인간 사회는 없다. 다시 말하면, 언어가 없는 삶은 더 이상 인간다운 삶이 아니라는 뜻이다. 따라서 모든 교육 중에서 가장 우선해야 할 교육은 언어교육이다.

둘째, 언어는 상징적이다. 상징이란 어떤 사물, 사실, 사건들의 추상적 의미를 대신하여 나타내 주는 것을 말한다. 언어가 언어로서 제대로 기능하기 위해서는 세 가지 요인이 필요하다. 즉, '말을 하는 사람'과 '말을 듣는 사람' 그리고 '말'이다. 말을 하는 사람과 말을 듣는 사람은 사물, 사실, 사건들에 관한 의미를 주고받는데, 이것을 직접 주고받는 것이 아니라 사물, 사실, 사건들을 대신 나타내 주는 '말'을 주고받는다. 말은 사물, 사실, 사건들을 대신하여 나타내 주는 기호인 것이다. 직접적으로 전할 수 없는 여러 가지 의미들을 전하기 위해 우리는 그것들을 간단한 기호로 표현하는데, 이것을 우리는 추상(abstract)이라고 한다. 또 말을 듣는 사람은 간단하게 표현된 기호를 전달받고 실제적인 사물, 사실, 사건들을 머릿속에 떠올린다. 이것은 구체화(concretize)의 사고 과정이다. 즉, 상징을 주고받는다는 말은 반드시 추상화와 구체화라는 사고 과정을 거친다는 말이다. 따라서 언어 사용은 사고의 과정 없이는 불가능하다. 언어교육 역시 사고 과정에 초점이 맞추어져야 할 것이다.

셋째, 언어는 체계적이다. '체계적'이라는 말은 우연하게 혹은 마음대로 소리들을 연결하여 사용하는 것이 아니라, 규칙에 따라 소리를 형성하고 단어를 형성하며, 문장을 형성하는 것을 의미한다. 예를 들면, 음절들은 자음과 자음, 모음과 모음들로 연결되는 것이 아니라, 반드시 자음과 모음, 모음과 자음으로 연결되어 이루어진다. 그리고 문장은 반드시 단어 순서(word order)의 규칙을 지킨다. 인간은 이런 규칙들을 지키면서 수없이 많은 명제들을 만들어 내고, 문장들을 만들어 낸다. 한 가지 사실에만 적용되는 것은 규칙이 아니다. 규칙은 그 규칙이 적용되어야 하는 모든 사실에 다 적용되어야 한다. '사람은 좌측통행'이라는 규칙이 있다고 가정하자. 이 규칙은 길에서나 복도에서나 계단을 오를 때나 내릴 때나 1층에서나 2층에서나 이 건물에서나 저 건물에서나 모두 적용되어야 한다. 따라서 모든 것에 적용되는 하나의 규칙을 터득하면 여러 가지로 활용할 수 있으므로 참 편리하다. 유아가 주어-목적어-동사 순이라는 하나의 구문규칙을 터득하면 이 규칙을 모든 문장에 다 적용하여 무한히 많은 말을 만들어 낼 수 있다. 따라서 유아들은 나름대로 언어의 규칙을 터득하여 적용시킴으로써 한 번도 들어 본 적이 없는 말이지만 매우 창의적이고 생산적인 언어 사용을 하는 것이다.

넷째, 언어는 사회적 도구다. 사회적 관계는 언어에 의해서, 언어를 통해서 성취된다. 언어가 없이는 사회적인 관계는 일어나지 않는다. 모든 사회적 관계는 언어적인 상호작용을 통해 이루어진다. 한 방에 하루 종일 같이 앉아 있어도 한 번도 서로 말을 주고받지 않는다면 그 둘 사이에는 결코 인간관계가 일어나지 않는다. 말을 많이 주고받을수록 그들의 인간관계는 깊어진다. 편지 한 통을 주고받은 사람들과 백 통을 주고받은 사람들의 인간관계는 분명히 차이가 있을 것이다. 우리는 언어를 통하여 우리의 욕망이나 소망을 표현하기도 하고, 타인의 행동과 감정을 통제하기도 하며, 자신의 생각·감정·경험들을 표현하기도 하고, 남의 생각을 알기도 하며, 이해하기도 한다. 온갖 감사의 말과 부탁의 말들을 하면서 사회적인 관계를 이루어 간다. 따라서 언어 사용의 궁극적인 기능은 사회적인 도구로서의 기능이다. 그러므로 언어교육은 쌍방 간에 의미를 주고받는 일상적인 경험들을 통하여 총체적이면서도 자연스럽게 이루어져야 하기에, 혼자서 하는 작업이 되어서는 곤란하다. 말을 받아들이는 사람에 대한 배려 없이 아무 말을 아무렇게나 할 수 없다. 상대방에 대한 정확한 이해와 배려는 실제적인 언어 교환이 많으면 많을수록 가능해질 것이다.

다섯째, 언어는 학습을 필요로 한다. 인간의 언어 능력은 분명히 생득적인 측면이 있다. 그러나 동시에 인간의 언어 능력은 학습의 과정도 필요하다. 복잡한 언어 사용을 통하여 언어의 규칙성을 터득하고 그것들을 적용시키며 무한히 많은 말들을 만들어 내고, 창의적인 언어를 사용하는 것은 분명 인간만이 가진 고유한 특성이다. 그래서 지능이 정상적인 유아라면, 대부분 14개월경이 되면 한마디씩 말을 하기 시작하여, 네댓 살이 되면 거의 불편함이 없이 의사소통을 할 수 있게 된다. 그러나 이것은 주로 언어의 형태적인 측면의 습득을 말한다. 대부분의 사람들이 문법적으로 틀리지 않게 말은 할 수 있으나,

적절한 내용을 논리적으로 연결하여 때와 상황에 맞게 적절하게 표현하여 언어를 효과적으로 사용하는 것은 사람에 따라 상당한 차이가 있다. 오랜 기간 교육과 훈련을 받은 사람이 언어를 더 효과적으로 사용할 것이다. 그래서 우리는 어떤 사람의 말을 들어 보고 그 사람의 교육 정도를 가늠하기도 한다. 다시 말하면, 교육을 많이 받을수록 언어 사용을 효율적으로 할 수 있게 된다는 뜻이다.

여섯째, 언어는 인간 집단의 사상과 문화를 반영한다. 이 말은 문화에 따라 언어 사용이 달라진다는 뜻이다. 예를 들면, 우리는 "자동차 타이어가 펑크났다."라고 말하지만 영어는 "I have a flat tire."라고 말한다. 이런 차이는 오랫동안 농경 사회를 유지해 온 우리의 문화와, 개척 정신이 강한 서양 문화의 차이인지도 모르겠다. 우리 문화는 우리의 할 일을 다 해 놓고 이제 하늘이 햇빛과 비를 주면 농사가 잘 될 것이고, 햇빛과 비를 주지 않으면 농사가 잘 안 될 것이라고 생각한다. 농사가 잘 되고 못되는 것은 하늘에 달린 문제이지 더 이상 내 문제가 아니라는 것이다. 그러니 자동차 타이어가 펑크가 난 것이지 내가 펑크 난 자동차를 가진 것이 아니라는 말이다. 그러나 개척정신이 강한 서양 사람들에게 잘 되고 못 되는 것은 자기 하기 나름이다. 개척을 하는 것은 내가 하는 것이지 하늘이 하는 것이 아니라는 뜻이다. 언어는 이처럼 그 언어가 사용되는 문화를 직접적으로 반영한다. 역으로 말하면, 효율적인 언어 사용은 그 문화를 잘 알 때 가능하다는 말이다. 효과적인 언어교육을 위해서는 직·간접의 다양한 경험을 통하여 그 사회와 문화에 대한 안목을 길러 주는 것도 필요하다.

4. 언어의 기능

'우리는 왜 말을 하는가?' '우리는 왜 언어를 사용하는가?'라고 누군가 묻는다면 우리는 쉽게 '의사소통을 하기 위해서'라고 대답할 수 있을 것이다. 그러나 언어 행위는 단순히 의사소통만을 위한 것은 아니다. 언어 행위는 우리가 일반적으로 생각하는 것보다 훨씬 더 복잡한 문제다. 기본적으로 의사소통은 메시지를 전달하고 전달받는 행위다. 즉, 정보를 주고받는 일이다. 정보를 주고받기 위하여 우리는 이해하고, 판단하고, 추론하는 등의 정신 활동을 한다. 그러나 언어 행위는 이런 단순한 행위들을 넘어서 요구하고, 바라고, 불평하고, 남을 기쁘게 하는 등의 일까지 한다. 다시 말하면, 언어 행위는 대단히 복잡한 '나'에 대한 표현 기능은 물론이고, 모든 인간 정신 활동과 뒤얽혀서 사용되는 복잡한 정신 활동으로서 매우 다양한 기능을 한다.

영국의 유명한 기능주의 언어학자 Halliday(1969)는 Bernstein이 하류가정 아동들이 언어를 사용할 때 '제한적 코드(restricted code)'를 사용한다고 말한 것은 하류가정 아동들이 언어를 기능적으로 사용하지 못하는 것을 말한 것이라고 설명한다. 다시 말하면, Bernstein이 말하는 '제한(restriction)'이란 언어 사용의 범위가 한정적이라는 뜻이다. Halliday는 언어와 언어가 사용되는 사회적 상황과의 관계를 종합적으로 밝힘으로써 이 문제를 더 자세하게 설명하고 있다. 즉, 언어 사용이 일어나는 모든 상황들은 장(field), 취지(tenor) 그리고 양식(mode)이라는 세 가지 범주로 구조화하여 기술할 수 있다고 한다. 장은 진행되고 있는 사회적 상호작용 활동의 유형이다. 취지는 언어사용자가 서로 간에 어떤 역할 관계로 상호작용을 하는지에 관한 문제다. 양식은 언어 사용의 수사적 기능의 문제다. 음성언어인가 혹은 문자언어인가? 혹은 형식적인 말인가 혹은 비형식적인 말인가? 등과 관련한 문제다. 다시 말하면, 말이나 글은 장, 취지, 양식에 따라 결정된다는 말이다. 우리가 말을 할 때 의미를 선택하고, 선택된 의미를 표현하기 위해 어휘를 고르고 그에 맞는 문법적인 특성을 배려하는 일은 이 세 가지 조건에 맞게 이루어진다고 한다.

Halliday는 유아들이 여러 가지 상황에서 여러 가지 다른 언어 사용을 경험한 결과, 다양한 언어 모형들을 내면화한다고 말한다. 유아의 언어 경험을 결정짓는 가장 중요한 요소는 그들이 언어의 기능적 사용을 성공적으로 경험하는 것이다. 다시 말하면, 유아들에게 있어서 언어는 그들이 의도한 것을 이룰 수 있는 매우 편리한 도구다. 그들은 언어를 가지고 못할 것이 없다. Halliday는 유아들이 언어를 기능적으로 사용하는 것을 다음과 같이 분류하여 설명하고 있다.

① 도구적 기능(instrumental function): 유아는 말을 사용하여 자기가 원하는 것을 얻어낸다. 가장 단순한 형태의 언어 사용이다.

② 조정적 기능(regulatory function): 유아는 말을 사용하여 다른 사람의 행동을 조정한다. 즉, "내가 말한 대로 해."와 같은 언어 사용이다.

③ 상호작용적 기능(interactional function): 유아는 말을 사용하여 다른 사람과 관계를 형성하고 유지한다.

④ 표현적 기능(personal function): 유아는 말을 사용하여 자신의 생각, 감정, 태도 등을 표현함으로써 자기만의 개성을 드러낸다.

⑤ 발견적 기능(heuristic function): 유아는 말을 사용하여 질문하고 답을 찾아내고 세상을 이해해 나간다. "왜 그런지 말해 봐."와 같은 언어 사용이다.

⑥ 상상적 기능(imaginative function): 유아는 말을 사용하여 자신이 만들어 낸 환경 속에 자신을 투사하기도 하고, 또 가상적인 세계를 만들어 내기도 한다. "공주처럼 해 보자."와 같은 언어 사용이다.

⑦ 표상적 기능(representational function): 유아는 말을 사용하여 정보를 전달하고 어떤 개념들을 표현해 본다. "네게 할 말이 있어."와 같은 언어 사용이다.

언어 발달을 지도하는 교사는 유아들이 언어를 가지고 무엇을 할 수 있는지, 그들이 어떻게 언어를 기능적으로 사용하는지 이해할 필요가 있다. 유아들이 사회적 관계를 형성해 나가는 과정에서나, 개인 생활을 영위해 나가는 과정에서 언어를 어떻게 사용하고 있는지 아는 것은 그들의 언어 발달을 도와줄 수 있는 첩경이다. 이런 의미에서 보면, Halliday의 언어 기능에 대한 분석은 유아의 언어 발달을 지도하는 데 매우 유용한 자료가 될 수 있을 것이다.

3

언어와 사고

언어가 없는 사고를 생각할 수 없으며, 사고가 없는 언어를 생각할 수 없다. 언어와 사고의 관계에 관한 문제는 철학, 심리학, 언어학, 교육학 영역에서 매우 중요한 과제다. 지금까지 언어와 사고의 상호 관계성에 관한 문제는, 주로 '우선순위'의 문제와 '영향력의 방향과 크기'에 관한 것으로 나누어진다(김진우, 1992). 다시 말하면, 언어와 사고에 관한 지금까지의 연구들은 대부분 언어와 사고 중 어느 것이 더 중요하고, 어느 것이 어느 쪽으로 어떻게 영향을 미치는가에 관한 논쟁들이었다. 그러나 여기에서 또 그런 논쟁을 반복하고 싶지는 않다. 언어와 사고를 분리하고 각각에 대하여 탐구하는 것이 편리해 보이기는 하겠지만, 우리는 이 둘을 분리하지 않고 오히려 이 둘이 어떻게 함께 작용하는가에 관심을 가져야 할 것이다. 그것은 인간이 가지고 있는 능력 중에서 가장 중요한 것이 사고력이며, 언어는 사고를 가장 잘 드러내주는 도구나 수단으로 작용하기 때문이다. 유아들은 말을 배우기 시작하면서 모든 측면에서 그들의 사고력이 발달하고, 그 발달된 사고는 언어화되어 나타난다.

1. 사고의 의미

인류학자들은 인간을 '호모 사피엔스(homo sapiens)'라고 부른다. 인간에게 붙여진 이 이름은, 인간은 다른 동물들과는 달리 '생각할 줄 아는 존재'라는 뜻이다. 동물들은 타고난 본능에 의해 행동을 하지만, 인간은 이성에 따라 합리적으로 사고한다는 것이다. 사고는 인간 형성의 한 특성이며 또한 교육의 중요한 목표가 되기도 한다.

사고라는 말은 매우 추상적인 개념이다. 지금까지 수없이 많은 학자들이 인간 사고의 정체를 밝히기 위해 많은 연구를 해 왔고, 그 결과 사고에 대한 학자들의 이론이나 주장도 그 수를 헤아리기 어려울 만큼 많다. 어떤 학자는 사고를 범주화, 순서화, 비교나 대조, 속성 파악, 관계나 양식 파악, 핵심 아이디어 식별, 오류 확인, 귀납, 연역, 유추의 10가지로 나누기도 하고(허경철 외, 1989), 또 어떤 학자는 초점을 맞추는 기능, 정보 수집 기능, 조직 기능, 분석 기능, 생성 기능, 통합 기능, 평가 기능의 7가지로 분류하기도 한다(Marzano, 1988). 체계적인 분류는 아니나, 지각, 개념, 판단, 추리, 분석, 비교, 통합, 기억, 재생, 연상, 상상 등 인간의 정신 작용을 지칭하는 이 모든 말들이 다 사고를 말한다고 볼 수도 있다. 이 같은 다양한 분류와 주장에서 볼 수 있듯이, 사고는 겹겹이 포장된 양파와도 같아서 그 정체를 찾아내고 분류한다는 것은 아마 영원히 불가능할지도 모른다.

인간의 사고는 매우 복잡하고 신비롭다. 사고 그 자체를 연구하는 심리학자들도 아직 그 정체를 제대로 밝혀내지 못하고 있다. 우리는 아직 사고가 무엇인지 알지 못한다고 할 수 있다. 그럼에도 불구하고 교육학자들은 사고 교육이 교육의 주 목표가 되어야 한다고 한다. 따라서 정체를 알지도 못하면서 이를 교육의 목표로 삼아야 한다는 점에 사고 교육의 어려움이 있다. 그러나 비록 그 정체를 명확하게 알 수 없다고 해도, 사고 교육이 불가능한 것은 아니다. 심리학자들은 심리의 정체를 찾아내는 것이 목적이지만, 교육에서는 인간 심리의 발생 조건을 조성해 주면 되는 것이기 때문이다.

지도이건 평가이건 교육적 측면에서 볼 때, 사고란 사고의 대상에 대한 정신 작용이라고 할 수 있다. 그런데 이 정신 작용은 크게 두 가지로 나누어진다. 하나는 변화를 초래하지 않는 정신 작용이고, 다른 하나는 변화를 초래하는 정신 작용이다(노명완, 1992). 우리는 이 두 종류의 정신 작용을 각각 단순 기능과 고등 기능이라고 부를 수 있다. 단순 기능은 사고의 대상을 찾는 정신 작용이고, 고등 기능은 사고의 대상에 대한 변화를 꾀하는 정신 작용이다. 이 말을 좀 더 쉽게 해 보자.

우리는 사고(생각)하기 전에 먼저 사고의 대상을 가지고 있어야 한다. 만일 사고의 대상이 없다면 먼저 그 대상부터 찾아야 한다. 그런 후에 그 대상에 대하여 사고하는 것이다. 이렇게 사고의 대상을 찾는 정신 작용이 곧 '기억'이다. 재인(recognition)이나 회상(recall)이 이에 속한다. 일단 사고의 대상을 찾았으면, 그 다음에는 그 대상에 대하여 사고한다. 즉, 대상에 어떤 지적 정신 작용을 가하는 것이다. 그리고 지적 정신 작용을 가하고 난 후의 그 대상은 사고를 하기 전의 대상과 같지 않아야 한다. 만일 사고를 했음에도 불구하고 그 대상에 변화가 없다면(좀 더 정확하게 말해서, 이 대상에 대한 우리의 인식에 변화가 생기지 않았다면) 이는 사고를 했다고 할 수 없다.

사고를 어떤 대상을 찾는 정신 작용과 그 대상에 어떤 변화를 꾀하는 정신 작용으로 나누어 보는 관점은 교육 평가학자로 유명한 Bloom의 인지적 영역의 교육 목표의 분류에서도 잘 나타나 있다. 그는 인지적 목표를 지식, 이해, 적용, 분석, 종합, 평가의 여섯 가지 기능으로 나누고 있는데, 이 여섯 가지 기능 중에서 첫 번째인 '지식'이 사고의 대상을 찾는 정신 기능이다. 그리고 나머지 다섯 기능은 사고의 대상, 즉 지식에 어떤 변화를 꾀하는 정신 작용이다. Bloom은 그의 분류에서 '지식'을 '이미 학습하여 기억하고 있는 사실이나 정보(그는 '자료 material'이라는 말을 쓰고 있다)의 회상이나 재인'으로 정의하고 있는데, 이는 이미 알고 있는 어떤 것을 '변화 없이' 기억이라는 창고 속에서 끄집어내는 것을 말한다. 그리고 Bloom의 분류에서 나머지 다섯 가지, 즉 이해, 적용, 분석, 종합, 평가는 모두 기억해 낸 지식에 모종의 변화를 가하는 정신 작용이다. 우리가 일상적으로 쓰는 고등 정신 기능이라는 말은 바로 기존의 지식에 모종의 변화를 추구하는 정신 작용으로서 Bloom의 분류에 의하면 지식을 제외한 나머지 다섯 가지 기능, 즉 이해, 적용, 분석, 종합, 평가 기능을 말한다. 단순 기능과 고등 기능, 다시 말하면 어떤 대상에 변화를 꾀함이 없이 단순히 기억하는 정신 작용과 대상에 변화를 꾀하는 정신 작용 중 교육에서는 후자(대상에 어떤 변화를 꾀하는 정신 작용)를 더 중요시한다. 변화를 꾀하는 정신 작용은 새로움을 추구하는 창의의 사고이고, 그런 점에서의 사고가 교육이 추구하는 최상의 목표가 되는 것이다.

2. 언어와 사고

　한 인간의 개체적 발달은 인류 전체의 계통적 발달을 반복한다고 볼 수 있다. 비록 최고의 문명사회에 태어났다 하더라도, 갓 태어난 유아는 어디까지나 동물 상태의 인간이다. 이 유아는 여타 동물들과 마찬가지로 감각적, 운동적 직접 경험에 의해서만 세상을 알아 간다. 유아에게는 영상에 의한 정보도 무의미하며, 상징에 의한 정보는 더더군다나 의미를 가지지 못한다. 그는 오로지 사물과의 직접적 접촉에 의해서만 그 의미를 알아 가는 것이다. 이 수준의 유아는 Piaget의 인지 발달 단계에서 '감각 운동적' 시기에 해당하며, Bruner의 앎의 방식 분류에서는 '활동적 표상(enactive representation)'의 단계에 해당한다고 볼 수 있다.

　그러나 동물과도 같은 인간 유아는 언어를 배우기 시작하면서부터 인간으로 성장하기 시작한다. 감각-운동적 그리고 활동적 수단에 의해서만 사물의 의미를 알아 가던 유아가 이제는 언어라는 상징적 수단을 배우고, 사용하며, 이를 통해서 사물의 의미를 파악하기 시작하는 것이다. 이 시기는 Piaget의 인지 발달 단계에서 '형식적 조작기'에 해당하며, Bruner의 앎의 방식 분류에서는 '상징적' 단계에 해당하는 것이다. Piaget의 형식적 조작이나 Bruner의 상징의 사용은 모두 이들이 제안한 발달의 위계에서 최상위 수준에 해당하는 것이다.

아동의 인지 발달에서 최상위에 해당하는 언어의 사용에서, 언어는 인식의 주체인 인간과 인식의 대상인 사물(환경, 자극) 사이에서 일어나는 앎의 과정을 매개해 주는 기능을 담당한다. 물론 발생론적 관점에서 볼 때, 언어 없이도 사고는 가능하고, 또 언어와 사고는 상호 독립적으로도 작용할 수 있다(노명완 외, 1988). 그러나 앎에 이르는 과정의 측면에서 볼 때, 언어는 환경 속에서 사물이나 사건을 경험하고, 그 경험을 인식하는 과정에서 앎을 더욱 명료하고 풍부하게 도와주는 역할을 담당한다. 이런 입장에서 본다면, 앎이란 경험과 언어 사이의 지속적인 상호 관련 속에서 일어난다고 할 수 있다(노명완 외, 1990).

교육철학자 Dewey도 앎에 이르는 과정에서의 언어의 역할을 강조하였다. Dewey는 앎을 인간과 환경 사이의 상호 이행 과정(transactional process)으로 보고 있다. 그런데 환경에 대한 경험 그 자체는 스스로 학습(learning)이 되어 앎을 이룰 수 없다. 경험이 학습으로 되기 위해서는 지속적인 반성적 사고(reflective thinking)의 과정을 거쳐 해석되어야 한다. 그런데 이런 해석의 과정에서 언어가 매우 중요한 역할을 한다. 언어는 인식의 주체인 인간과 인식의 대상인 환경 사이에서 앎을 형성해 주는 중요한 매개적 도구 기능을 담당하기 때문이다.

3. 사고 중심의 언어교육

언어와 사고는 서로 분리될 수 없는 하나이며, 교육의 핵심이기도 하다. 언어교육은 곧 사고 교육이라고도 할 수 있으며, 언어교육의 질은 곧 교육의 질을 결정한다고도 할 수 있다. 지금까지, 언어교육이나 사고 교육은 언어와 사고를 이질적인 것으로 간주하여 분리시키고, 각각의 기능들을 분석하고 세분화하여 교육하는 경향이 있었다. 그러나 언어와 사고는 총체적 정신 과정 속에서 통합되어 나타나므로 교육에서는 언어와 사고를 통합시키는 접근을 취해야 할 것이다. 다시 말하면, 언어교육은 언어나 사고 각각의 하위 기능들을 따로 분절하여 지도하는 대신에, 실제 상황을 문제 사태로 제시하고 제시된 문제를 해결하는 데 필요한 '모든' 가능한 단서나 힌트를 최대한으로 활용하게 해야 할 것이다(Roberts, 1979). 다시 말하면, 언어교육의 주요 관심사는 실제적 문제의 해결이고, 학습자의 주요 임무는 문제를 해결하는 데 필요한 사고를 하는 것이며, 교사의 역할은 학습자의 사고의 방향을 잡아 주는 일이다 (Pearson & Leys, 1985). 교육의 실제적 측면에서 볼 때, 사고나 언어의 과정을 여러 개의 하위 기능들로 세분화하는 것은 결과적으로 사고나 언어 처리를 무책임하게 유아들에게 떠맡기는 것과 같다. 즉, 교사는 한 번에 한 가지씩 하위 기능들을 가르치기만 하고, 각 하위 기능들의 종합이나 운용은 전적으로 유아들에게 떠맡기는 것과 같다. 사고 과정이나 언어 처리 과정은 많은 요인들이 함께 관련되어 일어나는 총체적이며 통합적인 과정이다.

실제 교육에서는 언어 기능과 사고 기능을 양분시킬 필요가 없고, 이러한 기능을 하위 기능들로 세분화할 필요는 더욱 없다. 거듭 강조하지만, 교육적으로 바람직한 것은 사고가 유발될 수 있도록 방향을 잡아 주는 일이다. 이런 점에서 언어학자 Halliday(1975)는 언어와 사고의 긴밀한 관계를 가장 잘 드러낸 사람이라고 할 수 있다. 그는 언어 학습(learning language)을 사고(의미)를 표현하는 방법의 학습(learning how to mean)이라고 하였다. 이 말은 언어 학습은 상대방의 뜻을 이해하고 나의 뜻을 상대방에게 이해시키려고 하는 의사소통의 필요에 의해 조성되고 안내되며, 이 과정에서 언어는 표현하고자 하는(또는 이해하고자 하는) 뜻(의미, 내용, 사고)을 가다듬는 역할을 한다고 보는 것이다.

이처럼, 언어교육이 문제 해결 중심의, 즉 사고 중심의 지도 방법이 되기 위해서는 유아들의 언어 활동이 사회적 맥락을 중심으로 일어나야 한다. 유아들의 언어 활동이나 사고 활동은 아무런 지적 배경이 없이 새로 입수되는 정보 자료들을 단선적으로 처리하는 것이 아니라, 유아들이 이미 가지고 있는 가치, 태도, 사전 경험이나 지식 등 많은 지적 또는 정의적 배경 속에서 총체적이며 통합적인 과정을 통하여 일어난다. 다시 말하면, 유아들의 읽기 지도는 읽기에 필요한 낱낱의 기능들을 직접적으로 가르치는 것보다는 유아들에게 읽기에 대한 의욕을 고취시켜 주고 읽을 수 있는 자료와 환경을 마련해 주는 것이 훨씬 더 효과적이라는 말이다. 예를 들어, "나는 아기 곰의 생활에 관하여 알고 싶다." 또는 "바다 밑에서 살고 있는 생물들에 관해 알고 싶다."라는 생각이 들도록 유도하고, 그것들을 알 수 있는 데 필요한 자료들을 제공하면 유아들은 자연스럽게 자료들을 찾게 될 것이고 관련된 자료들을 읽을 것이다. 그리고 그들 나름대로 정확히는 모른다고 해도 어느 정도는 그런 자료들을 읽고 이해도 할 것이다. 이렇게 읽기를 기능적으로 본다면, 읽기는 목적이 아니라 수단이 되는 것이다. 여기서 중요한 것은 글을 제대로 이해하였는가의 여부가 아니라 목적 성취를 위하여 필요한 수단을 취하였는가의 문제다. 문제가 되는 것은 적합성과 기능성이라고 할 수 있다. 이 같은 기능적 관점에서 볼 때, 언어교육에서 교사의 역할은 하위 언어 기술이나 지식을 직접적으로 가르쳐 주는 것이 아니라 학습이 일어나도록 조건을 마련하여 주고, 자료들을 찾고, 생각하고, 이해하고, 표현하게 하는 것이다.

4
언어와 교육

1. 인간과 교육

인간은 지구상에서 가장 유능한 종족도 아니며, 가장 오래 살아남아 영화를 누릴 종족도 아닐지 모른다. 그러나 인간이 지구상의 그 어떤 종족보다 지적(intellectual)이라는 점과 언어를 사용한다는 점 그리고 교육을 한다는 점은 다른 종족과 확실히 구별되는 인간 개념의 핵심이다. 인간의 지력(사고력)과 언어 사용 그리고 교육 이 세 가지는 서로 관련이 있는 것일까? 이 질문에 답하기 전에 먼저, 고래나 원숭이 그리고 꿀벌들도 초보적인 수준이긴 하지만 언어를 사용한다고 하는데, 이것들이 사용하는 언어는 진정한 의미에서 언어라고 말할 수 있는가? 침팬지에게 말을 가르치려고 애쓴 언어학자들도 있다. 그래서 어떤 침팬지는 몇 마디 말을 할 수 있게 되고, 몇 마디 말을 알아듣게 된 사례도 있다. 이것도 일종의 언어라고 볼 수 있는가? 인간이 사용하는 언어의 표현력과 정보의 양이라는 측면을 고려할 때, 이들이 사용하는 언어를 언어라고 말하기는 곤란하다. 인간은 여러 가지 문제들에 직면하며 살아가고, 또 그 문제들을 해결하며 살아가고 있다. 그 문제들을 해결하는 과정을 자세히 살펴보면 매우 놀랄 만하다. 이런 지력은 어디에서 오는 것일까?

여기서 아기 곰과 엄마 곰의 대화를 한 번 가정해 보자. 먼저 아기 곰이 "엄마, 나는 오늘이 토요일인 줄 알았어요(생각했어요)."라고 했다. 물론 아기 곰은 날짜와 요일 같은 문제는 생각하지 않는다. 아기 곰이 토요일이라고 생각한 자기의 생각에 대해 생각하고, 그것이 옳은 생각인지를 판단하고, 그것을 언어로 표현했다면 그것은 동물의 수준에서 대단한 사고력이다. 어떤 것에 대해 생각하고, 또 그 생각에 대해 다시 생각하는 것은 인간만이 할 수 있는 일이며, 이것은 언어가 존재하기 때문에 가능한 일이다. 이것은 인간만이 논리적인 사고를 할 수 있다는 뜻이며, 사고에 필요한 여러 가지 조건들을 충분히 생각해 낼 수 있다는 뜻이다.

침팬지의 얼굴을 들여다보고 있노라면 마치 영혼이라도 깃들여 있는 듯한 인간의 얼굴을 가지고 있다는 착각이 들 때가 있다. 그러나 침팬지의 얼굴을 조금만 더 주의하여 자세히 살펴보면, 그것은 인간의 것과는 전혀 다른 짐승의 얼굴이라는 것을 금방 알게 된다. 그 얼굴은 둔하고, 주변 세계를 이해하지 못하고, 인간의 세계에는 결코 도달할 수 없는 얼굴이다. 인간은 비록 얼마큼 발달이 지체된 아이라도 때가 되면 덧셈과 뺄셈을 할 줄 알고, 1에서 10까지 헤아릴 줄도 안다. 인간의 사고력은 동물의 것과 비교할 때 엄청난 차이가 있다. 인간이 인간인 것은 이 엄청난 사고력 때문이다.

인간의 사고는 다른 동물들의 것과 다르다. 다른 동물들도 부분적으로 생각할 수 있는 것들이 있다. 예를 들면, 침팬지는 나무를 꺾을 수도 있고, 나무를 다른 곳으로 가지고 갈 수도 있으며, 나무를 휘두를 수도 있고, 성냥을 그을 수도 있다. 그러나 나무를 한곳에 모아 적당한 모양으로 쌓고 거기에 불을 지피고, 그 불이 꺼지지 않도록 적당한 방법을 동원하지만 다른 나무를 첨가할 줄은 모른다. 그러나 인간은 이런 부분적인 사고들을 통합하여 하나의 정신적 체계를 이룬다. 이런 정신 체계는 과연 어디에서 오는 것일까? 언어가 이를 가능하게 한다. 한 개인으로 보면, 여러 가지 생각들을 효율적으로 다루고 묶기 위해서 반드시 언어가 필요하다. 예를 들어, 시장에 가서 여러 가지 물건들을 산다고 가정하자. 언어가 없다면 그것들의 목록을 어떻게 다 기억해 낼 것인가? 문자언어를 사용하면 사고자 하는 목록을 기억해 내기가 훨씬 더 쉬울 수 있다. 사고자 하는 목록을 기록하여 그것을 보고 하나씩 사면 되기 때문이다. 그러나 만약 문자언어가 없다면 어떻게 할 것인가? 사람에 따라 여러 가지 방법으로 기억해 낼 것이다. 좀 더 효율적으로 기억해 낼 수 있는 사람도 있고, 덜 효율적인 방법으로 기억해 내는 사람도 있을 것이다. 비슷한 것끼리 묶어서 생각할 수도 있고, 소리로 여러 번 암기하여 기억할 수도 있다. 사람에 따라 여러 가지 유형의 사고방식을 사용한다.

이런 여러 가지 유형의 사고방식들은 인간이 생득적으로 갖고 태어나는 것이 아니다. 태어나서 다른 사람들의 사고방식을 보고, 듣고, 또 스스로 생각해 내고, 그리고 마침내는 그 보고, 듣고, 생각한 것들을 실생활에서 여러 번 실행하여 확실히 효과가 있는 것이 검증되면, 반복적으로 사용하게 되고, 그것은 하나의 신념으로 자리를 잡게 된다. 즉, 나의 신념은 나 혼자만의 것이 아니라 내 것과 다른 사람들의 것이 합쳐져서 더욱 발전된 하나의 독특한 체계를 이루게 되는 것이다.

역사적으로 인간의 문명과 문화는 고정된 것이 아니었다. 늘 변화해 왔고, 지금은 가히 상상하기 어려울 정도의 수준에 와 있다. 자세한 설명은 여기서 더 펼칠 필요가 없다. 인간이나 동물들은 모두 두뇌 작용에 필요한 여러 가지 요소들을 생득적으로 가지고 태어난다. 그러나 인간의 두뇌는 그 요소들 중에서도 그 요소들을 하나로 통합하여 사용할 수 있는 언어 작용이라는 요소가 있으므로 놀라운 정신 체계를 만들어 낼 수 있는 것이다. 그러기에 인간의 정신세계는 발전이 있는 것이다. 높은 나뭇가지 위에 둥지를 만드는 새들은 해마다 조금씩 다르게 집을 짓는 것이 아니다. 수천 년을 두고 똑같은 방법으로 똑같은 둥지를 만들어 낸다. 그러나 인간은 날마다 다르게 집을 짓는다. 인간의 정신세계가 달라지기 때문이다. 인간의 정신세계는 시대적인 측면에서 종으로, 횡으로 다른 사람의 영향을 받는다. 과거에 비해 현대인들은 더욱 놀라운 정신력을 가지고 있고, 같은 시대의 사람이지만 얼마나 다른 사람들의 영향을 많이 받았는지에 따라 그 사람의 정신세계, 곧 사고력은 달라지는 것이다. 여기에 교육의 필요성이 있다. 인간의 정신체계는 고정된 것이 아니라 날마다 새롭게 구축되어 나간다.

인간이 살고 있는 이 세계는 그렇게 단순한 세계도 아니고 항상 고정된 세계도 아니다. 우리가 살고 있는 이 세계는 매우 복잡하고, 언제나 변화하고, 때로는 예측할 수 없는 사건과 문제들이 끊임없이 생겨나는 세계다. 이런 문제들에 직면하여, 우리는 잘 생각하고, 직면한 문제들을 슬기롭게 해결하며 살아가야 한다. 진정한 인간의 모습은 여러 가지 문제들에 직면하여 문제를 알고, 사고하고, 해결할 줄 아는 모습이다. 따라서 문제 해결력, 곧 사고력을 키워 주는 것이 교육의 궁극적 목적이고, 사고력은 다른 사람의 영향을 받으면서 발달되어 나간다. 즉, 끊임없이 다른 사람들과 의사소통하면서 인간의 정신세계는 발전되어 나간다.

2. 교육의 기초

교육의 궁극적 목적은 효율적으로 의사소통하고, 효율적으로 사고할 줄 아는 인간을 만드는 데 있다. 의사소통 능력과 사고 능력은 많은 부분 같은 요인이 작용하지만, 또 상보적인 작용을 하기도 한다. 사고 능력이 없으면 의사소통이 불가능하고, 의사소통이 불가능하면 효율적으로 사고하는 것이 불가능하다. 동시에, 사고 능력을 발달시켜서 의사소통 능력을 길러 줄 수 있고, 의사소통 능력을 길러 주어 사고 능력을 길러 줄 수 있다.

혼자 힘으로 알고, 사고하고, 행할 수 있는 능력을 길러 주는 것은 개인에게 가능의 지평을 열어 주는 일이다. 교육에서 가능의 지평을 열어 주는 일보다 더 중요한 일이 있는가? 우리는 아동에게 어떻게 가능의 지평을 열어 줄 수 있을까? 가능의 지평은 개인 간에 삶의 경험을 교호하는 일에서부터 시작된다. 인간은 다른 사람의 말을 듣게 되면, 단순히 그 말을 듣고 이해하는 것에 그치지 않는다. 대개의 사람들은 남의 말을 들으면 의문이 생기기 마련이다. 예를 들어, 유아가 누군가로부터 신데렐라의 이야기를 들었다고 가정하자. 대개의 유아들은 "신데렐라는 얼마나 예쁠까?" "신데렐라가 무도회에서 입었던 옷은 실제로 얼마나 예뻤을까? 신데렐라의 새어머니는 왜 그리 나쁜 마음을 가졌을까?" "신데렐라가 왕자님과 결혼하게 되었을 때, 언니들은 어떤 기분이었을까?" "신데렐라의 어머니는 왜 돌아가셨을까?" "나도 우리 어머니가 돌아가시면 어떻게 될까?" 등등 주어진 정보를 초월하여 훨씬 더 많은 것들에 대해 의문을 가지게 되고, 그 의문점들에 대해 생각하게 된다. 그 결과, 유아는 들은 이야기에 대해 새로운 해석과 이해를 하게 된다. 이 새로운 해석과 이해는 지금껏 자신이 알고 있는 세상 지식이나 이해, 감정, 태도 등과 연결하여 주어진 정보를 더욱 정확하게 이해하고, 자신이 이미 가지고 있는 세상 지식을 더욱 새롭게 구성하여 세상에 대한 지식과 이해를 더욱 넓혀 나갈 뿐 아니라, 그것들을 자신의 생활과 연결시키고, 그것들에 대해 감정과 태도를 형성하고 즐거움을 느끼기도 한다.

다시 말하면, 개인 간 교호는 단순히 정보를 주고받는 일이 아니라 정보 이상의 것에 대해 의문을 가지게 하고, 그런 의문들에 대해 생각해 보며, 자신의 생활과 연결시키고, 또 자신을 다른 사람과 연결시키게 함으로써 세상을 이해하고, 세상에 대한 지식을 넓히고, 인간 삶에서 즐거움을 찾아 누리게 하는 원동력이 된다. 다른 사람과의 교호는 바로 사고 활동의 과정이며, 이 사고 활동의 과정은 개인에 따라 차이가 있다. 그것은 각 아동이 가지고 있는 사고의 경험과 능력이 개인에 따라 차이가 있기 때문이다. 개인의 사고 능력은 개인의 생득적인 특징과 경험의 차이에서 온다. 위에서 '가능의 지평'이라는 표현을 사용한 것은 바로 이런 측면 때문이다. 가능의 지평은 이제 더 이상 움직일 수 없는 확정적인 선이 아니라 계속해서 움직이며 확장되는 선이다.

위에서 가능의 지평이 확장되는 것은 개인에게 생기는 의문에서부터 시작된다고 했다. 개인의 사고 활동이 다르다면, 개인이 제기하는 의문도 다를 것이다. 그렇다면 왜 개인은 다른 의문들을 가지게 되는 것일까? 예를 들면, 연구자들이 연구를 할 때, 먼저 어떤 의문을 가지게 되고, 그 의문에 대한 답을 찾고, 그 의문이 또 다른 의문을 만들어 낼 때, 그들의 연구는 최상의 연구라고 생각하는 경향이 있다. 연구자들이 연구를 하는 가장 궁극적인 목적은 이미 알고 있는 사실과 아직 알지 못하고 있는 사실, 즉 의문을 가지고 있는 것들 사이의 간격을 좁힘으로써 점차 완결 형태의 최종적인 앎으로 옮아가는 것이다. 최종적인 완결 형태의 앎은 사실상 자주 생기는 일이 아니다. 일반적으로 하나의 의문에 대한 추구와 답은 또 다른 생각을 하게 만드는 또 다른 의문을 만들어 내는 것이 보통이다. 다시 말하면, 완전한 지식은 결코 있을 수 없으며, 계속적인 의문은 때로 이미 알고 있는 것까지도 온통 뒤죽박죽으로 만들기도 한다. 최종적 형태의 완전한 지식이 가능하다면 개인이 가지고 있는 의문도 같을 가능성이 높다. 최종적 형태의 완전한 지식에 도달하기 위해 우리는 수없이 많은 사고 활동의 과정들을 밟아 나가야 할 것이다. 최종적 형태의 완전한 지식에 도달하는 방식과 과정도 하나일 수 없다. 그리고 개인의 힘으로 도달하기도 불가능하다. 우리는 각자 개인의 생득적인 능력이나 삶의 경험에 따라 다르게 생각하고, 다르게 느끼며 살아간다. 개인은 다른 사람과의 교호를 통하여 개인이 경험한 여러 가지 것들에 대한 감정과 사실들을 주고받으면서 서로에게 영향을 미치고 영향을 받는다. 다른 사람의 경험과 감정 그리고 사고의 과정에 대한 이해는 나의 사고방식과 사고의 능력에도 영향을 미치지만, 그것 자체가 인간에게 커다란 즐거움이 된다. 다른 사람의 지적 작용을 이해하는 것은 인간 삶에서 매우 커다란 즐거움이다. 다시 말하면, 인간들 사이의 교호는 사고 활동을 풍성하게 만들고 활성화시키며, 삶을 즐기게 만들고, 궁극적으로 가능의 지평을 열어 주는 가장 중요한 길이다. 교육은 바로 인간들 사이의 교호가 기초가 되어야 한다.

교육은 어떤 의문에 대해 올바른 답을 가르쳐 주는 것이 아니라, 의문을 제기할 수 있는 능력을 길러 주는 것이어야 한다. 교육은 아동에게 여러 세상 지식에 대한 정해진 해석들을 들려주는 것이 아니라, 아동 스스로 세상 지식에 대한 형태를 찾고 만들어 갈 수 있도록 도와주는 것이어야 한다. 올바른 사실에 대한 정보의 제공이 아니라, 아동 스스로 세상 모든 지식에 대해 의문을 갖고, 항변할 수 있는 능력 그리고 사려 깊은 해석과 여러 가지 대안적인 방법들을 파악할 수 있는 능력을 길러 주는 것이야말로 바로 가능의 지평을 열어 주는 길이다.

가능의 지평을 열어 주는 교육은 시초의 이해를 초월하여 의문하고 토론할 수 있는 장을 만들어 주어야 가능하다. 다시 말하면, 여러 각도에서 세상사에 대해 해석할 수 있는 기회를 주어야 가능하다. 아동이 접한 특별한 이슈에 대해 여러 사람들의 생각들에 대해 알아볼 수 있는 기회, 애매한 부분들에 대한 분명한 개념의 정리, 시초의 이해와 현재의 이해에 대한 비교, 다른 사람의 관심과 이해에 대한 앎, 여러 가지 가능성에 대한 탐색, 실험 과정, 여러 가지 인과 과정에 대한 탐색 등의 기회가 주어져야 할 것이다. 이 과정들은 적극적인 인간의 교호 속에서만 일어날 수 있다. 그러기에 교육의 궁극적인 목적은 사고 능력과 의사소통 기술을 길러 주는 것이다.

3. 교육과 언어

교육은 인간 간 교호의 경험이 그 기초가 되어야 한다고 했다. Vygotsky (1978)는 아동은 생활하면서 풀어야 할 실제적인 문제에 직면하면 그들의 눈과 손으로 문제를 해결할 뿐 아니라 언어로 문제를 해결한다고 한다(p. 26). 언어는 바로 정신적 도구(tool)이기 때문이다. Vygotsky의 관점에서 보면, 언어는 물리적인 제한성을 초월하여 환경과 상호작용할 수 있는 길이며, 사고를 확장시킬 수 있는 가장 중요한 정신적 도구다. 아동의 사고가 가장 확실하게 발달하는 순간은 아동이 말과 실제적인 활동을 통하여 문제를 실제로 해결하는 경험을 가질 때다. 벽에 못을 박을 때 망치가 없으면 못 박기가 거의 불가능하듯이, 언어 사용 없이는 문제 해결이 어렵다.

아동은 이 세상을 보다 완전하게 이해하기 위해 자신보다 좀 더 유능한 다른 사람의 도움을 받을 필요가 있다. Vygotsky는 아동의 능력이나 잠재력을 이해하고자 할 때 아동이 현재 소유하고 있는 능력뿐 아니라 다른 사람의 도움을 받았을 때 발휘될 수 있는 능력까지 고려해야 한다고 믿는다(Spencer, 1988; Vygotsky, 1962). Vygotsky는 아동이 혼자 힘으로 문제를 해결할 수 있는 실제적 능력과 자기보다 더 유능한 사람의 도움을 받았을 때 해결할 수 있는 능력 사이의 차이를 근접 발달 영역(the zone of proximal development)이라고 부른다. 아동이 자기보다 더 유능한 사람의 도움을 많이 받을수록 근접 발달 영역은 넓어지고, 종국에는 그것이 아동의 실제 능력으로 바뀐다.

Vygotsky는 지능을 다른 사람과의 의사소통을 통해 문제 해결에 도움을 얻어 낼 수 있는 능력이라고 본다(Spencer, 1988, p. 170). 이런 맥락에서 보면 언어는 학습과 이해의 도구다. 언어 행위는 바로 교육적 발달, 즉 지식의 이해와 습득에 매우 중요한 수단이다. Vygotsky(1978)에 의하면, '근접 발달 영역'은 아동 학습의 필수적 특징이다. 이런 맥락에서 보면, 교사는 아동의 모든 학습 장면에서 협력자와 지도자로서 역할을 행해야 한다. 교사는 아동의 이해를 증가시키기 위해 비계설정(scaffolding)을 하여 아동을 이해의 세계로 이끌어 가야 한다(Hawisher, 1994, p. 44). 따라서 교육의 기초는 바로 다른 사람과의 의사소통이다(Daniels, 1996; Shale, 1988; Shale & Garrison, 1990).

교육에서 언어는 아동의 이해와 새로운 지식 구축을 위한 필수적 수단이다. Shale(1988)은 이상적인 교육 과정(educational process)을 다음과 같이 4단계로 보고 있다. 첫째, 학습자가 무엇을 알고 있는지 그것을 예상하고 확인하는 과정이다. 둘째, 교사가 예상하고 확인한 것을 기초로, 추가적인 선언적 지식(declarative knowledge)을 제공해 주는 과정이다. 셋째, 학습자와 교사가 가르친 것들의 의미에 대해 서로 협상하는 과정이다. 이 과정에서 교사는 학습자를 위하여 중요한 부분을 명료화해야 한다. 넷째, 두 번째와 세 번째의 과정을 반복하여 교사와 학습자는 더 나은 지식으로 나아가고, 교사는 학습자의 지식을 확인한다. 두 번째와 세 번째의 과정이 비계설정의 과정이다.

불행하게도 우리 교실은 아동의 이해와는 상관없이 교사가 일방적으로 아동에게 지식을 전달하는 형식이 될 때가 많다. 이상적인 교실은 교사와 아동 사이에 끊임없이 교호의 과정이 일어나는 학습 환경이다. 지난 30여 년 동안, 수많은 교육 연구자들은 아동의 학습에서 언어의 역할이 얼마나 중요한지 강조해 왔다. 많은 학자들은 교사가 하는 말의 양과 아동이 하는 말의 양에 주목하고 있다. 이들은 교사의 일방적인 말 많음이 아동 학습의 저해 요인이라고 주장한다(Barnes, 1971, 1976; Bellack, Kliebard, Hyman, & Smith, 1966; Britton, 1970, 1971; Brown, Anderson, & Shillcock, 1984; Bullock, 1975; Cazden, 1988; Flanders, 1970; Hodge, 1993; Sinclair & Coulthard, 1975).

우리 교실에서 교사와 아동 사이의 의사소통이 격려되어야 함은 물론이고, 탐색적이고, 가설적이고, 사고를 유도하는 그리고 주어진 과제를 놓고 서로 토론할 수 있는 말들이 사용될 수 있도록 격려되어야 한다. 말은 단순히 의사소통의 수단만이 아니라, 학습의 도구인 것이다.

4. 언어교육

아동은 태어나면서부터 말을 배우기 시작한다. 옹알이와 첫마디 말을 하기 전에 언어 학습은 시작되고 있다. 아기의 두뇌는 어떤 말소리를 내기 전에 이미 말할 준비를 하고 있는 것이다. 인간은 모든 감각을 동원하여 다른 사람과 의사소통한다. 우리는 다른 사람과 신체적인 접촉을 통해 의사소통하기도 하고, 특별한 표정을 지어 의사소통하기도 하며, 완전한 문장으로 의사소통하기도 한다. 의사소통은 인간 간에 끊임없이 주고받는 교호의 활동이다. 예를 들어 보자.

엄마가 웃는다. -아기도 웃는다.
엄마가 혀 굴리는 소리를 내며 아기를 얼른다. -아기가 웃는다.
엄마가 웃으며 다시 혀 굴리는 소리를 낸다. -아기가 입술을 오므린다.
엄마가 웃는다. -아기가 웃는다.
엄마가 다시 웃는다. -아기가 시선을 딴 데로 돌린다.

의사소통은 더 이상 반응이 없으면 종료된다. 아기가 시선을 딴 데로 돌리면 엄마는 더 이상 웃음을 지을 이유가 없는 것이다. 아직 말을 하기 전, 엄마와 아기가 주고받는 몸짓은 나중 언어를 사용한 보다 복잡한 의사소통의 준비다.

아동과 의사소통할 때, 우리는 단순히 단어와 문장을 가르치는 것이 아니라 그 이상의 것을 가르치고 있다. 우리가 서로 의사소통하고, 서로의 경험과 생각을 나누는 것이 얼마나 중요한가를 알게 하고, 어디에서 어떻게 어떤 단어를 골라 어떻게 문장을 사용해야 하는지 그리고 그것들이 우리 생활에서 어떤 특별한 의미를 가지는지 알게 하며, 우리가 목적으로 하는 것, 원하는 것, 의도하는 것 그리고 감정을 표현할 수 있는 말을 어떻게 찾아낼 것인지 배우게 한다. 복잡한 세계를 어떻게 표현하고, 여러 가지 것들 사이의 차이를 어떻게 정확하게 기술할 것인지 배우게 된다.

학교 교육에서 언어와 학습은 더 말할 필요가 없다. 모든 학습은 음성언어이거나, 문자언어이거나 어쨌든 언어를 통하여 이루어진다. 교사는 설명하고, 질문하고, 기술하고, 조직하고, 평가하며, 학생은 대답하고, 토론하고, 어떤 것을 생각해 내고, 때로는 그것을 기록으로 남기기도 하며, 기록으로 남기기 위해 요약하고, 분석하고, 종합하기도 하여 자신의 이해를 나타내 보이기도 한다. 이 모든 것들은 음성언어이건 문자언어이건 언어를 통해서 이루어진다. 성공적인 학습자는 여러 가지 자원으로부터 정보와 아이디어를 추출하고 판단할 줄 아는 사람이다. 이런 과정들을 거치면서 지식과 이해의 지평을 넓혀 간다. 언어가 없다면 이 모든 것들은 가능하지 않다.

따라서 학교 교육의 핵심은 언어교육이다. 이때의 언어는 단순히 언어의 형식을 말하는 것이 아니다. 언어는 단순히 단어와 문장의 문제가 아니다. 언어가 언어로서 효과적으로 기능할 수 있게 하는 교육이다. 사고의 기능과 의사소통의 기능을 훌륭히 수행해 낼 수 있어야 언어의 기능을 다 했다고 할 수 있다. 아동이 효과적으로 사고하고, 효과적으로 의사소통할 수 있게 도와주려면 우리는 어떻게 언어교육을 해야 할 것인가? 몇 가지 원리로 언어교육의 방법을 안내하고자 한다.

원리 1 언어학습자는 아동이다.

이 말은 언어를 교육할 때, 교사의 가르침보다는 아동의 학습을 더 강조하라는 뜻이다. 이 말은 그리 새로운 개념이 아니다. 이미 1836년에 Wilhelm von Humboldt는 "누구도 아동에게 언어를 가르칠 수 없다. 아동이 스스로 자기 방법으로 말을 배울 수 있도록 조건을 만들어 줄 수 있을 뿐이다."고 지적한 바 있다(Chomsky, 1965, 재인용, p.51). 인위적으로 아동에게 언어교육을 할 수 없다는 이 개념은 1965년대 Chomsky가 재 강조하면서 언어교육에 상당한 바람을 불러일으켰다. 아동이 스스로 배울 수 없는 것을 교사가 가르쳐서는 안 된다는 것을 기억할 필요가 있다.

원리 2 언어 학습과 교수는 아동의 필요와 목표에 따라 달라져야 한다.

학생의 필요와 목표는 완전히 개인적인 것은 아니다. 그것은 사회적인 요구, 정치적인 상황, 부모의 기대 등에 의해 영향을 받기 때문이다. 그렇더라도 교사는 아동의 연령, 배경, 포부, 관심, 목적, 적성, 아동이 속한 환경에 대해 잘 알아야 할 필요가 있다. 아동의 필요와 목표가 무엇인지 먼저 알고 언어교육의 내용과 방법, 자료들을 결정해야 할 것이다. 언어교육은 무엇을 가르칠 것인가라는 문제보다 누구를 가르칠 것인가의 문제가 더 중요하다. 따라서 언어교육은 한 가지 방법으로 불가능하다. 아동의 필요와 목표가 다 다르듯이, 다양한 교육 내용과 방법을 적용시켜야 할 것이다. 이런 맥락에서 보면, 언어교육은 방법보다는 내용이 더 중요할 수 있다.

원리 3 언어교육은 의미를 주고받는 정상적인 언어 사용, 즉 실제로 의사소통이 일어나는 방법으로 이루어져야 한다.

언어교육은 단어, 문장, 문형들을 반복적으로 암기하고 연습하는 형태로 이루어져서는 안 된다. 실생활에서 언어를 사용하듯이 학교 교실에서도 자연스럽게 언어를 사용할 수 있도록 지도해야 한다. 실생활에서 우리는 새로운 정보를 주고받고, 설명하고, 토론하고, 기술하고, 설득하고, 약속하고, 거절하고, 감상하고, 감정과 태도를 숨기거나 드러내고, 다른 사람의 행동을 지시하고, 문제를 해결하고자 할 때 언어를 사용한다. 교실에서 일어나는 언어교육은 이 모든 언어 활동들이 자연스럽게 일어날 수 있도록 도와야 할 것이다.

원리 4 교실은 아동과 교사, 교사와 아동 간에 서로 허용하는 따뜻한 분위기로 아동의 언어 활동이 위협받지 않아야 한다.

진정한 의사소통은 자신의 속내를 드러내는 것이다. 우리는 말과 글을 통하여 자신의 감정, 편견, 가치, 포부 등을 드러낸다. 사람은 상대가 어떤 사람이냐에 따라 진심을 말하기도 하고, 진심이 아닌 것을 말하기도 하며, 말하기가 어렵기도 하고, 쉽기도 하다. 정서적인 위협감은 말하는 것을 두렵게 만든다. 교사의 반응도 중요하지만 친구들 간의 조롱이나 멸시도 아동에게는 매우 중요한 영향을 미친다. 상호 신뢰하고 아끼는 정서적인 유대를 유지하는 것도 언어교육에서 빼 놓을 수 없는 원리다.

원리 5 언어 지식 및 언어 통제력 등 언어 사용의 기초 능력을 길러 주어야 한다.

언어가 기능적으로 사용되기 위해서는 최소한 언어에 대한 체계적인 지식을 알아야 한다. 우리 머릿속에 아무리 중요한 생각이 있다 하더라도 그것을 언어로 묶어 내지 않으면 전달이 불가능하다. 의미를 전달하려면 최소한의 언어의 구조적 틀을 알고 사용할 수 있어야 가능하다. 우리가 만들어 낼 수 있는 문장은 무한하다. 그러나 그 수많은 문장들은 몇 개의 기본적인 구조로 이루어져 있다. 어떤 류의 단어를 어떤 위치에 어떤 순서로 묶어야 할지 언어에 대한 기본적인 지식과 사용법을 아는 것은 언어 사용의 기본이다. 발레리나가 기본적인 스텝을 밟을 수 있어야 춤을 출 수 있고, 과학자들이 과학의 기본적인 원리를 알아야 새로운 지식을 만들어 내고자 할 때 실험하고, 적용하고, 창의적으로 생각해 낼 수 있는 것과 마찬가지다.

언어는 매우 체계적이며 조직적이다. 음성학적인, 구문론적인, 의미론적인 그리고 화용론적인 여러 가지 하위 체계들이 있으며, 이 체계들은 상호작용적인 기능을 가지고 있다. 문법적인 구조와 어휘가 서로 작용하여 의미를 만들어 내는 것과 같다. 너무 급하게 주입식으로 언어의 기초 지식들을 한꺼번에 가르치는 것은 무리다. 점차 완전한 언어 사용이 될 수 있도록 언어에 대한 지식들을 가르쳐 나가야 할 것이다.

원리 6 창의적인 언어 사용 능력은 언어 활동에 능동적으로 참여하고 상호작용할 때 길러진다.

언어교육의 궁극적인 목적은 자신의 목적한 바를 학습하기 위해 언어를 사용할 수 있고, 자신이 전달하고자 하는 의미를 정확하게, 아름답게 그리고 설득력 있게 표현할 줄 알게 하는 것이다. 남의 말을 단순히 흉내내거나 반복하게 하는 것은 언어교육의 궁극적인 목적은 아니다. 새로운 문장과 새로운 유형으로 간결하게 자신의 의사를 표현할 수 있는 능력이 중요하다. 이런 능력은 실제적인 이유에서 듣고, 말하고, 읽고, 쓰는 언어 활동에 적극적으로 참여하여 상호작용할 때 가능하다. 말하기, 듣기, 읽기, 쓰기 활동에 적극적으로 참여할 수 있게 하는 방법이 무엇인지 교사는 끊임없이 생각해야 할 것이다.

원리 7 모든 매체와 양식을 언어교육의 학습 자료로 활용할 수 있다.

언어사용에서 맥락(context)은 매우 중요한 요인이다. 맥락이 없으면 실제적 언어 사용이 불가능하다. 이 맥락은 어떤 것이든 다 될 수 있다. 청각적인, 시각적인, 촉각적인, 후각적인 것들이 될 수도 있고, 상황적이고 정서적인 것이 될 수도 있다. 언어 교수와 학습을 어느 한 가지 매체나 양식에 국한시키면, 학습자는 있을 수 있는 다양한 맥락을 손실하게 된다. 상호작용적 학습은 배운 것에 대해 있을 수 있는 모든 양식으로 반응할 수 있어야 가능하다. 신체적인 반응으로, 청각적인 입력으로, 말로, 읽기 자료로, 글로, 그림으로, 노래로, 춤으로, 몸짓으로, 얼굴 표정으로, 녹음으로 어떤 방법으로든지 가능해야 한다. 어떤 매체와 양식이라도 언어 교수 · 학습 장면에서 배제되어야 할 것은 없다.

원리 8 평가는 학습의 보조 수단이 되어야 한다.

평가는 흔히 학생을 등급 짓고, 벌 주는 방법으로 사용되어 왔다. 많은 학생들이 평가에 대해 불안해하고, 시험 치르는 것을 고통스러워한다. 평가를 학생들이 무엇을 모르고, 무엇을 할 수 없는지 알기 위한 방법이 아니라, 학생이 무엇을 알고, 무엇을 할 수 있는지 드러내는 기회로 삼아 왔기 때문이다. 평가는 학생들이 무엇을 모르는지, 무엇을 할 수 없는지 알아내어 그것을 할 수 있도록 도와주는 학습의 보조 수단이 되어야 한다. 평가에 대한 학생들의 불안감을 덜어 주고, 학습 활동과 통합할 수 있도록 하기 위해 몇 가지 생각해 볼 것이 있다.

① 평가의 결과를 서열로 나타내기보다는 학생의 현재 언어 능력을 기술적으로 표현하는 것이 좋다.

② 평가 시간을 따로 만드는 것이 아니라 학습 시간에 자연스럽게 수행하는 것이 좋다.

③ 평가는 교수 목표를 반드시 반영하는 것이어야 한다.

④ 평가는 재미있는 방법으로 수행되어야 한다. 학생들이 시험 치르는 것을 즐길 수 있는 방법을 생각해 내야 한다.

⑤ 평가 시간을 엄격하게 정하여 문제 해결의 속도에 강박감을 가지지 않게 하는 것이 좋다.

⑥ 가능하다면 평가의 빈도를 줄이는 것이 좋다. 계속적인 평가는 학생에게 불안감을 조성할 뿐 아니라, 원래의 학습 활동으로 돌아오는 것을 힘들게 한다.

원리 9 언어교육은 문화를 깊숙이 이해하고, 더불어 살아가는 사람들과 조화를 이룰 수 있도록 도와주어야 한다.

말을 유창하게 하는 것만이 능사는 아니다. 언어는 문화적인 가치와 반응, 기대 등이 묘하게 서로 녹아 융합된 결과다. 언어의 예의란 것도 있다. 다른 사람의 기대나 기분에 맞지 않는 말을 하는 것은, 아무리 유창한 말이라 할지라도 결코 잘하는 말이 아니다. 상대를 이해하고, 수용할 줄 아는 상냥함을 지닐 수 있도록 교육해야 할 것이다.

원리 10 인간 세상은 교실의 벽 속에 갇혀 있지 않다. 언어 학습은 교실 안에서
그리고 교실 밖에서 함께 일어날 수 있도록 해야 한다.

언어는 인간 삶에서 매우 자연스럽게 일어나는 활동이다. 많은 사람을 만
나면 만날수록 아동의 언어적 잠재력은 커진다. 물건을 사고 상품의 질을 따
질 때도, 가격을 흥정할 때도, 지방의 날씨를 물어보기 위해 전화를 걸 때도,
식당에 가서 특별한 음식에 대해 물어볼 때도, 은행에 가서도, 우체국에 가서
도, TV를 볼 때도 우리는 언어를 사용한다. 이 많은 실제적인 기회들을 놓칠
이유는 없다.

C·H·I·L·D L·A·N·G·U·A·G·E

유아언어교육의 이론

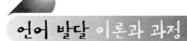

언어 발달 이론과 과정

제5장 음성언어의 발달 이론과 과정
제6장 문식성 발달 이론과 과정

5

음성언어의 발달 이론과 과정

1. 언어 발달 원리

언어 활동은 인간 고유의 활동이다. 인간이 모여서 사는 곳이면 어디나 어떤 형태이든지 언어가 발달한다. 모든 나라들은 소리, 단어, 문법 등 언어의 구조들이 다 다르지만 각각의 언어를 가지고 있고, 또 그곳에 사는 아이들은 모두 다 그곳에서 사용되는 언어를 사용할 수 있는 기술들을 습득한다.

언어 발달을 연구하는 사람들은 몇 가지 중요한 사실을 말하고 있다. 첫째, 유아들의 언어 습득은 단순히 남의 말을 흉내 냄으로써 이루어지는 것이 아니라 생득적으로 습득되는 성향이 있다(Chomsky, 1968). 그것은 유아들의 언어가 성인의 언어와 다른 것만 보더라도 알 수 있다(deVillers, J., 1984). 유아들의 언어는 성인의 언어와는 달리, 주로 현재 사실을 다루고 있으며, 자기중심적이다. 유아들이 단순히 남의 말을 흉내 냄으로써 언어를 습득한다면 유아들의 언어는 성인의 것과 매우 흡사해야 할 것이다. 그러나 유아들의 언어는 성인의 언어와는 달리, 매우 생산적이고 창의적이다. 단순히 남의 말을 흉내 내는 것이 아니라, 실수를 하면서도 적극적이고 능동적으로 언어 활동에 참여하면서 유아 나름의 언어 사용을 한다.

둘째, 유아들의 언어 습득은 주변 사람들과 상호 교류함으로써 이루어진다. 유아들은 출생하면서부터 주위 환경에 깊은 관심을 가지고, 특별히 자기를 전적으로 돌보아 주는 사람들에게 민감하게 반응한다. 최근 연구자들은 유아들이 출생하면서부터 주변 환경에 민감하게 반응하고 많은 정보들을 즉각적으로 받아들인다는 사실을 입증할 수 있는 여러 가지 기술적인 방법들을 개발했다. 영아들의 숨소리, 심장박동, 눈동자의 움직임 그리고 빨기 행동의 리듬과 속도 등을 통하여 영아들이 주변 환경의 자극에 어떻게 반응하는지 알아내는 것이다. Tronick(1987)은 영아들의 빨기 행동이 마치 대화를 주고받을 때와 같은 리듬을 나타내 보이며, 특별히 어머니와 관련한 신호들에는 더 민감하게 반응한다는 사실을 밝혀낸 바 있다. 영아들은 몸짓을 하고, 소리를 내며, 마침내는 어머니와 눈을 맞추는 등 '무언의 대화'를 할 수 있는 기회를 포착하려고 애를 쓴다. 영아들은 주변의 여러 가지 소리들을 무시하고 특별히 성인이 내는 여러 가지 소리들은 약간의 변화에도 반응하기 시작하는데, 이것이 대화의 첫 단계다.

인간은 생득적으로 사물을 분류하고, 무엇인가를 창안해 내며, 정보를 기억해 내는 능력을 갖고 태어난다. 이런 능력들은 결과적으로 유아의 언어 발달을 돕는 기능을 한다. 여러 가지 종들 중에서 유일하게 인간만이 말을 할 수 있지만, 인간만이 의사소통을 하는 것은 아니다. 새들과 동물들도 그들 나름대로의 의사소통 수단을 가지고 있다. 그러나 이들의 의사소통 수단은 기능면에서 상당히 제한적이다. 인간의 의사소통과 다른 종들의 의사소통에는 근본적인 차이가 있다. 인간의 두뇌는 말하기, 상징 사용하기, 의사소통하기 등 여러 가지 다양한 기능들을 가지고 있다. 최근 연구들은 유일하게 인간만이 언어 구조에 대한 가설을 검증할 수 있는 능력이 있으며, 언어의 규칙들을 개발하고 기억하며, 적절한 언어를 만들어 내기 위해 그 규칙들을 적용시킬 수 있다고 한다(Ornstein & Sobel, 1987; Premack, 1985).

인간의 얼굴은 매우 중요하고 의미 있는 의사표시 수단이다. 인간의 얼굴 표정은 매우 다양하고 복잡하다. 아기를 주로 돌보는 어머니는 아기의 얼굴 표정을 보면서 아기가 지금 편안한지 혹은 불편한지, 무엇을 원하고 있는지를 알려고 애를 쓴다. 뿐만 아니라, 아기들도 자신의 주변 사람들의 얼굴을 읽으면서 그들이 전하는 의미를 알고 주변 세계를 점점 더 잘 이해해 나간다. 이처럼, 상대방이 전해 주는 의미를 이해하려고 애쓰고, 전달된 의미에 반응하며, 또 자신도 어떤 의미를 전달하기 위해 의도적인 행동을 하는 것이 상호 교류적 의사소통이며, 이것이 곧 말이라는 정교화된 사회적 의사소통으로 발전되어 나간다.

영아가 웃는 표정을 짓는 것은 태어나서 몇 분 후면 가능하다고 한다(Freedman, 1954). 이런 웃는 얼굴 표정은 점차 더 여러 가지 표정으로 바뀌어 나가고, 더 여러 가지 의미를 전달한다. 2개월이 되면 비록 눈이 보이지 않는 봉사라 할지라도 부드러운 말소리를 들려주거나 간지럼을 태우면 웃는다고 한다. 말을 하는 것은 이보다 훨씬 더 복잡한 행위로서 가장 기본적인 사회적 기능이다. 인간의 언어에는 인간 생활의 형태를 지배하는 힘이 있다. 인간이 창의적으로 언어를 사용할 수 있으면 지식을 이해하고 전달 할 수 있을 뿐만 아니라, 다른 사람들과 협력하여 일할 수 있어서 기본적인 생존이 가능해진다(Hoy & Somer, 1974). 그래서 언어는 사람들 사이에 일어나는 여러 가지 문제들을 평화롭게 해결하게 하는 열쇠가 된다.

한마디로, 유아들은 부모로부터 물려받은 여러 가지 기질적, 지적, 정서적, 신체적 특질들과 그들의 삶에서 겪게 되는 여러 가지 경험들을 통하여 그들의 언어 발달의 모습들을 결정지어 나간다(Villarruel, Imig, & Kostelnik, 1996). 인간은 태어나서 4년 내지 5년이라는 비교적 짧은 기간 동안에 성인들이 사용하는 언어와 거의 유사한 정도의 언어를 사용하여, 일상적인 대화에 지장이 없을 정도로까지 언어 발달을 이루어 나간다. 언어 사용 기술은 유아들이 자신의 필요를 충족시키고 자신의 생각과 희망과 꿈들을 다른 사람들과 나눌 수 있는 매우 유용한 수단이다. 유아들은 이런 언어 사용 기술들을 발달시켜 나가면서, 구두로 혹은 기록으로 전해진 인간 지식들을 이해하고 사용하여 더 유능한 의사소통자로 자신을 발전시켜 나간다.

2. 언어 발달 이론

많은 연구자들은 오래전부터 유아들이 어떻게 언어를 발달시켜 나가는지 정확하게 밝히고자 노력해 왔다. 그 이유는 여러 가지다. 첫째는 언어 발달이 유아의 전반적인 발달에서 중요한 부분이기 때문이다. 유아교육자들은 유아 행동의 변화를 촉진시키기 위하여 이들의 발달 과정에 관심을 가진다. 또, 특수유아교육자들이나 임상언어학자들은 정상적인 유아의 발달 과정에서 중요한 통찰력을 발견할 수 있기 때문에 유아의 언어 발달 현상에 대해 깊은 관심을 가진다. 둘째, 인간은 자신의 행동에 대해 관심을 가질 수밖에 없고, 자신의 행동을 이해하려고 애를 쓸 수밖에 없기 때문이다. 셋째, 언어 발달에 관한 연구는 언어와 사고의 관계에 대해 많은 것들을 설명해 주고 있기 때문이다. 대체로 언어 발달은 인지 발달과 병행해 나간다고 믿는다. 언어 발달에 관한 연구는 어느 정도 언어 발달의 기반이 되는 인지적 과정에 대한 이해를 가능하게 한다.

유아가 어떻게 언어를 배우는지의 문제는 유아들의 다른 많은 학업 능력들에 대한 설명과 마찬가지로, 어느 한 이론이 절대적으로 옳거나 유아들의 언어 발달 현상을 가장 잘 설명해 주는 것은 아니다. 어느 한 이론이 언어 발달의 어느 한 측면을 특별히 잘 설명해 줄 수 있을지는 몰라도, 모든 측면을 총체적으로 고루 잘 설명할 수는 없다는 뜻이다. 왜냐하면 인간의 언어나 의사소통 행위는 매우 복잡한 기능들이 서로 복합적으로 작용한 결과이기 때문이다. 언어 발달 이론 중 가장 유명한 이론들을 몇 가지 살펴보자.

1) 행동주의 이론

부모나 양육자가 유아와 의사소통을 할 때 보상, 교정, 무시 혹은 벌을 사용하여 유아의 언어 사용에 질적으로 혹은 양적으로 영향을 미칠 뿐만 아니라, 의사소통에 대한 태도 형성에까지도 영향을 미친다는 이론이다. 이 이론은 유아의 주변 사람들이 보여 주는 반응이 유아의 언어 발달에 결정적 영향을 미친다는 사실을 가정한다. 다시 말하면, 정적, 중립적 혹은 부정적인 강화가 유아의 의사소통 행동의 출현에 매우 중요한 역할을 한다고 생각한다. 따라서 유아의 말소리나 발음은 단순히 성인의 말을 흉내 낸 결과요, 부분적으로는 임의적으로 혹은 충동적으로 아무런 의미 없이 소리 내어 본 결과라는 것이다. 유아의 언어 발달은 유아의 발화에 대한 다른 사람들의 반응이 가장 중요한 요인이다. 이 이론은 학습 이론의 대가인 Skinner가 대표적 주창자로 그의 주장에 따르면 언어 발달도 결국 다른 학습 원리와 마찬가지로 자극, 모방, 강화가 중요한 요소로서 작용한다. 이 이론은 사고의 문제를 직접적으로 설명하지 못한다는 제한성을 가지고 있다.

2) 성숙주의 이론

Arnold Gesell과 그의 동료들은 인간의 발달은 유전적 요인이 가장 결정적 요인이라고 주장한다. 이 이론에 의하면, 인간 발달은 특정 단계에서 그 다음 단계로 진행될 때 예정된 순서로 이행된다는 것이다. 다음 단계의 발달을 보일 때는 반드시 다음 단계에로의 이행에 필요한 학습이 실제적으로 일어날 수 있다는 전조가 보이는데, 이것이 곧 준비도다. 이 이론은 언어학자들이 아동보다는 언어 발달에 필요한 환경이나 언어 발달의 유형에 더 많은 관심을 보이던 1960년대 오히려 널리 받아들여지던 이론이다. 이 이론의 기본적인 가설을 받아들여 유아들을 위한 언어 발달 프로그램을 계획하려면 ① 유아의 예정된 언어 발달 단계를 밝혀낼 수 있어야 하고, ② 유아가 다음 단계로 발달해 나갈 수 있도록 적절한 '준비도 활동'을 제공해야 할 것이다.

3) 생득주의 이론

이 이론의 기본적 가설은 언어 습득은 생득적이라는 것이다. 이 이론은 모든 인간은 노출된 언어권의 언어를 습득할 수 있는 정신적 능력을 아주 어려서부터 갖고 있다고 믿는다. 천재적인 언어학자 Chomsky(1968)는 모든 개인은 언어습득장치(Language Acquisition Device, LAD)를 가지고 있으며, 이 장치는 모든 언어에 공통적으로 있는 언어 규칙(문법)의 체계를 다룬다는 것을 이론화했다. 유아가 태어나 좋아하는 가족들과 생활하면서 그들이 가진 언어습득장치는 자연스럽게 활성화되고, 언어습득장치의 활성화는 또 자연스럽게 그들의 모국어를 배우는 것을 가능하게 한다. 다른 사람들의 말을 흉내 내거나, 다른 사람들이 아동에게 주는 강화 때문에 유아가 언어를 습득하는 것은 아니라는 것이 그의 기본적인 생각이다. 그는 유아가 2세나 3세가 되면 이미 다른 사람들이 알아들을 수 있는 말을 할 수 있고, 한 번도 들어 보지 못한 문장들을 만들어 낼 수 있다고 주장한다. 그것은 모든 유아가 언어학습자가 되는 데 필요한 아주 특별한 정신적 능력이나 기술들을 생득적으로 갖고 태어나기 때문이다.

4) 구성주의 이론

구성주의 이론의 가장 기본적인 제안은 유아가 주변 환경과 상호작용함으로써 지적 능력을 구성하고 지식을 습득한다는 것이다(Kamii, Manning, & Manning, 1991). 유아가 어떤 것을 새롭게 경험하면, 그것을 이미 경험한 것들과 관련시키면서 가설을 만들고 그것들을 증명해 나간다. 이것이 유아가 세상을 이해하고 지식을 구성해 나가는 방식이다. 즉, 유아가 경험을 계속해 나가면서 때로는 자신이 가지고 있는 지식 체계를 수정하기도 하고 적절한 설명을 찾아내기도 한다. 이런 관점에서 구성주의 이론가들은 유아들의 문법적인 오류는 유아가 성인의 언어에 계속적으로 노출되면서 내적 규칙의 체계를 구성하고, 그런 규칙들을 적용시키며 일정기간 동안 말하는 경험을 함으로써 마침내 성인들이 사용하는 언어와 비슷한 언어를 사용할 수 있게 된다고 주장한다. 그러나 유아가 사용하는 규칙들은 유아가 직접 구성한 규칙들이며, 단순히 성인의 것을 모방한 것이 아니다(Clay, 1991).

따라서 구성주의 이론은 바람직한 유아언어교육은 내적 관계성이 높은 활동들을 다양하고 폭넓게 제공하여, 유아의 언어 능력이 자연 발생적으로 생겨나게 하는 것을 강조한다. 교사나 부모는 유아가 태어나면서부터 자연스럽게 언어 활동에 함께 참여하는 것이 중요하다. 구성주의 이론의 전체적인 목표는 유아가 스스로 관심 있어 하는 아이디어, 문제, 질문 등의 활동들을 가능한 한 많이 할 수 있도록 하는 것이다. 그리고 유아의 언어 발달을 위하여 교사나 부모가 해야 할 가장 중요한 일은 유아들이 그들이 발견한 것들을 서로 관련시킬 줄 알고, 유사점과 차이점을 찾아낼 수 있도록 돕는 일이다.

5) 상호 교류 이론

이 이론은 언어 습득은 인간의 기본적인 사회적, 정서적 동기로 인해서 일어난다고 믿는다. 유아는 원래부터 활동적이고, 호기심이 많고, 적응적인 성향이 있으며, 주변의 다른 사람들과 상호 교류하면서 어떤 모습으로 만들어져 나간다. 언어는 다른 사람들과 관계를 맺어 나가는 데 필요한 가장 중요한 수단이다. 유아는 관계를 맺어 나가면서 다른 사람들로부터 사회적, 심리적 지원을 받아 더욱 효과적인 의사소통자가 된다. Vygotsky(1986)는 그의 저서 『사고와 언어(Thought and Language)』에서 유아가 의미 있는 사회적 교류를 함으로써 비교적 독립적인 정신 기능인 '사고'와 '언어'를 '언어적 사고(verbal thought)'로 바꾸어 나간다고 주장한다. 이것이 곧 '내적 언어(inner speech)'이며, 이 내적 언어는 유아의 음성언어를 촉진시키고 문자언어 사용의 기초가 된다는 것이다. Vygotsky에 의하면, 인간은 사랑과 보호를 받고 싶어 하는 욕구를 가지고 태어나고, 이 욕구가 언어 습득이 신속하게 일어나도록 자극하는 역할을 하게 된다. 유아는 다른 사람과의 사회적 접촉에 민감하게 반응하도록 만들어졌고, 이 반응 성향은 사람이 살아가는 데 필요한 결정적 요인이다. 세상에 대한 유아의 이해는 그들의 정신적 인상으로 구성되어 있다. 그들이 살면서 겪는 여러 가지 사건들은 분류되어 그들의 기존 정신 구조에 새롭게 자리잡게 된다. 이 과정에서 언어는 매우 중요한 역할을 한다. 사건을 이해하는 데 필요한 유형을 생각해 내기 위해 언어를 찾아내야 한다.

이런 경험이 계속되면 유아는 쉽게 언어를 생각해 내게 되고, 점차 유창한 말솜씨를 가지게 된다.

Vygotsky(1981)는 유아의 언어 학습은 부분적으로는 생물학적인 기초가 필요하나, 유아의 독립적인 언어 수준과 다른 사람의 도움을 필요로 하는 언어 수준 사이인 근접 발달 영역에서 다른 사람의 교수를 필요로 한다고 주장한다. Bordrova와 Leong(1996)은 Vygotsky 이론에서 발견할 수 있는 언어 학습의 기본적 원리를 네 가지로 요약하고 있다.

① 유아는 지식을 구성한다.
② 발달은 사회적 맥락과 분리하여 생각할 수 없다.
③ 학습은 발달을 이끌어 낸다.
④ 언어는 인간의 정신 발달에 중추적 역할을 한다.

이 이론을 받아들인다면, 교사의 행동과 유아가 자신의 주변 환경을 적극적으로 조작하는 것이 그들의 학습에 가장 중요한 영향을 미치고, 지식 구성에 가장 중요한 매개적 기능을 한다고 보아야 할 것이다. 다시 말하면, 교사가 적목을 가지고 노는 유아에게 적목의 크기에 대해 언급하면, 유아는 적목의 색깔에 대한 이야기를 들었을 때와는 다른 생각을 가지게 된다.

유아는 교사와의 사회적 상호작용이 없으면 어떤 사건에서 혹은 어떤 사물에서 가장 중요한 특징이 무엇인지 그리고 그 중요한 특징을 가지고 무엇을 어떻게 행해야 하는지 배우지 못한다. 그러므로 교사의 가장 중요한 역할은 유아와의 사려 깊은 대화를 통하여, 관찰을 통하여 그리고 협력을 통하여 유아가 현재 가지고 있는 개념이 무엇인지 찾아내고, 보다 나은 정신적 구성을 위하여 함께 노력하는 일이다. 따라서 교사는 결과적으로 유아가 어떻게 생각하고, 어떻게 언어를 사용할 것인지 유아의 인지적 과정에 영향을 미치는 것이다.

유아는 다른 사람들과 상호 교류함으로써 정신적인 과정을 공유하고 그것들을 더 효과적으로 사용하는 법을 배워 나간다. 이런 과정을 통하여 습득된 정신적 과정은 나중에 혼자서도 효율적으로 일어난다.

3. 유아들의 언어 발달 과정

1) 유아의 언어 기술

유아들에게 필요한 언어 기술은 크게 ① 조음, ② 이해언어 기술, ③ 표현언어 기술, ④ 문자언어 사용 기술, ⑤ 언어 사용을 즐길 줄 아는 기술 등이다.

• 조음

말소리들을 어떻게 조합하여 단어들을 만들어 내는가 하는 문제다. 유아의 조음 능력은 유아의 말하기 능력과 상관이 있다. 5세 이전의 유아들은 정확하게 발음하지 못하는 경우가 많다. 그러나 연령이 증가하면서 유아의 발음은 더욱 정확해지고 또렷해진다. 교사는 유아들의 말을 잘 관찰하여 발음을 제대로 하지 못하는 말소리가 무엇인지 세심하게 알아 둘 필요가 있다. 일상적인 대화를 할 때 의도적으로 그 말을 사용하거나, 비슷하지만 다른 말소리가 들어 있는 단어들을 뽑아 두었다가 교사가 소리 내어 발음하고 유아가 따라서 발음하게 해 보는 것도 유아들의 조음 기술의 발달에 도움을 줄 수 있다.

• 이해언어 기술

말을 듣고 이해하는 능력이다. 유아들은 매우 일찍부터 남들이 하는 말을 듣고 단어, 음성, 강조, 어미의 변화 등에 매우 민감하게 반응한다. 그리고 유아들은 매우 일찍부터 바람 소리, 나뭇잎 떨리는 소리, 이야기의 리듬, 엄마 아빠가 집으로 돌아올 때 들리는 차 소리 들을 즐긴다. 그러면서 점차 소리의 의미를 이해하고 반응하게 된다.

• 표현언어 기술

표현언어의 기술은 크게 단어, 문법 그리고 문장의 정교화 정도 등에 영향을 받는다.

단 어

유아들이 처음 사용하는 단어는 보통 그들에게는 가장 중요한 단어들이다. 예를 들면, '엄마, 다다'의 경우다. 성인들은 사물의 이름이나 행위를 나타내는 단어들을 계속적으로 사용하여 유아의 단어를 확장시켜 나가야 한다. 예를 들면, 사물을 더 자세하게 묘사하거나 새로운 단어를 들려주면 그들의 어휘력을 증가시켜 줄 수 있다. 유아들은 한 번 새 단어를 습득하면 다음 기회에는 그 단어가 또 다른 맥락에서 다른 의미로 사용되는 것을 경험하게 된다. 그렇게 되면 단어의 의미를 더 정확하게 알게 된다. 예를 들면, 먹는 '오렌지'가 오렌지색으로 사용되는 것까지 배운다. 반대로, 다른 단어가 같은 의미로 사용되는 것도 배운다. 예를 들면, '교회'나 '예배당'은 같은 의미인 것을 알게 된다.

문 법

기본적인 문법 구조는 유아들이 들은 것을 일반화하면서 배운다. 다른 사람들이 하는 말을 듣고 말의 유형을 인식하고 자신의 말에 적용시켜 본다. 아주 어린 유아들은 짧은 문장이지만 단어들이 정확한 순서로 말해지는 것을 듣는 것이 중요하다. 이러한 훈련이 더해지면 유아들은 차츰 더 복잡한 구조의 문장들을 사용할 수 있게 될 것이다.

정교화된 문장 사용하기

언어의 정교화는 매우 다양한 방법으로 일어난다. 언어의 정교화가 곧 언어를 더욱 확장시키는 행위다. 성인들은 기술, 서술, 설명, 의사소통들을 통하여 유아들의 말을 더욱 정교화시켜 나가야 한다. 예를 들면, 성인들이 어떤 문제를 해결하고자 할 때 문제 해결의 과정을 큰소리로 말하면서 풀면, 유아들도 그것을 보고 배우게 된다. 의사소통은 지시를 하거나 지시를 따르는 과정을 포함한다. 질문을 하고 대답을 하는 것도 보여 주어야 한다. 화제를 벗어나지 않으면서 말을 주고받는 것도 중요하다.

2) 언어 발달의 과정

어느 나라 말이건 유아들의 언어 발달은 대체로 다음 여섯 단계를 거치며 이루어진다(Gordon & Williams-Browne, 1999).

- **언어에 대한 반응**(infant's response to language)

영아들은 태어나면서 말소리, 즉 소리의 변화, 억양 등에 주의를 기울인다. 이것은 말을 배우려는 전조다. 이때 영아들은 가능한 한 많은 말소리를 들어야 한다. 이것이 음성학적 발달의 기초가 된다.

- **소리내기**(vocalization)

영아들은 3, 4개월이 되면 웅얼거림(cooing)과 옹알이를 하기 시작한다. 옹알이는 연령이 증가함에 따라 더욱 증가하다가, 9개월에서 12개월 사이에 절정에 이른다. 이것은 경험이 아니라 신체적 성숙의 문제와 관련이 있다. 귀머거리 영아는 정상적인 영아와 마찬가지로 비슷한 시점에서 쿠잉과 옹알이를 시작하지만 시간이 지나면서 옹알이의 빈도가 점점 줄어든다. 옹알이는 언어권에 따라 그 언어의 억양과 비슷한 억양의 옹알이로 변해 간다. 이것은 옹알이에 대한 사회적 상호작용의 필요성을 간접적으로 말해 주는 것이다.

- **단어 발달**(word development)

유아들은 점차 일반적인 소리와 말소리를 구분하게 되고, 말소리가 합쳐져서 의미가 있는 단어로 들리는 것을 인식하게 된다. 그리고 여러 가지 말소리들 속에서 단어들을 분절해 낼 줄도 알게 된다. 많은 말소리들을 들으면서 점차 자신이 낼 수 있는 말소리들을 실험해 보기도 한다. 결국, 계획적이고 통제된 말을 할 수 있게 된다.

10개월에서 15개월 사이에 영아들은 말소리를 가지고 논다. 대부분의 유아들은 단어를 말할 수 있기 전에 단어의 의미를 먼저 이해한다. 영아들이 처음 사용하는 단어들은 그들 세계와 밀접한 관련이 있는 사물의 이름이나 사건들에 관한 것이다. 이때 유아들은 몇몇 단어들을 과잉 확장하여 사용하기로 한다. 그러다가 마침내 한 단어로 된 문장을 사용한다. 예를 들면, 이 시기 유아들이 사용하는 '안녕'이라는 한 단어로 된 문장은 누군가가 떠난다는 뜻일 수도 있고, 문을 닫는다는 뜻일 수도 있다.

• 문장(sentences)

유아들의 문장은 보통 행위, 소유, 위치를 나타내는 두 단어로 시작한다. 이 문장은 나중에 형용사를 첨가하거나, 동사의 시제를 바꾸거나, 부정사를 사용하면서 문장의 길이가 더 길어진다. 유아는 규칙을 배워 문법을 배우는 것이 아니다. 다른 사람들이 하는 말을 듣고 그것들을 종합하여 유아 스스로 규칙을 터득한다. 유아들은 자신이 들은 것을 흉내냄으로써 자신의 언어 구조를 더욱 세련되게 만들어 나간다. 따라서 언어 발달은 생득적인 성향도 있지만 적절한 언어 환경이 없다면 결코 이룰 수 없다.

• 정교화(elaboration)

놀라운 속도로 어휘력이 증가한다. 문장은 더욱 길어지고 의사소통을 통하여 사회적 상호작용은 계속해서 일어난다. 그 결과 유아들의 언어는 기술, 서술, 설명, 대화 등 매우 다양한 형태의 말을 사용하기 시작한다. 선생님이 어떤 문제를 풀어 나갈 때 자신의 생각을 소리 내면서 해결하는 것을 보고 유아들도 그것을 배운다. 다른 사람과 대화하면서 지시를 주고받는 것을 배우기도 하고, 어떻게 질문하고 대답해야 하는지도 배운다. 그리고 화제를 벗어나지 않고 대화를 어떻게 이어가는지도 배운다.

• 문자적 표현(graphic representation)

5, 6세가 되면 유아들은 문자언어도 언어라는 것을 알게 되고, 말이 글로, 글이 말로 바뀔 수 있다는 것을 알게 된다. 서서히 글자를 알게 되고 초기 문식성 현상이 나타난다. 이것이 유아 언어 발달의 마지막 단계다. 이 능력의 발달은 초등학교에 들어가서도 계속 진행된다. 초등학교 교사들은 유아들의 관심과 능력을 잘 알고 이들의 발달 과정에 적절하게 대응해야 할 것이다.

이상과 같은 언어 발달의 현상을 연령별로 더 자세하게 세분하여 살펴보면 아래와 같다(Glazer & Burke, 1994).

① 5주~3.5개월

불편할 때는 소리를 내며 울고, 만족할 때는 즐거운 소리를 낸다. 영아는 원하는 것이 무엇인지에 따라 각각 다른 소리를 내며, 어머니들은 대체로 이 소리들을 분간할 수 있다. 영아는 다른 사람들이 하는 말을 이해하지는 못하지만 말소리를 듣고 자신도 말소리를 만들어 내려고 애를 쓰게 된다. 웅얼거림(cooing)을 시작한다.

② 3.5~5.5개월

가까이서 나는 말소리를 듣고 즐기며 자신도 말소리를 만들어 본다. 도구적 기능의 의사소통이 가능하게 되고 의사소통을 해야 한다는 것을 알게 된다. 따라서 비언어적(non-verbal) 의사소통이 이루어진다.

③ 5.5~8개월

5개월경에는 옹알이를 활발하게 한다. '마마마마…' '다다다다…' 등의 소리를 많이 내며, 더욱 구분 가능한 말소리들을 반복적으로 나타낸다. 6, 7개월경이면 자기 이름을 부르는 소리에 반응하고, 8개월 말경에는 특별한 단어에 반응하고 단어의 뜻을 이해하기도 한다. 단어의 뜻은 이해하나, 아직 말을 하지는 못한다. 처음으로 이해하는 단어들은 대개 '엄마' '아빠' '빠이 빠이' '애기' '신' '까까' '주스' 등 유아들과 밀접하게 관련이 있는 명사들이다.

④ 8~12개월

8개월경 이해언어가 급속하게 증가하고, 간혹 일어문(holophrase)의 말을 하기도 한다. 명명 활동이 활발하게 일어나고, 아무렇게나 말소리를 만들어 말을 실험해 보기도 한다. 언어를 사용하여 사회적 관계를 형성하는 것을 배우게 된다. 아이디어, 감정, 원함, 필요 등을 공유하기 위해 언어를 사용한다는 것을 알기 시작하는데, 이것들이 나중 문식성(literacy)의 기초가 된다.

⑤ 12~15개월

산출언어보다 이해언어가 훨씬 잘 발달되어 있다. 기본음을 소리 낼 수 있고, 인간이 내는 모든 소리에 반응한다. 그러나 여전히 산출언어는 제한적이다. 대화의 형태가 나타나고, 어른들과 언어적 상호 교환을 매우 원하게 된다. 이 시기 유아들이 내는 '다다'나 '바바'는 질문일 수도 있고, 지시일 수도 있으며, 껴안아 달라는 말일 수도 있다. 책 읽어 주는 것을 무척 좋아하고, 책 읽어 주기를 요구하기도 하며, 책을 읽어 주면 내용 중 빠진 부분이 있으면 그것을 지적하기도 한다.

⑥ 15~18개월

14개월경에서 18개월 사이에 두 단어 문장(two-words sentences)을 말하기 시작한다. 두 단어는 반드시 의미가 있는 것들로 짝지어진다. 초기의 두 단어 문장을 분석하면 중요한 관계를 발견할 수 있다(〈표 5-1 참조〉). 사람들이 언제 행동하고, 그 행동에는 결과가 있다는 것을 알기 시작한다. 그리고 구문 조직을 통하여 그것들을 여러 가지로 표현하기 시작한다. 예를 들면, "엄마, 여기."라고 소리치며 위치에 관한 언어를 사용하기 시작한다. 그러나 인과 관계나 전후 관계는 아직 분명히 알지 못한다.

관 계	언 어
실체나 명명	"개 봐."
비 실체	"우유 그만."
반복	"까까 더 줘."
속성	"이거 뜨거."
소유	"아빠 양말."

표 5-1 초기 두 단어 문장의 언어적 관계성

⑦ 18~21개월

21개월경 음식이나 배변의 필요성에 관해서 말할 수 있고, 자신의 신체의 부분들을 지적하면서 그것들의 이름을 말할 수 있다. 장난감 전화 놀이를 즐긴다. 콧노래를 부르기도 하고, 노랫말을 반복하기도 한다. 운율이 있는 동시 듣기를 즐기고, 자기 말로 노래를 하기도 한다.

⑧ 21~24개월

대명사를 많이 사용하고, 남의 말을 흉내 낼 수 있으며, 좋아하는 동시가 생긴다. 리듬이 있고 반복적인 이야기에 반응하며, 반복적으로 나오는 구절을 열심히 따라한다. 친숙한 사람들이 지나가면 손가락을 가리키며 이름을 말한다. 여러 가지 사물들에 이름 붙이기가 더욱 많아진다. 자신의 이름도 성까지 붙여서 정확하게 말한다. "예쁘다" "더럽다" 등의 서술적 용어들을 사용한다. 동요 듣기를 즐기고, 보이지 않는 것들에 관하여도 편안하게 말할 수 있다. 집 주변을 산책하거나, 공원이나 시장 혹은 할아버지 댁을 방문하는 일을 좋아하고 그것들에 관하여 말하는 것을 무척 좋아한다. 듣기 능력도 크게 향상된다.

⑨ 24~30개월

2~3세 사이 유아들은 수다쟁이가 된다. 그들은 두 단어 이상의 문장을 사용하고, 점점 더 긴 문장을 이해하게 된다. 그러나 아직 관용어구는 잘 이해

하지 못한다. 사물과 사람의 이름을 말하고 어떤 행위들을 서술할 수 있다. 문법을 터득하기 시작하고, 그것들을 적용하여 새로운 문장을 더 많이 만들어 낸다. 자신이 행하는 것, 만지는 것 그리고 보는 것들에 대하여 이름 붙이기를 좋아한다. 말놀이를 좋아하고, 운율을 즐긴다. 자신이 알고 있는 간단한 이야기들에 반응할 수 있고, 예측할 수 있는 간단한 구성의 이야기들을 듣기 좋아한다. 대화하기를 원하고, 자신에 관하여 표현하기를 원한다. 이것이 언어 사용의 주요한 동기가 된다. 역할 놀이를 좋아하고, 역할 놀이를 하면서 많은 말을 한다. 자신에 관한 이야기와 생각과 감정을 조직하여 말하기 시작한다. 말로 표현할 수 있는 언어보다 이해할 수 있는 언어가 훨씬 많다.

⑩ 30~36개월

언어 발달이 하루가 다르게 나타난다. 이때부터 3세가 될 때까지, 300~1,000단어 정도의 어휘를 습득하게 된다. 실제로 그들이 사용할 수 있는 단어보다 2배 이상의 단어를 이해한다. 그들이 이전에 사용하던 전보식 문장(telegraphic sentences)은 더욱 복잡해지고, 문장을 만들기 위해 과잉으로 규칙을 적용한다. 단어 놀이를 할 수 있으며, 운율, 반복을 사용한 말놀이를 할 수 있다. 이야기를 만들 수 있고, 누군가를 조롱할 줄도 알게 된다. 대명사와 접속사를 사용한다. '내 거야.' '엄마 거야.' 등 관계를 나타내기 위해 소유 대명사를 사용한다. Chomsky(1965)의 이론이 지적한 것처럼 정상적인 유아라면 걸음마기에서 유치원 입학 전까지 기본적인 문법들을 거의 다 터득하고, 그것들을 적용한 문장을 만들어 낸다. 이들이 많이 사용하는 문장의 유형과 간단한 변형들은 다음과 같다.

• 문장의 유형
주어–동사 : 형 먹어.
주어–부사–동사 : 형이 빨리 뛴다. 형 저기 온다.
주어–목적어–동사 : 나 저거 할 거야. 나 이거 먹는다.
주어–상태 동사 : 형 크다. 저거 예쁘다.

주어-간접목적어-직접목적어-동사 : 아빠가 이거 나 줬다.

• 간단한 변형
  질문 : 기본 문장 : 이거 새 신발이야. 변형 : 이거 새 신발이지?
  부정 : 기본 문장 : 이거 예뻐. 변형 : 이거 안 예뻐.

⑪ 36~48개월

어휘 발달은 3~4세 사이에 가장 급격하게 일어난다. 그래서 이 시기를 어휘 폭발의 시기라고도 한다. 4단어 혹은 그 이상의 단어를 사용한 문장을 말한다. 글자, 그림, 사물, 사람들에 대하여 끊임없이 질문한다. 상상적 친구를 만들고 끊임없이 대화한다. 그러나 곧 다른 친구들에게 관심을 가지고 상상적인 친구는 없어진다. 단수, 복수 및 과거, 현재 등 올바른 문법을 사용한다. 더 많은 말들을 듣고 말한다. 노랫말을 기억하고, 노래를 부르며, 어머니나 선생님에게 노래 부를 것을 요구한다.

⑫ 48~60개월

친구들과의 상호작용이 원활하게 일어난다. 상호작용의 과정에서 행해지는 많은 대화들이 말하기, 듣기 기술을 크게 향상시킨다. 친구들과 편안하게 어울릴 줄 알게 되고, 타협할 줄도 알게 된다. 그리고 집단에서 대화를 이끌어 나갈 줄도 알게 된다. 단어를 분석할 줄도 알고, 단어의 일부분을 듣고 전체 단어를 생각해 낼 줄도 안다. 접속사를 사용하여 문장을 길게 늘일 줄도 안다. 책을 좋아하고, '동물에 관한 책' '자동차에 관한 책' 등 특별히 좋아하는 책이 생긴다. 어휘 습득이 더욱 많아지고, 이야기를 읽고 듣는 것을 좋아한다. 자·모의 순서를 알고, 글자와 관련한 노래들도 즐긴다.

⑬ 60~72개월

글자와 단어에 관한 놀이를 즐기고 노랫말을 만든다. 예전에 들었던 이야기를 본떠서 새로운 이야기를 만들어 내기도 한다. 그림을 그려 놓고 다른 사람들에게 글을 써 달라고 부탁하기도 한다. 자신이 알고 있는 것들이나 불러 주는 말을 다른 사람이 대신 써 주기를 원한다. 사물이나 글자를 손으로 지적하며 이름을 말한다. 모든 말소리들을 적절하게 발음할 수 있다. 글자를 천천히 쓰면서 소리 내어 말한다. 말을 할 때, 좋아하는 책이나 자주 보는 책의 문구를 인용하여 말한다. 아는 단어를 반복해서 쓰거나 같은 유형의 문장을 단어만 바꾸어 반복해서 쓰기를 즐긴다.

4. 유아들의 언어 발달에 영향을 미치는 요인들

이상에서 기술했듯이 유아의 언어 발달 이론이나 발달 현상들을 종합해 볼 때, 유아의 의사소통 능력은 신체적 조건, 청각력, 이해력, 언어 사용 능력들이 복합적으로 작용한 결과다. 대부분의 유아들은 이런 과업들을 쉽게 그리고 빨리 배워 나간다. 그러나 이런 과업의 성취에는 많은 요인들의 영향을 받는다. 가장 중요한 요인은 첫째, 어머니나 기타 주변 사람들이 끊임없이 들려주는 말이다. 어머니는 영아가 자신이 들려주는 말을 이해하지 못하지만 마치 영아가 자신의 말을 잘 이해하는 것처럼 생각하고 수없이 많은 말들을 끊임없이 들려준다. 끊임없이 대화를 시도하고, 노래를 들려주고, 책을 읽어 주고, 시를 읽어 준다. 영아들은 어머니가 들려주는 이 수많은 말들을 들으면서 주변의 어떤 소리들보다 사람의 말소리에 점차 주의를 기울이게 되고, 특별히 어머니의 말소리에 민감하게 반응을 한다. 이것이 화행 발달의 시초다.

둘째, 인간의 감각 운동 기능이다. 인간은 보고, 듣고, 냄새를 맡고, 맛을 보고, 만져 보는 등 감각 기관을 사용하여 정보를 받아들이고 이해한다. 인간은 감각 기관을 통해 받아들인 사람과 사물에 대한 인상을 두뇌에 보내어 기록하고 저장한다. 이것이 나중에 말하기, 듣기, 읽기, 쓰기의 기초가 된다. 갓 태어난 영아는 이제 더 이상 수동적이고, 무반응적인 작은 인간이 아니라, 매우 역동적인 개체다. 영아는 여러 가지 감각 기능과 운동 기능을 사용할 수 있고, 주변 세계에 대한 호기심을 가지며, 학습할 수 있는 힘을 지닌 매우 능동적인 개체다. 따라서 부모들은 영아가 그런 활동들을 능동적으로 할 수 있도록 안내 역할을 해야 할 것이다.

셋째, 유아의 사회적 및 정서적 환경이 유아의 언어 발달에 양적 측면이나 질적 측면에서 모두 영향을 미친다. Brazelton(1979)은 의사소통의 가장 원시적인 형태는 영아가 어머니에게서 아주 부드러운 감정을 느끼기 위해서 취하는 행동이라고 한다. 신생아들은 어머니의 목소리가 들리면 목소리가 나는 쪽으로 고개를 돌릴 뿐만 아니라, 고개를 돌려 어머니의 얼굴과 눈을 본다. 그리고 어머니에게 몸을 갖다 대기 위해 버둥거린다. 어머니는 또 그런 영아의 행동에 아이를 들어 올려 안아 주고, 흔들어 주고, 얼굴을 비벼 주는 등 반응을 보인다. 인간은 그 어떤 동물보다 영아기가 길다. 이와 같은 인간의 사회적인 의존성은 개인의 생존과 성장에 결정적 역할을 한다. 다른 사람과 접촉하고 교류하면서 인간은 매우 많은 것들을 배운다. 인간은 아주 어렸을 때부터 사람들과 교류하면서 삶의 즐거움과 고통을 경험하고 또 그것을 통하여 삶과 자신과 다른 사람에 대한 기본적인 태도들을 형성해 나간다. 유아들은 부모가 그들의 필요를 충족시켜 주기를 바라고, 끊임없이 관심을 요구하고, 사랑을 요구한다. 이것은 말없는 대화다.

넷째, 유아의 지적 능력, 즉 생각할 수 있는 능력이다. Vygotsky(1981)에 의하면, 언어 능력과 지적 능력은 처음에는 각각 독립적으로 발달한다. 때로는 발달의 속도가 서로 다르기도 하다. 그러다가 이 두 능력은 상보적인 역할을 하며 발달해 간다. 이 문제는 이 분야에서 오랫동안 지속되어 온 논쟁점 중 하나다. 대부분의 연구자들은 이 두 능력이 서로 밀접하게 관련되어 있다는 사실에 동의를 한다. 인간은 생득적으로 호기심을 가지고 태어난다. 호기심은 인간 삶에서 일어나는 여러 가지 것들에 관하여 이해하려고 하는 성향이다. 인간은 처음에는 아무렇게나 탐색하고, 찾고, 더듬고, 확인하는 행동을 하다가 나이가 들면서 좀 더 조직적으로 하게 된다. 지혜로운 엄마들은 유아들이 끊임없이 새로운 것들을 접하게 하고, 탐색하게 한다. 유아의 호기심은 그들이 피곤하거나, 배가 고프거나, 아플 때에만 줄어든다.

다섯째, 사회, 문화적 요인이다. 유아들은 그들이 살고 있는 집단의 태도,

가치, 신념들을 늘 접하면서 산다. 어떤 문화에서는 어른들이 말을 할 때 아이들이 끼어드는 것을 금하는 사회도 있고, 권장하는 사회도 있다. 뿐만 아니라, 어떤 문화에서는 어른들과 말을 할 때 고개를 숙이고 들으면서 존경의 표시를 해야 하고, 적절하지 않은 말을 듣더라도 반박해서는 안 된다. 의미를 나타내는 몸짓이 문화에 따라 다를 수도 있다. 또 어떤 문화는 의미를 나타낼 수 있는 어휘가 충분하지 않고 매우 제한적인 경우도 있다. 문화적인 가치나 요인들은 유아의 언어 습득에 매우 중대한 영향을 미친다.

문식성 발달 이론과 과정

1. 문식성의 개념과 발달 원리

문식성은 사회적 활동에 참여하기 위해 글을 사용할 줄 아는 능력이다. 따라서 문식성은 단순히 읽고 쓸 수 있는 것 그 이상의 능력이다. 대체로 인간은 그가 속한 사회가 매우 중요하다고 생각하는 사회적 활동에 참여하기 위해 글을 사용하는 경험을 형식적으로든 비형식적으로든 하게 된다. 유아들은 자연스럽게 생활 속에서 부모나 자기보다 나이가 많은 형제들이 읽고 쓰는 것을 관찰하게 되고, 또 그들과 함께 책을 읽기도 한다. 유아들은 그들의 문식 능력에 따라 꽤 일찍부터 부모로부터 의도적인 그리고 형식적인 읽기, 쓰기 지도를 받기도 한다. 예를 들면, 가정에서 자소·음소의 대응, 독해 전략 그리고 작문 기법 등에 대해 가르침을 받기도 한다.

문식성의 개념을 정확하게 이해하는 것은 참으로 중요하다. 그것은 문식성이라는 말의 의미와 문식성 발달의 특성에 대한 이해가 곧 문식성 지도의 성격을 결정하기 때문이다. 문식성의 성격이나 문식성 발달 과정에 대한 이해가 가능하면, 우리는 유아로 하여금 문식 사회에 효율적으로 참여할 수 있도록 여러 가지 조건들을 만들어 내고 적극적으로 그런 활동을 하도록 권면할 수 있게 되기 때문이다.

우리는 꽤 여러 해 동안 문식성을 단순히 개인의 읽기, 쓰기 능력 정도로만 생각해 왔다(Smith, 1965). 그러나 지난 이, 삼십 년 사이에 문식성에 대한 많은 연구들이 나왔고, 그 결과, 문식성이란 무엇이며, 학교 안에서 혹은 학교 밖에서 그것이 어떻게 활용되는지에 대해 많은 것들을 알게 되었다. Heath(1983)는 문식성에 관한 그녀의 고전적 연구를 통하여 문식성이란 단순히 학교에서 책을 읽고, 글을 쓰는 활동, 즉 학교에서 강조하는 그런 활동이 아니라 그 이상이라고 하였다. 많은 경우, 사람들은 어떤 문제를 해결하기 위해 자신에게 혹은 다른 사람들에게 글을 이용하여 메시지를 전하기도 하고 받기도 한다. 예를 들면, 편지를 쓰는 일, 잘못 주차한 차량에 대해 과태료 스티커를 붙이는 일, 정보를 수집하기 위해 신문을 읽고 잡지를 뒤지는 일 등이 바로 그와 같은 예다.

Heath는 고용자들이 사람들을 채용할 때 피고용인들이 단순히 읽고 쓸 수 있는 능력뿐만 아니라, 학교에서 가르친 것 이상의 능력들을 발휘할 수 있기를 기대하는 경우가 많다고 한다. 고용자들은 피고용자들이 잘 들을 수 있고, 독자적으로 새로운 것들을 배울 수 있으며, 상황을 분석할 수 있고, 문제점들을 찾아낼 수 있으며, 또 해결할 수 있기를 바란다.

앞으로 우리 사회는 좋은 직업을 갖기 위해 점점 더 지식을 창출해 낼 수 있는 능력들을 필요로 할 것이다. 아동이 충분한 능력을 가지고 직업 전선에 뛰어들게 하는 것은 학교의 책임이다. 읽고 쓸 수 있는 것은 물론 셈을 할 수 있고, 남의 말을 귀담아 들을 수 있으며, 말을 효율적으로 할 수 있도록 준비를 시켜야 할 것이다.

이처럼, 오늘날 문식성은 고도의 기술 사회와 관련하여 이해되어야 한다. 우리는 매우 빠르게 정보를 받아들이고, 생활의 모든 측면들과 관련하여 즉각적으로 의사소통이 가능한 시대에 살고 있다. 우리 시대는 이제 정보화 시대를 마감하고 고속의 의사소통 시대로 접어들고 있다. 그러나 우리의 학교는 이제 겨우 정보화 시대를 향하여 걸음마를 떼고 있는 실정이다. 우리는 학교의 문식 활동과 사회의 문식 활동 사이에는 분명히 굉장한 차이가 있음을 안다. 고속 의사소통 시대에 사람들은 전 세계의 사람들과 의사소통하기 위해, 즉 사회 활동에 참여하기 위해 어떻게 글을 사용하는가? 고도의 기술 사회에서 성인들에게 요구되는 문식 능력과 학교의 문식 교육 사이에는 상당한 괴리가 있다. 학교는 문식의 개념을 좀 더 넓은 안목에서 보아야 할 필요가 있다. 문식성이란 실세계에서 글을 사용하여 의사소통을 효율적으로 할 수 있는 개인의 능력이라고 보아야 할 것이다. 그러기 위해 학교는 듣기, 말하기, 읽기, 쓰기는 물론 이 모든 것들을 통합하여 현상을 바라볼 수 있는 능력까지 가르쳐야 할 것이다. 고속 의사소통 시대에 대비하여 학교는 더 실세계적인 관점에서 아동을 준비시켜야 할 것이다. 약 30년 전에 Harris와 그의 동료들(1970)이 이미 지적했듯이, 문식성의 개념을 일상에서 직면하게 되는 여러 가지 실천적 과제들에 대해 적절하게 반응할 수 있는 능력의 넓은 의미로 생각해야 할 것이다.

지난 40여 년 동안 언어 발달과 문식성 발달 그리고 사회적 의사소통에 관한 신경 생리학적, 인지적 그리고 사회적 체제에 관한 수많은 연구들이 쏟아져 나왔고, 그것들에 관한 이해에 큰 진전이 있었다. 중요한 발견들을 요약하면 다음과 같다.

① 모든 사회는 언어를 사용하고 있으며, 모든 아동은 언어를 지원해 주는 체제에 결정적 결함이 없는 한 거의 대부분 언어를 사용할 수 있다.

② 세상에는 5, 6천 종류의 언어가 있고, 이들 언어들은 모두 추상적인 특질을 보편적으로 가진다. 그리고 인간 언어의 보편적 특질을 이해할 수 있는 능력은 생득적으로 주어진다.

③ 모든 아동들은 형식적인 가르침이 없이도 매우 급속하게 모국어를 배운다. 5, 6세가 되면 모국어의 형태와 사용규칙의 핵심적 특질들을 대부분 습득한다.

④ 언어 습득의 단계는 개인에 따라 약간의 차이는 있지만, 크게 보면 문화 그리고 언어에 따른 차이는 별로 없다.

⑤ 모든 아동은 실제적인 언어 사용의 경험을 통해서 언어를 배운다. 즉,

언어는 실제로 의사소통을 하면서 의미를 구성해 보는 과정에서 습득하게 된다.

⑥ 사회 환경의 특수한 특질들이 아동의 언어 습득에 영향을 미친다. 예를 들면, 아동은 부모나 그 밖에 가까이 있는 사람들의 언어 유형에 영향을 받는다.

⑦ 언어 환경의 특질은 집단 간 혹은 집단 내 언어 습득 특성의 차이를 설명해 준다. 예를 들면, 언어 환경의 특질에 따라 아동의 담화 양식 (discourse styles), 어휘력의 발달 정도, 언어 예절 등에 차이가 나타난다.

인간 언어는 의미와 소리를 연결하는 매우 복잡한 체계다. 언어를 잘 활용하려면 최소한 상호작용의 다양한 하위 체계들을 알아야 하고, 화용론적, 의미론적, 구문론적, 형태론적, 음운론적 그리고 어휘론적 요소들을 습득해야 한다. 언어의 산출과 이해는 동시에 그리고 모든 하위 체계로부터 얻은 정보들을 의식적인 노력 없이 그리고 형식적인 가르침 없이 매우 빠른 속도로 처리해야 가능하다.

문식성 발달은 반드시 음성언어 발달의 기초 위에서 이루어진다. 일찍부터 유아들은 거리의 표지판을 읽고, 상품의 이름을 읽고, 그림책·이야기 책을 비롯한 기타 여러 가지 책들을 읽는 경험을 하게 된다. 이러한 경험은 음성언어의 발달이 기초되지 않으면 불가능하며, 이러한 경험이 없는 문식성 발달은 불가능하다. 즉, 유아들은 음성언어와 문자언어의 통합적 경험을 통하여 문식성 발달을 이루어 나간다. 예를 들면, 어휘 발달은 우리가 '어휘 폭발'이라는 표현을 쓸 정도로 매우 급속하게 일어난다. 보통 약 3세 정도의 유아들은 1,000단어 정도의 수용 어휘력을 가지나, 약 6세가 되면 적게 잡아도 약 10,000단어 이상의 어휘력을 가지게 된다(Stokes, 2001). Stokes에 의하면, 책을 많이 읽는다든지 언어적인 자극이 풍부한 환경에서 자란 아이들은 다른 아동들에 비해 어휘력이 상당히 좋으며, 어휘력이 좋은 아이들은 글을 좀 더 도전적으로 사용한다. 뿐만 아니라, 일찍부터 동요나 동시를 많이 들어 온 유아들은 그렇지 않은 유아들에 비해 훨씬 쉽게 운율이 있는 말들을 만들어 낼 수 있고, 단어의 음가들에도 관심을 가진다고 한다. 이것들이 문식성 발달의 기초가 된다.

이처럼, 가정의 문식 환경은 유아들에게 음성언어와 문자언어의 기본적인 특질들을 배울 수 있는 기회를 제공한다. 부모가 유아들에게 책을 읽어 주고, 이야기를 들려주고, 노래를 불러 주고, 가족의 생활사에 대해 서로 이야기를 나누며, 함께 기도를 하면, 유아들은 말과 글의 힘을 느낄 수 있게 되고, 그것들을 사용하는 즐거움을 일찍부터 알게 된다. 아직 유치원에도 들어가지 않은 유아들이 가정에서 자석 글자를 가지고 놀고, 연필과 펜을 사용하는 경험을 하고, 컴퓨터의 키보드를 두드리는 등 문자와 관련한 놀이 기회를 많이 가지게 되면 유아들은 스스로 낱자들을 조합하여 글자를 만들어 보고, 어른들에게 읽어 달라고 부탁하기도 한다. 이런 과정들을 통해서 유아들은 말에 상응하는 글자를 배우기 시작하고, 글과 말을 관계 짓는 것을 배우게 된다. 유아가 정식으로 학교를 입학하기 전까지 가정이나 사회에서 겪는 이런 모든 문식적 경험들이 문식성 발달의 가장 중요한 원리다.

2. 문식성 발달 이론

문식성 발달 이론은 시대에 따라 그 기원과 전개 과정에 대한 관점이 다르다. 시대에 따라 달라진 문식성 발달 이론에 대해 어느 이론이 절대적으로 옳고 틀리냐는 식의 문제를 제기할 수는 없다. 그러나 좋은 이론이란 관련된 모든 요인들과 그들 간의 관계를 밝히고, 어떤 주제나 실제적인 활동들을 결속적이고 통일된 하나의 개념적 틀로 제공할 수 있어야 한다. 다시 말하면, 다양한 관찰이나 현상 혹은 활동들을 대신할 수 있는 사고의 체계나 분석 및 종합의 방법 혹은 개념적인 틀을 제공할 수 있어야 한다. 일반적으로 잘못된 생각 중 하나는 이론은 필연적으로 복잡하고 이해하기 힘든 진술이라는 생각이다. 사실 좋은 이론은 단순하고 경제적인 것을 지향하며, 가능한 한 명료하고 직접적인 언어로 표현된다. 그러나 단순하고 명료한 이론이 무조건 좋은 이론은 아니다. 예를 들면, 행동주의 이론에서 자극·반응 이론은 확실히 매우 간단하고 경제적인 이론이다. 그러나 이러한 단순성이 매력적이기는 하지만, 이 이론이 아동의 언어 습득과 문식 행동의 여러 가지 중요한 양상들을 모두 설명하지 못하기 때문에 비판의 여지가 있는 것이다. 좋은 이론이란 필수적인 연구와 조사의 지지를 받아야 한다.

다음에 네 가지 문식성 발달 이론을 소개한다. 네 가지 문식성 발달 이론 중 마지막 이론인 사회적 상호작용주의 이론은 비교적 다양한 학제적 연구에 기초한 체계적이고 일관성 있는 이론으로서, 타 이론에 비해 더욱 많은 지지를 받고 있다. 발생적 관점의 문식성 발달 이론이 아동의 문식 행동의 전체적 요인들을 어떻게 수렴하고 있는지 아동의 문식성 발달의 과정을 살펴봄으로써 확인할 수 있을 것이다.

1) 성숙주의 이론

문식성 발달에 대한 성숙주의자들의 견해는 1920, 1930년대에 성행하였던 견해로서, 글을 읽고 쓸 수 있는 능력도 인간의 신체 발달과 마찬가지로 때가 되면 저절로 발달된다는 것이다. 즉, 꽃이 때가 되면 저절로 피어나듯이 문식 능력도 자연스럽게 발달한다는 것이다. 따라서 이들은, 읽기와 쓰기 지도는 아동이 가장 효과적으로 배울 수 있는 적절한 시기를 기다렸다가 그때가 되면 시작해야 한다고 주장한다.

Morphett와 Washburne(1931)은 문식성 발달에 대한 성숙주의적 관점을 견지하면서 지도의 적절한 시기가 언제인가 밝혀내었다. 그들은 지능지수가 같은 여러 연령층의 아동들에게 읽기를 가르치고, 그 학습 결과를 비교해 보고 정신 연령 6.5세가 읽기 지도를 시작하기에 가장 적절한 시기라고 했다. 이러한 주장은 나중에 비판을 받기도 했지만, 읽기 준비도(reading readiness)의 개념으로 상당히 오랫동안 남아 있게 되었다.

성숙주의자들의 가장 핵심적인 주장은 아동이 학습할 수 있는 준비가 충분될 때까지 읽기 지도는 연기되어야 한다는 것이다. 이 같은 인식은 우리 사회에도 팽배되어, 비교적 최근까지 우리 어머니들은 자녀들이 학교에 들어갈 때까지 읽기를 가르쳐서는 안 된다고 생각하여 왔으며, 유치원 교사들 역시 읽기를 바로 가르칠 것이 아니라 읽기에 필요한 인지적, 사회적, 신체적 준비를 시키는 일이 더 옳은 일이라고 믿어 왔다. 따라서 아동들은 색칠을 하고, 종이를 자르고, 모양을 그리고, 그림을 맞추어 봄으로써 읽기 학습을 위한 준비만을 해야 했다. 이들에게 수를 헤아리고, 낱자의 이름을 가르치는 것은 허용되었지만, 낱자들을 조합해서 단어를 만드는 일만은 금지되어 왔다. 또 이야기 듣기는 권장되었지만, 이야기 읽기는 금지되어 왔다. 암기에 의한 읽기는 더욱 금지되었다. 읽기 지도는 아동이 학교 교수 상황에서 지시를 잘 들을 수 있고 따를 수 있고, 학습할 수 있을 정도의 성숙한 면을 보일 때에야 비로소 시작할 수 있다는 것이다.

성숙주의자들이 말하는 읽기 학습의 최적 시기는 대개 6.5세경이다. 따라서 6.5세가 넘는 1학년 아동이 아직 글자를 제대로 배우지 못할 경우에는 그 원인을 학습 준비의 미성숙으로 돌렸다. 그리고 보다 나은 교육적 방법을 강구하여 이들을 이끌려는 생각보다는 차라리 충분히 성숙할 때까지 기다리는 편이 옳다고 믿었다.

2) 행동주의 이론

Durkin(1966)에 의하면, 문자언어 지도에 관한 성숙론자들의 견해는 1960년대에 이르러 변하기 시작하였다. 그 변화의 핵심은, 잘 조직된 경험이 신체적 성숙보다 읽기 학습에 더 중요하다는 것이다. 다시 말하면, 학습 자료와 과업을 쉬운 것에서부터 어려운 것의 순서로 적절히 배열하고, 각 단계에 따라 적절한 연습의 기회를 제공하면 충분히 성숙되지 않은 아동일지라도 읽기 학습을 할 수 있다는 것이다. 학습에 대한 이 같은 인식의 변화에 따라 읽기 지도는 발달적인 요인보다 환경적인 요인을 더 강조하는 쪽으로 기울어지게 되었다. 이러한 변화는 학습 과업들이 어떤 순서로 주어지느냐에 따라 학습의 효과가 크게 달라진다는 사실이 밝혀지면서 시작되었다. Bloom(1956)도

대부분의 아동들은 조직적이고 체계적인 교수 방법과 충분한 학습 시간이 주어지면 매우 높은 수준의 학습도 가능하다고 보았다.

체계적인 지도를 강조하는 행동주의적 관점에서의 읽기·쓰기 지도는 일련의 기능들을 낮은 순서에서 높은 순서로 하나씩 가르치는 것이다. 그리고 이 관점에서의 학습 효과는 학습 목표로 제시된 기능의 습득 여부를 측정함으로써 판가름한다. 일련의 기능들을 순서대로 학습한다고 믿었기 때문에 유치원에서 읽기 지도는 그림 맞추기, 그림의 순서 정하기, 철자 재인, 철자를 보고 그대로 그려 보기 등과 같은 낮은 수준의 읽기 기능들이어야 한다고 주장한다. 따라서 읽기 기능을 지도하는 것이 곧 읽기 지도를 하는 것이라고 생각했으면서도 실제로는 읽기 준비도 과업이 이 당시 많은 읽기 프로그램의 주요 내용이 되어 버렸고, 아직까지도 유치원에서 이러한 내용이 강조되고 있음을 주위에서 쉽게 볼 수 있다.

행동주의 관점에서 볼 때, 프로그램의 구성에서 가장 중요한 기준은 학습 내용의 곤란도를 고려하는 일이다. 예를 들면, 낱자 이름은 낱자의 음가를 가르치기 전에 지도해야 하며, 시각적 변별은 단어 읽기를 가르치기 전에 지도해야 한다는 것이다. 그리고 이해 기능을 지도하기 전에 먼저 낱자나 단어 재인 기능을 가르쳐야 한다는 것이다. 이러한 가정에 따라 유아들에게는 가장 낮은 수준의 읽기 기술이 지도되어야 한다고 하면서 시각 변별 과업, 단어 재인 과업, 1학년 교과서에서 나오는 쉬운 글자 가르치기 등을 한다. 반면, 문장을 읽고 동화를 읽는 일은 거의 없다. 글자가 없이 그림만 있는 그림책은 바로 이러한 생각에서 만들어진 것이다.

3) 상호작용주의 이론

앞에서 기술한 문식성 발달에 대한 두 가지 관점, 즉 성숙주의적 관점과 행동주의적 관점의 절충적인 관점이 상호작용주의적 관점이다. 상호작용주의적 관점의 대표적 학자는 Piaget다. 문식성 발달에 대한 Piaget의 관점을 설명하기 전에, Piaget의 인지 발달 이론을 먼저 살펴보는 것이 옳을 것이다. Piaget

의 주요 주장은, 아동은 그가 속한 물리적 환경과 상호작용함으로써 지식을 습득해 간다는 것이다. 아동은 출생에서부터 청소년기에 이르기까지 그가 속한 환경 속에서 지각하는 모든 자극을 능동적이면서도 무의식적인 과정으로 구조화한다. 이 말은 아동은 그가 이해할 수 있는 세계만을 취급하며 다룬다는 뜻이다. Piaget에 의하면, 아동은 환경적인 자극을 현존의 인지 구조에 동화(assimilation)시킨다. 환경적 자극이 그들의 사고 수준을 넘어서는 새로운 차원의 것이라면 아동은 그들의 인지 구조를 조절(accommodation)하여 그들의 사고 형태를 수정하고 변화시킨다. 동화와 조절은 아동의 학습에서 가장 기본적인 과정이다.

아동은 출생 직후부터 감각 운동적인 기능을 사용하여 행동하고 관찰함으로써, 자신과 실세계는 구분되어 있다는 사실을 알게 되며, 간단한 문제 해결의 과업을 수행할 수 있게 된다. 그러다가 전 조작기에 접어들면 아동의 인지적 발달은 상당한 변화를 보이기 시작한다. 감각 운동기에서 볼 수 없었던 상징의 능력이 이 시기에 생긴다. 즉, 하나의 대상을 표상하기 위해 다른 대상을 사용하는 능력이 생기는 것이다. 이때부터 아동은 그리기(drawing)를 시작하는데, 이 그리기가 아동의 사고를 구조화하는 역할을 한다. 왜냐하면 그리기는 대상에 대한 심상(mental image)을 발달시키기 때문이다. 그러다가 마침내는 눈에 보이지 않는 대상과 실세계까지 형성할 수 있는 능력을 발달시킨다. 일단 심상을 형성하고 그 이미지를 명명하기 시작하면 아동은 현존하지 않은 대상이나 과거의 사건까지 기술하고 설명하려고 한다.

Piaget(1923)는 아동의 사고 발달에 미치는 언어의 역할에 대해 깊은 관심을 보였다. 그는 아동이 놀이를 할 때 자기중심적 언어(egocentric speech)를 많이 사용하며, 7세가 다 되어서야 상호작용적 상황 속에서 볼 수 있는 정보를 제공하고 질문을 하는 등 정말 대화라고 할 수 있는 사회적 언어(socialized speech)를 사용한다는 사실을 관찰했다. 그는 또한 아동의 자기중심적 언어는 그들의 행동을 결정하지 못한다는 사실도 발견했다. 즉, 아동의 언어적 기능은 이미 획득한 현재의 인지적 발달 수준에 따라 크게 제한을 받는다는 뜻이다. 아동의 언어 발달은 그들의 인지적 구조에 의해서 결정되며,

그들의 초기 언어는 그들의 실세계 속에 있는 대상과 사건을 나타내는 방법으로 기술된다. 따라서 아동의 언어 발달을 촉진시키기 위해서 성인이 할 수 있는 일이란 이들에게 실세계 속에서 사건과 행위를 기술하고 설명할 수 있는 기회를 가능한 한 많이 제공하는 것이며, 더 근본적으로는 이들의 인지 구조에 적합한 물리적 환경을 풍부하게 구성하여 제공하는 것이다.

중요한 것은 아동의 인지적 구조다. 아동의 인지적 발달 수준에 맞지 않는 교사의 질문과 설명은 이들의 인지 발달이나 언어 발달에 별로 도움이 되지 않는다. 아동의 인지 발달이나 언어 발달은 이들 스스로 환경과의 상호작용 속에서 인지적 갈등(cognitive conflict)을 일으킬 때에 이루어진다.

지금까지 설명한 언어 발달에 대한 상호작용주의적 관점은 언어 발달을 자극과 반응 이론으로 설명하는 행동주의 관점과 크게 구별된다. 상호작용주의적 관점은 언어 발달의 설명에서 아동의 능동적인 참여를 크게 강조하여 '안에서 밖으로(inside-out)'의 성향을 강조한다. 반면에 행동주의에서는 '밖에서 안으로(outside-in)'의 비교적 단순한 학습 개념을 강조한다(Teale, 1982). 상호작용주의적 관점에서 보면, 아동은 그들이 속한 물리적 환경 속에서 탐색하고, 문제를 찾아내며, 가설을 설정하고 검증하며, 일반적인 규칙을 찾아내는 매우 역동적인 존재다.

아동을 단순히 수동적인 존재로만 보았던 행동주의 관점의 제한점을 극복하려 했던 상호작용주의적 관점에도 역시 제한점은 있다. Mehan(1981)은 Piaget 방식의 이론이 지식의 구성에서 아동의 역동적인 특성을 인정한 것은 매우 훌륭한 일이나, 그러한 구성을 아동 스스로 준비가 되어 있지 않은 한 타인의 도움을 받을 수 없는 매우 개인적이며 주관적인 행위로 본 것은 잘못이라고 지적한다. 지식 구성을 지극히 개인적인 활동으로 보았던 것은 분명이 이론이 가진 제한점이다.

4) 사회적 상호작용주의 이론

구 소련의 심리학자이자 교육자인 Vygotsky는 러시아 혁명 이후 스탈린의 정치가 계속되는 동안 거의 빛을 보지 못하다가, 1956년 이후 새롭게 발견된 동구 사회주의 사회의 주요 발달 이론가 중 한 사람이다. 그의 발달 이론은 철학적 수준의 마르크시즘(Marxism)의 변증법적 개념을 심리학에 적용시킨 이론이다(Garton & Pratt, 1989). Vygotsky는 아동의 발달이 생득적인 요소와 함께 사회적 상호작용의 경험에 따라서도 달라진다고 믿었다. 따라서 개인의 정신적 과정은 사회 · 문화적인 기원을 가지며, 개인의 변화는 역사적 그리고 사회적 변화의 영향을 받는다고 믿었다.

인간의 지적인 발달과 소련 교육의 실질적인 문제에 매우 깊은 관심을 가졌던 Vygotsky는, 아동의 문식성과 학교 교육(schooling)과의 관계를 매우 진지하게 생각했다. 언어 발달 그리고 지능이나 기억 등을 포함한 '고등 정신 기능(higher mental functioning)'은 그의 주요 연구 대상이었다. 그는 인간의 지적 기능이 여러 가지 활동들(activities)로 이루어진다고 생각하였으며, 그러한 활동들의 예로 말(speech), 지각(perception), 기억(memory) 그리고 주의(attention) 등을 들고 있다.

이러한 활동들은 인간의 지적 기능 수행에 필요한 활동들이며, 도구들(tools)에 의해 매개된다. 인간이나 동물은 다 같이 외적 도구들(external tools)을 사용하는데, 외적 도구들은 외부 세계를 내면 세계로의 심리 세계를 형성하는 데 매우 중요한 역할을 담당한다. 인간이 사용하는 여러 가지 도구들 중에서 가장 특유한 도구가 바로 신호(signs)다. 인간이 사용하는 음성언어, 문자언어 그리고 수 체계 등은 바로 여러 신호들이 체계화된 신호 체계(sign system)들이다. 그런데 이런 체계들은 필요에 따라 사회 · 문화적 상황 속에서 창조된 것들이다. 따라서 사회가 변하고 문화가 변하면 이런 체계들도 함께 변화한다. 사회 속에서 살아가는 한 개인이 그 사회의 신호 체계에 숙달된다는 것은 그 개인 한 사람의 변화와 발달일 뿐 아니라 그 사회 · 문화의 변화와 발달이기도 하다.

Vygotsky 이론의 핵심적 요점은 인간의 지적 기능이 처음에는 사회적 국면에서 일어나다가 나중에는 개인적 국면으로 전이되어 일어난다는 것이다. 다시 말하면, 인간의 고등 정신 기능은 언어에 의해 개인 간 심리 기능(inter-psychological functioning)이 개인 내 심리 기능(intra-psychological functioning)으로 전환된다는 것이다.

인간에게는 누구에게나 기초적 정신 기능이 있다. 그런데 이 기초적 정신 기능은 언어라는 사회적 신호 체계를 매개로 하여 의도적 주의집중, 논리적 기억, 추상화, 비교, 변별 등의 고등 정신 기능으로 발달한다. 즉, 언어는 사회적인 기능뿐만 아니라 정신적 통제 기능까지 담당한다.

Vygotsky는 그의 발달 이론에서 아동들이 다른 사람과 의사소통하는 것이 정신적 기능 발달에 매우 중요한 요소가 된다고 말한다. 성인이 처음에는 명명하고, 지시하고, 제안하는 등 아동에게 언어적인 도움을 제공하나, 아동이 점점 유능해지면 그러한 도움을 점차 감소시킨다. 이 같은 의사소통 상황이 곧 아동의 정신 기능을 발달시키는 견인차 노릇을 하는 것이다. Vygotsky(1978)는 아동 발달에 있어 성인의 역할을 더욱 명료화하기 위해 '근접 발달 영역(zone of proximal development)'이라는 새로운 개념의 용어를 사용하고 있다. 그가 말하는 '근접 발달 영역'이란 아동이 혼자서 문제를 해결할 수 있는 실질적인 발달 수준과, 성인의 도움과 지원을 받아 가면서 문제를 해결할 수 있는 잠재적 발달 수준과의 차이를 말한다.

Vygotsky에 의하면, 교수(instruction)는 바로 아동의 근접 발달 영역에서 일어나야 한다. 근접 발달 영역의 개념을 언어 학습에 그대로 적용해 본다면, 아동의 언어 학습은 아마도 아동이 독백으로 말할 수 있는 어떤 지점과, 대화로 말할 수 있는 어떤 지점 사이에서 일어난다고 볼 수 있다. 분명 근접 발달 영역의 개념은 아동의 언어 및 문식성 발달에 미치는 성인의 역할을 매우 분명하고 설득력 있게 설명해 주고 있다.

Vygotsky의 관점은 매우 분명하다. 그의 관점에 의하면, 언어는 아동의 정신적 성장에 매우 중요한 자극제다. 그리고 주변 환경과의 상호작용의 경험도 아동의 정신적 성장에 중요한 요소다. 그러나 더욱 중요한 것은 여러 가지

방법으로 아동의 언어적인 성장을 자극하는 성인의 도움이다. 이러한 도움은
아동의 근접 발달 영역에서 일어나야 한다. 한마디로, 개인의 정신적 기능은
사회적인 기능에 의해 결정되고, 개인의 정신적 기능의 구조는 사회적 환경
을 비추는 거울과도 같은 것이다.

　사회적 상호작용주의적 관점과 상호작용주의적 관점 사이에 드러나는 가장
분명한 차이는 아동의 학습에 성인의 교수 역할(instructional role)을 인정하느
냐 하지 않느냐는 것이다. Vygotsky는 아동의 학습에서 성인의 교수 역할을
매우 분명하고 강하게 주장했다. 그러나 Piaget는 그 반대다. 또 Vygotsky는

표 6-1　문식성 발달에 관한 네 가지 관점의 비교

	성숙주의적 관점	행동주의적 관점	상호작용주의적 관점	사회적 상호 작용주의적 관점
인간관	인간은 생리적 존재	인간은 생물적 존재	인간은 합리적 존재	인간은 사회적 존재
언어관	언어는 학습의 대상 음성언어가 문자언어에 우선함	언어는 학습의 대상 음성언어가 문자언어에 우선함	언어는 사고를 반영함 음성언어와 문자언어의 차이에 관심 없음	언어는 사고를 촉진함 음성언어와 문자언어에 차이를 두지 않음
문자언어의 학습관	일정한 정신연령이 되어야 문자언어 학습이 가능함 일정한 정신연령 이전에는 가르쳐 주어도 배우지 못함 음성언어의 습득 이후에 문자언어 습득이 이루어짐	체계적으로 가르치면 조기에도 문자언어 학습이 가능함 음성언어 습득 이후에 문자언어 습득이 이루어짐	사고 발달 단계에 따라 언어 습득이 이루어짐	출생 직후부터 성인과의 상호작용을 통해 문자언어를 학습함 가르치지 않아도 문식 환경 속에서 자연스럽게 배움 음성언어와 문자언어의 습득이 동시에 호혜적으로 이루어짐
교육에 대한 시사점	문자언어 지도 이전에 학습 준비도를 꾀함	문자언어 지도 이전에 음성언어를 지도함 교수 내용과 방법의 체계화를 강조 조기 교육을 권장	사고를 촉진, 발달시킬 수 있는 자극과 환경의 제공	풍부한 문식 환경의 조성 강조 아동과 성인의 언어적 상호작용을 강조

외적 언어(external speech)를 사고의 내면화를 위한 첫 단계라고 생각했으나, Piaget는 그것은 단지 아동의 현재의 사고 수준을 나타내 줄 뿐 더 높은 수준의 사고를 위한 자극제가 된다고 생각하지는 않았다.

이상에서 살펴본 바와 같이, Vygotsky는 언어의 기원을 사회적 상호작용 속에서 탐구하였다. 그러나 그의 탐구는 다분히 이론적이며, 그가 사용하는 개념도 아직 경험적으로 충분히 증명되지는 못했다. 아동의 음성언어와 문자 언어의 발달이, 그가 주장하는 것처럼 사회적 상호작용 속에서 실행(practices)을 통해 이루어지는지는 경험적으로 더 증명되어야 한다. 지금까지 기술한 문식성 발달에 관한 네 가지 관점을 앞의 〈표 6-1〉에 비교 제시하였다.

3. 문식성 발달 과정과 단계

1) 발생적 문식성(출생에서 유치원 입학 전까지)

유아들은 유치원에 입학하기 전에, 그리고 아직 형식적인 읽기, 쓰기 지도를 받기 이전에도 생활 속에서 자연스럽게 읽기와 쓰기를 배우게 된다. 성인의 입장에서 보면 바른 읽기가 아니고 바른 쓰기가 아니지만, 시각적인 상징들을 이용하여 의미를 이해하고 전할 수 있다는 점에서 이 단계 유아들의 읽기, 쓰기 능력은 상당한 수준에 이른 것으로 보아야 한다. 이런 수준의 읽기, 쓰기 능력을 우리는 발생적 문식성(emergent literacy)이라고 한다. 즉, 세상 사람들이 모두 알아볼 수 있고 이해할 수 있는 정확한 읽기와 쓰기는 아니지만, 궁극적으로는 그런 수준으로 나아가는 기초가 잡혀 가고 있다는 의미에서 '문식성의 뿌리'라고도 말한다. 뿌리는 뿌리를 내리고 있는 토양도 적절해야 하지만 스스로 자생하고 성장하는 힘을 가지고 있어야 한다. 그래서 스스로 나타난다는 의미에서 '발현적 문식성'이라는 말로도 번역하여 사용하고 있지만, '발현'이라는 말 속에는 '자생'과 '성장'의 의미가 없기 때문에 '발생'이라는 말이 더 적절한 것 같다.

유아의 문식성 발달은 발생적 문식 단계인 4~6세 사이에 매우 급속하게 그리고 매우 복잡한 양상으로 일어난다. 사실 단계라는 말 속에는 읽기와 쓰기를 발달시켜 나가는 양상과 속도 면에서 몇 가지 정해진 학습 국면이 있다는 것을 암시하기는 하지만, 문식성의 발달은 인간의 다른 측면의 발달과 마찬가지로, 모든 아동이 똑같은 모습으로, 똑같은 순서로, 똑같은 속도로 발달해 가는 것은 아니다. 개인에 따라 읽기와 쓰기 능력을 발달시켜 나가는 모습이 다양하기 때문이다. 문식성 발달의 양상이 개인에 따라 다르듯이, 한 개인 내에서도 읽기와 쓰기가 똑같이 발달해 가는 것은 아니다. 읽기 능력이 발달한 유아가 쓰기 능력에서는 좀 뒤처질 수도 있으며, 그 반대일 수도 있다. 한편으로, 또 모든 영역이 비슷하게 발달해 나갈 수도 있다. 그러나 정해진 순서는 아니지만, 발생적 문식 단계에 있는 유아들에게 많이 나타나는 문식성 발달의 특징을 요약하면 다음과 같다.

① 문자언어로 의미를 전할 수 있다는 것을 이해한다.
② 읽고, 쓰는 척한다. 즉, 책장을 넘기고, 그림이나 기억하고 있는 이야기를 이용하여 이야기를 만들어 낸다.
③ 글자와 말소리를 관계짓기 시작한다.
④ 낱자의 이름들을 알기 시작하고 어떤 낱자는 상응하는 말소리를 연결시켜 본다.
⑤ 상품에 있는 글자들이나, 자주 보는 간판 글자들을 읽을 줄 안다. 그러나 글자만 제시했을 때는 잘 읽지 못한다.
⑥ 쓸 줄 아는 글자가 더러 있다. 예를 들면, 자기 이름이나 가족의 이름 속에 있는 글자들을 쓸 수 있다.
⑦ 간혹 글자의 방향을 반대로 쓰기도 한다. 예를 들면, 'ㅈ ㅐ ㅓ'와 같이 쓰기도 한다.
⑧ 글자 모양 같은 낙서를 하기도 하고, 실제로 뜻이 통하지는 않지만 글자들을 줄을 맞춰 써 놓기도 한다. 단어와 단어 사이를 띄지 않고 죽 이어서 글자들을 열거해 놓기도 한다.

⑨ 어떤 단어는 한 글자만 써 놓고 그 단어라고 우기기도 한다.

⑩ 아무렇게나 써 놓고 의미를 부여해 가면서 읽기도 한다. 그러나 나중에 다시 읽을 때는 못 읽는 경우도 있다.

발생적 문식성 단계의 유아들에게 나타나는 문식적 특성들을 앞에서와 같이 기술했지만, 반드시 기억해야 하고 조심해야 할 사실은 모든 유아가 똑같은 모습과 똑같은 속도로 정해진 순서에 따라 문식성을 발달시켜 나가지는 않는다는 사실이다. 하지만 발달의 양상이나 발달의 속도야 어떻든지, 지금 당장은 아니라도, 결국 모든 아동의 궁극적인 문식성 발달의 목표는 동일하게 보아야 할 것이다. 즉, 유아가 ① 궁극적으로는 문자언어를 사용하여 의미를 효율적으로 이해하고 전달하는 유창한 독자와 필자로 변해 가는 것, ② 정보를 적극적으로 살펴보고 분석하여 효율적으로 생각할 줄 알고 의사소통할 줄 아는 사람이 되는 것, ③ 읽기와 쓰기를 즐기는 사람이 되는 것, ④ 여러 가지 목적을 위하여 문자언어를 성공적으로 사용할 줄 아는 사람이라고 스스로 자신감을 갖게 되는 것이다.

2) 초기 문식성(유치원 입학에서 초등학교 1학년 초까지)

유아가 유치원에 들어가게 되면 더러 읽을 줄 아는 글자도 생기고 쓸 줄 아는 글자도 생기게 된다. 좋아하는 이야기나 노래들을 기억하기도 하고, 그것들을 중심으로 글을 읽는 척도 하게 된다. 자신이 경험한 것을 부모님이나 선생님에게 도움을 청하여 써 보기도 하고 받아 적기도 한다. 어떤 유아들은 마치 3, 4학년 아이들처럼 제법 혼자서 글을 읽기도 하고, 쓰기도 한다. 또 묵독으로 글을 읽기도 하고, 큰소리를 내어 읽기도 한다.

이 시기 유아들은 가정에서 발생적 문식 활동의 경험이 없었다면 유치원이나 학교에서 읽기나 쓰기에 상당한 어려움을 경험하게 될 것이다. 반대로, 가정의 문식 환경이 유치원이나 학교에서 경험할 수 있는 것보다 더 나은 환경이었다면 이런 유아들은 다른 유아들에 비해 읽기, 쓰기 능력이 상당히 앞서 나가게 될 것이다.

이 시기 유아들의 문식성 발달의 특징을 요약하면 다음과 같다.

① 무엇인가를 알기 위해 글을 읽을 필요가 있다는 것을 안다.
② 글자에 주의를 많이 기울이며, 정확한 글자가 무엇인지에 관심을 기울인다.
③ 그림뿐만 아니라 글자나 책은 정확하며, 변하지 않는 내용을 가지고 있다는 것을 안다.
④ 자신이나 가족의 이름 속에 들어 있는 글자들을 알고 그것들을 중심으로 자소·음소를 대응시키며 말을 만들기 시작한다.
⑤ 구두점의 기능에 대해 이해하기 시작한다. 그러나 그것들을 읽기나 쓰기에서 일관성 있게 적용할 줄은 모를 수도 있다.
⑥ 읽고 쓸 줄 아는 단어들이 있다.
⑦ 글을 이해하기 위해 발음뿐만 아니라 기억, 맥락, 이야기 유형, 그림 등을 사용한다.
⑧ 단어와 단어 사이는 띄어 써야 하는 것을 안다. 그러나 언제나 그것을 맞게 적용시키는 것은 아니다.
⑨ 글자를 읽을 때 처음 글자가 아니라 가능하다면 자소와 음소를 대응시켜 가며 읽으려고 애를 쓴다.
⑩ 단어를 완전하게 다 쓰기도 하고, 어떤 경우에는 부분적으로 써 놓고 그 단어라고 우기기도 한다.
⑪ 자신이 써 놓은 글을 되풀이해서 읽기도 한다.
⑫ 앞 단계와 마찬가지로 글자를 역 방향으로 쓰기도 한다.

이 단계의 유아들은 다른 사람들과 함께 책을 읽는 것이 좋으며, 글자나 그림이 분명한 예측 가능한 책들을 가능한 한 많이 읽는 것이 좋다. 게임이나 글자와 말소리를 연결할 수 있는 언어 활동들도 도움이 될 것이다. 단어의 의미를 이해하기 위해 여러 가지 전략들을 사용할 필요가 있으며, 창안적 글자 쓰기(invented spelling)를 권장할 필요도 있다. 여러 가지 이야기를 듣고, 토론하고, 다시 이야기해 보는 경험을 가지게 하는 것도 좋다.

따라서 유치원 교실이나 초등학교 1학년 교실은 가능하다면 유아가 유치원에 입학하기 전 가정에서 경험하던 문식 경험이 계속될 수 있도록 비형식적이면서도 실제적인 문식 환경이 되도록 해야 할 것이다. 교실 내에 있는 유아들이 서로 쉽게 의사소통할 수 있도록 해야 하고, 읽기, 쓰기 활동을 모방할 수 있도록 보다 능숙한 사람들의 읽기, 쓰기를 가능한 한 많이 볼 수 있게 하며, 그들과 진정한 의사소통을 할 수 있는 기회를 제공할 수 있는 방법들을 모색해야 할 것이다. 유아가 혼자서도 책을 읽을 수 있도록 하기도 하고, 누군가의 안내를 받으면서도 읽을 수 있도록 해야 하지만, 교사가 유아들에게 큰소리로 책을 읽어 주는 일도 필요하다. 뿐만 아니라, 교사는 유아들이 다른 사람의 도움을 받아 글을 써 보게도 하고, 대신 써 주기도 하며, 글을 쓰는 방법에 대해 안내하기도 하고, 혼자서도 쓰게 하는 등 다양한 쓰기 경험을 시켜야 할 것이다.

유아의 문식성 발달은 비형식적인 지도뿐만 아니라 형식적 지도도 병행해야 할 것이다. 유아가 성공적인 문식자가 되는 데는 물론 교사의 가르침이 최대가 될 필요는 없다. 대부분의 유아들은 매우 복잡하고 미묘한 자소·음소의 대응이나 복잡한 시제의 문제, 독해 전략, 쓰기의 대상을 고려할 수 있는 능력 등 교사의 직접적인 도움을 받으면 더 쉽게 배우는 경향이 있다. 그러나 대부분의 아동들은 이러한 문제들까지도 실제적인 의사소통의 과정을 통하여 스스로 해결할 수 있는 방법을 터득하게 된다. 가능하다면 직접적인 가르침을 절제하고 실제로 필요에 의한 읽기, 쓰기가 일어날 수 있는 환경을 만드는 일에 최선을 다해야 할 것이다.

직접적이고, 계획적이고, 명시적인 교수 방법은 여러 가지 형태를 취할 수 있다. 연구자들과 교육자들은 직접 교수 방법의 정확한 성격에 대해 아직도 논쟁을 계속 하고 있다. 직접 교수법이란 가르쳐야 할 내용을 엄격하게 순서를 정하고, 그것들을 분절하여 하나하나에 대하여 정확하게 가르쳐 주는 것이라고 말하는 사람들도 있다. 예를 들면, 자소·음소의 대응규칙을 정확하게 따로 떼어 내어 그것만 집중하여 가르치는 것이다. 한편, 좀 더 느슨한 관점에서 직접 교수법을 정의하는 사람들도 있다. 가장 상황에 맞는 내용을 골라 의미 있는 맥락을 유지하면서 가르치고자 하는 중요한 내용들을 교사가 잘 안내하면서 가르치는 것이라고 보는 사람들도 있다. 직접 교수법의 정의가 어떤 것이든, 유아의 문식성 발달은 비형식적인 지도와 형식적인 지도(직접 교수) 방법 둘 다 필요하다. 물론, 직접적 지도를 최소화하는 것이 좋기는 하지만 유아의 읽기, 쓰기에 필요한 결정적 기술들은 직접적이고 형식적인 지도법을 통해 가르치는 것이 효과적일 수 있다.

최근, 이 분야의 연구자들이나 전문가들은 균형적이고 통합적인 문식성 발달 지도를 주장하고 있다(Guthrie & Greaney, 1991; Heath, 1980; Lipson, 1994; Lipson, Valencia, Wixson, & Peters, 1993; Walmsley & Walp, 1990). 균형적이고 통합적인 지도 방법의 궁극적인 목표는 실제적인 언어 교환이 필요한 교실 환경을 만들어 유아들의 언어 활동을 의미 있는 활동이 되게 하면서 결정적인 순간에 결정적 읽기, 쓰기 기술들을 직접적이고 명시적인 방법으로 가르쳐서 유아의 문식성 발달을 최대가 되게 하려는 것이다.

유아들은 즐기기 위해서 그리고 실제적인 이유 때문에, 읽고 쓰는 경험을 할 수 있도록 도와줄 필요가 있다. 언어 교수는 반드시 유아의 사전 지식에 기초한 지도가 되어야 하며, 보다 높은 수준으로 발달해 나가기 위해 유아들이 적절히 도전할 수 있도록 안내해야 할 것이다. 뿐만 아니라, 교사는 유아들을 세심하게 관찰하고, 그들의 성공과 노력을 계속적으로 평가하여 특정 상황에서 특정한 유아에게 맞는 가장 적절한 방법을 찾아내야 할 것이다.

3) 독자적 문식성(초등학교 1학년 후반부에서 3학년 정도까지)

우리글은 자소와 음소의 대응이 매우 정확하기 때문에 일단 초기 문식성 단계에 접어들면, 자·모 체계의 원리를 배우는 데 그리 많은 시간이 걸리지 않는다. 필자의 개인적인 경험이지만, 우리글의 자·모 체계를 직접적이고 명시적인 방법으로 가르치기 시작하여, 한 달 내에 그것을 터득하게 하는 것이 가능했다. 따라서 대개 유아가 초등학교에 입학하면 형식적인 읽기 지도를 경험하게 되고, 그때부터 한두 달 정도면 글자와 말소리를 정확하게 연결시킬 줄 알게 된다.

일단 자·모 체계를 터득하고, 자소·음소의 대응규칙을 적용시키기 시작하면, 아동들의 다른 문식 능력도 급속하게 발달하기 시작한다. 어휘력이 급증하고, 보다 미묘한 글의 내용을 이해하며, 독자를 위한 글쓰기가 가능해지고, 읽기를 통하여 물리적, 사회적인 세계를 더 많이 알아 가기 시작한다. 그러나 충분히 능숙한 독자나 필자로 변해 가는 데는 3년 혹은 그 이상의 시간이 필요하다. 물론 이 모든 능력들은 평생을 통하여 발달해 간다.

정확하게, 유창하게 그리고 글의 내용을 이해하면서 읽는 읽기가 가능해지려면, 능숙한 문식자들의 시범을 자주 접할 필요가 있으며, 학교생활을 통하여 끊임없이 읽기의 효과적 전략들을 직접적이고 명시적인 방법으로 지도를 받을 필요가 있다. 쓰기도 마찬가지다. 읽기와 쓰기는 교수 면에서 공통적인 특성을 많이 가지고 있으며, 통합적인 방법으로 지도되는 것이 좋다. 읽기에서 음운 인식의 역할은 매우 중요하다. 특히, 쓰기의 과정에서 유아들이 말소리를 나타내는 낱자를 생각해 내는 것은 필수적이다. 이것이 제대로 되지 않으면 쓰는 것에 곤란을 느낀다. 이 단계에 접어든 아동들은 대체로 쉽게 자소와 음소를 대응시킬 줄 안다.

이 시기 아동의 문식성 발달 특징을 요약하면 아래와 같다.

① 맥락에 의존하지 않고도 많은 단어들을 읽을 수 있다.
② 새 단어를 접했을 때 그것을 확인하기 위해 단어를 분석하고 음가를 적용해 본다.
③ 자신이 읽는 글이 이해가 되는지 점검해 보고, 틀린 부분을 찾아내고, 고쳐 읽기도 한다.
④ 더욱 정확하고, 유창하게 그리고 표현력 있게 읽을 줄 안다.
⑤ 글의 초안을 잡고, 대충 써 보기도 하며, 틀린 부분을 수정하기도 한다.
⑥ 자신이 읽은 글의 내용을 다른 사람들에게 말한다.

⑦ 자신의 아이디어를 더욱 정교화하여 다른 사람들에게 말할 줄 안다.

⑧ 표준적인 쓰기에 가까운 쓰기가 가능하다.

⑨ 구두점을 사용하는 것이 가능해진다.

초등학교 2, 3학년 아동들은 유치원에서 시작되었던 문식 활동을 이 시기까지 지속할 필요가 있으며, 더 복잡한 언어적 원리들을 터득할 수 있도록 직접적이고 명시적인 지도를 이전 단계와 마찬가지로 병행할 필요가 있다. 어휘력을 더욱 확장시켜 주어야 할 것이며, 좀 더 다양한 종류의 글들을 읽을 수 있도록 배려해야 할 것이다. 뿐만 아니라 좀 더 복잡한 사고를 표현해 보는 것을 권장하며, 개인의 진보를 면밀히 관찰하여 그러한 정보를 기초로 적절한 교수 방법들을 모색해야 할 것이다. 이 단계에도 여전히 통합적인 접근법이 지속되어야 할 것이다. 글을 읽고, 개인적으로 의미 있는 부분들에 관하여 다양한 방법으로 토의해 보는 것이 좋다. 글을 읽을 때 의미를 이해하기 위해 여러 가지 전략들을 사용할 것을 권해야 하며, 때로 단어를 분석하기도 하고, 정확성, 유창성, 표현성을 위한 연습도 필요하다. 묵독을 할 수 있도록 해야 하며, 특별한 독해 전략은 직접적 시범을 보일 필요도 있으며, 언어적 교수법을 통해 가르칠 필요도 있다. 다양한 문학 서적들을 큰소리로 읽어 주고, 그것들의 내용과 관련하여 토론할 필요가 있다.

4) 능숙한 문식성(초등학교 고학년)

초등학교 고학년이 되면 아동은 읽기를 배우기 위해 글을 읽기보다는 세상 지식과 즐거움을 위해 글을 읽는다. 따라서 글을 읽어야 하는 목적에 따라 읽는 글의 종류나 범위가 달라진다. 이전 단계보다는 훨씬 다양한 종류의 글을 읽게 된다. 실제적인 문식 환경 속에서 교사의 글 종류의 선택이나 읽기의 시범이 계속되어야 할 필요가 있다. 동시에 교사의 직접적이고 명시적인 읽기 지도도 계속되어야 한다. 이 시기 아동은 정확하게 읽는 것도 필요하지만 그것과 더불어 읽는 것이 좀 더 유창해질 필요가 있다. 교사는 아동이 유창하게 읽을 수 있도록 격려할 필요가 있으며, 자신에게 관심이 있는 글들과 재미있고 보고 싶은 글들을 많이 읽을 수 있도록 계속적으로 격려하고 읽기 연습을 위한 읽기가 아니라, 실제적인 이유 때문에 글을 읽고 쓸 수 있는 환경을 제공해야 한다.

초등학고 고학년이 되었지만 여러 가지 이유 때문에 아직도 읽기, 쓰기가 능숙하지 못한 아동들도 있다. 이런 아동들은 개별적으로 혹은 소집단으로 학습을 촉진시킬 수 있는 특별한 지도가 필요하다. 특별히 이런 아동은 직접적이고 명시적인 지도 방법이 더 효과적이다. 예를 들면, 정확하게 자·모 체계를 가르쳐 주고, 독해 전략을 정확하게 설명해 주고 시범을 보일 필요가 있다. 가능하다면, 가정과 협력하여 아동의 문식성 지도를 하면 더욱 효과적일 것이다.

학습 장애로 인해서 읽기, 쓰기 능력이 뒤처진 아동들은 더욱 세심한 주의를 기울여 지도할 필요가 있다. 이런 아동은 경험이 부족한 개인 교사나, 좋은 의미에서 지원 교사가 된 사람이나, 훈련이 부적절한 준 교사들이 가르치는 것으로는 별 효과가 없을 수 있다. 훈련받은 교사가 효과가 입증된 의미 있는 교수 자료들을 활용하여 부모나 기타 관련된 사람들과 협력하여 가르칠 필요가 있다. 즉, 언어 습득이나 문식성 발달 그리고 지도에 능숙한 교사가 맡아야 할 것이다.

4. 문식성 발달에 영향을 미치는 요인

유아가 이 세상을 성공적으로 살아가기 위해서는 성공적인 문식자가 되어야 한다는 것은 두말할 필요가 없다. 발생적 문식 단계에서 능숙한 문식자로 변해 가는 과정이 자연스럽게 저절로 일어나는 것은 아니다. 초등학교에 들어가면 어떤 아동들은 쉽게 글을 읽고 쓸 줄 알게 되며, 또 어떤 아동들은 매우 힘들어하면서 읽기와 쓰기를 배운다. 읽기와 쓰기를 쉽게 잘 배우는 아동들에게는 읽기, 쓰기 학습이 매우 쉬운 것이지만, 그렇지 못한 아동들에게는 그것이 매우 고통스러운 과정일 것이다. 문식성 습득이 자연스러운 과정이라면 왜 어떤 아동들은 쉽게 능숙한 문식자로 변해 가고, 어떤 아동들은 읽기, 쓰기 학습 곤란자로 남게 되는 것일까? 학자들은 문식성 발달의 과정은 음성 언어의 발달 과정과는 달리, 매우 의도적인 지도와 준비의 과정이 요구된다고 지적한다(Whitehurst, 2002). 능숙한 문식자로 변해 가기 위해서 유아들은 먼저 발생적 그리고 초기문식적 경험을 충분히 가져야 한다. 그런 경험들을 충분히 가지지 못하면 유아들은 읽기, 쓰기에 필요한 선행 기술, 지식, 태도 등을 갖출 수 없기 때문이다. 읽기, 쓰기에 필요한 선행 기술, 지식, 태도 등을 갖추지 못한다면 그들은 결코 능숙한 문식자로 변해 갈 수 없다. 문식성 발달 관련 요인들을 정리하면 다음과 같다.

유아들의 언어 및 문식 관련 기술들은 아주 일찍부터 시작된다. 부모는 일상적으로 생활에서 읽고 쓰는 활동을 시범 보이는 것이 좋다. 유아들은 일상 생활을 통하여 왜 글을 읽고 쓰는지 그 이유를 알게 되고, 읽고 쓰는 문식 활동이 일상에서 꼭 필요하고 즐거운 활동이라는 것을 인식하게 될 것이다. 부모와 끊임없는 언어 교환을 통해 어휘력을 향상시키는 것도 문식성 발달에 꼭 필요한 요인이다.

유아들은 초등학교에 입학하기 전까지 자 · 모 낱자들을 구분할 수 있어야 하고, 자 · 모 낱자들의 이름을 알고 쓸 줄도 알아야 한다. 그러기 위해서 유아들이 자 · 모 낱자들을 써 볼 수 있는 기회를 많이 가지는 것이 필요하다. 그리고 단순히 읽고 쓰는 것뿐만 아니라 낱자와 글자 그리고 단어들에 대한 개념도 이해할 수 있어야 한다.

다양한 종류의 책들을 날마다 정기적으로 읽어 주는 것은 유아들의 어휘력과 언어 능력을 향상시킬 수 있는 좋은 방법이다. 그리고 여러 가지 책 속에 담겨 있는 내용들은 유아들의 배경 지식을 넓혀 줄 수 있는 좋은 방법이다. 유아들의 배경 지식 확장은 문식성 발달의 필수 요인이다.

음운 인식, 어휘, 그 밖의 읽기 선행 기술들을 향상시킬 수 있는 좋은 읽기 지도 프로그램이 필요하다. 이를 위하여 부모는 유치원을 선정할 때 그 유치원이 좋은 읽기 지도 프로그램을 가지고 있는지 살펴볼 필요가 있다. 기본적인 읽기 지도 내용들을 포함하고 있는지, 발달적으로 적합한 지도 방법을 사용하고 있는지 살펴볼 필요가 있다. 문식성 발달은 저절로 일어나는 것이 아니라 의도적인 지도가 필요하기 때문이다.

초기 읽기 지도는 영역별 내용들을 충분한 시간을 갖고 지도해야 한다. 문식성 발달에 필요한 선행 기술과 지식들은 순간적으로 배워지는 것들이 아니라 배우는 데 적절한 시간이 필요하다. 음운 인식, 발음 기술, 읽기 유창성, 독해 전략 등은 배우는 데 상당한 시간이 필요하다. 이 모든 것들은 문식성 발달에 꼭 필요한 요소들이나 그 어느 하나로 문식성 발달이 해결되지는 않는다. 모든 요소들이 하나로 어우러질 때 문식성 발달은 건전하게 일어 날 수 있다. 따라서 초기 읽기 지도는 이 모든 요소들이 빠짐없이 균형 있게 교수되고 있는지 잘 생각해 보고, 계획하여 지도해야 할 것이다.

C·H·I·L·D·L·A·N·G·U·A·G·E

유아언어교육의 이론

영역별 유아언어교육

7 듣기 지도

1. 듣기 지도의 중요성

학교 교육을 통하여 가르쳐야 할 것들은 수없이 많다. 그중에서 가장 중요한 것은 언어 사용 능력이다. 언어 사용 능력은 말하기, 듣기, 읽기, 쓰기 능력이다. 이 네 가지 능력 중에서도 가장 우선적으로 가르쳐야 할 것이 듣기 기술이다. 듣지 못하면 의사소통이 불가능하고, 의사소통이 불가능하면 학교 학습이 불가능하기 때문이다. 따라서 학교 학습의 가장 기초는 듣기 기술이다. 그러나 우리나라 유치원 교실에서는 듣기 지도가 매우 소홀히 다루어지고 있다. 그것은 많은 교사들이 듣기 지도를 별로 중요하게 인식하지 못하고 있기 때문이다. 듣기 지도의 중요성에 대한 인식의 부족은 많은 사람들이 듣기는 가르치지 않아도 자연스럽게 습득이 된다고 생각하고 있기 때문인 것 같다. 물론, 사람들은 특별한 교육을 받지 않더라도 일상적 의사소통에 별 어려움 없이 듣고 말하며 살아간다. 그것은 분명히 듣기, 말하기 능력의 일정 부분이 인지적 성장과 함께 자연스럽게 습득되기 때문이다. 그러나 많은 연구들에 의하면, 듣기 능력은 자연스럽게 습득되는 일정 부분의 듣기 기술과 함께 지도를 병행하면 크게 향상된다고 말한다(전은주, 1999; Brown, 1994;

Childers, 1970; Devine, 1978; Ducker, 1969; Marten, 1978; Olsen, 1966; Rubin, 1990; Russell, 1964; Wood, 1994; Yawkey, et. al., 1981).

특별히, 우리나라 교실은 아동이 무엇인가를 수행하면서 배우기보다는 교사가 무엇인가를 끊임없이 지시하고 가르치는 시간이 더 많다. 따라서 아동들은 들을 수 없으면 아무것도 배울 수 없다. 듣기 능력은 듣기 그 자체만을 위해서가 아니라 말하기, 읽기, 쓰기 등 다른 언어 사용 능력을 위해서도 지도되어야 한다. Yawkey 등(1981)은 듣지 못하는 사람이 5년 이내에 특별한 교육을 받지 않으면 말하기를 못한다고 한다. 또 음성언어의 구조를 익히지 못하면 읽기 학습에 장애가 일어난다는 것은 이미 많은 연구들이 증명한 사실이다(Devine, 1978; Lundsteen, 1979; Marten, 1978). 듣기의 직·간접 영향을 받는 것은 쓰기도 마찬가지다. 그것은 쓰기가 말하기와 읽기의 영향을 절대적으로 받기 때문이다. Lundsteen(1979)에 의하면, 11~17세의 귀머거리 아동의 작문 실력은 평균적으로 보통 3세 유아의 실력과 같다고 한다. 아동의 듣기 능력은 아동의 사고 양식과 문제 해결 양식에도 결정적 역할을 한다. 인간은 다른 사람의 생각을 들으면서 다른 사람의 생각과 자신의 생각을 비교하게 되고, 아이디어를 조직하며, 문제를 해결하고, 비판적인 사고를 하게 된다. 이런 과정 없이 아동의 사고 발달은 결코 일어나지 않는다(Rubin, 1990).

듣기는 이처럼 인간 생활에 매우 중요한 활동이다. 그런데 우리나라의 많은 교사들은 듣기 지도를 별로 중요하게 인식하고 있지 않을 뿐만 아니라, 중요하게 인식한다 하더라도 실제로 어떻게 듣기 지도를 해야 할지 몰라 당황해하는 경우가 많다(전은주, 1999; 천경록, 1997; Petty & Jensen, 1980). 듣기 지도는 그 방법 면에서 분명히 효율적인 지도 방법이 있다(Pearson & Fielding, 1982). 우리는 가장 효율적인 지도 방법이 무엇인지 연구하고 찾아내어 최선을 다해 듣기 지도를 해야 할 것이다.

효율적인 듣기 지도는 먼저 무엇을 가르칠지, 듣기 지도의 목표와 내용을 밝히는 일에서부터 시작된다. 듣기 지도의 목표와 내용을 밝히는 일은 능숙한 청자의 듣기 기술에 대한 관찰과 주의 깊은 분석에서 나온다. 효율적인 듣기에 대한 주의 깊은 분석은 먼저 듣기에 대한 개념의 명료화와 능숙한 청자들이 지니고 있는 듣기 기술의 세밀한 관찰이 선행되어야 한다. 듣기 능력이란 곧 능숙한 청자가 가진 듣기 활동과 관련한 메시지를 처리할 수 있는 모든 과정적인 능력이기 때문이다. 따라서 이상적인 듣기 지도는 구체적인 듣기 상황에서 능숙한 청자와 그렇지 못한 청자를 관찰하고, 능숙한 청자가 가진 듣기 활동과 관련한 기술들을 구체적으로 파악하는 일부터 시작해야 할 것이다.

반복해서 말하지만, 유치원 교육에서 듣기 지도는 매우 중요하다. 그러나 아직도 우리나라 유치원 교실에서는 듣기 지도가 제대로 이루어지지 않고 있으며, 듣기 지도에 대한 개념조차 정립되지 않은 것이 현재 실정이다. 더구나 유아들의 듣기 능력 신장을 위한 교수ㆍ학습의 내용이나 방법들에 관한 연구는 거의 전무하다. 그러므로 현장의 교사들에게 듣기 지도의 중요성을 인식시키고, 듣기 지도를 위한 기초를 마련해 주는 일이 시급하다.

2. 듣기의 개념

듣기(listening)를 정의 내리기란 참 어렵다. 가장 간단한 정의는 듣기란 다른 사람이 전해 주는 말소리를 마음속에서 의미로 전환시키는 과정이다 (Yawkey, et al., 1981). 여기서 과정이란 말에 주의를 기울일 필요가 있다. 즉, 듣기란 단순히 말소리를 받아들이는 것이 아니라, 들려오는 말소리를 받아들이고, 그것들에 주의를 기울여 의미를 구성하고, 마침내 메시지를 이해하고 반응하는 과정적 활동이란 뜻이다. Brown(1994)에 의하면, 진정한 의미에서 듣기는 청자가 처음으로 말소리를 들은 후, 적어도 7단계나 되는 심리적 처리를 거친 후에 가능하다고 한다. 이러한 사실은 듣기의 요인들이 무엇인지 살펴보면 확인될 수 있다. Brown은 듣기의 요인들을 다음 다섯 가지로 설명하고 있다. 즉, ① 사전 지식, ② 듣기 자료(내용, 메시지), ③ 신경 생리학적 활동(hearing, sensation, perception), ④ 주의와 집중, ⑤ 듣기 활동을 할 때 일어나는 의식적이고 지적인 정신 활동이다.

우선, 누가 우리에게 들려주는 말을 이해하려면 우리는 반드시 전달되는 메시지에 대한 사전 지식(prior knowledge)이 있어야 한다. 전달되는 메시지에 대한 사전 지식이 부족하면 결코 들은 내용을 제대로 이해할 수 없다. 사전 지식이란 청자가 가지고 있는 사실, 개념, 규칙, 원칙, 태도 가치, 신념 그리고 문법, 의미, 어휘 등에 관한 언어적 기초 지식을 말한다. 예를 들면, 미국의 아동들에게 우리나라의 '꼬부랑 할머니와 할아버지'의 이야기는 도무지 이해될 수 없는 이야기일 것이다. 그것은 미국의 아이들이 '나무하는 것' '빨래하는 것' 그리고 '된장찌개'에 대한 사전 지식을 가지고 있지 않기 때문이다.

둘째, 메시지를 이해하려면 메시지를 담은 내용이 있어야 한다. 메시지를 이해하려면 말소리를 듣고 내용을 이해할 뿐 아니라 내용의 구성이나 타당성까지 분석하고 판단할 수 있어야 한다. 내용이 없다면 분석하고 판단해야 할 내용의 구성도 타당성도 있을 수 없으며, 메시지도 있을 수 없다.

셋째, 듣기의 과정에서 사전 지식과 듣기 내용의 문제는 다음 단계인 신경 생리학적 활동인 반응과 조직의 문제로 넘어가야 한다. 신경 생리학적인 활동의 가장 처음 단계는 음파를 전해 듣는 것(hearing)과 들은 소리를 기억하는 것 두 가지다. 음파를 전해 듣는 것이란 변별되지 않은 소리 그 자체를 감각적으로 경험하는 것이다. Brown에 의하면, 이 과정은 크게 네 가지 요인에 의해 영향을 받는다. 즉, 청각적 예민성, 소리의 변별, 분석, 들은 소리의 순서 짓기다. 청각적 예민성은 소리의 크기나 밝기, 어조 등을 구분하는 정도를 말하며, 소리의 변별은 소리의 같고 다름을 아는 것을 말하며, 소리의 분석은 소리를 쪼개고 결합하는 것을 말한다. 그리고 소리의 순서 짓기는 들은 소리를 적절한 순서로 기억해 내는 것을 말한다. 이상 네 가지가 가능해야 효과적인 청자로 발전해 나갈 수 있다.

넷째, 청자는 의미 있는 말소리에 초점을 맞추고 집중하게 된다. 말소리에 초점을 맞추고 집중하게 되면 말소리가 어디에서 시작되고, 멈추는지 그리고 어디에서 변하는지 등을 인식할 수 있게 된다. 예를 들면, 우리가 거실에서 대화를 나눌 때, 여러 가지 배경소리(잡음)를 들을 수 있다. 그러나 우리는 대개 그런 배경소리들은 무시하고 말소리에만 초점을 맞추고 주의를 기울인다. 이 과정에서 가장 중요한 두 가지 요인은 초점과 선택이다. 주의와 집중은 때로 그 자체가 바로 듣기(listening)로 생각되는 경향이 있지만 그것은 오해다. 왜냐하면 아동이 외국 말에 비록 주의를 기울이고 듣지만 내용을 이해할 수 없는 것과 마찬가지다. 주의는 듣기 내용을 이해하는 데 필수적 요인이지만 충분조건은 아니다.

마지막으로, 듣기 활동을 할 때 일어나는 의식적이고 지적인 정신 활동은 여러 가지다. 우선, 청자는 주의를 기울여서 소리를 들은 후, 들은 소리의 단서들을 이용하여 소리의 이미지를 형성해야 한다. 형성된 소리의 이미지는 다시 청자의 머릿속에서 내적 말(inner speech)로 바뀌는데, 이것은 청자가 들은 낱말들이 만들어 내는 일종의 내적 그림들이라고 보면 될 것이다. 다음으로는, 청자가 가지고 있는 세상(배경) 지식이나 언어적 능력, 경험들을 바탕으로 계속적으로 들려오는 말의 의미를 예측하고, 그 예측한 것과 들려오는 정보들을 비교한다. 즉, 청자는 화자가 보내는 신호들과 여러 가지 있을 수 있는 의미들을 맞추어 보고 검증한다. 그 결과, 청자는 자신이 설정한 여러 가지 가설들과 들려오는 정보들이 일치하면 전달되는 정보의 의미를 이해하고 그것의 쓰임새를 알게 된다. 청자가 일단 이렇게 전달되는 정보의 의미를 이해하면 그 다음에는 매우 생산적인 생각과 반응을 하게 된다. 정보들을 시간, 공간, 정도, 위치 등에 따라 부분 부분으로 잘라 분류하기도 하고, 정보의 순서를 결정하기도 하며, 비교, 정의, 예측, 적용, 인과 관계의 확인, 비판적 평가 등을 하게 된다. 이런 정신적 활동이 일어나면 마침내 청자는 이미 들은 내용 이상의 것을 생각할 수 있게 된다. 즉, 명시적으로 표현된 말 이상의 내용을 이해하게도 되고, 화자가 말하는 것에 적절히 반응할 수 있게도 된다. 이렇게 될 때 우리는 듣기가 일어났다고 말할 수 있다.

이상의 진술을 통하여, 우리는 듣기란 구두로 전달된 말소리의 상징을 의미로 바꾸는 활동이며, 단순히 전달되는 정보들을 수용하는 그 이상의 과정적 활동이라는 것을 알 수 있다. 듣기가 과정적 활동이라는 것을 이처럼 자세하게 설명하는 것은 우리가 교육 현장에서 지도해야 할 듣기 기술(listening skills)은 단순히 물리적 수준의 듣기(hearing)와 구분하여 지도해야 하기 때문이며, 듣기 과정에 대한 이해를 통하여 각 단계에서 무엇을 지도해야 할지 시사점을 찾아야 하기 때문이다.

3. 듣기 기술

이 절에서는 능숙한 청자는 어떤 듣기 기술을 가졌는지 많은 연구자들이 관찰하고 분석해 놓은 것들을 토대로 정리 분석하고자 한다. 듣기 기술에 대한 분석은 듣기 기술을 가르치고자 하는 대상 아동에게 필요한 듣기 기술들을 가르치는 데 도움이 되기 때문이다. 즉, 듣기 지도의 목표를 분명히 하는 데 도움이 된다는 뜻이다.

듣기는 말소리로 전달된 상징을 마음속에서 의미로 바꾸는 과정이라고 정의했다. 듣기는 자연스럽게 말소리가 들려지는 것(hearing)과 청자가 주의를 기울여 말소리를 듣고 말소리가 가진 메시지를 이해하고 메시지의 내용이 어떻게 구성되었는지 그리고 그 내용이 타당한지 분석하고 판단하며 반응할 수 있는 듣기(listening과 auding)와 구분되어야 한다. 우리가 듣기 지도를 해야 한다고 하는 것은 후자를 말하는 것이다. 메시지를 이해하고 메시지의 내용 구성이나 타당성까지 분석하고 판단할 수 있는 진정한 의미에서의 듣기는 매우 복잡한 심리적 처리 과정을 거치게 된다. 이처럼, 듣기가 단순히 소리의 물리적 수용(hearing) 이상이며, 복잡한 지적 사고의 과정을 포함하는 것이라면 듣기의 과정을 관찰하기란 매우 곤란하고 또 그런 과정들에서 사용되는 기술들을 구체적으로 기술하기란 매우 곤란하다.

그러나 심리적인 처리 과정을 참조하면서 개략적으로 기술하면, 듣기 기술은 청각적 예민성, 주의력, 기억 용량, 심상의 파지, 어휘, 의미의 조직 파악, 자신의 배경 지식의 탐색 활동, 언어적 특징 인식, 말 교대하기 등의 각종 능력들이 포함된다(Yawkey, et al., 1981). 그러나 이런 진술은 너무 추상적이기도 하고 일반적이기도 하여, 듣기 지도의 목표와 내용을 설정하는 데 필요한 구체적인 시사점을 끌어 내는 데 어려움이 있다. 더군다나 듣기 기술의 활용은 듣기 활동의 수준이나 유형에 따라 다르기 때문에 듣기 기술들을 구체적으로 파악하기 곤란하다. 따라서 듣기의 수준이나 유형에 따라 어떤 심리적 처리가 일어나고, 그런 처리 과정에서 어떤 듣기 기술들이 활용되는지 관찰한다면 훨씬 더 구체적인 듣기 기술들을 파악해 낼 수 있을 것이다.

Richards 등(Brown, 1994, 재인용)은 바로 이런 맥락에서 능숙한 청자가 활용하는 듣기 기술들을 관찰하여 세부적인 듣기 기술들을 다음과 같이 밝히고 있다.

① 길이가 다른 말소리의 덩어리를 단기 기억 장치에 파지하는 기술
② 말소리를 변별하는 기술
③ 말소리, 단어의 강세, 리듬의 구조, 억양 등을 인식하는 기술
④ 낱말들의 간결화된 형태를 인지할 수 있는 기술
⑤ 말의 속도를 적절히 따라갈 수 있는 기술
⑥ 말의 쉼, 잘못됨, 수정 등을 인식할 수 있는 기술
⑦ 단어의 경계, 핵심 단어, 단어 배열의 유형과 그 의미를 아는 것
⑧ 문법 체계를 아는 것
⑨ 문장의 구성 요소를 아는 것
⑩ 문법적 형태에 따른 의미의 차이를 아는 것
⑪ 말의 응집성을 위한 장치를 아는 것
⑫ 상황과 목적에 따라 발화의 의사소통적 기능을 아는 것
⑬ 세상 지식을 이용하여 상황, 참여자, 발화의 목적 등을 추리할 수 있는 기술
⑭ 주요 아이디어, 지원 아이디어, 새로운 정보, 주어진 정보, 일반화, 예들을 통하여 인과 관계를 파악하고, 앞으로 전개될 내용을 추리할 수 있는 기술
⑮ 문자적 의미(denotation)와 의도된 의미 혹은 언외의 함축된 의미(connotation)를 구분할 수 있는 기술

⑯ 얼굴 표정, 몸짓, 그 밖의 준 언어적 단서들을 이용하여 메시지를 파악
   하는 기술 등이다.

Richards 등은 듣기 기술들을 일목요연하게 말하기는 곤란하지만 듣기의
수준에 따라 각 단계에서 적절한 심리적 처리를 하기 위해 능숙한 청자들이
주로 활용하는 듣기 기술들은 이상과 같은 것들이라고 밝히고 있다. 다시 말
하면, 듣기를 잘하려면 이런 기술들이 발달되어 있어야 하고, 듣기를 잘 하는
사람으로 키우려면 바로 이런 기술들을 발달시켜야 한다는 뜻이다.

Brown(1994)은 또 듣기 기술은 듣기 활동의 목적에 따라 여러 가지 형태를
취한다고 보았다. 좋은 듣기는 말을 정확하고 사려 깊게 받아들이는 것이지
만 듣기의 목적에 따라 듣기 활동의 유형이 달라지고, 유형에 따라 활용되는
듣기 기술이 다르다고 지적한다. Brown은 듣기의 유형을 일반적인 듣기와
비판적인 듣기로 구분하고, 각각의 듣기를 위하여 활용되는 듣기 기술은 다
음과 같다고 밝히고 있다.

• 일반적 듣기 기술들
① 의미 있는 세부 내용들을 정확하게 기억하기
② 단어와 아이디어의 순서들을 기억하기
③ 구두로 지시하는 것들을 따르기
④ 구두로 전달된 메시지를 다른 말로 바꾸어 말할 줄 알기
⑤ 이야기의 구성, 인물의 성격, 화자의 주요 주장을 알기
⑥ 단어의 문자적 의미 알기
⑦ 단어의 내포적 의미 알기
⑧ 상황에 따른 단어의 의미 알기
⑨ 세부 내용들이 함축하고 있는 것을 알기
⑩ 주요 생각을 알기
⑪ 답하고 질문할 줄 알기(상호작용적 듣기)
⑫ 주요 아이디어를 찾아내고 요약할 줄 알기

⑬ 아이디어들 사이의 관계를 알기

⑭ 전체적인 구조를 이해하고 다음에 나올 내용이 무엇인지 예측할 줄 알기

⑮ 전달된 내용과 사전 지식을 연결하고 적용(반응을 계획하는 것)할 줄 알기

⑯ 즐거움을 위하여 상상하고 확장하기(심미적 감상력)

• 비판적 듣기 기술들

① 준거에 따라 환상적인 것과 사실적인 것을 구분할 줄 알기

② 주요 아이디어, 주장, 가설들의 타당성과 적절성을 판단할 줄 알기

③ 진술의 잘됨을 알고 판단하고 평가할 줄 알기

④ 타당한 진술과 타당하지 않은 진술을 구분할 줄 알기

⑤ 아이디어를 검사하고, 비교하고, 대조하여 진술에 대한 결론을 내릴 줄 알기

⑥ 오류를 발견하기

⑦ 화자가 청자에게 영향을 미칠 수 있는 다양한 장치의 효과를 인식하고 판단하기

⑧ 화자의 편견이나 관점을 찾아내고 평가할 줄 알기

⑨ 화자의 여러 조건들이나 제한을 평가할 줄 알기

⑩ 화자의 아이디어를 새로운 상황에 적용시킬 수 있는 방법들을 평가하기

Petty와 Jensen(1980)은 듣기 기술은 듣기 활동의 목적이나 유형 그리고 듣기의 수준에 따라 다 다르기 때문에 듣기 기술들을 구체적으로 파악하기는 매우 어렵다고 말한다. 그러나 대충 ① 소리의 지각, ② 소리 순서의 기억, ③ 의미 도출, ④ 의미의 활용 등 네 가지 범주로 구분하여 설명하고 있다.

4. 듣기 지도의 목표와 내용

여기서 우리의 최고 관심은 어떻게 하면 유아들에게 이상적인 듣기 지도를 할 수 있을 것인가 하는 문제다. 이 일은 우선 듣기 지도의 목표를 분명히 하고, 그 목표를 이루기 위한 지도 내용을 선정해서 그 내용들을 어떤 방법으로 지도할 것인지를 결정하는 순서로 진행되어야 한다. 그리고 이런 모든 순서는 서로 유기적인 관련성과 체계성을 가지고 있어야 한다. 듣기 지도의 목표가 듣기 능력의 신장이라면, 듣기란 무엇이고 듣기 능력을 구성하는 요소가 무엇인지 명확히 파악하여, 그 요소들 중에서 교육될 수 있는 것과 교육될 가치가 있는 부분들을 지도의 내용으로 추출해 내는 과정이 선행되어야 한다. 이런 이유로, 지금까지 듣기란 무엇이며, 듣기 능력의 하위 구성 요소인 듣기 기술들이 무엇인지 밝히고자 했다. 지금은 이런 기초 위에서 듣기 지도의 목표와 내용들을 기술해야 할 순서다.

교육의 목표란 학습을 통해 최종적으로 도달할 수 있는 상태에 대한 기술이다. 그리고 그 목표는 교육 과정의 구성에 있어서나 수업을 행하는 데 지침이 될 수 있도록 충분히 구체화할 필요가 있다. 모든 영역의 교육과 마찬가지로, 이상적인 듣기 지도가 되기 위해서는 지도의 목표를 충분히 구체화해야 한다. 능숙한 청자가 지녀야 할 총체적인 능력이 구체적으로 무엇을 의미하는지 합의가 되지 않고서는 듣기 지도에 대한 논의 자체가 공허해질 수 있다. 따라서 다양한 준거를 통해 능숙한 청자가 지녀야 할 듣기 기술들이 먼저 기술될 때, 그것들을 기초로 해서 듣기 지도에서 이루어야 할 지도 목표가 구체화될 수 있다.

참고로, 우리나라 제6차 유치원 언어교육 과정에서 나타난 듣기 지도의 목표는 '다른 사람의 말을 잘 듣고 이해하는 능력을 기른다.'이다. 이 목표를 이루기 위한 교육 내용은 ① 말소리 듣기, ② 낱말과 문장을 듣기, ③ 이야기 듣기, ④ 동화·동요·동시 듣기, ⑤ 바른 태도로 듣기 등 다섯 가지로 되어 있다. 또 각 내용에는 수준 1, 2의 기준을 두고 있다. 앞에서, 교육의 목표는 교육의 내용을 선정하고 수업을 행하는 데 지침이 될 수 있도록 충분히 구체화되어야 한다고 했다. '듣기'의 개념 속에는 이미 '이해'의 개념이 내포되어 있다. 그러니까 결국 제6차 유치원 언어교육 과정에서는 듣기를 잘하게 하는 것이 듣기 교육의 목표일 뿐 듣기를 잘할 수 있도록 하기 위한 구체적인 세부 목표가 설정되어 있지 않다. 세부 목표가 설정되어 있지 않기 때문에 교육 내용 선정이 교육의 목표와 유기적인 체계성을 가지지 못하고, 그 내용이 중복적이고 의미가 없는 내용들이 되어 버렸다. 선정된 교육 내용들은 총체적인 듣기 능력을 향상시키기 위한 하위 듣기 기술들을 길러 주는 것들이 아니라, 여러 가지 듣기의 유형을 경험시킨다는 것 외에 아무런 시사점이 없다. 앞에서 제시한 다섯 가지 교육 내용 중 ①, ②, ③, ④는 중복적인 교육 내용이다. 이야기, 동화, 동요, 동시는 낱말과 문장으로 구성되어 있고, 낱말과 문장은 말소리로 구성되어 있는 것이 아닌가? 이야기 듣기와 동화, 동요, 동시 듣기는 구태여 항목을 구분할 필요가 없다. 교육 내용이 교육 목표와 유기적인 관계가 없는 의미 없는 것들로 선정되면, 결과적으로 실제 수업에 대한 지침을 구하기 어렵다.

이처럼, 제6차 유치원 언어교육 과정에서와 같은 잘못된 교육 목표와 교육 내용을 선정하지 않기 위해서는 먼저 듣기의 개념을 밝히고, 듣기 능력의 구성 요인들을 찾아내야 한다. 듣기 능력의 구성 요인들은 능숙한 청자가 듣기 활동을 할 때 사용하는 기술들이 무엇인지 관찰함으로써 찾아낼 수 있다. 다시 말하면, 교육 내용을 선정할 때에는 어떤 모형에 따라 연역적으로 선정할 것이 아니라 구체적인 언어 사용 상황에서 능숙한 사람과 그렇지 못한 사람을 관찰하고 선정하는 귀납적 접근이 필요하다는 뜻이다. 찾아낸 듣기 기술의 하위 구성 요인들을 성격이 비슷한 것끼리 영역별로 구분하여 묶어서 진술하면 듣기 지도의 목표 진술이 가능할 것이고, 그 구성 요인들을 길러 낼 수 있는 교육 내용들을 추출해 내면 듣기 지도의 목표와 내용이 유기적인 관련성을 가진 교육 과정으로 발전할 수 있을 것이다.

그러나 여기서 한 가지 유념해야 할 것은 이상적인 청자가 지녀야 할 듣기 기술이 곧 바로 듣기 지도의 목표가 되는 것은 아니라는 사실이다. 그것들은 다시 여과의 과정을 거쳐 지도의 목표가 구체화되어야 한다. 이 여과의 과정에 가장 흔히 적용되는 기준이 수준의 개념이다. 수준 개념은 서로 다른 발달 능력을 가진 학습자들에게 단일한 교육 과정을 제공할 수 없다는 생각이다. 그러나 듣기 지도에 있어서 수준별로 목표에 차이가 있어야 하는지에 대해서는 다소 논의의 여지가 있다(천경록, 1997). 최근 유아교육 분야에서는 '발달적으로 적합한 교육'이라는 말이 유행하고 있다. '발달적으로 적합한 교육'이란 유아들에게 일어나고 있는 신체적, 정서적, 사회적, 인지적 특징과 변화에 맞게 교육한다는 뜻이다(Bredkamp, 1987). 이 뜻은 연령적으로 적합해야 할 뿐만 아니라, 개인의 발달적 차이에도 민감하게 반응할 수 있는 교육이 되어야 한다는 뜻이다. 듣기 교육의 목표를 엄격하게 연령별, 수준별로 기술하기란 매우 곤란하다. 더군다나 듣기의 하위 기능들을 난이도에 따라 구분하기란 듣기의 특성상 불가능하다. 예를 들면, 이상적인 청자는 현실과 환상을 구분할 줄도 알아야 하고, 인과 관계를 추리할 줄도 알아야 한다. 그런데 말을 듣고 현실과 환상을 잘 구분할 수 있는 사람이 인과 관계를 잘 추리하지 못할 수도 있고, 말을 듣고 인과 관계를 잘 추리할 수 있는 사람이 현실과 환상을 잘 구분하지 못할 수도 있다. 어느 것이 더 쉽고, 더 먼저 배워야 하는 것인지는 말하기 곤란하다. 따라서 듣기 지도의 목표는 수준별로 진술하기보다는 이상적 듣기 활동을 하는 데 필요한 기능, 지식, 동기 및 태도의 측면으로 구분하여 진술하는 것이 더 바람직할 수도 있다. 다만 듣기 영역의 기능, 지식, 동기 및 태도적 측면 중에서 유아의 발달적 단계에 따라 서로 다른 내용들이 서로 다른 수준으로 더 강조되고 덜 강조될 수는 있을 것이다.

그렇다면 이제 앞 절에서 여러 학자들이 연구하고 관찰하여 밝혀 놓은 능숙한 독자들이 지닌 듣기 기술들을 ① 기능, ② 지식, ③ 동기 및 태도의 세 가지 측면으로 분류하여 기술해 보자. 우선 기능의 측면에서 보면, 소리를 변별하고 기억하기, 말소리·단어의 강세·리듬의 구조·억양 등을 인식하기, 말의 속도를 적절히 따라 가기, 세상 지식을 이용하여 상황·참여자·발화의 목적 등을 추리하기, 인과 관계를 파악하고 앞으로 전개될 내용을 예측하기, 문자적 의미(denotation)와 의도된 의미 혹은 언외의 함축된 의미(connotation)

를 구분하기, 언어적 단서들을 이용하여 메시지를 파악하기, 세부 내용들을 정확하게 기억하기, 아이디어의 순서 기억하기, 지시 따르기, 주요 주장을 알기, 주요 생각을 알기, 답하고 질문할 줄 알기(상호작용적 듣기), 주요 아이디어를 찾아내고 요약할 줄 알기, 아이디어들 사이의 관계를 알기, 전달된 내용과 사전 지식을 연결하고 적용(반응을 계획하는 것)할 줄 알기, 환상적인 것과 사실적인 것을 구분할 줄 알기, 주요 아이디어·주장·가설들의 타당성과 적절성을 판단할 줄 알기, 아이디어를 검사하고 비교하고 대조하여 진술에 대한 결론을 내릴 줄 알기로 나타나 있다. 이것들을 종합하여 요약하면, ① 소리·내용·아이디어들을 기억하기, ② 주요 주장과 생각을 알고 요약하기, ③ 인과 관계 알기, ④ 추리하기, ⑤ 예측하기, ⑥ 들어오는 정보와 사전

표 7-1　듣기 지도의 목표

듣기 지도의 총괄적 목표	듣기 지도 목표의 세 범주	범주별 듣기 지도의 세부 목표
다른 사람의 말을 잘 듣고 이해하기	기 능	① 소리, 내용, 아이디어를 기억하기 ② 주요 주장과 생각을 알기 ③ 인과 관계 알기 ④ 추리하기 ⑤ 예측하기 ⑥ 들어오는 정보와 사전 지식 연결하기 ⑦ 정보의 타당성 판단하기
	지 식	① 어휘 지식 ② 언어의 구조, 유형 및 메시지의 유형에 대한 지식 ③ 문법 지식 ④ 사전 지식
	동기 및 태도	① 즐거움을 위하여 들은 내용을 기꺼이 상상하고 확장하기 ② 좋은 듣기 습관 가지기

지식을 연결하기, ⑦ 판단하기 등으로 요약할 수 있다.

둘째, 지식 측면에서 보면 단어의 경계, 단어 배열의 유형, 단어의 의미, 단어의 내포적 의미, 문법 체계, 문장의 구성 요소, 말의 응집성을 위한 장치, 상황과 목적에 따른 발화의 의사소통적 기능에 대한 인식 그리고 사전 지식 등으로 나타나 있다. 이것을 종합하여 요약하면 ① 어휘 지식, ② 문법 지식, ③ 사전 지식으로 요약할 수 있다.

셋째, 동기 및 태도적인 측면에서 보면 능숙한 청자는 ① 즐거움을 위하여 들은 내용을 기꺼이 상상하고 확장하는 심미적 감상의 마음 가지기, ② 좋은 듣기 습관 가지기다. 듣기 지도의 목표를 도표화하면 앞의 〈표 7-1〉과 같다.

두 번째로 해야 할 일은 범주별 듣기 지도의 세부 목표를 위한 교육 내용을

표 7-2   듣기 지도의 세부 목표와 교육 내용

듣기 지도 목표의 범주	듣기 지도 세부 목표	듣기 지도의 세부 목표를 위한 교육 내용
기능	소리, 내용, 아이디어를 기억하기	① 들은 소리 기억하기 ② 지시 따르기 ③ 이야기 듣고 다시 말하기 ④ 이야기 듣고 세부 내용 기억하기 ⑤ 소리, 단어, 이미지, 반복, 운율, 리듬 구조를 감상하고 구어적으로 해석하기
	주요 주장과 생각을 알기	① 이야기를 듣고 사건을 시간, 공간적으로 배열하기 ② 이야기를 듣고 중심 생각 찾아내기 ③ 주의 깊게 듣고 주요 정보 관계 짓기
	인과 관계 알기	① 인과 관계를 추리하기 ② 비판적 사고 기능과 문제 해결 능력을 파악하고 사용하기
	추리하기	① 맥락을 이용한 단어의 의미 추리하기 ② 사건의 함축적 의미 찾아내기 ③ 비언어적 단서 해석하기

(계속)

듣기 지도 목표의 범주	듣기 지도 세부 목표	듣기 지도의 세부 목표를 위한 교육 내용
기능	예측하기	① 이야기를 듣고 다음 내용 예견하기 ② 이야기를 다 듣기 전 결과 예측하기
	정보의 타당성 판단하기	① 현실과 환상을 판단하기 ② 가치, 바람, 수용가능성 판단하기 ③ 타당한 것과 타당하지 않은 것 가려내기 ④ 의견, 개인적 취향, 가치 등을 평가하기 ⑤ 사실과 추론을 구분하기
	들어오는 정보와 사전 지식 연결하기	① 들어오는 정보와 관련 있는 개인적 경험 생각해 내기 ② 들어오는 정보와 자신이 알고 있는 내용을 비교하기
지식	어휘 지식	① 새로운 단어 알기 ② 여러 가지 맥락에서 단어의 의미가 다르게 사용되는 것 알기 ③ 단어의 더 정확한 의미 알기
	문법 지식 사전 지식	① 기본 문형 익히기 ② 다양한 경험하기 ③ 다양한 종류의 듣기 경험하기
동기 및 태도	즐거움을 위하여 들은 내용을 기꺼이 상상하고 확장하기	① 개인적 경험, 이야기, 연극 등을 잘 듣고 즐기기
	좋은 듣기 습관 가지기	① 주의 깊게 듣기 ② 다른 사람의 말을 끝까지 듣기 ③ 다른 사람의 말에 반응 보이기

추출해 내는 일이다. 교육 내용을 추출해 내는 일은 그리 쉬운 일이 아니다. 교육 내용은 학습자로 하여금 교육을 받고 그 이전과 이후에 행동의 변화가 전제되어야 한다. 교육 실제를 통하여 분명히 의도한 변화가 일어날 수 있어

야 올바른 교육 내용이 될 수 있다. 다음은 설정된 듣기 지도의 세부 목표를 위한 교육 내용의 추출을 시도해 보자. 많은 내용들이 빠졌을 가능성도 있고, 타당하지 않은 교육 내용들도 있을 수 있다. 다시 말하면, 추출된 교육 내용들은 교육 실제를 통하여 검증된 것들이 아니다. 이렇게 시도해 볼 수 있다는 것을 예시한 것에 불과하다. 그러나 이런 시도조차 없다면 우리는 결코 일선 교사들에게 구체적 지침을 줄 수 있는 세련된 교육 과정을 가지기 어려울 것이다.

5. 듣기 지도의 방법

듣기 지도의 목표와 듣기 지도의 내용이 추출되었다면, 다음 순서는 추출된 교육 내용을 구체적으로 어떤 방법으로 지도하느냐다. 앞에서도 진술했듯이, 유치원 현장에서 듣기 지도가 제대로 되지 않고 있는 것은 듣기 지도의 중요성에 대한 인식도 부족하지만, 구체적으로 어떻게 듣기 지도를 해야 할지 모르는 경향도 있다. 유아들의 듣기 능력 향상을 위하여 정확하게 무엇을 가르쳐야 할지 모른다면 어떻게 가르쳐야 할지도 모르는 것이 당연하다. 이제, 앞에서 규명해 놓은 듣기의 개념과 능숙한 청자의 듣기 기술들을 중심으로, 추출된 듣기 지도의 목표와 내용을 중심으로 듣기 지도 방법에 대한 탐색을 시작해 보자.

첫째, 듣기는 학습의 결과보다는 과정이 강조되어야 한다. 듣기는 그 행위가 끝난 후에 얻은 어떤 결과를 말하는 것이 아니라 그 행위를 하는 과정, 좀 더 구체적으로 말하면 의미를 구성해 가는 일련의 과정임을 듣기의 개념을 통해 알 수 있었다. 따라서 교사는 아동들이 듣는 과정에 역동적으로 개입하여, 각 과정에서 아동이 필요로 하는 방법을 구체적으로 가르쳐 줄 수 있는 기회를 좀 더 많이 가질 수 있어야 한다. 다시 말하면, 의미 있는 상황에서 실제 수행이 강조되어야 한다. 예를 들면, 유치원 교실에서 흔히 볼 수 있는 '물건 보여 주며 말하기' 시간에 아동이 거북이에 관해서 말을 하고 있다면 교사는 아동이 중심 생각, 사건의 순서, 세부 사항 등에 관한 토의를 할 수 있도록 인도할 필요가 있다. 이런 것들을 말할 수 있게 하려면 교사는 아동에게 자주 질문을 하게 되고, 아동은 자신이 말을 할 때 교사가 계속 물어오면 듣기가 매우 중요하다는 사실을 인식하게 되는 것이다.

둘째, 듣기 지도의 내용으로서 전략이 강조되어야 한다. 기능(skills)과 전략(strategies)은 엄격히 구분되는 개념은 아니며, 기본적으로 이들은 상호 보완적인 것이지만 그 속성에 있어서 차이가 있다. 기능은 자동화의 속성을 지녀 유연성이 약하지만 전략은 상황을 전제로 한 탄력성이 강조되는 개념이다. 전략은 기능의 습득 및 활용 모두에 관련되지만, 보통 전략이라고 하면 기능의 활용 측면을 강조하여 사용한 개념이다(Childers, 1970). 따라서 듣기 지도는 주로 유아가 듣는 것에 대해 주의를 기울이고, 의미를 조직하여 파지하고, 비교하고, 추리하는 것들을 훈련시켜야 할 것이다. 이러한 것들을 훈련시키기 위해 사용할 수 있는 방법은 ① 듣고 읽는 것(listen and read), ② 듣고 생각하는 것(listen and think)으로, 이 두 가지가 가장 좋은 방법이 될 수 있다. 예를 들면, 듣고 읽는 방법은 녹음된 테이프를 들려주고 책을 읽게 한다든지, 교사가 책을 읽어 준다든지 하는 방법을 사용할 수 있는데, 이때 녹음 테이프 속에 혹은 교사가 미리 여러 가지 지시 사항들을 들려주고 그 지시 사항에 따라 읽게 하는 것이다. 듣고 생각하는 것은 분석적, 해석적, 감상적, 비판적 듣기 기술 지도를 위해 사용될 수 있다. 듣고 아주 짧게 요약하기, 빨리 듣기 등 여러 가지 사고 기술을 훈련시킬 수 있는 방법이다.

셋째, 듣기 지도는 소리의 상징을 사용하기 때문에 특별히 청각적 지각 훈련이 필요하다. 청각적 지각 훈련은 음악, 말소리의 변별, 짧은 용어와 긴 용어들을 기억하기, 시간적 서열, 배경소리 알아맞히기, 소리의 종합·분석·억양 유형, 주어와 동사의 일치, 수동태와 능동태, 구문들과 관련한 과제들과 관련하여 이루어져야 할 것이다. 따라서 청각 지각 훈련은 ① 소리의 기억(지시 따르기), ② 소리의 심상화(auditory imagery; 기술된 그림의 시각화와 선택), ③ 청각적 배경 등을 알아맞히게 하는 듣기 게임을 사용하는 것도 좋은 지도 방법이 될 수 있다. 이런 방법들은 다양한 소리에 주의를 기울이게 할 수도 있고, 새로운 경험들에 관해 생산적으로 생각해 볼 수 있게도 할 수 있으며, 추리와 결과에 대한 가설을 설정하게 할 수도 있을 것이다. 이때 TV, 비디오, 녹음기, 컴퓨터 등 각종 장비들을 이용하는 것도 좋다. 특별히 '지시 따르기'와 같은 게임을 할 때는 교사가 아동이 지시를 잘 따를 수 있는지 관찰할 필요가 있으며, 단어나 구문의 선택에 주의를 기울여야 한다. 유아들에게는 간단하고, 직접적인 화법을 사용하여 지시할 필요가 있다. 유아들이 지시 따르는 것이 힘들다면, 청지각적 기술 때문인지, 듣기 태도의 문제인지 알아볼 필요가 있다. 많은 경우, 유아들은 듣기에 주의를 기울이지 않아 지시를 따르지 못하는 경우가 있기 때문에 주의를 기울이게 하는 훈련을 할 필요가 있다.

넷째, 유아의 어휘 지식은 듣기나 읽기에서 공통적으로 중요하다. 단어는 의미를 전달하고 수용하는 언어의 가장 기본 단위이며(정혜승, 1998), 언어화된 개념이다(Robbins & Ehri, 1994). 뿐만 아니라, 단어는 언어적 사고의 최소 단위다(Vygotsky, 1962). 따라서 아동의 어휘를 확장시키지 않고는 결코 올바른 듣기 지도를 할 수 없다. 특별히 교실에서 개별 단어들에 주의를 기울이며 듣기 지도를 하기는 매우 어렵다. 우리는 모르는 단어를 접할 경우, 대부분 전후 맥락을 이용하여 그 단어의 의미를 안다. 따라서 모르는 단어를 접했을 때 그 단어의 의미를 어떻게 아는지 평소 교사가 시범을 보여 주는 것이 좋다. 그리고 교사 자신이 단어들에 관심을 가지고 많은 단어들을 알 수 있도록 권장할 필요가 있다. 새로운 단어들이나 일상에서 필수적인 단어가 나오면 그 단어의 정확한 의미를 알기를 요구하고, 단어의 의미를 전후 맥락을 이용하여 생각해 볼 수 있는 습관을 가지도록 지도해야 한다. 또 교사는 유아에게 구어적 지시를 할 때 의미 없는 말을 남발하기보다는 꼭 필요한 말을 간결하게 하는 습관을 가지는 것이 중요하며, 애매모호한 지시나 질문은 피하는 것이 좋다.

다섯째, 유아들이 좋은 듣기 습관을 지닐 수 있도록 지도해야 한다. 남의 말을 들을 때는 주의를 기울여 들어야 할 뿐 아니라, 끝까지 들어야 하며, 반응을 보여야 할 때는 반응을 보이면서 들어야 하고, 여러 사람이 의견을 나눌

때는 모든 사람들의 의견을 수렴하고 의견의 일치를 끌어낼 수 있도록 지도
해야 한다. 듣기의 좋은 습관은 교실의 정서적, 사회적 분위기와도 관련 있
다. 교실 분위기가 허용적인 분위기가 아니고 위협적인 분위기라면 유아들은
듣기에 충분히 주의를 기울이고 몰입할 수 없다. 유아가 배가 고프거나, 집에
서 기분이 나빠 유치원에 오면 유아는 교사의 말에 충분히 귀를 기울일 수 없
다. 그러므로 교사는 유아 개인의 문제에도 관심을 가지고, 교실 분위기를 따
뜻하고 허용적인 분위기가 될 수 있도록 만들어야 할 것이다. 또 이야기를 나
누거나 발표를 하는 시간에는 대체로 한 번에 한 사람씩만 말하게 하는 것이
중요하며, 말을 듣는 사람은 말하는 사람 외에 다른 사람이나 창문 기타 다른
것을 바라보지 말고 반드시 말하는 사람을 쳐다보게 하는 것도 중요하다. 가
능하다면 듣기에 불필요한 잡음들이 많이 들리지 않도록 해 주는 것이 좋다.
그러나 유아는 그러한 잡음에도 불구하고 자신이 듣고자 하는 말에는 주의를
기울이도록 하는 듣기의 좋은 습관을 지니도록 지도해야 한다.

여섯째, 다양하고 적절한 수준의 듣기 자료들을 선정하고 개발하는 일에
신경을 써야 한다. 듣기 자료의 선정은 교사가 듣기 지도의 목표와 학습의 과
정(교사의 학습 과정에 대한 견해)을 어떻게 보느냐에 달려 있다. Wood(1994)
는 듣기 지도를 위한 교수 자료를 선정할 때 염두에 두어야 할 것들을 다음과
같이 밝히고 있다.

① 의미(이 자료는 아동의 의미 있는 행동을 다루고 있는가?)
② 합리적 근거(이 자료는 이론적, 발달적, 경험적인 근거를 위한 기초를 제공하
   고 있는가?)
③ 사용자를 위한 정보의 적절성(이 자료는 어떤 측면에서 내가 가르치고자 하
   는 유아들에게 도움이 될 것인가? 이 자료를 사용하기 위해 다른 어떤 보조 자
   료들이 더 필요한가?)
④ 효과 검증(이 자료를 사용하고 난 다음, 그 효과를 검증할 수 있는 어떤 방안
   이 자료 자체 내에 포함되어 있는가?)
⑤ 자료 사용의 융통성과 실용성(이 자료는 사용자가 수정하여 사용할 수 있는

가? 만약 내가 가르치는 유아에게 적절하지 않다면 내가 적절하게 수정하여 사용할 수 있는가?)

⑥ 내용(이 자료의 내용은 다양하고, 도전적이며, 적절한가? 자기 표현, 문학, 설득, 설명 등을 위한 언어 사용을 할 수 있게 되어 있는가?)

⑦ 청각적(음향적) 기준(이 자료는 소리가 분명하고 음색·음조 등의 변화가 적절한가?)

⑧ 경제성(이 자료는 직접 만들어 사용할 수 있는가? 최소의 경비로 구입할 수 있는가?)

이상의 조건들을 잘 충족시킬 수 있는 유아들을 위한 듣기 자료로는 그림 이야기책이 가장 훌륭한 자료들 중 하나가 될 수 있다. 그림 이야기책을 읽어 주면 유아들은 책을 즐기는 기본적인 목적을 벗어나지 않으면서 위에서 언급한 여러 가지 듣기 기술들을 향상시킬 수 있다. 자동적으로 소리를 변별하기도 하고, 듣기 이해력을 향상시키기도 한다. 또 추리와 결과에 대한 가설 설정을 하게 할 수도 있을 것이다.

일곱째, 다양한 종류의 듣기 경험을 가능한 한 많이 시켜야 한다. 다시 말하면, 의미 있는 듣기를 위한 기회를 많이 제공해야 한다는 뜻이다. 교사가 사용할 수 있는 듣기의 종류는 수백 가지도 넘을 수 있다. Wood(1994)는 듣기 지도의 종류를 다음과 같이 예시하고 있다.

① 반동적 듣기(reactive listening) 지도

교사가 들려준 그대로 따라 말하게 하는 방법으로, 이 방법은 의미 구성적 처리 과정이 별로 필요 없다. 청자의 역할은 단순히 그대로 따라하면 된다. 말소리, 단어 그리고 세부 내용을 기억하는 능력을 길러 줄 수 있을 것이다.

② 집중적 혹은 내포적 듣기(intensive listening) 지도

발화의 여러 가지 요소들—음소, 단어, 억양 등—에 초점을 맞춘다. 이 지도는 상향식 처리 과정을 중시하는 방법이다. 유아는 개인적 연습이나 합창에서 단서들을 듣고, 교사는 단어나 문장을 반복하여 들려주어 아이들의 마

음속에 새겨 두게 하며, 문장이나 혹은 조금 더 긴 담화를 들려주고 특별한
요소들, 억양, 강세, 대비, 문법적 구조 등을 찾아내게 하는 방법이다.

③ 반응적 듣기(responsive listening) 지도

유아가 교사가 하는 말을 듣고 즉각적으로 그리고 적절하게 대답하게 하는
방법이다. 예를 들면, 간단하게 질문하기(예: 안녕하세요?, 어젯밤에는 무엇을 했
나요?), 간단하게 요구하기(연필과 종이를 꺼내세요.), 명료화하기(네가 한 말이
무슨 뜻이야?), 이해를 점검하기(그래서 불이 꺼졌을 때 엘리베이터에는 몇 사람이
나 있었니?) 등의 방법을 사용할 수 있다.

④ 선택적 듣기(selective listening) 지도

한두 문장이 아니라, 그 이상으로 말이 길어지면 유아들은 화자가 말하는
모든 정보들을 다 처리하지는 않는다. 특정 정보들을 선택적으로 처리한다.
이런 수행은 매우 포괄적이고 일반적인 의미를 찾기 위한 것이 아니라, 중요
한 의미를 찾기 위한 것이다. 따라서 선택적 듣기는 주의 집중적 듣기와는 다
르다. 선택적 듣기를 위한 지도는 예를 들면, 교사가 사람들의 이름, 날짜, 특
정 사건이나 사실, 위치, 상황, 맥락, 주요 아이디어, 결론 같은 것들을 물어
봄으로써 지도할 수 있다.

⑤ 상호작용적(interactive listening) 지도

토의, 토론, 대화, 역할 놀이, 그 밖의 집단 놀이 등을 통해서 지도할 수 있
는 방법이다. 유아들이 이런 상황에서 능동적으로 듣고 말하게 하는 지도 방
법이다. 말하기 기술과 통합하여 지도할 수 있다.

종합하자면, 이상적인 듣기 지도는 모든 개별 유아들의 능력을 고려하여
지나치게 어렵지도 않고 지나치게 쉽지도 않은 적절하게 어려운 문제를 제시
하여 도전감과 성취감을 맛보면서 계속하여 성공적인 학습을 경험하게 하는
것이다. 이를 위하여, 교사들은 앞에서 진술한 듣기 지도의 방법들에 관한 몇
가지 원칙들을 고려하면서 듣기 지도를 해야 할 것이다. 즉, 듣기에 필요한

적절한 교실 분위기를 조성하고, 다양한 듣기 지도를 계획하며, 듣기 교수를 위한 적절한 교수 자료를 개발하고, 필요 없는 반복적인 지시 사항을 제거하며, 유아들의 듣기 노력에 대해 격려를 하는 등 원칙적인 방법들을 생각하면서 세부적인 듣기 지도를 해 나가야 할 것이다.

6. 요약 및 결론

"부엉이는 참 현명하다네.
늘 입을 다물고 잘 듣기 때문이지.
우리도 잘 들을 수 있으면
사는 것이 훨씬 수월해질 수 있다네."

출처를 알 수 없는 동요 한 구절을 인용했다. 잘 듣는다는 것이 무엇인가? 듣기 능력은 읽기 및 다른 언어 사용 능력에 어떤 영향을 미치는가? 유아들은 들음으로써 그들 속에서 아이디어들이 자라기 시작하고, 아이디어들이 자라면서 그들은 훨씬 더 행복해지고, 자유로워지게 된다. 사람들이 말하기를, 이 세상은 남의 말을 잘 듣고 기술적으로 생각하고 기술적으로 표현할 수 있는 협상 테이블에 앉은 사람들에 의해서 지배된다고도 한다. 잘 듣는다는 것은 이처럼 중요한 일이다. 이처럼 중요한 듣기 기술은 효과적인 지도에 의해 크게 그 기술이 향상될 수 있다. 그러나 우리의 교육 현실은 듣기 지도의 중요성에 대한 인식도 부족하고, 또 그 중요성을 인식한다 하더라도 구체적으로 어떻게 가르쳐야 할지 몰라 가르치지 못하고 있다. "조용히 해." "잘 들어." 정도가 듣기 지도의 전부는 아닌지 한번쯤 반성해 볼 일이다.

8 말하기 지도

1. 말하기 지도의 중요성

언어는 인간으로 하여금 세상을 이해하게 하고, 다른 사람과 연결지어 주는 가장 기본적이고 중요한 도구다. 인간은 세상을 살아가면서 끊임없이 대화하고, 협상하고, 논쟁하고, 토의하고, 배우면서 살아간다. 이 과정에서 언어는 없어서는 안 될 가장 중요한 도구다. 즉, 언어 활동이 없는 인간 생활은 생각할 수 없다. 언어 활동은 말하기, 듣기, 읽기, 쓰기로 구분할 수 있으며, 이 네 가지 언어 활동 중에서 특별히 말하기는 그 어떤 언어 활동보다 더 중요하다. 인간이 적절한 언어를 사용해 적절하게 조음하여 적절한 목소리로 정확하게 말을 할 줄 모른다면 이 세상을 살아가기란 여간 어렵지 않을 것이며, 여러 사람과 장소, 물건, 사건 등에 관하여 적절하게 기술할 줄 모르고, 자신의 감정과 의견을 적절하게 설명할 수 없다면 이 세상을 효율적으로 살아 나가기란 거의 불가능할 것이다. 만약, 어떤 사람이 짧은 문장과 연결되지 않은 문장으로만 말을 한다면 우리는 그 사람의 정신적 상태를 의심한다. 그것은 인간의 사고가 말하기를 통해서 가장 잘 드러나기 때문이다. 인간은 생각하고, 상상하고, 그것들을 자유롭게 표현할 수 있을 때 가장 인간다운 삶을 누릴 수 있다. 한마디로, 말하기는 인간 삶의 질을 결정하는 가장 중요한 변인이다.

이런 여러 가지 이유로, 학교는 말하기 지도를 결코 소홀하게 다루어서 안됨에도 불구하고 우리의 학교 교육은 대체로 말하기 지도를 소홀히 하는 경향이 있다. 연구자들은 지나치게 읽기, 쓰기 교육을 강조하여 아동들은 말하기는 물론 듣기 능력까지 별로 중요하지 않게 생각하는 경향이 있으며, 교사들 또한 말하기는 듣기와 마찬가지로 자연스럽게 배워지는 것이기 때문에 특별히 교육하지 않아도 된다고 생각하는 경향이 있다고 지적하고 있다(노은희, 1993; 박영목, 1991; 전은주, 1999). 그러나 학교에서 아동의 전체 의사소통 활동 가운데 75% 이상이 말하기, 듣기 활동이며, 전자 시대가 열린 지금에도 여전히 인간 생활의 60% 이상이 말하기, 듣기 활동이라면 그래도 여전히 말하기 지도가 별로 중요하지 않다고 할 수 있을 것인가? 말하기 능력은 개인의 노력과 교육의 정도에 따라 상당히 달라지기 때문에 학교 교육은 반드시 말하기 지도를 중요하게 다루어야 할 것이다(Oklahoma state department of education, 1999).

인간은 매우 자연스럽게 말하기를 배운다. 누구나 특별한 노력을 기울이지 않더라도 나이가 들면 자연스럽게 말을 할 줄 알게 된다. 유치원에 오는 아동들은 대체로 말을 할 줄 안다. 대부분의 유아들은 적어도 기본적 수준에서 모두 말을 할 줄 알고 다른 사람들과 의사소통을 할 수 있다. 그러나 이들의 말하기 활동을 조금만 자세히 들여다보면, 말하기 능력이 개인에 따라 크게 차이가 있다는 사실을 알 수 있다. 유아들은 개인에 따라 더 효과적으로 또는 덜 효과적으로 말을 한다. 그것은 유아들이 여러 가지 사회적 맥락 속에서 말하기를 경험한 정도와 교육의 정도가 다르기 때문이다. 효과적인 말하기는 상당한 주의와 노력을 기울이지 않는다면 결코 얻어지지 않는다. 그것은 말하기 능력이 단순한 언어 능력 이상의 능력이기 때문이다(New Jersey State Department of Education, 1996). 말하기가 단순한 언어 능력 이상의 능력이라는 것은 인간이 말을 잘 하기 위해서는 논리적 · 창의적으로 생각할 수 있어야 하고, 아이디어를 표현할 수 있어야 하며, 다른 사람의 말을 이해할 수 있어야 하고, 그것에 반응할 수 있어야 하며, 질문을 하고 대답을 할 수 있어야 하고, 정보를 조직하고, 평가하고, 적용할 수 있는 사고, 지식, 기술 등 포괄적 개념의 의사소통 능력을 가져야 가능하다는 뜻이다(Hong & Aiex, 1998). 따라서 말하기는 상당한 정도의 훈련과 연습이 필요하며, 지도가 필요하다. 그리고 그 지도는 반드시 비판적 사고, 문제 해결력, 창의성 등의 문제와 연결된 것이어야 한다.

한마디로, 말하기 지도는 유치원에서부터 시작하여 평생 동안 이루어져야 하며, 그 지도는 반드시 비판적이고 창의적인 사고의 문제와 연결되어야 한다. 그러나 우리나라에서는 국가 단위 교육 과정을 통해서도 짐작할 수 있듯이, 일선 교사들이 유아들에게 효과적이고 적절한 말하기 지도를 하려고 할 때 지침으로 삼을 수 있는 비판적이고 창의적인 사고와 연결된 말하기 지도를 위한 적절한 안내를 찾아보기 어렵다(교육부, 1998; 이차숙, 2000). 따라서 일선 교사들이 유아들의 말하기 지도가 중요하다는 사실을 인식하고 말하기 지도를 하고 싶어 해도 구체적으로 어떻게 해야 할지 몰라 당황스러운 경우가 많다고 한다(전은주, 1999). 말하기 지도에 대한 적절한 안내는 말하기의 개념이나 성격에 대한 규명과 그러한 규명에 기초한 말하기 지도의 목표 설정이 우선될 때 가능하다. 말하기의 개념이나 성격에 기초한 말하기 지도의 목표가 설정되면 그러한 목표를 성취하기 위한 교육 내용들을 추출하고, 추출된 교육 내용들을 지도할 수 있는 구체적이고 적절한 지도 방법들에 대한 탐색이 가능해질 것이다.

이 장은 최근까지의 연구 문헌들을 조사하여, 말하기의 개념과 성격을 규명하고, 그것에 기초한 말하기 지도의 목표를 명세화할 것이다. 그리고 설정된 말하기 지도의 목표를 이루기 위한 교육 내용들을 추출할 것이다. 말하기 지도의 교육 내용들을 추출할 때, 말하기의 개념이나 성격 규명에서 밝혀진 대로 비판적이고 창의적인 사고와 관련한 교육 내용들이 포함될 수 있도록 애쓸 것이다. 마지막으로 추출된 교육 내용들을 가장 적절하게 지도할 수 있는 방법들에 관한 탐색도 시도할 것이다.

2. 말하기의 개념과 성격

말하기는 자신이 알고 있는 정보, 생각 그리고 감정들을 소리의 상징들을 사용하여 다른 사람들에게 체계적이고 효과적으로 표현하는 고도의 복잡한 지적 활동이다. 여기서 체계적이라는 말은 화자가 소리의 상징들을 사용할 때 그것들을 아무렇게나 임의로 사용하는 것이 아니라, 모든 사람들이 이해할 수 있는 소리나 단어의 유형 그리고 순서들을 체계적으로 조직하여 표현해야 한다는 뜻이며, 효과적이라는 말은 화자가 전달하고자 하는 생각과 의도를 정확하고, 적절하게 드러내야 한다는 뜻이다. 따라서 말하기는 단순한 언어 능력의 문제가 아니라 의사소통 능력의 문제다. 언어 능력과 의사소통 능력은 다르다. 언어 능력은 적절한 문장과 의미 있는 문장을 산출하고 이해하는 능력이며, 의사소통 능력은 그런 문장들을 사회적 상호작용에서 적절하게 사용할 줄 아는 능력이다. 다시 말하면, 말을 잘하기 위해서는 언어 능력은 물론이고 그 이상의 어떤 능력이 필요하다는 뜻이다. 말을 잘하기 위해서는 언어의 형태나 구조를 잘 알아야 할 뿐만 아니라 사회적 도구로서 언어를 어떻게 사용해야 할지도 알아야 한다. 말을 잘하기 위해서 화자는 모든 사람들이 이해할 수 있고, 반응할 수 있도록 자신이 표현하고자 하는 의미를 메시지로 바꿀 줄 알아야 한다. 메시지의 효과적인 구성은 어떤 어휘를 골라 사용해야 할지, 어떤 언어적 형태를 사용해야 할지, 어떤 문장 구조를 구성해야 할지, 무엇을 강조해야 할지, 그 강조를 잘 나타내기 위해 어떤 음조로 말을 해야 할지를 알아야 한다. 그리고 더 효과적인 의미 전달을 위해 사용할 수 있는 비언어적 장치들은 어떤 것들이 있는지 그리고 그것들을 언제, 어디서, 어떻게 사용해야 할지도 알아야 한다. 한마디로, 말을 잘하려면, 주어진 상황에 맞게 언어적 기능을 효과적으로 달성할 수 있는 전략들까지 알고 사용할 줄 알아야 한다는 뜻이다.

Hoff-Ginsberg(1997)에 의하면, 효과적인 말하기에 필요한 의사소통 능력은 몇 가지 중복적인 지식이 필요한데, 그것들은 크게 화용론적 지식

(pragmatic knowledge), 담화론적 지식(discourse knowledge) 그리고 사회 언어학적 지식(social linguistic knowledge)이다. 화용론적 지식은 언어의 의사소통적 기능과 의사소통을 위한 언어 사용의 관례에 관해 아는 것이고, 담화론적 지식은 문장보다 더 큰 단위의 언어 사용에 관해 아는 것이다. 예를 들면, 대화나 이야기의 전체적인 전개나 구조에 대한 앎이다. 사회 언어학적 지식은 상대방의 사회적 지위, 문화, 성과 같은 사회적 변인에 따라 언어가 어떻게 다르게 사용되는지 아는 것이다.

이것을 좀 더 자세하게 설명하면, 말하기는 어떤 사태를 단순히 기술하기 위해 문장을 발하는 것이 아니다. 화자가 말하는 각 문장은 그것이 단순한 언어 행동이 아니라 언어적 행위, 즉 화행(speech acts)이라는 뜻이다. 즉, 누가 "우리 결혼하자."라고 말했다면, 그 뒤에는 반드시 그 말에 대한 책임이 따른다. 즉, 말하기는 언어를 기능적으로 사용하는 것이다. 언어의 기능은 약속, 요구, 참조, 기술, 논쟁, 명령 등 여러 가지다. 따라서 말을 잘한다는 것은 ① 화자의 의도, ② 언어적 형태, ③ 효과 등 세 가지 요소와 관련하여 판단할 문제다. 즉, 말을 잘하려면, 화자가 언제 어떤 언어적 형태를 사용하여 말을 하면 자신의 의도를 가장 효과적으로 드러낼 수 있을지 알아야 한다. 이것이 곧 화용론적 지식이다.

말하기 능력은 또 어떻게 대화에 참여해야 하는지, 어떻게 이야기를 만들어 내야 하는지도 알아야 한다. 이것이 담화론적 지식이다. 토크 쇼(talk show)에 초대된 손님이 묻는 말에 대해 단순히 한두 문장의 말로만 대답을 한다면 우리는 그를 말하기 능력이 부족한 사람이라고 생각할 것이다. 아마 다시는 초대되지 않을지도 모른다. 말을 잘하려면 말의 양, 질, 관계, 태도 등이 적절해야 하는데, 우선, 대화에 필요한 적당한 양의 정보를 제공할 수 있어야 한다. 너무 말을 적게 해서도 안 되고 너무 많이 해서도 안 된다. 또한 증명되지 않은 말을 해서도 안 되고 타당하지 않은 내용의 말을 해서도 안 된다. 적당한 양의 정보를 제공하되 적당한 순서로 분명하고, 간결하게 그리고 애매모호하지 않게 말을 할 줄 알아야 한다. Shatz와 McCloskey(1984)는 유아들의 말하기 지도는 처음부터 유아들이 이런 규칙들을 따르며, 말을 할 수 있도록 지도해야 한다고 주장한다.

우리는 여러 가지 사회적 장면에 따라서도 다르게 말을 한다. 교실에서, 카페에서 하는 말이 다르다. 또 청자에 따라서도 다르게 말을 한다. 친구, 선생님, 부모, 유치원 아이들에게 우리는 다 다르게 말한다. 이처럼 언어 사용이 일어나는 사회적 장면을 언어의 사용역(register)이라 한다. 사회적 장면에 따라, 즉 사용역에 따라 언어를 달리 사용하는 것을 배우는 것도 말하기 학습의 과제 중 하나다(Capps & O' Connor, 1978). 우리는 여러 가지 목적을 가지고 말을 한다. 개인의 필요를 충족시키기 위해서, 관계를 형성하기 위해서, 사람 · 물건 · 장소 · 사건 그리고 개인의 감정 등에 관하여 의미 있는 정보를 타인과 나누기 위해서, 다른 사람들의 마음을 변화시키기 위해서 말을 한다. 각 목적에 따라 말하기의 사용역이 달라지는 것은 당연하다. 효과적으로 말하기 위해서는 상대의 태도, 교육 정도, 연령, 성별, 성격적 특성에 따라 다르게 말을 할 줄 아는 사회 언어학적 지식이 필요하다.

이상의 기술들을 통하여, 말하기는 단순히 언어 능력의 문제가 아니라 의사소통 능력의 문제이며, 의사소통은 매우 복잡한 지적 활동의 문제라는 것을 알 수 있다. 따라서 말하기 지도는 말하기의 표면적 수준에 해당하는 정확한 발음이나 조음 그리고 문장 구성에만 관심을 기울일 것이 아니라, 이 수준을 넘어서서 자신의 아이디어를 조직하여 나타내 보일 수 있어야 하고, 말하고자 하는 의도를 분명하게 제시할 수 있어야 하며, 그들의 지식을 표현할 수 있는 쪽으로 방향을 잡아야 할 것이다. 1960년대까지만 해도 언어 발달 연구들은 주로 언어의 형태적 측면에만 초점이 맞추어졌다. 예를 들면, 유치원, 초등학교 1학년, 2학년, 3학년 아동들은 학년에 따라 사용할 수 있는 어휘는 어느 정도이며, 구문의 길이는 어떻게 변해 가는지 혹은 어떤 유형의 문장을 사용하는지에 주로 관심을 기울였다(O' Donnell, Griffin, & Norris, 1967). 그러나 이제 유아들의 말하기 지도는 언어의 형태적 측면뿐만 아니라 언어의 기능적 측면에도 관심을 기울여 말하기 능력의 실제적 향상을 도모하려는 움직임이 서서히 일어나고 있다.

3. 말하기 지도의 목표와 내용

말하기 지도의 목표는 한마디로 '말하기 능력의 신장'이다.' 말하기 능력
이란 "화자와 청자가 말을 주고받을 때 이상적인 화자에게 필요한 총체적인
언어 능력이다"(전은주, 1999: 168). 여기서 이상적인 화자란 말하기 과정을
통하여 언어 활동의 기능적인 목적을 효과적으로 수행할 수 있는 적극적인
화자를 말한다.

그렇다면 말하기의 기능적인 목적을 수행하는 데 필요한 총체적인 언어 능
력이란 무엇인가? 말하기 지도의 목표가 '말하기 능력의 신장'이라는 것은
너무나 포괄적인 개념이다. 말하기에 필요한 총체적인 언어 능력을 구체화하
여 명세화할 필요가 있다. 말하기의 기능적인 목적을 수행하는 데 필요한 총
체적인 언어 능력을 구체화하여 명세화하기 위해서는 먼저 말하기의 기능(the
function of speech)을 밝히는 것이 선행되어야 한다. 그리고 난 다음 그런 기
능들을 수행하는 데 필요한 말하기의 능력을 밝히면 될 것이다. 말하기의 기
능은 말하기의 상황이나 목적에 따라 여러 가지로 구분될 수 있다. 구체적으
로, 말하기 상황은 대화, 토의, 타협, 보고, 논쟁, 설명, 놀이 등 여러 가지로
생각해 볼 수 있다. 이런 여러 가지 상황에서 말하기의 기능들도 여러 가지로
구분하여 생각할 수 있지만, 그 어떤 상황에서도 말하기의 가장 중요한 기능
은 개인이 가지고 있는 지식과 감정과 생각을 효과적으로 전달하여 청자를
이해시키고 설득시키는 것이다. 다른 사람을 이해시키고 설득시키려면, ①
말하기에 필요한 지식, ② 말하기 기술, ③ 말하는 태도, ④ 자신감 등이 총
체적으로 작용해야 한다. 이것이 바로 총체적인 언어 능력이다.

다시 말하면, 다른 사람을 효과적으로 이해시키고 설득시키기 위해서는 우
선 전하고자 하는 내용, 즉 말할 내용이 있어야 한다. 내용이 없는 말을 잘하
는 말이라고 말하지 않는다. 말을 잘하려면 우리는 우선 많은 것들에 관해 알
수 있도록 도와주어야 한다. 한마디로 말할 거리를 많이 만들어 주어야 한다.
둘째, 상황과 목적에 맞게 말을 할 줄 알아야 한다. 상황과 목적에 따라 적절

한 속도와 목소리로 말하는 것은 물론, 적절한 언어 형태를 사용할 줄 알아야 하며, 적절한 화제를 선택할 줄도 알아야 한다. 또한 간결하고 정확하게 말할 줄도 알아야 한다. 간결하고 정확하게 말하기 위해서는 정확한 발음과 올바른 문형을 사용할 줄 알아야 하며, 적절한 어휘를 골라 사용할 수 있어야 한다. 적절한 어휘를 골라 사용할 수 없을 때 말하기는 결코 간결하게 이루어지지 않는다. 말이 다른 사람에게 지루하게 들리지 않기 위해서는 비언어적 장치, 즉 몸짓, 표정, 쉼, 억양 등을 적절하게 사용할 줄 알아야 한다. 그리고 상대방의 마음도 읽을 줄 알아야 하는데, 다른 사람이 내 말을 듣고 있는지 혹은 이해를 하고 있는지 점검해 가면서 말을 할 줄 알아야 한다. 셋째, 바른 태도로 말을 할 줄 알아야 한다. 다른 사람을 방해하지 않으면서, 말할 차례를 지키며, 상대방을 바라보며 말을 할 줄 알아야 한다. 그리고 자신감 있게 말을 할 줄 알아야 한다. 마지막으로, 다른 사람의 마음을 아프지 않게 인격적으로 말할 줄 알아야 한다.

그렇다면 이상적인 말하기 지도는 지도의 내용으로 이런 내용들을 모두 포함해야 하는가? 총체적인 언어 능력의 구성 요소로 추출된 모든 것들을 한꺼번에 다 지도할 수는 없을 것이다. 추출된 요소들 중에서 지도될 수 있고, 지도되어야 할 가치가 있는 부분들을 파악하여 그것들을 다시 '발달적 적합성'이라는 체에 걸러 내어 지도의 내용으로 삼아야 할 것이다. 그러나 이것은 결코 쉬운 일이 아니다. 인간과 언어에 대한 명확한 이해가 전제되어야 하기 때문이다. 그러나 이것은 그간의 연구를 통해 밝혀진 능숙한 화자의 말하기 기술들을 추출하고 체계화하여 발달적인 특징을 고려하여 그것들을 중심으로 지도해 나가는 다소 손쉬운 방법을 사용할 수도 있을 것이다. 여기서 조심해야 할 것은 말하기 능력이란 말하기 활동에 필요한 지식, 기능, 전략, 태도 등이 복합적으로 작용하여 이루어진 능력이지만, 교육 과정에서 제시해야 할 교육 내용들은 일선 교사들이 실제 수업을 진행하는 데 지침을 삼을 수 있을 정도로 충분히 구체화하여 제시해야 한다는 점이다.

좀 더 자세하게 설명하자면, 말하기, 즉 언어 활동의 기능적인 목적을 효과적으로 수행하기 위해서는 여러 가지 복합적인 기술들이 필요하다. 문장을 이해하고 산출하는 단순한 언어 능력은 물론이고, 정보를 찾고, 조직하고, 기억하고, 판단하고, 적용하는 등 논리적이며, 창의적이며, 비판적인 사고 기술들이 필요하다. 이런 기술들은 분절된 단일한 기술들이 아니라 여러 가지 요소들이 복잡하게 얽히고설킨 기술들이다. 그러므로 이런 기술들은 분절된 활동이 아니라 통합된 활동을 통해서 길러진다. 뿐만 아니라, 유아들은 단일 교과나 단일 요소, 단일 방법에 충분히 주의를 기울일 수 없는 발달적 특징을 가지고 있다. 따라서 우리는 말하기 지도라는 교육 과정을 구성하고 제시하고자 할 때, 자칫 교육 내용들마저 통합적인 방법으로 제시해야 한다는 생각을 가지기 쉽다. 그러나 그것은 교육 과정의 운영상의 문제일 뿐 가르쳐야 할 교육 내용들까지 통합적인 방법으로 제시할 필요는 없다.

다시 말하면, 말하기 지도의 내용은 능숙한 화자의 말하기에 필요한 기술들을 추출하여 그것들을 범주화하고 구조화하여 제시하고, 학습 활동의 계열성이나 통합성의 문제는 개별 교사들에게 일임하는 것이 옳다. 그렇지 않으면 일선 교사들은 유아들이 능숙한 화자로 변해 가도록 무엇을 지도해야 할지 정확하게 모를 수 있다. 다시 말하면, 효과적인 말하기 지도는 국가 단위 교육 과정이나 이 영역의 교사 교육을 맡은 사람 혹은 학자들이 말하기 지도의 목표나 지도의 내용들을 모두 추출하고 범주화하여 구조화하고, 말하기의 개념이나 성격에 기초한 지도상의 운영 지침과 함께 제시하면, 일선 교사들이 대상 유아들의 발달 특성이나 학습 활동의 효과성을 진지하게 고려하여 그것들을 통합적인 방법으로 혹은 분절적인 방법으로 학습 활동을 제공하면 된다. 언어 학습 활동이 통합적으로 일어나야 하는 것은 사실이다. 하지만 지도되어야 할 교육 내용들마저 통합적으로 제시할 필요는 없다. 그렇게 되면, 개별 교사들이 정확하게 무엇을 가르쳐야 할지, 무엇을 빠트렸는지, 무엇을 충분히 가르치지 못했는지 모를 수 있기 때문이다(이차숙, 2000). 그러므로 이상적인 말하기 지도는 말하기 지도의 목표와 내용에 대해 탐구하여 학습자가 길러야 할 핵심적 요소들이 무엇인지 찾아내는 일, 능숙한 화자들이 가지고 있는 말하기 기술들이 무엇인지 찾아내는 일부터 시작해야 할 것이다.

능숙한 화자의 말하기 기술들을 찾아내는 일은 그리 쉬운 일이 아니다. 말하기는 매우 개인적으로 일어나므로, 모든 아동들에게 보편적으로 적용할 수 있는 일반적인 말하기 기술을 찾아내기 어렵기 때문이다. 그러나 능숙한 말하기에 필요한 말하기 기술들을 찾아내지 않고서는 말하기 지도의 목표 설정은 물론, 말하기 능력의 신장을 위한 교육 내용의 추출이 곤란하다. 말하기 지도의 목표나 교육 내용 추출은 능숙한 말하기의 기술 탐색에서부터 시작된다.

말하기 기술의 탐색은 능숙한 화자의 말하기 특징을 찾아내는 것도 하나의 방법이 될 수 있을 것이다. Hong과 Aiex(1998)는 말을 능숙하게 하는 사람들은 적절한 조음과 목소리와 올바른 용법을 사용하여 말을 할 줄 알고, 자기만의 개성적인 표현으로 말을 할 줄 알며, 간단한 보고는 물론이고 자신의 의견을 여러 사람 앞에서 자신 있게 말을 할 줄 알며, 대화의 묵시적 규칙을 따를 줄 알고, 대화를 할 때 화제를 벗어나지 않으면서 말을 할 줄 안다고 보고하고 있다.

미국의 Nebraska 주 정부 교육부는 말을 능숙하게 하기 위해서는 정보와 의견을 효과적으로 나눌 줄 알고, 적절하게 질문할 줄 알며, 사람들·장소·물건·위치·크기 색깔·형태, 행위들을 적절하게 묘사할 줄 알고, 자신의 경험을 논리적으로 연결하여 설명할 줄 알고, 이야기를 창의적으로 만들어 낼 줄 알고, 새로운 정보에 대해 자신의 말로 기술하고 설명할 줄 알고, 적절하고 풍부한 어휘를 사용할 줄 알고, 적절한 목소리, 문장 구조, 억양으로 말할 줄 알고, 주제를 벗어나지 않으며 집단적 토의에 참여할 줄 알고, 말할 차례를 지키며 말을 할 줄 알아야 한다고 한다(Nebraska Department of Education, 1997).

Ross(1986)는 또 효과적으로 말을 하기 위해서는 내용 조직을 분명히 해야 하고, 분명한 개념과 정확한 단어를 사용하여 말을 해야 하고, 분명하고 명쾌한 목소리로 말을 해야 하고, 눈맞춤을 하면서 감각적인 의사소통을 해야 하고, 의미를 강조하기 위해 유연한 몸놀림을 곁들여서 말을 해야 한다고 한다.

Kennedy(1972)는 효과적인 말하기는 여러 가지 유형의 언어를 사용할 줄 알아야 하고, 청자의 수나 특성에 따라 어떤 유형의 말을 할 것인지 알아야 하며, 말하기에 자신감을 갖고 유창하게 말을 할 줄 알아야 하고, 풍부한 어휘력을 가지고 있어서 상황에 따라 적절한 단어를 골라서 사용할 줄 알아야 하고, 기본적인 언어 구조를 이해하고 사용할 줄 알아야 한다고 한다.

Grice(1975)는 말을 잘 하려면 말할 차례를 지킬 줄 알고, 말하고자 하는 의도에 따라 적절한 몸짓을 할 줄 알고, 청자의 나이나 청자의 지식 수준에 따라 발화의 길이, 문장의 수를 다르게 사용할 줄 알아야 하고, 상황에 따라 언어의 형태를 다르게 사용할 줄 알아야 한다고 했다.

이상 여러 학자들이 주장하는 것들을 종합하면, 말을 능숙하게 하기 위해서 대체로 다음과 같은 말하기 기술들이 필요하다. ① 적절한 단어 사용하기, ② 청자, 목적, 상황에 따라 적절한 목소리, 적절한 문장, 적절한 언어적 형태로 말하기, ③ 의사소통을 효과적으로 하기 위해 비언어적 장치(내용과 상황에 어울리는 표정, 시선, 자세, 억양, 몸짓, 어조, 말의 속도 등) 사용하기, ④ 화제를 벗어나지 않고 대화와 토의에 참여하기, ⑤ 내용을 적절하게 조직하기, ⑥ 사람, 장소, 사물, 크기, 색깔, 형태 그리고 행위에 대해 다른 사람이 알아들을 수 있도록 적절하게 기술하기, ⑦ 정확한 발음으로 말하기, ⑧ 이야기를 듣고 적절하게 반응하기, ⑨ 자신의 생각, 느낌을 적절하고 자신 있게 표현하기, ⑩ 말할 차례 지키기 등이다.

이런 말하기 기술들은 위에서 Hoff-Ginsberg(1997)가 주장했듯이, 효과적으로 말을 하기 위해서는 문장을 이해하고 문장을 산출해 내는 언어 능력뿐만 아니라 의사소통에 필요하다고 생각되는 여러 가지 중복적인 지식들, 즉 화용론적, 담화론적 그리고 사회 언어학적 지식들을 적절하게 포함하고 있어서 말하기 기술들에 대한 견해가 학자들 사이에 대체로 일치한 것으로 해석된다.

따라서 말하기 지도의 궁극적인 목표는 '개인이 가지고 있는 지식과 감정과 생각을 효과적으로 전달하여 청자를 이해시키고, 설득시키는 데 필요한 총체적 언어 능력의 신장'이며, 말하기 지도의 교육 내용은 앞에서 기술한 능숙한 화자들에게서 볼 수 있는 말하기 기술들이어야 할 것이다.

4. 말하기 지도의 방법

Czerniewska(1981)에 의하면, 말하기는 아동이 갖추어야 할 가장 기본적인 기술임에도 불구하고, 비교적 최근까지 학교 교육에서 별로 중요하게 다루지 않았고, 그 지도 방법에도 별로 관심이 없었다. 그러나 1970년대와 1980년대에 들어 말하기와 듣기 기술은 아동이 갖추어야 할 가장 기본적인 기술로 인정되면서 그 지도에 대한 관심에도 큰 변화가 일어나기 시작했다. 그러나 말하기가 기본적으로 교육해야 하는 것은 인정했지만 실제로 교육 과정을 위한 개념적 기저는 그리 튼튼하지 못했다. 그러나 1970년대와 1980년대에 말하기의 개념이나 성격들이 재규명되고 말하기 교육의 중요성들이 인정되면서 많은 언어 교사들이 아동의 듣기, 말하기 능력을 신장시키기 위한 적절한 지도 방법을 찾아내기 위해 고심하기 시작했고, 이에 부응하여 많은 연구자들이 지도 방법에 초점을 맞춘 연구들을 서서히 내놓기 시작했다(Book, 1981; Brown, 1984; Brown et al., 1981; Hendricks, 1980; Hopper & Wrather, 1978; Lieb-Brihart, 1984; Rubin, 1985; Rubin & Kantor, 1984).

위 연구자들의 주장을 종합하면 앞 절에서도 진술한 것처럼, 이들은 대부분 이전 시대의 연구자들과는 달리, 말하기 능력을 단순히 언어 능력의 문제로 본 것이 아니라, 창의적이고 비판적인 사고 능력과 긴밀한 관계가 있는 언어 능력 이상의 문제로 보았다. 따라서 말하기 지도의 방법도 단순히 언어의 형태적인 측면만을 강조하던 이전의 분절적이고 반복적이고 연습적이던 지도 방법을 탈피하고 언어가 기능적으로 사용되는 것을 경험할 수 있도록 지도해야 한다고 주장했다. 다시 말하면, 말하기 지도는 체계로서의 언어를 지도하는 것이 아니라 언어를 사용할 줄 아는 능력을 길러 주어야 하며, 언어를 사용할 줄 아는 능력은 일방적인 지식의 주입을 통해서가 아니라 언어 사용 활동에 직접적으로 참여함으로써 길러질 수 있다는 것이다. 그리고 이런 능력들은 어느 날 갑자기 길러지는 것이 아니라 어려서부터 자신의 경험과 자신의 언어로 반응할 수 있는 언어 활동에 꾸준히 참여함으로써 길러진다는 것

이다. 따라서 말하기 지도는 아동이 말을 하기 시작하면서부터 ① 아이디어
와 생각을 나타내기 위한 언어 구사, ② 능동적 의미 구성의 과정, ③ 사회
적 맥락 내에서의 언어 사용, ④ 분절된 언어 능력이 아니라 서로 긴밀히 연
결된 언어 능력의 사용이 경험될 수 있도록 이루어져야 한다고 주장한다. 그
리고 이상 네 가지 말하기 지도의 원리는 각각 별개의 원리가 아니라 중복적
이고 서로 연결된 것들이라고 주장한다.

　이것을 좀 풀어서 설명하면, 첫째, 아이디어와 생각을 나타내기 위한 언
어 구사의 경험은 연습이 아닌 진짜 이유가 있는 말을 여러 가지 상황 속에
서, 여러 유형의 사람들에게 해 보는 기회를 가져야 가능하다. 즉, 말을 할
때는 반드시 자신의 말을 들어줄 수 있는 대상이 있어야 하고, 적절한 상황
이 있어야 하며, 또 자신의 말에 대해 적절한 반응을 얻을 수 있어야 한다.
DeLawter와 Eash(1966)에 의하면, 말하기 지도의 효과를 알아보는 1960년대
이전의 연구들은 아동의 진정한 언어 능력을 알 수 없게 만드는 임의로 꾸며
낸 상황이나 혹은 아무런 상황이 없이 단순히 문장을 따라하게 하거나 간단
한 질문에 답을 하게 하여 그 효과를 알아보는 것이 대부분이었다. 그러나
1960년대 이후의 연구들은 이미 반복과 연습이라는 인위적인 방법을 통해 분
절된 언어 능력들을 가르치는 것이 별 효과가 없다는 것을 인식하고, 그런 지
도보다는 이야기하기, 토의하기, 놀이하기를 통해 창의적인 언어 활동을 하게
하는 것이 더 효과적이라는 생각을 하기 시작했다.

　유아교사들이 꾸며 낸 상황이 아니라 진짜 이유가 있는 진정한 말하기를
유아들이 경험할 수 있도록 하기 위해서 교실에서 사용할 수 있는 말하기 지
도 방법으로는 어떤 것들이 있는가? ① 가능한 한 유아들에게 정기적으로 무
엇인가에 대해 발표할 수 있는 기회를 제공하고, ② 여러 가지 극 놀이에 동
참할 수 있는 기회를 주어야 하며, ③ 특별한 경험이나 사건에 관해 이야기
를 기꺼이 할 수 있도록 격려해야 하고, ④ 설명하기, 지시하기, 논쟁하기,
소개하기, 면담하기 등 말을 해야 하는 상황을 가능한 한 많이 만들어 주어야
하며, ⑤ 교실 활동에 가족들의 방문이나 참여를 권장하고, ⑥ 의논을 해야
하고, 계획을 세워야 하고, 프로젝트 활동을 하게 하고, 그 결과를 보고하는

등 모든 언어적 활동에 유아들이 편안하게 그리고 적극적으로 참여할 수 있도록 허용적인 교실 분위기를 만들어 주어야 할 것이다.

둘째, 능동적인 의미 구성의 과정을 경험시켜야 한다는 것은 언어교육은 다른 지식 교육과는 달리 언어 사용 기술을 익히게 해야 한다는 뜻이다. 언어 사용 기술은 추상적인 규칙들을 암기하거나 반복적으로 연습한 것들을 재생해 내는 그런 기술이 아니다. 언어 사용 기술은 자신의 경험들을 논리적으로 연결하여 설명할 수 있어야 하고, 이야기를 창의적으로 만들어 낼 수 있어야 하며, 자신의 말을 다른 사람들이 이해하고, 반응할 수 있도록 의미를 메시지로 구성하고 바꿀 줄 알아야 한다. 그러기 위해서 화자는 비판적으로 생각하고 자기 판단의 목소리를 낼 수 있어야 함은 물론이고, 말하기를 통해서 나타난 자신의 잘못된 표현들을 인식하고, 그것들을 교정할 수도 있어야 한다. 따라서 Holbrook(1983)은 교사는 끊임없이 말을 하고, 아동은 조용히 앉아서 무엇인가를 계속 들어야 하는 교실 분위기는 말하기 발달을 저해하는 교실이라고 지적한다.

이처럼, 말하기는 학습과 사고의 발달과 긴밀한 관계가 있다. 말하기는 아동이 자신의 생각을 조직하고 아이디어에 초점을 맞추어야 하는 사고 활동이다. 따라서 이런 능력은 수동적인 주입식 교육을 통해서 발달시키기 곤란하다. 다시 말하면, 말하기는 말하기 활동의 능동적이고 직접적인 경험을 통해서만 길러질 수 있다. 이는 지식을 얻고 아이디어를 탐색하기 위해 질문하고, 대답하고, 소개하고, 설명하고, 주장하고, 논쟁을 하는 등 능동적인 말하기 경험을 통해서 이루어진다. 이런 경험들은 아동이 말을 더 잘할 수 있기를 바라고, 더 잘할 수 있도록 의도적으로 노력하는 것까지 배우게 될 때 가능할 것이다.

유아의 말하기 활동이 능동적인 의미 구성의 과정이 될 수 있도록 하기 위해서 유아 교사가 교실에서 할 수 있는 일은 ① 유아들이 이해할 수 있고, 관련을 지을 수 있는 말하기 상황을 만들어 주어야 하며, ② 유아로 하여금 자신의 경험과 자신의 언어로 반응할 수 있는 자유를 주어야 하고, ③ 교실에서 자기 생각을 표현하는 것이 환영받는다는 것을 알게 해야 하며, ④ 창의적 반응이나 상상의 표현을 격려해야 하고, ⑤ 사고를 조직하기 위해 언어를 사용하는 것을 격려하며, ⑥ 말을 할 때 생각하면서 말을 할 수 있도록 유도하고, ⑦ 유아가 생각할 수 있고, 상상할 수 있는 시간과 공간을 제공하며, ⑧ 과거 사건에 대해 기술할 것을 요구하고, ⑨ 이야기를 만들게 하며, ⑩ 유아가 적절하게 말을 하면 적절한 반응을 보여 주는 것이 필요하다.

셋째, 사회적 맥락 내에서 말하기를 경험시켜야 한다는 것은 청자나 상황에 따라 각기 다른 언어 사용을 경험시켜야 한다는 뜻이다. 인간은 사람, 물건, 장소, 사건 그리고 개인의 감정 등 의미 있는 정보를 타인과 나누기 위해서, 다른 사람들의 마음을 변화시키기 위해서 말을 한다. 다른 사람에게 적절하게 의미를 전달하고, 다른 사람의 마음을 효과적으로 설득하기 위해서는 반드시 말을 듣는 대상의 특성을 고려해야 한다. 즉, 말을 듣는 대상의 태도, 교육 정도, 연령, 성별, 성격적 특성에 따라서 말하기는 달라져야 한다는 뜻이다. 말을 잘하기 위해서는 말을 할 때, 상대방의 마음을 헤아리고 배려할 줄도 알아야 하며, 상대방의 사회적 지위에 따라서 말을 다르게 할 줄도 알아야 한다. 상대방이 담화나 조크 그리고 만담으로 말을 즐길 수 있는 마음의 여유나 시간적인 여유가 없는데도 계속 긴요하지 않은 내용으로 조크를 던지거나 담화를 요청하는 것은 결코 잘하는 말이 아니다. 뿐만 아니라, 친구, 선생님, 부모, 유치원 아이들에게 다르게 말할 줄도 알아야 한다. 만약, 8세 꼬마가 영아에게 "죄송하지만 제 일을 방해하지 마시고 나가 주셨으면 고맙겠습니다."라고 말한다면 웃기는 말이 된다. 청자의 사회적 지위에 맞는 말이 아니기 때문이다. 사회적 지위뿐만 아니라, 청자의 인지적 능력도 고려해야 한다. 2세 유아와 10세 아동 그리고 20세 청년에게 자동차가 어떻게 움직이는지에 대한 설명은 달라야 한다.

말을 잘하기 위해서는 여러 가지 상황적인 요구를 배려할 수 있는 능력도 필요하다. 말을 할 때는 반드시 여러 가지 사회적 장면들이 있다. 교실에서, 카페에서, 대중 앞에서, 소집단에서 혹은 단둘만의 은밀한 곳에서의 말하기는 각각 달라야 한다. 혼자서 길게 말을 해야 하는 경우, 많은 사람들이 함께 토론할 때 적절하게 끼어들면서 말을 해야 하는 경우, 두 사람이 형식 없이 자유롭게 말을 해야 하는 경우 등 상황에 따라 적절하게 말을 할 수 있어야 잘 하는 말이 된다.

영아기부터 시작된 아동의 말하기 기술은 2, 3세부터 가속도가 붙기 시작한다. 가속도가 붙기 시작하면서 다른 사람에게 이야기를 들려주는 것이 가능하게 되고, 여러 가지 사회적 장면에서 언어가 다르게 사용되는 것도 배우게 된다. 그러나 말을 할 때 사회적 규칙이나 문맥의 요인들을 민감하게 고려할 줄 아는 능력은 3, 4세가 되어야 생기기 시작한다(Shatz, 1983; Shatz & Watspm O'Reilly, 1990). 사회적 장면에 따라 달리 말하는 것을 배우는 것도 유아들의 말하기 발달 과제 중 하나다.

말하기의 사용역에 따라 달리 말을 할 줄 아는 능력을 길러 주기 위해 유아교사가 사용할 수 있는 말하기 지도의 방법으로는 ① 교실 수업에 지역 사회의 인사들을 초빙하여 다양한 연령과 계층의 사람들과 말해 볼 수 있는 기회를 가지게 하고, ② 역할 놀이를 통해서 다양한 역할과 다양한 상황에서 다른 사람들을 설득시키는 경험을 많이 가지게 하며, ③ 문제의 해결이나 계획을 세우기 위해 소집단으로 토의를 하게 하고, ④ 교사와 유아가 함께 활동을 계획하며, ⑤ 사람들마다 각기 다른 생각을 가지고 있다는 것을 깨달을 수 있는 교수 활동을 고안하여 실행하고, ⑥ 말하기의 사회적 규칙을 알게하며(예: 다른 사람이 말을 할 때 끼어들어 방해하지 않기), ⑦ 다른 사람이 이해할 수 있도록 분명하고 자신 있게 말할 수 있는 능력을 길러 주기 위해 '보여주며 말하기(show and tell time)'나 '경험 나누기(sharing)' 시간을 가지게 하고, ⑧ 협상이나 타협이 필요한 교수 활동을 고안하여 실행할 필요가 있다.

넷째, 분절된 언어 능력이 아니라 각 언어 능력이 서로 긴밀히 연결된 통합된 언어 사용 능력을 경험시켜야 한다는 것은 듣기, 말하기, 읽기, 쓰기 능력들을 각기 구분하여 따로 가르치라는 것이 아니라 하나의 교수 활동 속에 이네 가지 언어 활동이 모두 일어날 수 있도록 하라는 뜻이며, 또 말하기의 주요 요인들, 예를 들면, 발음, 문법, 어휘, 상황 이해들을 분절하여 각 요인들을 따로 가르치라는 것이 아니라 이 모든 요인들이 총체적으로 작용하여 언어가 기능적으로 사용되는 것을 경험시키라는 뜻이다. 이 장에서는 특별히 말하기 지도 방법만을 다루고 있지만 그것은 말하기 능력의 주요 요인들이 무엇인지 찾아내고 그 요인들을 교육 과정 속에 반드시 포함시키라는 뜻이지, 그것들을 분절하여 각 요인들을 따로 가르치라는 뜻은 아니다. 특별히 듣기, 말하기, 읽기, 쓰기 등 네 가지 언어 사용 능력들 중에서 듣기와 말하기는 많은 경우에 함께 일어난다. 그리고 읽기와 쓰기도 마찬가지다. 많은 경우, 잘하는 말은 화자가 상대방의 이야기를 듣고 그 이야기의 화제와 내용에서 벗어나지 않은 말로 이어 갈 수 있어야 한다. 따라서 잘 듣지 못하면 결코 말을 잘할 수 없다. 읽기와 쓰기도 만찬가지다. 대부분의 사람들은 자신이 쓴 글을 읽으면서 쓰기를 한다. 그리고 읽기 능력이 발달되지 않은 사람이 쓰기 능력이 발달될 수 없으며, 남의 말을 듣고 이해하지 못하는 사람이 남의 글을 읽고 이해한다는 것 역시 불가능하다. 이 네 가지 언어 능력은 상식적으로 생각해도 상보적인 관계를 가지며 발달해 나간다. 따라서 유아들의 말하기 지도는 언어가 기능적으로 사용되는 것을 경험시키는 것은 물론 말하기, 듣기, 읽기, 쓰기가 통합적으로 일어나는 쪽으로 방향을 잡아야 할 것이다.

5. 요약 및 결론

말하기는 아동이 갖추어야 할 가장 기본적 기술이다. 말하기가 불가능하면 아동의 학습은 불가능해진다. 말하기는 다른 언어 기술과 마찬가지로 학교 학습에서 매우 중요하다. 그리고 그것은 또 평생을 통해 갖추어야 할 가장 가치 있는 능력이다. 따라서 많은 교육자들은 효율적인 말하기가 학교의 성패를 좌우한다고 보고, 학교는 말하기 교육에 최대한 주의를 기울이고 실행해야 한다고 생각하고 있지만 아직도 우리 교실은 말하기 교육을 매우 소홀히 다루는 경향이 있다. 그것은 말하기 능력의 발달이 아동에게 매우 자연스럽게 일어나기 때문일 수도 있다. 즉, 특별한 노력을 기울이지 않더라도 누구나 말하는 것을 배우기 때문에 신경을 써서 가르치지 않아도 된다고 생각할 수 있기 때문이다. 그러나 유아의 말하기 능력을 조금만 더 자세히 살펴보면 상당한 정도로 개인차가 있다는 사실을 알게 된다. 누구나 말하기의 표면적 수준에 해당하는 올바른 문법으로 정확한 발음으로 말할 줄 안다. 그러나 더욱 효과적인 의사소통은 그렇게 자연스럽게 습득되는 것이 아니다. 상당한 정도의 주의와 노력의 결과로 얻어지는 것이다.

의사소통은 상호작용 과정에서 청자와 화자가 역할을 바꾸어 가며 의미를 전달하고 전달받는 상호 교류적 과정(transactional process)이다. 이 과정이 더욱 효율적이 되기 위해서 화자는 말하기의 표면적 수준을 넘어서서 여러 가지 말하기의 목적과 상황과 대상을 고려할 수 있어야 하고, 자신의 아이디어를 조직하여 나타내 보일 수 있어야 하며, 말하고자 하는 의도를 분명하게 제시할 수 있어야 하고, 자신의 지식을 표현할 수 있어야 한다. 뿐만 아니라, 화자 자신의 비판적인 생각과 자기 판단의 목소리까지도 낼 수 있어야 한다. 따라서 이런 능력들은 단순한 언어 능력 이상의 능력이며 학습과 지도를 필요로 하는 능력이다.

따라서 이 장은 말하기 능력의 개념을 이처럼 기능주의적 시각에서 재 규명해 보고, 말하기 지도의 목표를 명세화하여, 그것들과 관련한 교육 내용들을 찾아내어 말하기 지도의 개략적인 프로그램을 만드는 기초 작업을 시도해 보았다.

말하기 지도의 목표는 말하기의 기능적인 목적, 즉 개인이 가지고 있는 지식과 감정과 생각을 효과적으로 전달하여 청자를 이해시키고, 설득시키는 데 필요한 총체적 언어 능력을 신장시키는 것으로 보고 이런 능력들을 길러 주기 위해 ① 말하기에 필요한 지식, ② 말하기 기술, ③ 말하는 태도, ④ 자신감 등을 하위 목표로 설정했다. 설정한 교육 목표를 위한 교육 내용으로는 ① 적절한 어휘 사용하기, ② 청자, 목적, 상황에 따라 적절한 목소리, 적절한 문장, 적절한 언어적 형태로 말하기, ③ 의사소통을 효과적으로 하기 위해 비언어적 장치(내용과 상황에 어울리는 표정, 시선, 자세, 억양, 몸짓, 어조, 말의 속도 등) 사용하기, ④ 화제를 벗어나지 않고 대화와 토의에 참여하기, ⑤ 내용을 적절하게 조직하기, ⑥ 사람, 장소, 사물, 크기, 색깔, 형태 그리고 행위에 대해 다른 사람이 알아들을 수 있도록 적절하게 기술하기, ⑦ 정확한 발음으로 말하기, ⑧ 이야기를 듣고 적절하게 반응하기, ⑨ 자신의 생각, 느낌을 적절하고 자신 있게 표현하기, ⑩ 말할 차례 지키기 등을 추출했다.

이상의 교육 내용들을 지도할 때, 지도 방법상 특별히 지침으로 삼아야 할 것은 말하기는 상호작용적 특성과 문맥의 요인의 영향을 절대적으로 받는다는 사실을 인식하고 ① 의미 구성 능력은 물론이고, 다양한 의사소통 전략과 기술들을 발달시키며, ② 실제적 말하기를 통하여 말하기 기술을 발달시키고, ③ 상황에 맞게 적절하게 언어 사용을 할 수 있는 기술을 발달시키며, ④ 통합된 언어 능력을 발달시킬 것을 강조했다.

9

읽기 지도

1. 읽기 지도의 중요성

읽기는 모든 학습의 기초다. 읽기가 불가능하면 학교 학습은 불가능하다. 따라서 학교 학습에서 읽기만큼 부모나 교사 그리고 연구자들의 관심을 집중시켜 온 문제도 드물다. 그런데 학교 경험을 이제 막 시작하는 초등학교 1, 2학년 아동들 중 어떤 아동들은 쉽고 즐겁게 읽기를 배우는 반면, 또 어떤 아동들은 매우 힘들고 어렵게 읽기를 배운다. 최근 연구들(Foorman, Fletcher, & Francis, 1998; Juel, 1998; Moses, 1999; Simmons & Kameenui, 1998)은 초등학교 1, 2학년 때 읽기 학습에 곤란을 느끼면 평생 동안 읽기 학습에 곤란을 겪을 확률이 높다고 밝히고 있다. Foorman 등은 초등학교 1학년을 시작할 때 읽기 능력이 뒤처진 아동이 1학년 끝날 때까지 뒤처질 확률은 88%이며, 3학년 끝날 때 읽기 능력이 뒤처진 아동이 9학년(우리나라, 중3) 끝날 때까지 뒤처질 확률은 74%라고 밝히고 있다. 그것은 1학년 초에 읽기 능력이 15% 이하에 속하는 아동의 90%가 1학년 끝날 때까지 자기 읽기 능력 수준 이상의 글을 읽게 되는 데서도 그 이유를 발견할 수 있다. 초등학교 1, 2학년 때 읽기를 쉽고 즐겁게 배우기 위해서는 초등학교 입학하기 전까지 유치원에서 읽기의 기초 기능들이 충분히 학습되어 있어야 한다.

그렇다면 성공적인 읽기 학습을 위하여 초등학교 입학 전까지 유아들이 갖추어야 할 읽기의 기초 기능들은 무엇인가? 연구들은 유치원 과정이 끝나고 초등학교에 입학하게 되는 아동들에게 ① 글자의 요소와 구조를 알아야 하고, ② 책의 형태에 친숙해져 있어야 하며, ③ 대부분의 낱자들을 쓸 줄 알아야 하고, ④ 음운 인식이 가능해야 하고, ⑤ 읽기를 통해 무엇인가를 배울 수 있다는 기대와 태도를 가져야 하고, ⑥ 성공적인 학습자가 되기 위해 기꺼이 글자를 깨치려는 동기를 지니고 있어야 하며, ⑦ 자기 이름과 주변의 친숙한 글자는 더러 읽을 줄 아는 것을 기대한다(National Research Council, 1998; California Department of Education, 1999). 유아들에게 이런 읽기의 기초 기능들을 지니게 하려면 무엇을 어떻게 지도해야 할까? 우리는 초등학교를 입학하기 전까지 유아들의 초기 읽기에 관심을 가지고 지도할 필요가 있다.

아동이 읽기 학습에 곤란을 느끼는 이유는 여러 가지다. 첫째는 신경 생리학적인 문제다. 읽기 과업을 수행할 때 두뇌의 신진대사가 글을 잘 읽는 사람과 잘 읽지 못하는 사람 사이에 차이가 있다고 한다(Foorman, Fletcher, & Francis, 1999). 이것은 두뇌의 구조 문제가 아니라 두뇌의 기능 문제라는 것을 암시한다. 둘째, 가정환경의 문제다. 글을 잘 읽지 못하는 아동의 부모는 자녀들에게 글을 바르게 읽어 주지도 못할 뿐 아니라 자주 읽어 주지도 않는 경우가 많다. 셋째는 사회 문화적인 요인이다. 주변의 문식 환경이 아동의 읽기 학습에 영향을 미치는데, 전부 그런 것은 아니지만 도시에 사는 아동과 시골에 사는 아동의 읽기 능력에서 차이가 나는 것이 그 예다. 넷째, 교수 요인이다. Newman, Copple 그리고 Bredkamp(1999)은 유치원에서 초등학교 1학년에 이르기까지 읽기 지도를 잘 받으면 읽기 학습의 곤란 문제를 많이 극복할 수 있다고 한다.

이 장에서 관심을 가지는 문제는 초등학교 입학하기 전인 5, 6세 유아들의 읽기 지도에 관한 교수 요인에 관한 문제다. 이 단계 유아들을 위한 가장 좋은 읽기 지도는 어떤 것일까? 5, 6세 유아들은 평균적으로 발생적 문식성

(emergent literacy)의 단계를 지나 초기 읽기 단계로 진입하는 과정에 있다. 이들에게 어떤 내용들을, 어떤 원리에 따라, 어떤 방법으로 가르치면 가장 성공적으로 가르칠 수 있을까?

지난 수세기 동안 읽기 분야는 아동의 성공적인 읽기 발달에 필요한 제 요인들과 읽기 학습의 과정에 대한 이해를 가능하게 하는 많은 연구들을 내놓았다. 이 많은 연구들은 결국 읽기를 지도하는 교사나 부모, 궁극적으로는 유아들에게 매우 유용한 지식들이 되었고, 초기 읽기 지도를 위한 구체적 시사점들이 되었다. 가장 성공적인 읽기 지도는 우선 유아가 현재 무엇을 이해하고 있고, 무엇을 배워야 하며, 이를 위해 교사는 유아에게 무엇을 제공해야 하는지 알아야 가능하다. 즉, 교사는 성공적인 읽기 지도를 위한 구체적인 교수 목표와 교수 목표를 이루기 위해 여러 가지 교수 기능에 대한 정확한 이해를 가지고 있어야 한다. 다시 말하면, 구체적인 교수 목표를 얻어내기 위해 교사와 유아가 어떤 행동을 해야 하는지, 교사와 유아의 행동과 교수 목표 간의 연관성 그리고 그런 연관성의 이유를 이해하고 있어야 성공적인 읽기 지도를 할 수 있다.

그러나 짐작할 수 있듯이, 성공적인 읽기 지도는 수많은 교육 내용들이 매우 복잡하고 다양한 활동들을 통해서 이루어진다. 수많은 교육 내용들과 복잡하고 다양한 활동들은 한두 연구에 기초한 것들이어서는 안 된다. 초기 읽기 지도는 목소리가 큰 어느 한 저명한 학자의 주장을 따르는 것이 편리하기는 하겠지만, 올바른 방법은 아니다. 성공적인 초기 읽기 지도를 위하여 우리는 역사적인 발견과 이론 그리고 그들의 권면에 눈을 돌리고 귀를 기울여 그 결과들을 검토하여 교수 활동에 반영해야 할 것이다. 그러나 현장의 교사들은 이 모든 연구 결과들을 검토하여 옳고 그른 것을 따질 만한 시간적인 여유가 별로 없다. 이 모든 연구 결과들이 충분히 검토되어 가르쳐야 할 교육 내용들이 추출되고 조직화되어 종합적인 안내가 가능한 읽기 지도 모형의 형태로 제시된다면, 교사들은 훨씬 더 안정적이고 효율적인 교수 활동을 펼칠 수 있을 것이다. 종합적인 안내란 성공적인 읽기를 위한 교수 목표와 교수 활동의 계열성을 밝혀 주는 것은 물론이고, 어떻게 학습 곤란점을 가려

내고, 수업을 처방하고, 결과를 측정할 것인지 연구에서 교육 실제로 전환하는 것을 도와줄 수 있는 모든 것들을 단순화하여 안내하는 것을 말한다. 다시 말하면, 지도 모형에 포함되어야 할 주요 조건과 요인들이 빠짐없이 제시되고, 그러면서도 교사가 수업 유형의 융통성을 발휘할 수 있는 그런 것이어야 할 것이다.

지금까지, 우리나라에는 교사들이 모델로 삼고 편안하게 교수 실제로 옮길 수 있는 읽기 지도를 위한 종합적인 교수 모형이 없었다. 따라서 현장의 교사들은 교육부에서 내놓은 유치원 교육 과정과 교육 활동 자료집을 수업에 주로 활용하고 있는 실정이다. 그러나 최근 연구들에 비추어 볼 때, 우리나라 유치원 언어교육 과정은 성공적인 읽기 지도에 포함되어야 할 주요 요인들이 많이 빠져 있고, 교수 목표를 위한 교사 행동을 변환시켜 주기 위해 내포되어야 할 관점들이 불분명하여 많은 교사들이 교수 목표와 교수 활동의 계열성조차 이해하지 못하는 경향이 있다. 유치원은 성공적인 읽기 지도를 위해 효과적이고, 정확하고, 입증된 프로그램을 사용해야 한다.

이 장은 이제 막 글의 세계를 열어 가야 할 유아들이 읽기 학습을 위하여 갖추어야 할 가장 기본적이고 확실한 기초가 무엇인지, 지금까지 나온 여러 연구들을 기초하여 가르쳐야 할 주요 교육 내용들을 추출하고, 그것들이 어떻게 하면 실제 읽기 지도에서 계열성과 연속성과 일관성과 균형성을 유지하면서 종합적인 교수·학습 활동으로 전개될 수 있을지 구조적인 안내의 역할을 할 수 있는 초기 읽기 지도의 개념적 모형을 구안해 보고자 한다.

2. 초기 읽기 지도의 쟁점

가장 이상적인 읽기 지도는 먼저 읽기 지도에 포함되어야 할 구성 요소들을 찾아내는 일에서부터 시작된다. 그것은 어떻게 가르치느냐 하는 문제도 중요하지만, 무엇을 가르치느냐 하는 문제가 더 중요하기 때문이다. 읽기 지도에 포함되어야 할 구성 요소들을 찾아내는 일은 어느 날 갑자기 되는 일이 아니다. 오랫동안 끊임없이 진행되어 온 연구 결과들과 그런 연구 결과들을 중심으로 일어난 수많은 논의들을 통해서 가능하다. 따라서 초기 읽기 지도의 내용 설정은 먼저 초기 읽기 지도에 관한 우리보다 앞선 사람들의 생각을 정리하는 것이 필수적이다.

우리나라의 초기 읽기 지도는 그 연구와 논쟁의 역사가 매우 미미하다. 제5차 유치원 교육 과정이 시행되었던 1992년까지 읽기는 유치원의 교육 내용속에 포함되지도 않았다. 우리나라 유치원 교육 과정은 1969년의 제1차 교육과정 이래 1998년 개정 고시된 제6차 교육 과정까지 모두 다섯 차례 개정되었고, 읽기가 교육 내용 속에 포함된 것은 제5차 교육 과정이 처음이다. 제4차 교육 과정에서는 '글자의 모양 변별하기'라는 교육 내용이 있었으나 읽기의 본질적 측면에서 볼 때, 읽기 지도를 위한 교육 내용으로 보기는 곤란하다. 제5차 교육 과정에서는 '읽기 · 쓰기에 관심 가지기'라는 교수 목표하에 '문자언어 경험은 정서적 긴장 없이 즐겁게 일어나야 한다.'는 것과 '듣기, 말하기, 읽기, 쓰기에 관심 가지기는 통합적으로 일어나야 한다.'는 매우 추상적인 지도 방법상의 지침과 함께 ① 글자에 관심 가지기, ② 말과 글과의 관계 알기, ③ 글자로 놀이하기, ④ 읽어 주는 동화와 동시 즐기기, ⑤ 책에 관심 가지기, ⑥ 쓰기 도구에 관심 가지기 등의 지도 내용이 포함되어 있다 (교육부, 1993). 그리고 제6차 유치원 교육 과정은 제5차 교육 과정과 크게 다를 바가 없다(교육부, 1998).

유치원 교육 과정을 통해서도 짐작할 수 있듯이, 거의 1970년대 말까지 우리나라는 유아들을 위한 읽기 지도에 관심조차 기울이지 않다가, 1980년대에 들어서면서 몇몇 연구자들을 중심으로 읽기 지도에 대한 연구를 시작하였다 (민재원, 1994; 이문옥, 1994; 이영자 · 이종숙, 1990; 이차숙, 1992; 이차숙, 1995; 임원신, 1994; 조미송, 1992; 최영순, 1993). 그러나 유아들의 성공적인 읽기 지도를 위한 가장 근원적인 문제, 즉 성공적인 읽기 능력을 위하여 이 시기 유아들이 갖추어야 할 가장 기본적인 읽기 기술이 무엇인지 그리고 우리글의 구조적 특징은 무엇이며, 그 구조적 특징에 비추어 볼 때 어떻게 읽기 지도를 하는 것이 가장 효과적인지 등을 밝히는 기초적 연구보다는, 미국에서 유행하기 시작한 '총체적 언어 접근법'이라는 특별한 교수 방법을 도입하는 데 정신이 없었다. 총체적 언어 접근법은 그 이름에서도 짐작할 수 있듯이 총체적이고 통합적인 지도 방법을 지나치게 강조함으로써 읽기 지도 속에 포함되어야 할 많은 읽기의 기초 기능들을 교육 내용에서 배제시킴으로써 유아들의 읽기 능력을 크게 저하시키는 결과를 가져왔다. 여기서 말하는 읽기의 기초 기능들은 낱자의 변별 및 인식, 음운 인식, 자·모 체계에 대한 이해, 자소·음소의 대응 관계, 해독(decoding) 능력, 단어 재인 능력, 적절한 어휘력 등을 말한다. 최근 미국에서는 이러한 결과들에 대한 세밀한 검토와 반성을 하기 시작했고, 그 결과 균형적인 초기 읽기 지도에 대한 안을 내놓기 시작했다 (Gilchrist, 1999; California Department of Education, 1999; National Research Council, 1998; CIERA, 1998; Simmons & Kameenui, 1998).

균형적인 초기 읽기 지도의 안이 나오기까지 수많은 연구자들의 연구가 기초가 되었다. 이들 중 가장 먼저 고려될 수 있는 사람은 *Learning to read: the great debates*라는 고전적 저서를 남긴 Chall(1967)을 들 수 있다. Chall은 효과적인 읽기 지도와 관련한 요인들을 찾아내기 위해 수많은 교실들을 방문했고, 수많은 전문가들을 만났으며, 수많은 프로그램들을 분석했다. 그 결과, 초등학교 3학년까지 체계적이고 직접적인 발음 중심의 읽기 지도를 받은 아동들이 의미 중심의 읽기 지도를 받은 아동들보다 단어 재인, 맞춤법, 어휘, 독해(comprehension, 내용 이해) 등에서 더 우세하다는 결과를 발표하게 되었다. 그러나 Chall의 연구 결과는 1970년대 크게 성행하기 시작한 총체적 언어 접근법을 주장하는 많은 학자들의 반발을 샀고, 그 결과 뜨거운 논쟁이 일어나게 되었다. 이 논쟁은 다시 연방 정부의 기금으로 지원되는 전국적 규모의 연구와 읽기 능력의 국가 평가를 시행하는 결과를 낳았다. 그러나 이것이 읽기 지도의 논쟁을 종식시키기는커녕 오히려 논쟁을 더 부채질하는 결과가 되었다. 그러나 이것은 연방 정부와 전국적 수준의 관심을 환기시키는 결과를 가져와 읽기 지도가 공공 정책적인 것이어야 한다는 여론을 끌어내는 데는 성공했다.

마침내, 1990년 미국 국회는 Marilyn, J. Adams에게 연구를 위탁하게 되었고, Adams는 읽기 지도와 관련한 가능한 모든 연구들을 종합했고, 읽기 과정에서 일어나는 심리언어학적인 과정들을 밝히는 많은 문헌들을 종합 분석하여 *Beginning to read: Thinking and learning about print*라는 책자로 연구 결과를 요약 발표하게 되었다(Adams, 1990). 이 책자에서 Adams는 초기 읽기 지도는 발음 중심 지도법이 더 효과적이지만, 총체적 언어 접근법에서 주장하듯이 아동은 실제적인 읽기 활동을 가능한 한 많이 경험해야 하고, 동기와 흥미를 유발할 수 있는 의미 있는 읽기 자료에 많이 노출될 필요가 있다고 결론을 내렸다.

Adams의 연구 결과는 Chall의 연구 결과와 상당할 정도로 의견의 일치를 보였고, 영어와 같은 표음문자의 초기 읽기 지도는 명시적인 발음 중심 지도가 더 효과적이라는 것을 인정한 결과가 되었다. 그녀의 연구는 특히 심리학, 아동 발달심리학, 언어학, 교육학 등의 학제적 연구이어서 더 설득력이 있었다. 그리고 더욱 중요한 것은 그녀의 연구가 유아의 읽기 학습의 중요성만을 주장한 것이 아니라, 유아들의 글자와 글자의 기능에 대한 이해, 자·모 체계의 이해, 특별히, 자·모 결합 원리의 이해에 있어서 음운 인식의 역할 등에 관한 흩어져 있는 많은 자료들을 종합한 것이어서 초기 읽기 지도 방법에 대한 구체적이고 유용한 지식을 제공해 주었다는 점이다.

Chall과 Adams의 연구와 병행하여 비슷한 주장을 하고 있는 연구는 Follow Through의 결과에 대한 평가 연구다. Head Start의 효과가 시간적인 요인으로 인하여 긍정적이지 못했다는 것이 밝혀지면서 초등학교까지 프로그램을 연장하여 시행한 Follow Through 프로그램에 대한 평가 연구는 특별히 읽기 지도 방법의 장기적인 효과를 알아볼 수 있는 것이어서 의미가 크다. 20개의 Follow Through 프로그램을 비교 분석한 결과, 읽기의 기초 기능들을 직접적이고, 명시적인 방법으로 지도한 프로그램들의 결과가 읽기의 기초 기능 면에서 더 우세한 것으로 나타났고, 읽기의 기초 기능이 우세한 아동들이 자존감 점수가 더 높게 나타났다(House et al., 1978; Stebbins et al., 1977).

이러한 연구 결과들과 함께 총체적 언어 접근법을 따르던 California, Texas 등 많은 주들이 국가 평가나 또는 자체 평가를 통해 아동의 읽기 능력이 크게 저하되었다는 사실을 알게 되었으며, 문제의 원인이 총체적 언어 접근법에 있다는 사실을 발견하게 되었다. 특별히 유아들은 읽기의 초기 단계이므로 읽기의 기초 기능들이 직접적이고 명시적으로 지도될 필요가 있으며, 그것이 더 효과적이라는 사실을 인정하게 되었다(Gilchrist, 1999; Stewart, 1999). 그리하여 이들 주들은 총체적 언어 접근법을 버리고 균형적인 초기 읽기 지도를 위한 방안을 강구하게 되었다. 균형적인 초기 읽기 지도란 총체적 언어 접근법에서 주장하듯이 아동에게 의미 있고 상황적인 언어 사용이 가능하도록, 읽기를 위한 읽기가 아니라, 실제적 이유가 있는 읽기 활동들을 가능한 한 많이 경험시키고, 읽기에 대한 유아들의 동기와 흥미를 지속시킬 수 있도록 의미 있는 읽기 자료들을 가능한 한 많이 제공하는 것은 물론이고, 총체적 언어 접근법에서 반대하고 있는 낱자 지식, 음운 인식, 자·모 체계의 이해, 자소·음소의 대응 관계 이해, 단어 재인 그리고 어휘력 등 읽기의 기초 기능들을 체계적이고 직접적이며, 명시적인 방법으로 가르친다는 것이다.

3. 초기 읽기 지도의 내용

유치원을 끝내고 초등학교에 입학하게 되는 유아들에게 기대되는 읽기의 기초 기능들은 앞에서도 기술했듯이, ① 글자의 요소와 구조를 알아야 하고, ② 책의 형태에 친숙해야 하며, ③ 대부분의 낱자들을 다 쓸 줄 알아야 하고, ④ 음운 인식이 가능해야 하며, ⑤ 읽기를 통해 무엇인가를 배울 수 있다는 기대와 태도를 가져야 하고, ⑥ 성공적인 학습자가 되기 위해 기꺼이 글자를 깨치려는 동기를 지니고 있어야 하며, ⑦ 자기 이름과 주변의 친숙한 글자는 더러 읽을 줄 알아야 한다. 이런 기초적 읽기 기능들을 신장시키기 위해 최근 연구들이 주장하고 있는 초기 읽기 지도의 교육 내용들은 무엇인가? 이 절에서는 최근 연구들이 주장하고 있는 초기 읽기 지도에 포함되어야 할 교육 내용들을 ① Becoming a nation of readers: The report of the commission on reading(Anderson, et al., 1985), ② Beginning to read : Thinking and learning about prints(Adams, 1990), ③ Preventing reading difficulties in young children(National research council, 1998) 그리고 ④ Improving reading achievement of America's children: 10 research based principles(CIERA, 1998) 등 비교적 종합적이면서 미국의 각 주들이 교육 과정의 근간으로 삼고 있으며, 최근에 널리 인용되고 있는 4연구에서 공통적으로 주장하는 것들을 뽑아서 〈표 9-1〉과 같이 정리했다.

| 표 9-1 | 4연구에서 말하는 초기 읽기 지도의 교육 내용과 그 정의 |

문식성의 기초(foundation of literacy)	
음운 인식	말 속에 들어 있는 여러 가지 소리의 단위와 유형들을 지각하고 아는 것, 즉 낱말을 이루는 낱자의 소리들을 식별할 수 있고, 또 그런 소리들이 결합되어 낱말이 된다는 사실을 알며, 말소리의 최소 단위인 음소들(phonemes)을 합치고, 분절하고, 빼고, 삽입하고, 대체할 줄 아는 것
글과 글자의 개념	문자언어의 여러 가지 형태와 기능을 이해하는 것
글의 경험과 반응 (Experience with text)	여러 가지 다양한 글들을 읽어 주는 것을 듣고, 그것에 적절하게 반응하는 것

단어 확인(word identification)	
낱자 지식	자·모 낱자의 이름을 알고 인식하기
의미 중심의 단어 재인 전략	주변 환경 속에서 자주 볼 수 있는 단어들을 단어가 가진 특별한 특징들을 단서로 통째로 기억하고 암기하였다가 문자 형태의 단어로 제시되면 이것을 말로 바꾸고 그 의미를 아는 것
자소·음소 대응 관계를 이용한 단어 재인	단어의 특징이나 맥락을 통해 추측하여 읽는 것은 정확하지 않다는 사실을 깨닫고 자소·음소의 대응 규칙을 적용하여 단어를 읽는 것
시각 단어 (sight word)	자주 보는 단어들은 의미를 추측하지도, 자소·음소의 대응 규칙을 적용시키지도 않고, 그냥 보고 즉각적으로 읽을 수 있고 그 단어의 의미를 아는 것. 능숙한 독자들의 읽기와 같음

단어 유창성	단어를 쉽게, 표현력 있게 그리고 적절한 어조로 읽기
내용 이해(독해, comprehension)	
사전 지식	내용을 이해하기 위해 주제에 관해 자신이 이미 알고 있는 지식을 끌어내어 연결시키는 것
내용 이해 전략 (독해 전략)	글을 읽는 동안 내용을 이해하기 위해 적절한 전략을 사용하는 것(예: 추리, 중요한 정보 찾아내기, 자신의 이해 정도를 점검하기, 요약하기, 질문 만들어 내기)
어휘	단어의 정의를 이해하고, 여러 가지 맥락에서 다른 의미로 사용되는 것을 아는 것
문학(literature)	
문학 경험	정보와 즐거움을 제공해 주는 다양한 글들을 경험하고, 그것들에 대해 다양한 관점과 전략을 가지고 반응하는 것
장르 인식	문학 작품의 다양한 형태, 목적, 양식 등을 이해하는 것
습관과 태도(habits and attitude)	
읽기를 즐기기	

〈표 9-1〉의 교육 내용들은 4연구들 중 적어도 3연구 이상이 공통적으로 주장하는 교육 내용들만 뽑은 것이다. 이 교육 내용들을 Wixson과 Dutro(1999)가 최근 미국 14개 주에서 시행하고 있는 초기 읽기 지도의 교육 내용들을 조사 분석한 것과 비교하여, 교육 내용들을 교육 과정 속에 포함시킨 주의 비율을 확률로 나타내고, 그것을 다시 우리나라 제6차 유치원 언어교육 과정과 비교하여 우리나라 유치원 언어교육 과정에 포함 여부를 〈표 9-2〉와 같이 표시하였다.

표 9-2	초기 읽기 지도의 주요 교수 내용		

교육 내용	미국 14개 주 유치원 교육 과정	미국 14개 주 1학년 교육 과정	우리나라 유치원 교육 과정
문식성의 기초			
음운 인식	12(86%)	8(57%)	×
글과 글자의 개념	10(71%)	6(43%)	○
글의 경험	11(79%)	13(93%)	○
단어 확인 및 유창성			
낱자 지식	10(71%)	4(29%)	×
의미 중심 단어 재인	2(14%)	13(93%)	○
자소 · 음소규칙 적용	4(29%)	14(100%)	×
시각 단어	6(43%)	11(79%)	○
유창성	1(7%)	9(64%)	×
내용 이해(독해)			
사전 지식	5(36%)	9(64%)	×
독해 전략	11(79%)	13(93%)	×
어휘	7(50%)	11(79%)	×
문학			
문학 경험	8(57%)	13(93%)	○
장르 인식	8(57%)	12(86%)	○
습관과 태도			
읽기를 즐기기	4(29%)	7(50%)	○

　　초기 읽기 지도의 개념적 모형 구안은 유아의 초기 읽기 성취에 결정적이라고 생각하는 요인들을 먼저 밝힘으로써 시작될 수 있을 것이다. 따라서 여기서는 비교적 종합적이면서 최근 미국에서 교육 과정의 근간으로 널리 사용되고 있는 4연구들이 초기 읽기 성취에 결정적 요인이라고 공통적으로 주장하는 것들을 먼저 뽑아냈다. 4연구들이 말하는 초기 읽기 지도의 주요 교육 내용들은 〈표 9-1〉과 같이 ① 음운 인식, ② 글과 글자의 개념, ③ 글의 경

험, ④ 단어 재인 능력, ⑤ 내용 이해를 위한 사전 지식 활용, ⑥ 독해 전략, ⑦ 어휘, ⑧ 다양한 문학적 경험과 반응, ⑨ 읽기를 즐기는 습관과 태도 등이다.

또 미국의 각 주들이 이런 교육 내용들을 그들의 교육 과정에 얼마나 잘 반영하고 있는지 알아보기 위해 Wixson과 Durto의 연구 결과를 검토하고 우리나라의 유치원 언어교육 과정과 비교해 보았다. 여기서 단어를 쉽게, 표현력 있게 그리고 적절하게 읽을 줄 아는 단어 유창성을 위한 교육은 조사 대상인 14개 주 중에서 1개 주만이 교육 과정에 명시했고, 읽기의 습관과 태도 형성 그리고 내용 이해를 위한 사전 지식을 활용하는 교육 내용은 14개 주 중 각각 4개 주만이 명시하고 있어서, 미국의 주들도 비교적 최근의 연구 결과들을 적절하게 반영하고 있지 않다는 사실을 알 수 있었다.

미국의 경우, 1970, 1980년대는 전국적으로 총체적 언어 접근법이 성행하던 시절이어서 음운 인식이나 낱자 지식에 대한 교육 내용은 적을 것이고, 사전 지식 활용이나 다양한 문학적 경험이나 그 반응을 위한 교육을 많이 할 것으로 예상했지만 의외로 그렇지 않았다. 연구자들의 주장과 실제 교육 과정 사이에는 언제나 다소 괴리가 있는 것으로 판단된다.

우리나라 유치원 교육 과정은 우리글의 자·모 체계가 영어보다 훨씬 더 체계적이고 정확한 구조적 특징을 가지고 있어서 영어보다 더 쉽게 자·모 체계나 결합의 원리를 배울 수 있음에도 불구하고 이런 원리를 배우는 데 필수적인 음운 인식이나 낱자 지식 그리고 자소·음소 규칙 적용을 위한 교육 내용들을 포함하고 있지 않았다.

미국이나 우리나라의 교육 과정을 통해서도 알 수 있듯이, 주 단위 혹은 국가 단위의 교육 과정들이 연구자들이 주장하는 모든 교육 내용들을 적절하게 반영하고 있지 못하는 것 같다. 교육 연구와 실제 간에는 언제나 다소 괴리가 있을 수도 있지만 여러 연구들이 한 목소리로 주장한다면 우리는 이것들을 가능한 한 교육 과정에 반영하도록 노력해야 할 것이다.

특별히, 미국의 교육 과정들은 총체적 언어 접근법이 성행하는 시점임에도 불구하고 음운 인식이나 낱자 지식을 위한 교육 내용들을 거의 모든 주에서 빠트리지 않고 있다는 사실과, 또 대부분 연구들이 초기 읽기 지도에 이런 기초 기능들이 필수적이라고 주장하는 점을 감안한다면 우리도 반드시 이것들을 교육 내용에 포함시켜야 할 것이다.

따라서, 이 장은 초기 읽기 지도의 모형에 포함시켜야 할 교육 내용으로서 우리나라 교육 과정에는 비록 명시되어 있지는 않지만 자·모 체계의 원리 이해, 그리고 단어 재인에 필수적인 낱자 지식과 음운 인식 그리고 자소·음소의 대응 관계를 이해시키는 것까지 성공적인 읽기에 필요한 모든 요인들을 읽기 지도의 교육 내용으로 포함시킬 것을 주장한다.

4. 초기 읽기 지도의 방법

앞에서 제안한 초기 읽기 지도의 교육 내용들을 어떤 원리에 따라 어떻게 조직하여 실제 수업으로 전환할 것인가? 초기 읽기 지도 모형은 가능하다면 모든 아동에게 가장 이상적인 교수 결과를 가져올 수 있는 교수 지표와 지침을 제공할 수 있어야 한다. 어떻게 하면 선정한 교육 내용들을 모든 아동들이 가장 이상적으로 학습할 수 있을까? 교육 내용을 실제 수업으로 전환시키는 데는 반드시 수업의 계열성과 연속성과 일관성과 균형성을 유지하게 만들어 주는 일정한 원리의 적용이 필요하다.

먼저 적용되어야 할 원리들은 첫째, 초기 읽기 지도 모형은 매우 균형적이고 종합적이어야 한다. 균형적이란 주어진 시간 내에 읽기에 필요한 모든 기술과 지식들을 동시에 똑같이 강조하여 가르친다는 말이 아니다. 오히려 교육 내용의 선정과 배열을 전략적으로 할 것을 권한다. 그러기 위해서는 읽기를 지도하는 사람은 유아들의 읽기 수준과 필요를 고려하면서 우선순위와 중요한 것들을 먼저 결정해야 할 것이다. 특정 교육 내용들이 특정 수업에서는 다소 더 강조되고 덜 강조되는 것들은 있지만, 결과적으로 모든 읽기 기술과 지식들이 동시에 발달되어 나가도록 지도해야 한다는 뜻이다.

종합적이란 사고, 학습, 의사소통을 위한 모든 형태의 읽기 도구들을 사용하여 읽기의 기초적 기능들을 학습시킨다는 뜻이다. 유아들은 궁극적으로 읽기를 통하여 내용을 이해하고, 감상하고, 분석하고, 수행하고, 즐길 수 있는 쪽으로 변해 가야 한다. 그렇다면 유아들은 자 · 모 체계의 이해나 해독에 필요한 기초 기능들의 학습뿐 아니라 책이나 실제적인 읽기 자료들을 다룰 수 있는 경험도 반드시 가져야 한다.

둘째, 초기 읽기 지도 모형은 항상 능숙한 독자의 읽기 특징들을 염두에 두어야 한다. 대부분의 아동들은 평균적으로 초등학교 3학년 말까지는 능숙한 독자로 변해 갈 수 있다. 이때의 아동들은 읽기를 즐길 수 있어야 하고, 동화뿐만 아니라 여러 가지 산문이나 정보를 위한 책들도 읽고, 반응하고, 분석할 수 있어야 한다. 이것은 튼튼한 어휘 실력과 단어 재인 능력 그리고 읽기를 즐기는 태도 등이 기초되지 않으면 불가능하다.

셋째, 초기 읽기 지도 모형은 말하기, 듣기, 읽기, 쓰기의 기술이 따로 학습될 수도 있고, 또 따로 가르칠 수도 있지만 모든 기능들은 동시에 상보적 역할을 하며, 모든 교과를 통해서 학습될 수 있다.

넷째, 초기 읽기 지도 모형은 교정적이라기보다 예방적 기능을 해야 한다. 예방적 기능이란 초기 읽기 지도의 중요성을 암시한다.

다섯째, 모든 유아가 똑같은 속도로 읽기 기술을 학습하는 것은 아니다. 따라서 초기 읽기 지도 모형은 각 유아들의 읽기 기술의 학습과 발달 정도를 평가하고, 평가 결과에 따라 개별적 지도를 해야 한다.

초기 읽기 지도 모형의 구안을 위한 다음 단계는 이상의 원리들을 적용하면서 교육 활동을 구체적으로 조직하는 일이다. 교육 활동의 조직은 유아의 읽기 기술을 발달시키기 위해 교사가 사용할 수 있는 모든 절차와 전략들을 포함한다. 이 과정에서 교사와 유아는 구체적으로 어떤 활동을 어떤 순서로 어떻게 해야 할지 결정해야 한다. 또 교사는 시범 보이기, 속도 조절하기, 강화하기, 질문하기, 수정하기, 송환하기 등 교수 전략을 적절하게 사용할 것도 결정해야 한다.

이 장에서 제안하고자 하는 초기 읽기 지도를 위한 교수 활동의 조직은 [그림 9-1]과 같이 피라미드 모형이다. 이 모형은 미국 농업부가 미국민의 건강

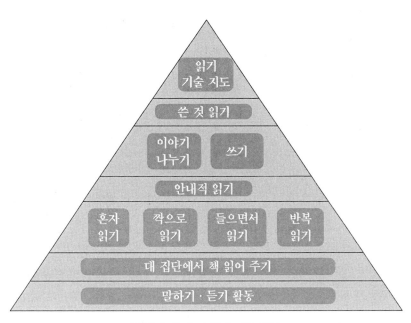

[그림 9-1] 초기 읽기 지도 모형

을 위하여 각 범주의 식품들을 적당량 섭취할 것을 권장하기 위해 피라미드 식으로 모형화한 것을 Bruneau(1997)가 보고 착안하여 미국의 초등학교 아동들을 위한 읽기 · 쓰기 지도의 모형으로 개발하고, 이를 다시 필자가 초기 읽기 지도 모형으로 재수정한 것이다.

　초기 읽기 지도는 무엇보다 먼저 음성언어를 기초하여 이루어져야 한다. 말하기 · 듣기 활동을 통해 어휘나 개념 발달이 먼저 일어나야 읽기 지도가 가능하다. 여러 가지 색깔이나 형태의 이름 그리고 일상에서 사용되는 수많은 단어들을 모르면 읽기 지도는 불가능하다. 뿐만 아니라 유아들이 읽기를 통하여 여러 가지 제시된 정보들을 이해하려면 그들이 일상에서 사용하고 있는 음성언어로 된 문장의 구조나 형태를 이용하여 이해한다. 유아들은 음성언어 활동을 할 때 들려오는 여러 가지 정보들을 재구조화하고, 중요한 것들을 기억하고, 요약하면서 이해한다. 이들은 읽기에서도 같은 기능들을 사용한다. 따라서 말하기, 듣기 활동은 읽기 지도에서 선행되어야 할 가장 중요한 활동이다.

둘째, 초기 읽기 지도에서 가장 먼저 일어나야 하고, 빠트려서 안 되는 활동은 대집단에서 책 읽어 주기 활동이다. 이 활동은 거의 매일 빠짐없이 일어나야 하는 활동이기 때문에 음성언어 활동 다음으로 가장 공간을 많이 차지하는 바닥에 놓았다. 이 활동은 특별히 가정에서 부모들이 책을 많이 읽어주지 못하는 유아들에게 더욱 중요하다. 이 활동은 단순히 책을 읽어 주고 내용을 이해시키는 활동이 아니다. 읽기에 대한 태도와 습관을 형성하고, 글과 글자의 개념이나 기능 그리고 규약 등을 이해시키며, 유아의 동기나 흥미를 지속시키는 활동이다. 교사가 어떤 책을 선정하느냐에 따라 책에 대한 유아의 동기나 흥미를 지속시킬 수도 있고, 좌절감을 느끼게 할 수도 있다. 또 다소 도전감과 성취감을 맛보게 할 수도 있다. 유아는 책 속에 나오는 단어의 90% 이상을 알지 못하면 좌절감을 느낀다고 한다(Snow, Burns, & Griffin, 1998). 또 교사가 다양한 장르의 책들을 선정하고, 책의 장르에 따라 읽기 전략을 달리 하는 것을 보여 주면 유아들은 책의 장르에 따라 여러 가지 읽기 전략들을 배울 수도 있다. 정보 제공을 위한 책은 교사가 어떻게 사고하는지 시범해 보임으로써 사고 전략들을 보여 줄 수 있고, 또 비교적 쉽고 반복적인 문장으로 된 책은 토론하기에는 다소 제한적이지만 글자나 단어에 초점을 맞출 수 있어 단어 재인 기술을 학습하게 할 수 있다. 또 이야기가 담겨져 있는 책들은 책을 읽고 난 다음 인물에 대한 토론이나 가상적 상황들을 상상하여 말해 볼 수 있고, 이야기 속의 사건들을 다시 전개하기도 하고, 종합하기도 하여 여러 가지 독해 전략들을 학습하게 할 수도 있다. 다시 말하면, 대집단에서 책 읽어 주기 활동은 앞에서 제시한 초기 읽기 지도의 거의 모든 교육 내용들을 경험시킬 수 있는 매우 중요한 초기 읽기 지도 활동이다.

셋째, 혼자 읽기, 짝으로 읽기, 들으면서 읽기, 반복해서 읽기 활동이다. 이 네 활동은 다소 중복적일 수도 있고, 또 각각 다른 활동이 될 수도 있다. 예를 들면, 혼자 들으면서 반복적으로 책을 읽는다면 중복적 활동이다. 혼자 읽기는 자신의 읽기 수준에 맞는 진정한 읽기가 일어날 수 있으며, 자신이 글을 읽을 줄 아는 사람이라는 것을 확인할 수 있는 좋은 기회가 될 수 있다. 유아들은 그동안 배운 것들을 적용하고 응용해 볼 수 있는 혼자 읽기 시간이 꼭

필요하다. 자신이 관심 있는 책을 선택하여 자기 마음대로 혼자서 읽는 경험
은 읽기 동기나 흥미 지속에 필수적이다. Anderson, Wilson 그리고 Fielding
(1988)은 혼자 읽기 시간의 양이 초등학교 2~5학년 사이 아동의 읽기 성적에
가장 중요한 예언 변인이며, 읽기의 유창성을 높여 주는 데 필수적 변인이라
고 한다. 아동이 글자를 유창하게 읽을 수 없으면 전반적인 읽기 능력이 떨어
지고, 특히 독해에 어려움이 따른다(Samuel, 1987; Juel, 1998).

  짝으로 읽기도 유아의 읽기 발달에 매우 중요한 변인이다. 특별히 가정에서
부모와 함께 읽기는 이미 많은 연구들에 의해 그 효과가 충분히 입증되었다
(Holdaway, 1979; Jalongo, 1992; Strickland & Taylor, 1989). 교사가 읽기 자료를
가정으로 보내어 유아가 부모와 함께 책을 읽게 하거나, 학교에서 대집단이
아닌 개별 아동에게 교사가 짝이 되어 책을 읽어 주는 것은 매우 중요하다.

  짝으로 읽기는 흔히 반복 읽기로 발전한다. 반복 읽기는 여러 날을 두고 계
속적으로 같은 책을 읽어 줄 수도 있고, 교사가 한 번 읽어 주고 난 다음 책
내용에 관한 질문을 하고 그 질문에 대답하기 위해 다시 읽어 보게 하는 방법
을 이용할 수도 있다. 또 읽기 영역에 책 내용을 담은 테이프를 준비해 두고
그것을 들으면서 반복적으로 읽게 할 수도 있다. 처음에는 재미로, 두 번째는
내용을 정확하게 이해하기 위하여, 세 번째는 재미있는 소리나 어휘들에 초
점을 맞추기 위하여, 네 번째는 반복적으로 나오는 단어의 재인을 위해 읽을
수도 있다. 반복 읽기는 특히 단어 재인, 해독 기술의 습득에 매우 효과적이
다(Bridge, Winograd, & Haley, 1983; Pikulski & Kellner, 1992).

  넷째, 안내적 읽기 활동은 소집단으로 일어나야 한다. 읽고, 생각하고, 읽
은 것에 대해 서로 의견을 나누면서 읽기 전략을 가르칠 수 있는 활동이다.
교사는 이 활동을 날마다 할 필요는 없지만 정기적으로 행하여 읽기에서 유
아들에게 문제 해결 전략을 시범해 보이고, 설명해 주고, 유아들도 교사를 따
라 전략적 읽기를 하도록 권하면 유아들의 읽기 능력을 크게 향상시킬 수 있
다(Bruneau, 1997). 유아들은 읽고, 읽은 것에 대해 서로 의견을 나누면서 교
사나 다른 유아들이 어떻게 읽는지, 또 읽으면서 어떤 전략들을 사용하는지
듣고, 보고, 배우게 된다. 한편, 교사들은 유아들이 책을 읽으면서 어떤 생각

들을 하고, 어떤 읽기 전략들을 사용하는지 그리고 읽기의 수준은 어느 정도
인지, 특별히 강한 측면과 약한 측면은 무엇인지 평가할 수 있어야 하며, 또
그런 평가를 통하여 적절하게 수업을 재설계할 수 있어야 한다.

　다섯째, 피라미드의 다섯 번째와 여섯 번째의 층은 언어 경험적 접근 활동
이다. 언어 경험적 접근 활동은 자신이 읽은 것이나 생활 중에서 경험한 것에
대해 이야기해 보고, 그것을 글로 써 보고, 다시 읽어 보는 세 단계로 이루어
진다. '쓴 것 읽어 보기'를 이야기 나누기와 쓰기 위에 배열한 것은 자신의
경험을 말해 보고 그것을 쓰는 데 더 많은 시간을 할애하라는 뜻이다. 이 활
동은 개별적이거나 소집단으로 이루어지는 것이 좋고, 가능하다면 매일 이루
어지는 것이 좋다. 유아들은 자기가 경험한 것, 읽은 것, 관심 있는 것들에
관하여 말해 보고, 그것들을 쓸 수 있으면 쓰고, 완벽한 문장으로 쓸 수 없으
면 그림으로 그리기도 하고, 선생님의 도움을 받기도 하여 읽기 자료로 만들
어 보는 경험을 가지는 것이 중요하다. 그리고 그 읽기 자료들을 친구들과 함
께 읽어 보고 그것들에 관하여 의견을 교환하는 것은 읽기 학습에 대한 동기
와 흥미를 지속시킬 뿐 아니라 읽기의 기초 기능들을 향상시키는 데 필수적
이다. 이 과정에서도 앞 단계에서와 마찬가지로 교사는 유아들의 관심과 흥
미와 읽기 수준을 평가하여 수업의 자료로 삼아야 할 것이다.

　여섯째, 본 모형이 제안하는 마지막 활동은 읽기의 기초 기능들을 직접적
이고 명시적인 방법으로 지도하는 것이다. 읽기의 기초 기능들은 음운 인식,
낱자 지식, 자소·음소 대응 관계 이해, 자·모 체계 이해, 단어 재인 기술
등이다. 이 기능들을 직접적이고 명시적 방법으로 지도하는 것에 대해서는
아직도 매우 논쟁적이지만, 2절에서 기술했듯이 최근의 연구 결과들은 읽기
의 기초 기능들은 능숙한 독자로 변해 가는 데 필수적이며, 이 기능들은 총체
적 언어 접근법에서처럼 간접적이고 암시적인 방법으로 지도하는 것보다 직
접적이고 명시적 방법으로 지도하는 것이 훨씬 효과적이라고 밝히고 있다
(Adams, 1990; CIERA, 1998; Gilchrist, 1999; Stewart, 1999). 이 활동을 피라미
드의 맨 꼭대기에 배열한 것은, 피라미드의 다른 층은 빼 버려도 높이는 낮아
지지만 그래도 피라미드가 될 수 있지만, 꼭대기 층을 빼 버리면 피라미드가

될 수 없기 때문이다. 즉, 읽기 지도에서 결코 빼 버릴 수 없는 활동이란 뜻이다. 그러나 이 활동은 그림에서 차지하는 공간이 가장 작듯이, 활동 시간역시 가장 적어야 한다. 너무 많은 시간을 할애하면 유아들을 질리게 할 가능성이 있다. 그리고 이 활동은 피라미드 아래층 활동들과 연결되어 일어나야한다. 이 활동만 따로 분리하여 지도하면 유아들의 동기와 흥미를 잃게 할 가능성이 있고, 좌절감을 느끼게 할 수 있기 때문이다. 읽기의 기초 기능들은능숙한 독자로 자라가게 하는 힘의 원천이다.

5. 요약 및 결론

읽기 기술은 모든 학습의 기초다. 새천년을 맞이하는 지금도 여전히 읽기기술은 삶의 중요한 방식이다. 현대 사회에서 인간이 글을 읽지 못한다면 아무것도 할 수 없을 것이다. 따라서 읽기 기술의 학습은 학교 교육에서 가장중요하게 다루어야 할 과제다. 그런데 많은 사람들은 읽기가 말하기를 배우는 것과 마찬가지로 생활 속에서 자연스럽게 학습된다고 주장한다. 그러나그렇지 않다. 만약 읽기가 말하기와 마찬가지로 자연스럽게 학습된다면 왜말을 못하는 사람은 드물지만 글을 읽지 못하는 사람은 많은가? 읽기는 물론자연스럽게 배워지는 측면도 있지만 좋은 교수를 제공하면 훨씬 더 효과적으로 지도될 수 있다. 특별히 이제 막 글자를 배우기 시작하는 유아들을 위한읽기 지도는 더욱 그렇다. 그러나 방법 면에서 역사적으로 끊임없는 논쟁이있었다. 그러나 최근 미국에서는 연구자들 간에 의견의 일치를 보이기 시작했고, 각 주들은 또 그런 의견들을 주 교육 과정에 반영하고, 그에 맞는 새로운 읽기 지도 모형들을 내 놓기 시작했다.

이런 시점에서 우리나라 유치원 언어교육 과정도 최근의 연구 결과들에 비추어 검토해 보고, 읽기 지도에 꼭 포함해야 할 주요 교육 내용들 중 빠진 부분들과 잘못된 부분들을 짚어 보는 것은 의미 있는 일이다. 이 장은 이런 검토들과 함께, 우리나라 유치원 언어교육 과정에서 꼭 가르쳐야 할 주요 교육 내용들 중 빠트린 부분들을 지적하고, 이런 교육 내용들을 균형적이고 종합적으로 지도할 것을 제안했다. 또 읽기는 타 영역의 언어 활동, 즉 말하기, 듣기, 쓰기와 연결하여 가르치고 일관성과 연속성 있게 지도할 것을 제안했다. 읽기 지도 모형은 국가 단위의 교육 과정을 더 구체화하여 그것들을 교육 실제로 전환하는 데 도움을 주는 것이어야 하지만, 역으로 읽기 지도 모형을 통하여 교육 과정을 보완하는 작업도 생각해 볼 수 있는 일이다. 따라서 이 장에서 제안하는 초기 읽기 지도 모형은 비록 독창적이고 완전한 것은 아니지만, 우리나라 유치원 언어교육 과정이 매우 불완전하다는 점을 감안할 때 보다 나은 유치원 언어교육 과정으로 보완해 나가기 위한 하나의 시도로서 의미를 부여할 수 있으며, 또 이런 불완전한 교육 과정으로 인하여 어떤 교육 내용들을 어떤 활동으로 구성하고 조직하여 유아들에게 읽기 지도를 해야 할지 몰라 당황해하는 현장의 유아 교사들에게 구체적인 시사점을 줄 수 있다고 생각한다.

우리나라 유치원 언어교육 과정에는 "읽기는 초등학교 단계의 글자 교육이 아니라 끍적거리기, 글자놀이, 그림책 보고 이야기하기 등" 일종의 준비도 교육을 강조하고 있고, "문자 해독 기능을 훈련해서 안 된다."고 못을 박고 있어서, 실제적으로는 읽기 지도를 금하고 있는 실정이다(교육부, 1998). 이것은 최근 연구 결과들과 상치되는 것이며, 유치원 현장과도 상당한 괴리가 있다. 이 장은 문자 해독에 필요한 읽기의 기초 기능들을 직접적이고 명시적으로 지도할 것과, 동시에 유아들에게 의미가 있는 읽기 자료들을 실제적으로 읽는 활동을 통하여 간접적이고 암시적인 지도도 병행해야 하며, 집단적 지도와 개별적 지도도 병행하는 균형적인 지도를 해야 할 것을 제안한다. 아울러 읽기 지도는 체계적일 것을 제안한다. 체계적이란 가르쳐야 할 교육 내용을 미리 염두에 두고 그것들이 순서적으로 잘 가르쳐질 수 있도록 계획할 때 가능하다. 유아의 동기와 흥미를 지나치게 고려한 나머지, 읽기 지도를 할 때 지나치게 간접적이고 쉬운 과제만을 고집한다면 효과적이고 성공적인 읽기 지도는 기대하기 어려울 것이다.

10
쓰기 지도

1. 쓰기 지도의 중요성

쓰기는 글쓴이의 사상과 감정 및 경험을 일정한 형태의 언어적 의미 단위
들로 표상하여 표현하는 활동이다. 그러므로 쓰기 활동은 보다 인간적이고
창조적인 생활을 영위하는 데 없어서는 안 될 중요한 생활 수단이다. 따라서
학교 교육은 아동의 쓰기 기능의 신장을 위한 지도를 조금이라도 소홀히 하
거나 잘못 다루어서는 안 된다. 그러나 우리의 유치원 교실은 대체로 최근까
지 쓰기 지도에 대한 필요성조차 인식하지 못하고 있었으며, 그 지도에는 더
욱 소홀하였음이 사실이다. 그러나 1980년대 이후, 사회적 상호작용주의에
기초한 발생적 관점(emergent perspective)이라는 새로운 언어교육의 관점과,
유아들의 읽기 · 쓰기의 과정에 대한 Clay(1975, 1979, 1982), Dyson(1981,
1982, 1985a, 1985b, 1985c, 1988), Graves(1980a, 1980b, 1983),
Schikedanz(1982, 1986), Sulzby(1985) 등의 집중적인 연구들이 우리나라에
소개되면서 쓰기의 개념과 과정 그리고 쓰기 능력의 발달에 대한 이해를 새
롭게 하게 되고, 그 결과, 유치원 교실에서도 쓰기 지도의 필요성을 인식하기
시작하였다. 그러나 유아들의 쓰기 기능 신장을 위한 구체적인 지도 목표, 내

용 및 방법들이 제대로 개발되지 않아, 일선 교사들은 쓰기 지도의 필요성은 느끼면서도 구체적으로 무엇을 어떻게 가르쳐야 할지 몰라 당황하고 있으며, 상당한 혼란 속에 잘못된 방법으로 지도를 하기도 한다.

쓰기 지도에 관한 우리나라의 연구들은 유아가 의미 구성적 과정으로서의 쓰기를 경험할 수 있도록 지도해야 한다는 데 대체로 의견의 일치를 보이고 있다(김소양, 1995; 백정희, 1997; 이문옥, 1994; 이영자·이종숙, 1990a, 1990b; 이차숙, 1992, 1995; 이차숙·노명완, 1994; 전지형, 1994; 정영숙, 1990; 한미라, 1987). 그러나 전술했듯이, 구체적인 쓰기 지도의 목표, 내용 및 방법들이 아직 제대로 개발되지 않아 교사나 부모들이 상당히 어려움을 느끼고 있다. 김소양(1995)은 우리나라 부모의 80% 그리고 교사의 40%가 쓰기 지도의 필요성을 인식하고 실제로 쓰기 지도를 하고 있으나, 효율적인 지도 방법을 몰라 기능적(functional)인 쓰기보다는 베껴 쓰기, 변별 훈련, 반복 훈련, 해독(decoding & encoding)을 강조하는 쓰기 지도를 하고 있다고 지적하였다.

쓰기를 바르게 지도하려면 먼저 쓰기의 개념과 쓰기 능력의 발달 과정을 이해해야 한다. 쓰기의 개념 그리고 유아들의 문자언어 학습과 사용을 어떻게 이해하는가에 따라 쓰기 지도의 방법이 달라질 것이기 때문이다. 이 장에서는 유아들의 쓰기를 지도하는 교사나 부모들이 쓰기의 개념을 바르게 인식하고 효율적으로 지도할 수 있도록, ① 쓰기의 개념을 재 규명하고, ② 유아들의 쓰기 능력이 어떻게 발달해 가는지 살펴보고자 한다. 그리고 ③ 쓰기 발달의 원리를 도출해 보고, ④ 도출된 원리에 비추어 유아 쓰기 지도의 문제점들을 비판적으로 분석해 보고자 한다. 그리고 마지막으로 ⑤ 발견된 문제점들을 개선할 수 있는 좋은 쓰기 지도법을 제시하고자 한다.

2. 쓰기의 개념과 성격

쓰기는 글쓴이의 사상과 감정 및 경험을 일정한 형태의 의미 단위들로 표상하고, 조직하여 문자언어라는 매체를 통하여 표현하는 과정적 활동이다. 여기서 쓰기를 과정적 활동이라 일컬음은 쓰기가 여러 가지 활동들의 연속적 과정으로 이루어지기 때문이다. 예를 들면, 쓰기는 크게 두 가지 활동, 즉 무엇인가 쓰고자 하는 내용을 생각해 내는 것(thinking out something)과 생각해 낸 것을 문자로 표기하는 것(transcribing)의 활동으로 나눌 수 있다.

생각해 낸다는 것은 글쓴이의 사상이나 감정 및 경험을 일정한 형태의 의미로 구성하고 그것을 조직하는 이른바 작문(composing)의 과정이다. 어떤 종류의 쓰기—수필, 편지, 이야기, 보고서, 시, 등—든지 작문의 과정이 없는 쓰기는 있을 수 없다. 그런데 의미를 구성하고 조직하는 작문은 독자를 향한 의사소통의 맥락에서 이루어진다. 그런 관점에서 Petty와 Jensen(1980)은 효과적인 작문은 쓰기의 목적, 그 목적에 맞는 적절하고 자세한 내용, 내용들의 적절한 배열 그리고 분명한 문장의 구성, 다양한 구조의 문장 등과 관계가 있다고 한다.

작문 과정에서의 의미 구성과 조직에는 어휘 능력과 문법 능력이 중요하게 작용한다. 의미의 전달은 적절한 어휘들을 선택하고 선택한 어휘들을 문법적으로 적절히 배열하여 나타낼 때 가능해진다. 작문의 과정에서 어휘의 선택은 매우 중요하다. 글쓴이의 생각은 적절한 단어로, 문장으로, 글로 담아 내야 한다(Moffett & Wagner, 1992). 의미는 어휘에 의해 그 전달의 정확성과 심미성과 풍부성이 결정된다.

문법은 선택된 단어들을 적절히 배열하여 분명한 문장 구조를 만들어 내는 데 작용하는 변인이다. 문법은 글씨나 맞춤법, 문장부호 등 기계적인 규칙들(writing mechanics)과 관련되는 것이 아니라 작문과 관련되는 변인인데, 우리는 자주 이 사실을 혼돈하는 경향이 있다. 그래서 문법 지도를 맞춤법이나 문장부호 지도로 대체해 버리는 경우가 종종 있다. 문법은 읽기나 쓰기를 통해서도 배울 수 있지만 그보다는 듣기나 말하기를 통해서 먼저 배우게 된다. 문법에 맞지 않는 글이 좋은 글이 아니듯이, 문법에 맞지 않는 말도 좋은 말이 아니다. 따라서 작문은 반드시 쓰기만의 문제가 아니라 말하기의 문제이기도 하다. 말하기를 통한 작문 지도도 가능한 것이다.

　표기는 글쓰는 이가 작문의 과정을 통하여 생각해 낸 것들을 다른 사람이 알아볼 수 있는 적절한 글씨(handwriting)와 올바른 맞춤법(spelling)과 적절한 문장부호(punctuation)를 사용하여 기록해 내는 것이다. 작문의 과정에서 의미 구성은 심리적 과정으로서 비언어적 지식의 현상이지만, 표기는 반드시 문자언어로 표현되어야 한다. 글씨, 맞춤법, 문장부호 등 쓰기 기법의 숙달은 소근육 기능과 변별 기능 등 신체적인 성숙과 반복적인 훈련을 필요로 한다.

　발생적 관점의 언어교육이 소개되기 전까지, 유아들의 쓰기 문제는 주로 표기(transcription)의 문제로 생각하는 경향이 있었다. 따라서 쓰기 지도가 베껴 쓰기, 변별 훈련, 반복 훈련 중심으로 이루어지기도 했다. 그러나 표기는 소근육 기능과 변별 기능이 아직 충분히 성숙되지 못한 유아들에게는 상당히 어려운 과제이어서 강압적으로 요구하면 유아들은 쉽게 좌절하고 싫증을 낼 우려가 있다.

　표기는 쓰기의 한 요소일 뿐 그 핵심은 아니다. 쓰기의 핵심은 의미를 생성하고 조직하는 내용의 구성이다. 대부분의 사람들은 표기할 줄을 몰라서 시나 수필을 쓰지 못하지는 않는다. 소근육 기능과 변별 기능이 충분히 발달하지 않아 표기를 정확하게 하지 못하는 유아들도 아이디어들을 그림이나 긁적거림으로 표현한다. 이것을 비록 완전한 쓰기라고 할 수는 없지만 의미를 표상하여 표현한다는 의미에서는 분명 쓰기다. 유아들이 종이 위에 써 놓는 불완전한 표기는 반복적인 연습을 통해 점진적으로 발전하여 간다.

　정리하면, 쓰기는 여러 많은 하위 기능들이 통합적으로 작용하는 지적 과정이다. 그리고 쓰기 과정에 작용하는 지적 기능들은 쓰기 이외의 언어 활동에도 작용한다. 다시 말해서, 쓰기에 작용하는 기능들은 말하기·듣기·읽기에도 작용하고, 말하기·듣기·읽기에 작용하는 많은 기능들은 쓰기에도 적용된다. 쓰기를 예쁜 글씨, 정확한 맞춤법, 적절한 문장부호의 사용 등 표기와 관련한 문제로만 생각하는 것은 편협하고 잘못된 생각이다.

3. 쓰기 발달의 양상과 원리

1) 쓰기 발달의 양상

쓰기 능력 발달에 대한 이해는 쓰기 지도에 상당한 시사점을 준다. 따라서 많은 언어교육 연구가들은 유아들이 일상생활에서 문자언어를 어떻게 학습하고 사용하는지 그리고 그 언어 사용의 양상이 어떻게 변해 가는지에 대하여 관심을 기울인다.

유아들의 언어 학습과 사용에 비교적 먼저 관심을 가지고 연구한 사람은 발생적 문식성(emergent literacy)[1]이란 용어를 가장 먼저 사용한 Clay(1972, 1975, 1979, 1982)다. 그녀는 유아들의 쓰기 활동을 면밀히 관찰하고 분석하였다. 그리고 유아들은 쓰기의 하위 기능들을 순서대로 익혀 나가는 선형적인 발달 단계를 밟는 것이 아니라, 실제적인 상황에서 총체적인 언어 사용의 실행을 통하여 끊임없이 새로운 가설을 만들고 실험하면서 보다 능숙한 필자로 발달해 나간다고 주장한다.

Clay가 찾아낸 유아들의 쓰기 학습 원리는 다음과 같다.

① 반복의 원리(recurring principle)
작은 동그라미나 선 모양을 줄을 따라 반복적으로 그려 놓는다. 글을 얼핏

---

1) 이 용어는 '문해 출현'이란 용어로 번역되어 사용되기도 한다. 그러나 '문해(文解)'라는 용어가 '해독(解讀; decoding)'의 의미를 강하게 띠고 있어서 이 관점이 주장하는 기본적인 생각과 크게 다르기 때문에, 이 장에서는 '발생적 문식성(發生的 文識性)'이란 용어를 선택했다. 이 용어는 유아의 읽기, 쓰기는 문자 해독 이전의 기초적인 문식적 능력들, 즉 '문식성의 뿌리'에 해당하는 능력들이 실제 생활 환경 속에서 사회적 상호작용을 통해 자연스럽게 나타난다는 점을 강조하고 있다. 그런 점에서 이 용어는 해독을 중시하는 발음 중심의 읽기, 쓰기 지도를 크게 비판하고 있다.

보면 마치 작은 동그라미나 선 모양이 반복적으로 그어져 있는 것과 같이 보인다.

② 생성의 원리(generative principle)

잘 알고 있는 낱자나 잘 쓸 수 있는 몇 개의 낱자들을 여러 가지로 조합해서 반복적으로 쓴다.

③ 기호 개념의 원리(principle of sign concept)

그림, 디자인, 기호의 차이를 인식하고 종이 위에 단어, 아이디어, 정보들을 나타내려고 애쓴다. 그림을 그리고 밑에다, 정확하지는 않지만, 글자 모양을 그려 놓고 구두로 설명을 덧붙이기도 한다.

④ 융통성의 원리(principle of flexibility)

글자의 기본 모양을 가지고 한 번도 본 적이 없는 새로운 글자들을 만들어 내며, 글자와 말소리와의 관계를 지으려고 애를 쓴다. 이때부터 창안적 글자 쓰기(invented spelling)[2]가 나타난다.

⑤ 줄맞추기와 쪽 배열의 원리(principle of linear and page arrangement)

일명 방향성의 원리라고도 한다. 글을 쓸 때 줄을 맞추려고 애를 쓰며, 왼쪽에서 오른쪽으로 그리고 다 쓰고 나면 아래로 내려와서 다시 왼쪽에서 오른쪽으로 쓰기 시작한다.

⑥ 띄어쓰기의 원리(principle of spaces between words)

단어와 단어 사이를 띄우는 것을 알게 된다. 때로 그것이 어려워 단어와 단

---

2) 창안적 글자쓰기는 유아가 문자언어를 배워 나가는 초기 과정에 나름대로 소리와 글자 체계의 규칙을 터득하고 그 규칙을 적용시키면서 창의적으로 글자를 꾸며서 쓰는 것을 말한다. '발명적 철자법'이라는 용어로도 번역되어 사용되기도 하나, 이 장에서는 한국유아교육학회 편, 『유아교육사전』의 번역을 따라 창안적 글자쓰기라는 용어를 사용한다.

어 사이에 마침표를 찍기도 한다.

  앞의 글쓰기 원리들은 유아들의 초기 단계의 쓰기 행동에 나타나는 특징들 (features)이다. Clay는 이런 특징들을 '원리'라고 부르고 있다. 그 이유는 쓰기에서 가설을 생성하고 실험하여 원리를 찾아내고 그것을 의도적으로 적용시키는 유아의 의도성과 능동성을 강조하기 위해서다. 유아들이 쓰기를 할 때, 이런 원리들을 의도적으로 적용시킨다는 것은 쓰기가 단순히 다른 사람이 써 놓은 글자를 모방하여 베끼는 것이 아니라, 나름대로 쓰기의 규칙들을 터득하고 그 규칙들을 적용시키면서 자기의 생각을 표현한다는 뜻이다. 이런 과정을 거치지 않고는 결코 사회의 모든 구성원들이 알아볼 수 있는 표준적인 쓰기(conventional writing)[3]로 발전해 나갈 수 없다. Clay 이전에는 유아들이 쓰기를 할 때 이런 원리들을 적용한 쓰기를 쓰기 행동으로 보지 않았다.

  Clay와 비슷한 관점에서 유아의 쓰기 행동을 관찰한 Sulzby(1985)와 Sulzby, Barnhart 그리고 Heishima(1989)는 유아의 초기 쓰기는 다음과 같은 다섯 가지 형태로 나타난다고 하였다. 즉, ① 그리기, ② 긁적거리기, ③ 글자 비슷한 모양으로 선 긋기, ④ 창안적 글자 쓰기, ⑤ 표준적 글자 쓰기 들이다. 이 다섯 가지 형태의 쓰기는 반드시 단계별로 나타나는 것이 아니라 발달적으로 나타난다. 여기서 '발달적'이란 어느 한 단계의 쓰기가 완전히 끝나고 다음 단계의 쓰기가 나타난다는 뜻이 아니라, 한 단계의 쓰기 형태가 그 상위 또는 하위 단계의 쓰기 형태와 병행하여 나타난다는 것이다. 예를 들면, 창안적 글자 쓰기를 할 수 있는 유아들이 그리기와 긁적거리기도 동시에 한다는 뜻이다. 이것은 매우 중요한 의미를 지닌다. 유아들은 실제적 생활 환경 속에서 성인들의 쓰기가 기능적(functional)으로 사용되는 것을 보면서 자연스럽게 쓰기 능력을 발달시켜 나간다는 뜻이다. 즉, 의미를 정확하게 전달하기

---

3) 이 용어는 '관례적 쓰기' '관습적 쓰기' '인습적 쓰기' '공식적 쓰기' 등으로 번역되어 산만하게 사용되고 있다. 뜻은 사회의 구성원 모두가 알아볼 수 있도록 글씨, 맞춤법, 문장부호, 띄어쓰기가 적절한 쓰기를 말한다. 한국유아교육학회 편 『유아교육사전』에는 이런 표제어가 없고, 다만 '창안적 쓰기' '초기 쓰기'의 표제어를 설명하는 부분에서 '표준적 쓰기'라는 용어를 사용하고 있다.

위해서는 글자로 쓰기도 하지만 그림과 긁적거리기를 할 수도 있다. 그러므로 교사는 유아들이 어떤 형태의 쓰기를 하든지 전달하고자 하는 의미에 반응해 줌으로써 유아들이 기능적인 쓰기를 경험할 수 있도록 도와주는 일이 중요하다.

Sulzby와는 달리, 우리나라 유아들을 대상으로 연구한 이영자와 이종숙(1990)은 발달 단계라는 말을 직접적으로 사용하고 있다. 그러나 이들이 제시한 유아의 쓰기 발달의 양상은 약간의 차이는 있지만 위의 것들과 큰 차이는 없다. 이들이 제시한 쓰기 발달의 단계는 다음과 같다.

- 1단계 : 긁적거리기 단계
  하위 1단계 : 글자의 형태가 나타나지 않으나, 세로선이 나타나는 단계
  하위 2단계 : 글자의 형태는 나타나지 않으나, 가로선이 나타나는 단계
- 2단계 : 자형이 우연히 한두 개 나타나는 단계
- 3단계 : 자형이 의도적으로 한두 개 나타나는 단계
- 4단계 : 글자의 형태가 나타나지만 가끔 자모의 방향이 틀린 단계
- 5단계 : 단어쓰기 단계
  하위 1단계 : 완전한 단어 형태가 나타나지만 가끔 자·모음의 방향이 틀린 단계
  하위 2단계 : 완전한 단어 형태가 나타나고 자·모음의 방향이 정확한 단계
- 6단계 : 문장쓰기 단계
  하위 1단계 : 문장 형태가 나타나지만 부분적으로 잘못도 나타나는 단계
  하위 2단계 : 틀린 글자 없이 완전한 문장 형태가 나타나는 단계

이상의 연구들은 쓰기 능력에 대한 두 가지 새로운 관점을 제시해 주고 있다. 첫째, 쓰기 능력이란 우리 모두가 쉽게 알아보고 인정할 수 있는 표준적 쓰기를 할 수 있는 능력만 일컫는 것이 아니라, 표준적 쓰기를 할 수 있기 이전에 어떤 상징으로든지 의미를 표상하고 쓰기의 기능을 이해하는 것까지 포함한다는 점이다. 그리고 둘째, 이런 능력들은 형식적이고 반복적인 가르침을 통해서가 아니라 실제적인 상황에서 경험적인 쓰기 행위를 통해서 길러진다

는 점이다.

초기 단계의 쓰기 지도에서 필기하는 것(handwriting)과 철자법(spelling)을 강조하며 발음 지도를 중요하게 생각하던 전통적인 관점에 비하면, 이들 연구자들의 제안은 상당히 발전적인 것이다. 그러나 쓰기를 작문과 표기의 두 가지 과정적 활동으로 보면, 작문의 과정을 충분히 배려하지 못했다는 점에서 미흡한 감도 있다. 그러나 최근 Dyson(1981, 1982, 1985a, 1985b, 1988)의 연구들은 이런 미흡함을 다소 충족시키는 듯하다. 그녀는 유아들의 쓰기 능력 발달을 이해하기 위해서는 무엇보다 유아들이 의미를 상징화할 때 사용하는 상징의 매체들과 문식적 사태에서 유아들이 행하는 문식적 행동들을 유심히 관찰할 필요가 있다고 주장한다.

Dyson은 이런 관찰들을 통해 유아들의 쓰기 행동은 다음과 같이 발달해 나간다고 기술하고 있다.

① 유아들이 사용하는 상징적 매체는 초기에는 매우 유동적이고 융통성이 있다. 예를 들면, 그림, 점, 기호, 글자 모양의 선들을 사용한다. 그리고 이런 매체들을 계속 사용하고 탐색하면서 그 기능과 형태와 절차들에 점차 친숙해지고 편안해진다.

② 여러 가지 사회적 상황 속에서 쓰기의 체계를 탐색하고, 쓰기의 내적 작용, 즉 의미와 글자의 관계성을 파악하기 시작한다.

③ 아무렇게나 써 놓은 것은 읽을 수 없다는 사실을 인식하게 된다. 그러나 아직도 남들이 알아볼 수 있는 표준적 쓰기를 할 수 없기 때문에 계속해서 남들이 알아볼 수 없는 것들을 마치 그리듯이 써 놓는다.

④ 기본 글자들 중 몇 개 글자들을 알게 되고 그것들을 자주 사용한다. 특히, 자신의 이름이나 아는 사람의 이름에 사용되는 글자를 알고 관심을 나타낸다.

⑤ 맞춤법의 체계를 이해하기 시작하고, 창안적 글자 쓰기를 시작한다. 이 때, 나타내고자 하는 사물의 물리적 속성이나 연령에 따라 글자를 많이 쓰기도 하고 적게 쓰기도 하며, 크게 쓰기도 하고 작게 쓰기도 한다.

⑥ 부호화(encoding)에 대한 개념을 갖게 된다. 다시 말해서 나타내고자 하는 의미에 따라 낱자의 선택과 배열을 달리해야 한다는 것을 인식한다.

⑦ 자소·음소의 관계를 인식하고, 나름대로 철자를 조합하여 발음을 하면서 쓰기 시작한다.

⑧ 사물이나 대상에 이름을 쓰기 시작하고, 그 이름에 해당하는 소리를 가진 낱자를 찾아 사용하기 시작한다. 창안적 글자 쓰기가 많이 나타난다.

⑨ 그림이나 기타 여러 가지 선이나 글자 모양을 그려 놓고 문자언어식(written language like) 음성언어로 설명하기 시작한다.

⑩ 자신의 생각, 감정, 경험들을 문자언어식으로 불러 주면서 다른 사람들이 받아쓰게 한다.

⑪ 정서적으로 의미 있는 경험들을 다양한 상징적 매체를 사용하여 표현하고 해석한다. 그리고 다른 사람의 반응을 살피고 관심을 가진다.

⑫ 다른 사람들의 의견이나 비판을 자신의 쓰기에 적극적으로 수용한다.

⑬ 정보의 종류에 따라 그림과 글과의 관계를 비판적으로 따지기 시작하고, 글을 써서 그것들을 가지고 친구들과 즐겁게 대화하기 시작한다.

⑭ 점차 이야기식으로 글을 쓰기 시작하고, 더욱 중요한 아이디어는 그림을 곁들이면서 설명하기 시작한다.

이상의 과정들은 유아들이 표준적 쓰기를 능숙하게 할 수 있게 되기까지 그들의 쓰기에서 볼 수 있는 발달적 양상들이다.

2) 쓰기 발달의 원리

전술한 유아들의 쓰기 행동의 발달 모습을 보면서, 우리는 유아들이 놀라울 정도로 쉽게 훌륭한 의사소통자로 발달해 나간다는 것을 알 수 있었다. 유아들은 천성적으로 주변 상황을 쉽게 파악하고, 또 쉽게 자신의 생각을 전달할 수 있는 능력을 가지고 있기 때문이다. 그래서 그들은 생활 속에서 말, 그림, 기호, 글자 등 무엇이든지 쉽게 배우고 사용하면서 훌륭한 의사소통자로

변해 간다. 여기서, 우리는 유아들이 어떻게 훌륭한 의사소통자로 발달해 나
가는지, 그들의 쓰기 발달 양상을 통하여 몇 가지 쓰기 발달의 원리를 도출해
보고자 한다. 쓰기 발달의 원리는 곧 쓰기 지도의 원리를 도출해 낼 수 있는
기초가 된다.

① 자연적 발달의 원리

유아들은 생활 속에서 자연스럽게 말하는 것을 배운다. 의도적으로 따라서
말하게 하거나, 반복해서 훈련을 시키지 않아도 자연스럽게 말하기를 배운다.
마찬가지로, 쓰기도 실생활에서 자연스럽게 배운다. Vygotsky(1979)가 '쓰기
의 씨앗은 몸짓'이라고 말한 것도 이런 맥락에서 이해할 수 있다. 어떤 의미
를 표현하기 위해서 어떤 모양의 몸짓을 하라고 구체적으로 가르치지 않아도
유아들은 자연스럽게 어른들이 하는 몸짓을 흉내 내며 배우고, 어떤 그림을
어떻게 그리라고 구체적으로 가르쳐 주지 않아도 자연스럽게 그림을 그려서
무엇인가를 나타낸다. 유아들의 쓰기도 마찬가지다. 형식적이고 구체적인 가
르침이 없어도 문자언어가 생활 속에서 사용되는 것을 보면서 유아들은 자연
스럽게 쓰기를 배운다.

② 상호작용적 발달의 원리

유아들은 가족이나 사회 속에서 자신의 필요를 충족시키기 위한 수단으로
서 언어 사용을 배운다. 영아들이 처음으로 접하는 말은 그들을 돌보아주는
부모나 다른 사람들의 각별한 주의와 돌봄 그리고 여러 가지 보조적인 행위
가 함께 곁들여진 말이다. 그리고 대개의 경우 영아들은 언어적 체계와 언어
적 사용을 충분히 배울 수 있을 만큼 말의 시범을 많이 보고 많이 듣게 된다.
이런 과정을 통하여 영아들은 곧 자신에게 의미 있는 사람, 사물, 사건 그리
고 그것들을 나타내는 말들을 배우게 된다. Bruner(1975)는 부모와 유아의 이
런 사회적 상호작용이 없이는 영아들은 결코 말하기를 배울 수 없다고 강조
한다. 그리고 쓰기 학습은 이런 말하기가 기초가 되지 않으면 불가능하다고
말한다.

③ 기능적(functional) 발달의 원리

유아들의 쓰기는 의미 있는 활동을 통해서 더 잘 발달된다. 유아들은 무의미한 여러 가지 분절된 언어적 요소들을 반복적으로 연습함으로써 쓰기를 배우는 것이 아니라, 의미가 있는 언어의 총체적이고 실제적인 사용을 통해서 배운다. 예를 들면, 낱자의 이름, 낱자의 모양, 낱자의 음가는 언어의 요소들이기는 하나 의미의 전달이라는 언어의 기능과는 상관이 없다. 또 "나비가 날아갑니다."라는 문장을 열 번 쓰는 것은 하나의 문장으로서 의미는 있지만 필자의 생각, 감정, 경험과는 상관이 없는, 즉 유아들에게는 무의미한 표기 활동에 지나지 않는다. 쓰기는 자신의 쓰기를 읽어 줄 대상과 쓰기를 해야 할 실제적인 이유가 있을 때 의미 있는 활동이 될 수 있다.

④ 구성적 발달의 원리

쓰기는 어떤 대상에 이름을 붙이고, 기억해야 할 항목들을 열거하고, 중요한 사항들을 메모해 놓는 것만으로는 충분하지 않다. 쓰기의 목적은 글을 읽을 사람에게 그 글의 의미를 이해시키는 것이다. 의미를 이해시키기 위해서는 먼저 그 의미를 구성해야 하는데, 의미를 구성하기 위해서는 하나 이상의 문장을 산출해 내야 한다. 문장의 산출은 반드시 의미가 담겨져 있는 상황과 연결지어져야 하며, 또 각 문장들은 일관성과 응집성을 지니고 있어야 한다. 따라서 유아들의 쓰기 발달은 상황과 관련이 있으면서, 일관성과 응집성이 있는 문장들을 산출할 수 있는 의미 구성적 과정을 경험할 수 있을 때 가능하다.

⑤ 통합적 발달의 원리

유아들의 쓰기 능력 발달은 쓰기에 필요한 여러 가지 구성 요인들이 통합적으로 경험되면서 이루어진다. 유아교육 분야에서는 '통합적'이라는 말과 '총체적'이라는 말을 혼용하여 사용하는 경향이 있는데, 이것은 분명히 구별할 필요가 있다. '총체적'이라는 말은 여러 가지 속성들로 이루어진 어떤 것이 그 기능을 다하기 위하여 그 속성들 전부가 어우러져 함께 작용하는 것을 말한다. 예를 들면, 언어에는 언어를 이루는 여러 가지 속성들이 있다. 음소, 자소, 형태소, 의미의 체계, 구문의 체계, 문법의 체계, 화용적 체계 등의 속성들이 그것들이다. 이 속성들을 언어의 요소들이라고 불러도 괜찮다. 이들 모든 요소들이 전부 어우러져서 함께 작용을 해야만 언어의 본질적 기능인 의미 전달이 가능해진다. 언어에서 문법이 빠지면 의미가 전달되지 않는다. 말소리가 빠져도 의미가 전달되지 않는다. 모든 요소들이 빠짐없이 한꺼번에 작용해야 정확한 의미 전달이 가능하다. 이런 점에서 말하기, 듣기 등의 개별적 언어 행위는 모두 총체적 행위라고 할 수 있다.

한편, '통합'이란 말은 둘 이상을 합쳐서 하나로 모으는 것을 말한다. 언어 사용의 양식에는 여러 가지가 있다. 말하기, 듣기, 읽기, 쓰기는 언어 사용의 각각 다른 양식들이다. 이런 양식들은 합쳐져서 하나의 커다란 언어 체계 속으로 통합된다. 따라서 유아들은 말하기, 듣기, 읽기, 쓰기의 개별적 언어 활동을 통합적으로 경험하게 되면서 더 큰 체계인 언어 체계를 더 쉽게 이해하게 된다. 쓰기도 이런 통합적 경험 속에서 더 쉽고 확실하게 배우게 된다.

⑥ 점진적 발달의 원리

유아들의 쓰기 발달은 어느 특정 시점에서 갑자기 출현하는 것이 아니라 점진적으로 발달한다. 그것은 마치 나무의 뿌리가 땅속에서 서서히 자리를 잡고 튼튼히 자라가는 것과 비슷하다. 유아들은 그들의 생활 환경 속에서 서서히 글자에 관심을 가지게 되고, 그것들의 기능과 형태 그리고 사용 규약들을 알게 된다. 그러면서 구두언어와 문자언어를 관계 짓게 되고, 서서히 글자를 써 나가게 된다. Goodman 부부는 쓰기의 이런 기초적 기능들을 '문식성의 뿌리'라고 표현하고 있다(Goodman, K., 1989; Goodman, K. & Goodman, Y., 1979; Goodman, Y., 1986). '문식성의 뿌리'에 해당하는 쓰기의 이런 기초적 기능들이 습득되지 않은 상태에서 유아들이 어느 날 갑자기 예쁜 글씨와 정확한 글자로 글을 쓰게 되는 일은 없다.

4. 현행 쓰기 지도의 문제점

말하기, 듣기, 읽기, 쓰기의 네 가지 언어 활동은 모두 지식과 정보를 표현하거나 이해하는 정신적 작용이다. 이 네 가지 언어 활동 중에서 가장 어렵게 인식되는 것이 쓰기다. 그것은 쓰기가 시간과 공간을 초월한 상황에서 보이지 않는 독자를 대상으로 하는 언어 활동이고, 듣기나 읽기에서와 같이 지식을 수용하는 것이 아니라 자신의 생각과 느낌을 창조적으로 생성하고 조직하는 표현활동이기 때문이다.

쓰기는 말하기, 듣기, 읽기, 쓰기의 네 가지 언어 활동 중에서 가장 어려운 활동이다. 그래서 사람들은 쓰기는 초등학교에 가서나 가르치는 것이 바람직하다는 생각을 하고 있다. 그러나 쓰기가 다른 언어 활동에 비하여 상대적으로 더 어렵다고 해서 유치원에서의 지도가 불가능하거나 불필요한 것은 아니다. 특히, 쓰기의 개념이 재 규명되면서부터 유치원에서의 쓰기 지도 필요성은 더욱 설득력을 갖게 되었다. 다시 말해서, 사회 구성원들 모두가 알아볼 수 있도록 표기하는 것만이 쓰기가 아니라, 나무의 뿌리가 나무의 일부이듯이, 문식성의 뿌리(쓰기의 기초적 기능들)도 쓰기의 일부라는 쓰기 개념에 대한 새로운 인식에서 유치원에서의 쓰기 지도의 필요성도 새롭게 인식하게 된 것이다. 그러나 이런 생각들은 오랫동안 지속되어 온 쓰기에 대한 전통적인 생각들과 너무나 다르기 때문에, 아직도 많은 유아교사들은 유치원에서의 쓰기 지도에 대해 여전히 혼란스러움에서 벗어나지 못하고 있는 실정이다. 따라서 필자는 문자적 표기보다는 의미 구성을 기본으로 하는 새로운 쓰기 개념의 입장에서, 우리나라 유치원 교실에서의 쓰기 지도 관행을 비판적으로 검토해 보고자 한다. 다음은 필자와 유치원 교사들과의 비형식적 대화 그리고 필자가 재직하고 있는 학교의 유아교육과 학생들이 교생 실습 중 실습 유치원의 언어교육 프로그램을 관찰하고 분석한 결과들을 통하여 발견할 수 있었던 쓰기 지도의 문제점들이다.

1) 내용을 무시한 쓰기 지도

글을 쓴다는 것은 곧 내용을 쓰는 것이다. 유아들에게 글을 쓰라고 하면, 유아들은 자신의 경험이나 사고 범위 내에서 내용을 생각하여 글을 쓴다. 글을 쓸 때에 가장 먼저 하는 고민은 무슨 내용을 어떻게 구성하여 쓸 것인가 하는 점이다. 문장의 문법적 측면이나 표기의 문제는 글을 쓰는 사람의 일차적인 관심사가 되지 못한다. 그런데 우리의 쓰기 지도의 현실은 어떤가? 많은 교사나 부모들은 유아들의 글을 읽을 때, 글의 내용은 읽지 않고 글씨나 맞춤법 그리고 문장을 본다. 그래서 "글씨를 알아볼 수 없다." "맞춤법이 틀렸다." "문장이 좋다." 혹은 "문장이 부드럽다."라는 식의 평을 한다. 쓰기의 핵심은 내용 구성이다. 따라서 쓰기 지도의 핵심도 내용 구성에 대한 지도가 되어야 한다.

2) 반복적이고 훈련적인 쓰기 지도

유아의 쓰기 능력은 자연스럽게 발달한다. 여기서 '자연스럽다'라는 말은 인위적이고 형식적인 지도에 의한 것이 아니라는 뜻이다. 인위적이고 형식적인 쓰기 지도는 반복적인 연습과 훈련을 강조하게 된다. 유아들은 반복적인 연습과 훈련을 통해 쓰기를 배우지 않는다. 글씨를 바르고 정확하게 맞춤법에 맞게 쓰는 경필 지도는 다소 반복적인 연습과 훈련을 필요로 한다. 그러나 경필 지도는 소근육 기능과 변별 기능이 충분히 발달하지 못한 유아보다는 이런 기능들이 다소 발달한 초등학교 저학년에서 지도하는 것이 바람직하다. 반복적인 연습과 훈련은 유아들에게서 글을 쓰고 싶어 하는 동기를 앗아갈 가능성이 크다.

3) 깔끔함과 정확성을 강조하는 쓰기 지도

많은 사람들이 쓰기를 글씨 쓰기로 잘못 생각하고 있다. 바르고 정확한 글씨 쓰기의 지도도 물론 필요하다. 왜냐하면 글씨 쓰기도 분명 쓰기의 일부이기 때문이다. 그러나 글씨 쓰기는 쓰기의 일부이지, 핵심은 아니다. 깔끔하고 정확한 글씨 쓰기를 강조하면 유아들은 글의 내용보다는 글씨 그 자체에 관심을 더 기울이게 되고 그 결과 글의 내용에 소홀하게 된다. 이 문제는 앞에서 기술한 반복적인 연습과 훈련의 문제와도 상통하는 문제다. 초등학교 저학년에 가서도 깔끔함과 정확성을 강조하는 쓰기는 너무 강조하면 안 된다.

4) 실생활과 관련이 없는 쓰기 지도

유아의 쓰기 발달은 기능적(functional)인 쓰기의 경험을 통해서 이루어진다. 기능적인 쓰기는 실제적 삶과 연결되지 않으면 불가능하다. 유아들은 실제적 삶 속에서 얻을 수 있는 여러 가지 환경적 정보, 사건, 의견 교환 등을 통해서 문제 해결적 과정과 의미 구성적 과정을 경험하게 된다. 쓰기가 실제적 삶과 연결되기 위해서는 쓰기의 목적이 실제적인 것이어야 하며, 쓰기의 대상 또한 가상적 인물이 아니라 실제적 인물이어야 한다. 따라서 유아들의 쓰기 지도에서는 쓰기의 목적(무엇을 왜 쓰려고 하는가)에 대한 인식과 쓰기의 대상(누가 이 글을 읽을 것인가)을 분명히 알게 해 주는 일이 중요하다. 예를 들면, 유치원 교실에서 "강아지에 대해서 글을 한 번 써 보자."라는 식의 쓰기 지도를 하는 경우를 볼 수 있다. 이런 경우 유아들의 쓰기는 실제적인 삶과 연결되기 어렵다. 글을 써야 하는 이유와 글을 읽어 줄 사람에 따라 유아들의 쓰기는 상당히 달라진다. 동물 병원에 가기 전에 강아지가 어떤 행동을 보였는지 의사에게 알려 주기 위해 쓰는 것인지, 친구들에게 우리 집 강아지를 자랑하기 위해 쓰는 것인지, 쓰기의 목적과 쓰기의 대상에 따라 쓰기는 달라질 수밖에 없다. 기능적인 쓰기는 쓰기의 목적을 달성하는 것이다.

5) 타 언어 영역과 연결되지 않은 쓰기 지도

쓰기는 단순히 글씨의 모양이나 맞춤법의 문제가 아니라, 생각을 의미 단위로 바꾸고 그것을 조직하여 표현하는 과정이라고 했다. 따라서 쓰기는 말하기가 기초가 되지 않으면 안 된다. 쓰기를 통하여 자신을 표현할 수 있는 사람이면 말하기를 통해서도 자신을 표현할 수 있어야 한다.

쓰기와 읽기 역시 떼래야 뗄 수 없는 상보적인 관계다. 유아들은 글을 쓸 때, 선생님에게 검사 받기 위한 베껴 쓰기나 예쁜 글씨 쓰기 연습을 하지 않는 한, 대체로 자신이 쓰는 글을 읽으면서 쓴다. 또, 유아들은 남들이 써 놓은 글을 읽으면서 쓰기를 배운다. 말하기, 듣기, 읽기, 쓰기는 각각 다른 영역의 언어 활동들이지만 또 서로 분리될 수 없는 상보적인 언어 활동들이다. 다시 말하면, 말하기, 듣기, 읽기, 쓰기는 각기 다른 능력들이 요구되는 개별적인 언어 활동이지만 언어라는 하나의 큰 체계에 대한 이해와 숙달이라는 점에서는 공통적인 활동이다. 따라서 유아들의 쓰기 지도는 말하기, 듣기, 읽기와 통합해서 지도해야 한다.

6) 구성적 경험을 무시한 쓰기 지도

언어적 의사소통에서 소통자들은 메시지인 언어에 공유된 의미를 확인하고, 그것을 더욱 분명히 하면서 확대시켜 나갈 수 있어야 한다. 말하기는 어휘를 습득하거나 올바른 문장을 구성하는 것만으로는 부족하다. 능숙한 말하기와 듣기는 지금까지 주고받은 말을 통하여 이루어진 화자와 청자 간의 공유된 의미를 확인하고, 그것과 관련하여 일관성과 응집성이 있는 더 다른 내용들을 계속적으로 구성해 낼 수 있을 때 가능하다. 쓰기도 마찬가지다. 분명하고 설득력 있는 좋은 글을 쓰기 위해서는 독자의 반응을 생각하면서 자신의 생각이나 경험들을 적절히 논리적으로 전개하면서 일관성과 응집성 있는 내용으로 구성해 내어야 한다.

쓰기 지도는 주제나 논제를 중심으로 쓸 거리를 찾아내고, 그것들을 논리적으로 연결 짓고, 또 빠진 부분들을 채워 넣으면서 의미를 더욱 분명하게 하는 구성적 경험을 반드시 필요로 한다. 그러나 우리의 유치원 교실에서는 이런 구성적 과정을 경험할 수 있는 지도를 사실상 찾아보기 어렵다. 쓸 거리를 찾아내는 전략에 관한 지도는 거의 전무한 실정이다.

7) 비판적 사고, 창의적 표현이 무시된 쓰기 지도

쓰기는 대체로 다음과 같은 활동들이 동시에 혹은 과정적으로 일어나는 활동이다(Temple, Nathan, & Burris, 1982). 첫째, 무엇에 관해 쓸 것인지 쓸 거리를 생각해 내고, 둘째, 생각해 낸 쓸 거리에 대한 정보와 자료들을 수집하고, 셋째, 수집된 정보와 자료들을 서로 연결지어 가면서 자유롭게 써 보고, 넷째, 지금까지 쓴 글이 과연 적절하고 설득력 있게 표현되었는지 비판적으로 읽고 수정하는 과정이다. 이상과 같은 쓰기의 과정은 바로 비판적 사고의 과정이며, 이 과정을 통하여 글쓰는 이는 개성적이고 창의적인 표현을 할 수 있게 된다. 거꾸로 말하면, 좋은 글쓰기가 되기 위해서는 반드시 개성적이고 창의적 표현을 가능하게 하는 비판적 사고의 과정을 거쳐야 가능하다.

유아들은 글을 쓸 때 쓸 거리를 찾아내고, 자료를 모으고, 그것들을 연결짓고, 종이 위에다 써 보고, 다시 그것들을 읽어 보고, 수정하는 사고의 실험적 과정들을 경험할 수 있어야 한다. 이런 과정들은 자신의 사고 전략들을 적용시키면서 표현해 볼 수 있는 좋은 기회가 된다. 그리고 이런 과정적 쓰기 활동들은 쓰기의 주제와 과제가 유아들이 알고 있는 것, 관심이 있는 것, 흥미로운 것을 쓸 때 쉽게 일어난다.

유아들에게 비판적 사고와 창의적 표현을 가능하게 하는 쓰기 지도를 하기 위해서는 쓰기의 주제와 과제들을 자신들이 원하는 것들로 자유롭게 선택할 수 있어야 한다. 그리고 글의 길이, 구성, 양식 및 수정 전략들도 자유롭게 선택할 수 있어야 한다. 그런데 우리의 교실에서는 아직도 이런 비판적 사고와 창의적 표현을 가능하게 하는 쓰기 활동들을 무시하고 통제하고 억제하는 경향이 있다.

5. 좋은 쓰기 지도법

글을 쓰는 일은 살을 에고 뼈를 깎는 것과 같이 힘들고 어려운 일이다. 쓰기는 새로운 지식과 정보를 구성해 내는 창조적 행위이며, 동시에 다른 사람을 설득하기 위해 나의 의견을 제시하는 사회적 행위다. 창조적 행위이며 사회적 행위로서의 쓰기는 단순히 남이 써 놓은 것을 따라서 베껴 쓰고, 반복적으로 그것을 연습해 봄으로써 배워지는 것이 아니다.

이제, 전술한 내용들을 통해서 효율적이고 바람직한 유아 쓰기 지도를 위한 구체적인 시사점을 찾아보기로 하자.

첫째, 유아들에게 원하는 것은 무엇이든지 마음껏 써 볼 수 있는 자유를 주는 일이 가장 중요하다. 여기서 자유란 다음과 같은 세 가지의 의미를 지닌다. 그 하나는 시간의 자유다. 시간은 좋은 쓰기의 필수적 요소다. 대부분의 유치원 교실에서는 유아들이 좋은 쓰기를 할 수 있도록 충분한 시간을 주지 않고 있다. 자유의 두 번째 의미는 두려움으로부터 자유다. 쓰기에 실패할까 두려움을 가지게 되면 좋은 쓰기를 할 수 없다. 두려움을 갖게 되면, 유아들은 이미 익히 알고 있고 잘 쓸 수 있는 단어들만을 골라서 쓰게 되며, 틀에 박힌 문장만을 사용하게 되기 때문이다. 그리고 예쁜 글씨, 맞춤법에만 주의를 집중하게 되므로 쓰기의 내용 구성에는 신경을 쓸 수 없게 된다. 마지막으로, 쓰기의 내용을 마음대로 선택할 수 있는 자유다. 유아들은 관심이 있고 흥미가 있는 내용을 쓸 때 쓰기에 빠져들게 되고 비판적인 사고를 하면서 자기만의 독특하고 개성적인 표현의 쓰기를 하게 된다.

둘째, 개별화된 쓰기 지도를 해야 한다. 개별화된 쓰기 지도는 크게 두 가지의 원리를 포함한다. 하나는 일치성의 원리(principle of conformity)다. 이는 모두가 알아볼 수 있는 글자와 문법에 맞는 문장을 사용할 수 있도록 문자언어에 대한 기초적인 규칙을 지도하는 것을 뜻한다. 다른 하나는 개별성의 원리(principle of individualization)다. 즉, 사물과 현상을 바라보는 자기만의 독특한 안목으로 개성적인 문장 구성이나 문체의 사용을 통해 창의적인 표현이

가능하도록 도와주는 것이다. 이 두 가지가 다 중요하지만 유치원에서는 특히 개별성의 원리가 더 강조되어야 한다.

유아들은 언어를 통하여 주변 세계를 이해해 나간다. 그런데 유아들의 언어는 주제, 관련된 사람들 그리고 언어의 양식인, 구두언어, 문자언어, 그림에 따라 그 사용의 수준과 방법들이 달라진다. 따라서 유아들이 각자의 관심과 흥미와 능력에 따라 여러 가지 다양한 방법으로 언어적 경험을 하게 하는 것은 결과적으로 쓰기 지도의 좋은 밑거름이 된다.

셋째, 협동적 쓰기 지도를 해야 한다. 유아의 인지적 발달은 이들보다 앞선 형제나 성인들이 이들에게 문화 속에서 요구되는 지식과 기술을 전달할 때 일어난다. 그런데 이런 지식이나 기술의 전달은 성인들의 시범 그리고 성인들의 시범에 따른 유아들의 실행에서 효과적으로 나타난다. 이렇게 성인과 유아 사이에 일어나는 시범-실행에 의한 지식이나 기술의 전달이 바로 협동적 교수다. 유아들의 쓰기 지도도 이런 협동적 지도 원리를 따를 때에 효과적이다. 다시 말해서 유아들에게 쓰기를 지도할 때에는 성인이 먼저 시범을 보이고, 유아들에게 그 시범을 보고 따라 실행해 보게 하는 것이다.

쓰기는 고도의 복잡한 정신적 작용이다. 그뿐만 아니라, 쓰기에는 소근육 운동 기능 및 변별 기능도 요구된다. 유아들이 머릿속에 떠오르는 좋은 생각을 연필로 써 내는 일은 참으로 어려운 일이다. 바로 이런 때에 유아는 도움을 필요로 한다. 가령, 누군가가 유아의 생각을 대신 써 준다면 유아들은 생각에 방해를 받지 않으면서 쓰기 활동을 경험할 수 있게 된다. 이와는 반대로, 유아들은 그림이나 글자로 무엇인가를 표현하고 싶지만 정작 자신이 표현하고 싶은 그 내용이 무엇인지 제대로 포착하지 못할 때가 있다. 이럴 때에 부모나 교사들은 유아들의 내용 포착을 도울 수도 있다. 이런 도움은 모두 유아의 쓰기 발달에 매우 큰 도움이 된다. 이런 협동적 쓰기 과정을 통해 유아들은 혼자서도 쓰기를 훌륭하게 해낼 수 있을 정도로 성장하게 된다.

넷째, 비지시적 쓰기 지도를 해야 한다. 비지시적 쓰기 지도란 직접적 가르침이나 지시 없이 유아가 환경 속에서 스스로 쓰기 활동을 전개해 나가면서 쓰기에 필요한 여러 가지 정신적 기술들을 익히고 배워, 마침내 능숙한 필자로 변해 갈 수 있도록 사회적 매개의 역할을 하는 것을 말한다. 이영자와 이종숙(1990)은 유아의 쓰기 발달에 지시적 쓰기 지도보다는 비지시적 쓰기 지도가 더 효과적이며, 초등학교에 들어가기 전까지 유아의 쓰기 발달을 표준적 쓰기(conventional writing)의 단계로까지 높일 수 있다고 말하고 있다.

비지시적 쓰기 지도가 지시적 쓰기 지도보다 더 효율적인 것은 쓰기 능력의 자연적 발달의 원리와 기능적 발달의 원리 때문이고, 유아들은 생활 속에서 언어를 자연스럽게 사용할 수 있어야 총체적이고 기능적인 언어 사용의 방법을 배우게 되기 때문이다. 지시적인 쓰기 지도의 방법은 자연스런 언어 사용을 억제하기 때문에 언어의 요소들, 예를 들면, 음절, 단어, 문장 쓰기들을 잘 가르칠 수 있을지 몰라도 상황에 맞게 적절하고 설득력 있는 기능적인 언어 사용을 가르치기는 어렵다. 비지시적 쓰기 지도를 하기 위해서는 생활 환경 속에서 쓰기가 가능한 한 자연스럽게 많이 일어날 수 있도록 풍부한 문식적 환경을 제공하는 일이 가장 중요한 관건이다.

다섯째, 총체적 쓰기 지도를 해야 한다. 언어 기능(language skills)을 하위 기능들로 나누는 것은 개념적으로는 가능하나, 실제적이지는 못하다. 그것은 언어의 이해나 표현은 각각의 하위 기능들이 단계적으로 작용하는 것이 아니라 총체적으로 작용하기 때문이다. 그것은 마치, 사고의 과정이 정보의 수집, 분석, 생성, 통합, 평가하는 순서로 한 번에 한 가지씩 이루어지는 것이 아니라, 여러 정신 작용들이 한꺼번에 동시에 작용하여 전체로서 하나의 과정을 구성하는 것과도 같다. 쓰기가 과정적 활동이라고는 하나 쓰기의 하위 기능들이 하나하나 따로 작용하는 것이 아니라 한꺼번에 작용하는 하나의 총체적 과정이다. 그것은 마치 운전자가 운전을 할 때 브레이크 밟는 법, 뒷거울 보는 법, 공간과 거리를 지각하는 법, 핸들을 돌리는 법들을 따로따로 분리하여 배우는 것이 아니라 총체적으로 운전을 해 봄으로써 배우는 것과 같다. 언어 처리 과정도 많은 요인들이 함께 관련되어 일어나는 총체적 과정이다. 따라서 쓰기 지도는 하위 기능들을 따로따로 분리하여 가르칠 것이 아니라 총체적인 쓰기를 통하여 가르쳐야 한다.

여섯째, 통합적인 쓰기 지도를 해야 한다. '통합'이란 둘 이상을 하나로 합치는 것을 말한다. 언어는 모든 교과 학습의 도구다. 즉, 언어를 사용하지 않고는 어떤 교과도 가르칠 수 없다. 따라서 언어 지도는 통합적인 지도를 할 때 더욱 효과적이 된다. 여기서 통합이란, 여러 가지 측면에서의 통합을 말한다. 첫째는 모든 언어 영역들, 즉 말하기, 듣기, 읽기, 쓰기들을 통합하는 것이고, 둘째는 유치원에서 배우는 모든 교과들, 즉 과학, 예술, 수, 사회, 요리, 건강, 운동들을 통합하는 것이며, 셋째는 교실 내의 생활과 교실 밖의 생활을 통합하는 것이고, 넷째는 이 모든 것들을 다 통합하는 것이다. 한마디로, 유아들을 위한 쓰기 지도는 유아들의 생활에 필요한 그 무엇에 관해서든지 말하고, 듣고, 읽고, 쓸 수 있는 실제적이고 의미 있는 활동으로 경험시킬 때 가장 효과적일 수 있다.

일곱째, 기능적(functional)인 쓰기 지도를 해야 한다. 기능적 쓰기란 의사소통과 의미의 표현이라는 쓰기의 목적을 달성하기 위한 쓰기라는 뜻이다. Bissex(1980)는 그녀의 아들에게 "왜 글을 쓰느냐?"라고 물었더니, "우리는 선생님에게 보여 드리려고 쓰는데, 어른들은 왜 쓰는지 모르겠어요."라고 답했다고 한다. 이것은 기능적이지 못한 쓰기 지도의 예다. 이러한 예로는 낱자 쓰기, 음절 쓰기, 단어 쓰기, 문장 베껴 쓰기 등이 있다. 그러나 기능적인 쓰기의 예는 이야기를 들려주고 그 반응을 짧게 쓰고 친구들의 반응과 비교해 보기, 질문을 쓰고 해답을 연구하고 찾아서 쓰기, 이웃 유치원 아이들과 펜팔하기, 초청·감사 카드 보내기, 교사가 부모님에게 전달하고 싶은 사항을 유아들이 그림이나 글로 메모하여 부모님께 전달하기 등이다. 이처럼, 기능적인 쓰기는 글을 써야 할 분명한 대상과 이유와 상황이 있어야 하며, 크게는 문화에 대한 이해까지도 있어야 한다.

여덟째, 사고력을 강조하는 쓰기 지도를 해야 한다. 언어 기능(language skills)과 사고 기능은 양분시킬 필요가 없고 또 세분화시킬 필요도 없다. 쓰기 지도는 오히려 사고가 유발될 수 있도록 방향을 잡아 주어야 한다. 쓰기는 단순히 표기(transcription)하는 활동이 아니라 사고(의미)를 표현하는 활동이기 때문이다. Halliday(1975)는 언어 학습(learning language)은 사고(의미)를 표현하는 방법의 학습(learning how to mean)이라고 하였다. 이 말은 언어 학습은 상대방의 뜻을 이해하고 나의 뜻을 상대방에게 이해시키려고 하는 의사소통의 필요에 의해 조성되고 안내되며, 이 과정에서 언어는 표현하고자 하는 뜻(의미, 내용, 사고)을 가다듬는 역할을 한다고 보는 것이다.

한마디로, 언어나 사고는 총체적 정신 과정 속에서 통합되어 나타나므로 교육에서는 언어와 사고를 통합시키는 것이 바람직하다. 사고의 방향을 잡아 줄 수 있는 교육적 활동은 Getzel과 Jackson(1962)이 제안했듯이, 두 가지 유형의 사고가 언어 활동에 극대화되어 나타날 수 있도록 구성하는 것이다. 두 가지 유형의 사고는 수렴적 사고와 발산적 사고다. 수렴적 사고는 기존의 정의나 개념을 수용하면서 문제 사태에서 현상을 논리적 방법으로 유형화하는 사고이며, 발산적 사고는 주어진 문제 사태에 적용될 수 있는 기존의 법칙이나 해석을 깨고 새로운 해석을 탐구하기 위하여 다양한 방법으로 상상을 하는 사고다. 쓰기는 이 두 가지 사고 활동을 모두 요구한다. 전달하고자 하는 의미를 일정한 언어적 체계를 적용하면서 논리적으로 전개해 나가는 능력도 필요하고, 상상력을 동원하여 내용을 풍부하게 하기 위해 글을 계속 이어 가는 일도 필요하다.

6. 결 론

약 20여 년 전만 해도 유아들에게 쓰기 지도는 금기시되었다. 그것은 쓰기에 대한 잘못된 개념과 쓰기의 발달 과정에 대한 이해의 부족 때문이었다. 창조적 행위이며, 사회적 행위로서의 쓰기는 매우 고도의 복잡한 지적 활동이다. Dyson(1981, 1982, 1985a, 1985b, 1988), Graves(1980a, 1980b, 1983), Sulzby(1989), Schikedanz(1982) 등의 발생적 관점을 지닌 언어교육자들의 연구들을 통해서 이런 창조적이며 사회적인 쓰기 활동은 표준적 쓰기(conventional writing)를 할 수 있기 훨씬 이전부터 시작된다는 사실을 알게 되었다. 따라서 유아들이 어떤 형태의 쓰기를 선택하든지 궁극적으로 쓰기 활동과 관련된 지적 활동을 하면 우리는 이를 쓰기 활동으로 받아들이고 유아들이 이런 활동을 계속할 수 있도록 자극하고 권장할 필요가 있다. 유아들이 어눌한 발음과 몸짓으로 말하기를 배우기 시작하듯이, 성인의 눈에는 아무것도 아닌 것으로 보일 수 있는 그리기나 긁적거리기를 하면서 쓰기를 배우기 시작한다. 그런데 만일 이런 그리기나 긁적거리기는 쓰기가 아니니 좀더 예쁜 글씨와 철자법에 맞는 글자를 쓸 수 있을 때까지 쓰기 지도는 지연되어야 한다고 주장한다면, 이는 분명 그리기와 긁적거리기 활동의 내면에서 일어나고 있는 지적 활동은 보지 못하는 것이다.

발생적 관점을 지닌 언어교육자들의 도움으로 우리는 쓰기의 개념과 발달 과정에 대한 이해를 상당히 진전시켰다. 이 장에서는 이런 이해를 바탕으로 쓰기 발달의 원리를 도출해 보았고, 도출된 원리에 비추어 현행 쓰기 지도의 문제점들을 짚어 보았다. 그리고 현행 쓰기 지도에 보이는 이런 문제점들을 개선하기 위해 좋은 쓰기 지도법을 제안해 보았다. 결론적으로, 좋은 쓰기 지도는 유아들의 자연스런 언어 활동을 통해서 이루어져야 한다. 모든 유아들이 나란히 줄 맞추어 앉아 다 함께 선생님이 써 놓은 것을 보면서 따라서 쓰고, 반복해서 쓰는 것은 결코 좋은 쓰기 지도가 아니다. 유아들을 위한 쓰기 지도는 그들의 초기 언어 습득(음성언어) 경험과 관련하여 이루어져야 하며, 다른 학습을 위한 수단으로서의 언어 활동으로 경험되어야 한다. 그렇지 않으면, 유아들은 쓰기의 여러 가지 요소들을 배울 수 있을지는 몰라도 결코 기능적인 쓰기를 배울 수는 없을 것이다.

유아언어교육의 이론

유아언어교육 방법

11 발음 중심 읽기 지도법

1. 발음 중심 읽기 지도의 정의

읽기는 매우 복잡한 정신적 기능이다. 따라서 유아들이 읽기를 배우기란 그리 쉬운 일이 아니다. 사람들이 글을 정확하게 그리고 유창하게 읽을 수 있기 위해서는 단어를 정확하고 빠르게 재인할 수 있어야 하고, 문장이나 글의 의미를 이해할 수 있어야 하며, 여러 가지 읽은 정보들을 기억 속에 저장할 수 있어야 하는 등 많은 정신적 과제들을 해결해야 한다. 특별히 글 읽기를 처음 배우는 유아들은 반드시 ① 자·모 체계, ② 자소·음소(글자와 말소리)의 대응 관계, ③ 철자법, ④ 읽기 과정에서 자·모 체계에 대한 지식의 적용 방법들을 알아야 한다. 발음 중심 읽기 지도는 처음으로 글자를 배우는 유아들에게 이런 것들을 강조하여 가르치는 지도 방법이다(Harris & Hodge, 1995). 이 지도법은 주로 글을 처음 배우는 유아들이나 초등학교 저학년 아동들 중에서 특별히 읽기에 어려움을 느끼는 아동들에게 적용한다.

이 지도법은 특별히 발음 지도를 강조한다. 발음(phonics)은 글자를 말소리로 바꾸는 것을 말한다. 글자를 말소리로 바꾸기 위해서는 자·모 체계를 알아서 글자를 읽을 때 글자와 말소리의 관계를 알고 그것을 적용하여 주어지는 글자를 해당 말소리로 바꾸어야 한다. 이것이 해독(decoding)이다. 따라서 발음 지도는 읽기를 배우기 시작하는 때부터 지도해야 하며, 주로 낱자나 단어를 중심으로 매우 명시적이고, 직접적이고, 체계적으로 해야 한다. 이런 점에서 발음 중심 읽기 지도는 총체적 언어 접근법이나 의미 중심 지도법과 크게 대비된다.

이 지도법의 가장 중요한 목적은 읽기를 처음 배우는 유아들에게 읽기에 필요한 가장 기초적인 지식과 기술들을 습득하게 하여 모르는 글자를 접하게 되어도 그것들을 쉽게 읽을 수 있고, 쉽게 써 볼 수 있게 하자는 데 있다. 그러니까 발음 지도는 읽기 그 자체가 아니라 읽기를 잘할 수 있도록 읽기의 하위 기술들을 길러 주자는 것이다. 다시 말하면, 발음 지도가 곧 읽기 지도는 아니라는 뜻이다. 읽기를 잘하도록 지도하려면 발음 외에도 많은 것들을 더 지도해야 한다. 발음 중심 지도법을 주장하는 사람들도 발음 지도가 곧 완전한 읽기 지도라고 생각하지는 않는다. 다만 글자를 처음 배우기 시작하는 유아들의 경우는 일정기간 다른 어떤 것들보다 먼저 자·모 체계나 그 조합 원리에 대한 지식 그리고 단어를 해독하는 법을 명시적이고 체계적으로 가르쳐야 한다는 것이다. 그래야만 유아들은 머뭇거리지 않고 빠르게 그리고 자동적으로 단어를 재인할 수 있게 된다. 단어의 빠른 재인 없이는 결코 효율적인 독자로 발전해 나갈 수 없다는 것이다.

유아들이 글자와 말소리의 관계를 이해하고, 처음 보는 단어들을 해독하기 위해서는 자·모 체계에 대한 지식은 물론, 음운 인식(Phonological awareness)도 가능해야 한다. 음운 인식이란 낱말들 속에 들어 있는 소리의 여러 단위와 유형들을 지각하고 아는 것을 말한다(이차숙, 1999). 즉, 낱말들을 이루고 있는 낱자의 소리들을 식별할 수 있고, 또 그런 소리들을 조합하여 낱말을 만들 수 있다는 사실을 알며, 말소리의 최소 단위인 음소들을 조합하고, 분절하고, 빼고, 삽입하고, 대체할 줄 아는 능력을 말한다. 따라서 발음 지도법에서는 자·모 체계, 글자와 말소리의 관계에 대한 지식과 함께 음운 인식도 명시적으로, 체계적으로 지도할 것을 강조한다.

이상의 기술을 통해서 짐작할 수 있듯이, 발음 중심 읽기 지도법에서는

'명시적'으로, '체계적'으로 지도한다는 말을 즐겨 사용한다. 이 말은 좀 새겨서 생각할 필요가 있는데, 교사의 역할이 매우 강조되어야 함을 암시한다. 교사는 철자법, 언어의 구조, 어원에 대해서도 정교한 이해를 가지고 있어야 하지만, 동시에 가르치는 유아의 발달 수준에 대해서도 정확하게 알고 있어야 한다. 그래야만 명시적으로, 체계적으로 지도하는 것이 가능해진다. 글자를 처음 배우는 유아들에게 무조건 자·모 체계를 가르친다고 해서 모두 똑같은 효과를 가져오는 것은 아니다. 발음 지도를 하기에 아직 준비가 되지 않은 아동이 있는가 하면, 더 이상 지도할 필요가 없는 아이들도 있다. 또 가르치되 그것을 어떻게 가르치느냐에 따라 그 효과도 크게 달라진다.

발음 중심 지도의 단점으로 가장 많이 지적되는 것은 재미가 없고 지루하게 반복적인 연습을 시킨다는 것이다. 발음 지도는 엄격하게 정해진 순서대로 무의미하게 반복적으로 모든 아동에게 똑같은 방법으로 연습시키는 것으로 인식되고 있지만 사실은 그렇지 않다. 이런 인식은 발음 중심 지도에 대한 지나친 편견에서 나온 것일 수도 있다. 유아의 동기를 생각하면서 필요한 요소들을 가르칠 수 있으며, 그 방법 또한 여러 가지 방법으로 재미 있게 가르칠 수 있다는 것이 발음 중심 지도를 주장하는 사람들의 말이다.

2. 발음 중심 읽기 지도의 역사와 쟁점

발음 중심 지도의 가장 큰 쟁점은 이제 막 글자를 배우기 시작하는 유아들에게 처음부터 발음 지도를 체계적으로 지도하는 것이 다른 방법으로 지도하는 것보다 더 효과적이냐 하는 것이다. 많은 문헌들이 이 문제에 대해 언급을 하고 있고, 수세기 동안 논쟁을 계속해 왔으며, 아직도 논쟁이 계속되고 있다.

초기 읽기 지도는 발음 중심 지도로 해야 한다는 주장은 1960년대가 되면서 강하게 나오기 시작했다. 미국의 교육부는 1960년대에 '초등학교 1학년 아동들의 읽기 지도 프로그램 연구'(Bond, & Dykstra, 1967)와 '프로젝트 문식성'(Project Literacy) 연구(Levin, & Williams)를 지원했는데, '초등학교 1학년 아동들의 읽기 지도 프로그램 연구'는 가장 효과적인 초기 읽기 지도 방법을 결정하는 연구였고, '프로젝트 문식성' 연구는 읽기 지도 방법에 초점을 맞춘 것이 아니라 읽기 학습의 심리적, 언어학적 과정을 밝히는 연구였다. 뿐만 아니라, 카네기 재단의 연구 지원으로 Chall(1967)도 초기 읽기 지도에 대한 종합적인 분석을 시도했는데, 이 연구 결과가 교육 현장에 미친 영향은 대단한 것이었다. Chall(1967)은 새로운 발음 지도 프로그램의 바탕이 된 이론뿐만 아니라 교실 현장의 실태를 파악하는 일에도 노력을 기울였는데, 그의 연구의 핵심은 1960년대 중반까지의 연구들을 종합적으로 분석하는 것이었다. 그의 결론은 오늘날까지도 널리 인용되는 것에서 알 수 있듯이, 읽기를 배우기 시작하는 처음부터 체계적으로 발음 지도를 하는 것이 나중에 덜 체계적으로 발음 지도를 하는 것보다 훨씬 효과적이라는 것이다. 이 세 연구는 모두 초기 읽기 지도는 발음 중심 지도이어야 한다는 목소리를 강하게 내는 연구들이었다.

아울러, 이 문제는 미국의 몇몇 읽기 연구자나 교육자들에게만 한정된 문제가 아니라, 미국 사회 전체의 관심거리가 되었다. Flesch(1955)의 유명한 책 『존은 왜 읽을 수 없는가?』는 미국 사회의 그런 분위기를 잘 말해 주는 책이다. Flesch는 '아이들에게 44개의 글자와 말소리의 대응을 가르치기만 하면 유아들은 어떤 글자라도 다 읽을 수 있으므로, 이것들만 가르치면 유아들은 읽기에 전혀 문제가 없을 것'이라고 주장했다. Flesch의 이런 주장에 힘입어 언어교육 분야에서는 새로운 발음 지도법을 가르칠 수 있는 프로그램의 개발에 박차를 가했고, 실제로 교육 현장에서는 발음 중심 읽기 지도가 더 널리 사용되기 시작했다(Aukerman, 1981; Popp, 1975).

그러나 여기서 우리가 한 가지 지적하고 넘어가야 할 사실은, 1967년 Chall의 연구에서는 발음 지도의 특정한 방법에 관한 언급이 없었다는 점이다. 1960년대 유행하던 발음 지도법은 대체로 종합적 발음 지도법(synthetic instruction), 분석적 발음 지도법(analytic instruction) 그리고 언어학적 읽기법(linguistic readers; Aukerman, 1981)이었다. 이 모든 방법들은 오늘날 소위 '시각 단어 접근법(sight word approach)'과는 다른 것이다. Chall은 1983년 종합적 발음 지도법이 분석적 발음 지도법보다 약간 더 효과적이라고 말하고 있다(Chall, 1983). 그러나 그의 이 말은 매우 온화한 표현일 뿐이다. 분명하게 어떤 발음 지도법이 더 효과적인지에 대해서는 아직까지 밝히지 못하고 있다.

Chall의 연구 이후 많은 연구들은 거의 매번 Chall의 결론을 확인하고 지지하는 경향을 보였다(예: Adams, 1990; Anderson, 1985; Balmuth, 1982). '초등학교 1학년을 위한 읽기 지도 프로그램 연구'(Dykstra, 1968) 역시 Chall의 연구 결과를 확인하고 지지하는 것이었다. 그럼에도 불구하고 초기 읽기 지도의 방법에 관한 논쟁은 계속되고 있다(Grundin, 1994; Taylor, 1998; Weaver, 1998). 이렇게 논쟁이 계속되는 이유는 발음 지도가 정책과 이데올로기의 문제와 서로 엉키어 있기 때문이며(Goodman, 1993; McKenna, Stahl, & Reinking, 1994; Stahl, 1999), 한편으로는 읽기 학습에 대한 철학적 이견 때문이다.

발음 지도법을 주장하는 사람들은 그들이 말하는 '발음 지도법(phonic instruction)'과 '보고 말하기 접근법(look-say approach)'은 매우 상이한 지도 방법이라고 말한다. 보고 말하기 접근법은 아이들에게 단어를 전체적으로 제시하고 그것을 읽어 보게 하는 방법이다. 마치 한자(漢字)를 보여 주고 그것을 소리 내어 읽어 보게 하는 것과 같다. 이렇게 하여 아이들이 50 내지 100 단어쯤 소리 내어 읽을 수 있게 되면, 그때 비로소 발음 지도를 시작하는 것이다. 그 시기는 대개 초등학교 1학년이 끝날 때쯤이다. 그러나 이것은 진정한 의미에서 발음 지도법이 아니라는 것이다. 이것은 글자와 말소리의 대응 관계를 직접적으로 가르치는 일을 상당히 오랫동안 미루는 것이기 때문에, 처음부터 글자와 말소리의 관계를 체계적으로 가르치자는 발음 중심 읽기 지도법의 주장과 상당히 거리가 있다는 것이다. 따라서 보고 말하기 접근법은 여러 가지 다양한 발음 지도법들과는 다르다고 본다. 단어를 직접 소리 내어 보게 하고, 또 소리를 조합해 보게 하는 종합적 발음 지도법, 단어의 유형을 가르쳐서 해독해 보게 하는 언어학적 읽기법, 글자와 말소리의 관계를 분석하여 단어를 읽게 하는 방법은 모두 발음 지도법에 속하지만 보고 말하기 접근법은 발음 지도법이 아니라는 것이다(Aukerman, 1971, 1984).

앞의 기술들을 통해서도 짐작할 수 있듯이, 발음 지도법의 가장 중요한 쟁점은 ① 언제부터 발음 중심 읽기 지도를 시작해야 하느냐의 문제와, ② 얼마나 직접적인 방법으로 글자와 말소리의 관계를 가르쳐야 하느냐의 문제에 집중한다. 발음 중심 지도를 주장하는 사람들은 읽기를 가르치기 시작하는 '처음부터' 글자와 말소리의 관계를 가르칠 것과, 가르치되 암시적인 방법이 아니라 매우 '직접적'인 방법으로 체계적으로 가르쳐야 한다고 주장한다. 이 문제에 대하여 절충적인 방법을 사용할 것을 권하는 사람들도 많이 있지만, 발음 중심 읽기 지도를 주장하는 사람들은 이 문제에 대해 조금의 양보도 없는 것이 사실이다. 결국, 논쟁은 쉽게 해결되지 않을 것이다.

3. 발음 중심 읽기 지도의 유형과 방법

읽기 학습은 크게 두 가지 기본적 과정으로 분석될 수 있다(Gough & Tunmer, 1986; Hoover & Gough, 1990). 하나는 처음에 글자를 보고 인식할 수 있는 단어로 바꾸는 과정이며, 다른 하나는 바뀐 단어의 의미를 이해하는 과정이다. 아동이 읽기 기술을 습득할 때, 단어를 읽으면서 이 두 과정을 수행하는 것을 배운다. 아동은 말하기를 배우면서 동시에 의미를 이해하는 것을 배운다. 그러나 말하기를 배우면서 단어 읽기를 배우지는 않는다. 다시 말하면, 단어 읽기는 특별한 가르침이 필요하다는 뜻이다.

Ehri(1991, 1994)는 단어 읽기의 과정을 다음과 같이 비교적 자세하게 설명하고 있다.

- 해독(decoding): 글자를 말소리로 바꾸고 그 말소리들을 조합하여 인식할 수 있는 단어로 바꾼다. 글자를 말소리로 바꾸는 능력은 자 · 모 체계에 대한 개인적 지식으로부터 나온다.
- 시각화(sight): 단어를 보고, 자신의 기억 속에서 그 단어를 어떻게 읽는지 기억해 낸다.
- 유추(analogy): 새로운 단어를 보고, 이미 이전에 알고 있던 단어들 중에

서 같은 부분들을 같은 소리로 발음해 본다.

- **예측**(prediction): 새로운 단어를 보고 문맥이나, 언어학적 지식, 사전 지식(prior knowledge) 그리고 기억들을 이용하여 나와야 할 말이 무엇인지 예측하여 읽어 본다.

글을 가장 잘 쉽게 잘 읽는다는 것은 아동이 단어를 보고 단어를 분석하지 않고, 글자와 말소리의 관계를 일일이 따지지 않고 그냥 기억 속에서 쉽게 꺼내어 읽는 방법이다. 이렇게 읽을 수 있는 단어들을 시각 단어라고 한다. 즉, 글을 잘 읽으려면 대부분의 단어들이 시각 단어가 되어야 한다. 주어진 단어가 익숙하지 않은 단어일 경우, 의식적으로 글자와 말소리 간의 관계를 따져 보거나, 유추하거나, 예측하여 단어를 읽는다면 그만큼 단어 읽기는 시간과 주의를 필요로 할 것이다. 그렇게 되면 결코 효율적인 읽기가 될 수 없다.

아동은 여러 가지 방법으로 효율적인 독자로 변해 간다. 그러기 위해서는 먼저 단어를 수월하게 읽을 수 있어야 한다. 단어를 수월하게 읽을 수 있는 가장 기본적인 방법은 해독이나 유추의 방법을 통하여 대부분의 단어를 시각 단어로 만들어 놓는 일이다. 해독이나 유추를 통하여 글자와 말소리를 관계 짓는 과정은 결과적으로는 시각 단어를 만드는 과정으로 발전할 것이다(Ehri, 1992; Share, 1995). 발음 중심 읽기 지도를 주창하는 사람들은 바로 이렇게 체계적 발음 지도를 통하여 먼저 단어 읽기를 효율적으로 하게 한 다음, 읽기를 효율적으로 하게 하자는 것이다.

체계적 발음 지도는 아동에게 자·모 체계를 활용하여 여러 가지 방법으로 단어 읽기를 가르치는 교수 방법이다. 자·모 체계에 대한 지식은 새로운 단어를 해독할 때, 기억 속에 시각 단어를 저장할 때 그리고 새로운 단어를 보게 될 때 이미 기억 속에 있는 시각 단어들 중에서 같은 글자의 소리를 기억해 내어 적용하여 읽어 보게 하는 데 필요하다. 단어를 예측하여 읽기도 자·모 체계에 대한 지식으로부터 도움을 받는다. 단어를 예측할 때도 알고 있는 글자와 말소리 관계의 단서를 이용하면 훨씬 쉽게 예측이 가능하다(Tunmer & Chapman, 1998).

체계적인 발음 중심 읽기 지도 프로그램의 특징은 유아들이 매우 명시적이고, 체계적인 방법으로 미리 정해진 순서대로 글자와 말소리의 관계를 배우게 하고, 또 글을 읽을 때 글자와 말소리의 관계를 기억했다가 그 관계를 적용하여 읽기를 해 나갈 수 있도록 지도하는 것이다. 이때 사용하는 학습 자료는 글자와 말소리의 관계를 체계적으로 가르칠 수 있는 말소리가 들어 있는 단어들을 의도적으로 골라 문장을 만든 것이다. 그러나 발음 중심 지도는 유아들이 정확하게 무엇을 배우는지 그리고 어떻게 배우는지에 따라 프로그램의 성격이 다소 달라질 수 있다고 본다(Adams, 1990; Aukerman, 1981). 다음 제시한 몇 가지 방법들이 그 예가 될 수 있다.

① 얼마나 많은 수의 글자와 말소리의 관계를 가르치느냐, 그것들을 어떤 순서로 가르치느냐 그리고 그런 관계를 적용하여 다른 단어들을 읽어 보게 하느냐의 문제를 결정해야 한다. 예를 들어, 어떤 순서로 가르칠 것인가라는 문제와 관련하여 생각해 보면, ㄱ, ㄴ, ㄷ, ㄹ 순으로 가르칠 것인가, 가, 나, 다, 라 순으로 가르칠 것인가, 아니면 가, 갸, 거, 겨 순으로 가르칠 것인가 또 아니면 '가자, 다 나가자, 바다'라는 식으로 모음부터 먼저 가르칠 것인가의 문제가 있을 수 있다.

② 글자와 말소리의 관계를 가르칠 때 글자의 크기 단위를 어떻게 잡을 것인가를 결정해야 한다. 예를 들면, 낱자 중심으로 말소리를 관계 짓는 방법도 있을 것이고, 아니면 음절 중심으로 관계를 짓게 하는 방법도 있을 것이다. 우리 글은 음절 중심의 글이기 때문에 음절 중심으로 관계를 짓게 하는 방법도 좋을 것이다. 그러나 이 경우에도 받침이 없는 글자를 먼저 가르치고, 받침이 있는 글자를 나중에 가르칠 것인지 혹은 처음부터 받침이 있는 글자를 가르칠 것인지 문제가 있을 수 있다.

③ 글자와 말소리의 관계를 지을 때, 즉 글자를 주고 발음을 하게 할 때 낱개의 글자들을 따로따로 줄 것인지(종합적 발음 지도법), 아니면 단어로 묶어서 제시하고 한꺼번에 발음하게 할 것인지(분석적 발음 지도법)도 결정해야 한다. 단어 중심으로 글자를 제시할 때도 여러 가지 방법들이

사용될 수 있다. 아이가 알고 있는 글자를 중심으로 확대시켜 나갈 것인지, 아니면 처음부터 가르치고자 원하는 글자를 정해 놓고 순서대로 제시하여 가르칠 것인지 결정해야 할 것이다. 예를 들면, 아이의 이름이 '차경수'라고 하면, '자동차' '차비' '차표' '기차' 등 아는 글자가 들어 있는 단어들을 골라내어 가르치는 방법이 있을 수 있고, 아니면 빈도수가 높고, 단어의 중요성이 높은 단어들을 중심으로 순서를 정하여 가르칠 수도 있을 것이다.

④ 음운 인식 지도를 먼저 하고, 그것들을 중심으로 말소리를 분절하고, 조합하고, 빼고, 대체하는 방법으로 글자를 읽는 법을 배우게 하는 방법도 있을 수 있다.

⑤ 글자를 제시하고 그것들을 말소리로 바꾸게 하는 발음뿐만 아니라 철자법도 병행하여 지도할 수 있다.

⑥ 하나의 글자와 말소리의 관계를 가르치기 위해 어느 정도 반복적인 연습을 시킬 것인가 그리고 그것을 적용하여 다른 글자에 일반화시키는 경험을 시킬 것인가 아닌가도 결정해야 한다. 학습지를 사용하여 같은 규칙이 적용되는 글자들을 만들어 보게 할 것인지의 문제도 생각해 보아야 한다.

⑦ 글자와 말소리의 관계를 가르치기 위하여 시각 단어(sight words)를 얼마나 활용할 것인지도 결정해야 한다. 시각 단어란 단어를 자꾸 보다 보면 글자가 가진 모양이나 특징을 분석하지도 않고, 글자와 말소리를 일일이 관계 짓지 않아도 단어가 그대로 암기되어 읽어지는 것을 말한다. 사실, 글을 잘 읽는 사람들은 단어의 소릿값을 일일이 적용하여 분석하여 읽는 것이 아니다. 다시 말하면, 글을 잘 읽는 사람은 거의 대부분의 단어들이 시각 단어로 머릿속에 저장되어 있다고 보면 좋을 것이다. 대개 초등학교 1학년 말쯤 되면 시각 단어가 50~100단어쯤 형성된다고 본다.

⑧ 발음 지도를 다른 읽기 지도 프로그램과 병행하여 사용할 것인지, 아니면 발음 지도를 완전히 끝내고 다른 읽기 지도를 할 것인지 결정해야

한다.

⑨ 교사가 정확하게 발음하는 법을 가르쳐 주고, 이것을 아이들이 따라 읽게 할 것인지, 아니면 구성주의적 교육 과정의 원리대로 아이들 스스로 원칙을 발견하게 하여 연습하게 할 것인지 문제도 결정해야 한다.

⑩ 아동의 흥미와 동기유발을 어떻게 지속시킬 것인지 생각해 보아야 할 것이다.

체계적인 발음 지도법이라고 하더라도 이상의 여러 요인들을 고려하여 프로그램화했을 때 아동의 실제적 경험은 상당히 달라질 수 있다. 발음 중심 읽기 지도법이 단일 방법으로만 이루어지는 것이 아니라는 뜻이다. 더 많은 연구들이 진행되어 발음 지도를 하되, 어떤 방법으로 지도를 하는 것이 가장 효율적인지 찾아내야 할 것이다.

위의 요소들이 고려되어 적절한 방법을 찾아내었다고 하더라도 또 하나의 문제가 남는다. 즉, 어떤 교수 방법을 이용할 것인지 문제다. 교사 대 아동이라는 개별 지도의 방법도 있을 수 있고, 소규모로 가르칠 수도 있고, 대집단으로 가르칠 수도 있다. 어떤 교수 방법을 이용하면 가장 효과적인 발음 지도가 될 수 있을까? 지금까지의 결론으로는 개별 지도 방법이 가장 효과적이라고 할 수 있다(NRP, 2000).

12

언어 경험적 접근법

1. 언어 경험적 접근법의 정의

언어 경험적 접근법은 초기 읽기 지도 방법의 하나로서 의미 중심적 읽기 지도 방법이다. 유아들에게 의미 있는 읽기, 쓰기 활동을 제공하여 개념 및 어휘 발달은 물론 읽기, 쓰기 능력의 발달을 가져오게 한다는 것이다. 이 접근법의 가장 기본적인 전제는 학습자의 일상적 생활 경험들을 읽기 자료로 바꾸어 사용함으로써 유아가 이미 잘 알고 있는 단어들을 중심으로 읽기, 쓰기 지도를 시작한다는 것이다. 따라서 이 방법을 효과적으로 사용하려면 무엇보다도 교실 내에서 일어나고 있는 유아 상호 간 공동 경험들을 확장시켜 그들의 세상 지식을 더욱 넓히고, 그것들을 말과 글로 표현하고 이해하게 하여 유아들의 읽기, 쓰기 능력을 향상시켜 나가야 한다.

다시 말하면, 언어 경험적 접근법은 크게 ① 자신이 읽은 것이나 생활에서 경험한 것에 대해 이야기해 보고, ② 그것을 글로 써 보고, 다시 ③ 읽어 보는 세 단계로 이루어진다. 유아들은 자기가 경험한 것, 읽은 것, 관심 있는 것들에 관하여 말해 보고, 그것들을 쓸 수 있으면 쓰고, 완벽한 문장으로 쓸 수 없으면 그림을 그리기도 하고, 선생님의 도움을 받기도 하여 읽기 자료로 만들어 보는 경험을 먼저 가진다. 그리고 그 읽기 자료들을 친구들과 함께 읽어 보고, 그것들에 관하여 의견을 교환하는 것은 읽기 학습에 대한 동기와 흥미를 지속시킬 뿐 아니라 읽기의 기초 기능들을 향상시키는 데 매우 좋은 방법이다.

언어 경험적 접근법은 교사에 따라 그 구체적인 시행 방법에서 약간의 차이를 보이기는 하지만, 기본적인 관점이나 개념에는 큰 차이가 없다. 다시 말하면, 의미 있는 읽기 자료들을 만들어 내기 위하여 유아 자신들의 어휘, 언어 형태, 스키마 등을 이용한다는 점에서 그 기본적 개념이 모두 같다. 따라서 이 방법은 유아들이 자신의 경험, 관심들에 대하여 그들이 산출해 낼 수 있는 한 이야기들을 만들어 내게 하고, 그것들을 읽기 자료로 바꾸어 서로의 경험을 공유하게 한다. 언어 경험적 접근을 사용하는 교실에서는 다양한 연령, 다양한 발달 단계의 유아들이 각자의 발달 단계에 맞는 가장 적합한 형태의 언어 활동에 참여할 수 있게 된다.

2. 언어 경험적 접근법의 지도 목표

언어 경험적 접근법의 원리 중 가장 중요한 원리는 그들이 자신의 말을 글로 쓰고, 그것들을 읽는다는 것, 즉 유아가 충분히 이해할 수 있는 것들을 중심으로 학습 활동이 일어나게 하는 것이다. 그렇게 함으로써 유아들은 개념 발달과 어휘 발달은 물론이고, 학급의 여러 친구들과 서로 여러 가지 경험들을 나눔으로써 세상 지식을 확장시켜 나갈 수 있게 된다. 유아들은 어떤 경험들을 계획하고, 경험하고, 또 그 경험에 대해 반응하고, 그 반응들을 기록하여 읽어 보는 활동에 참여함으로써 유아들이 얻는 것은 참으로 많다. 구체적으로 기술하면 다음과 같은 것들이 교수 목표가 될 수 있을 것이다.

- 글자는 의미를 지니고 있다는 것을 알 수 있다.
- 모든 사람들의 생각이나 아이디어들은 말이나 글로 표현될 수 있음을

안다.

- 다른 사람의 말을 듣거나 글을 읽음으로써 그들과 개인적인 관계를 가지는 데 필요한 그들의 생각을 이해할 수 있다.
- 다른 사람의 의도를 이해하기 위해 다른 사람의 말을 들을 줄 안다.
- 그림, 차트, 보고서들을 포함한 다양한 형태의 글들을 통하여 여러 가지 사실적인 정보들을 만들어 낼 줄 안다.
- 자신의 개인적 경험들에 관하여 다른 사람들에게 말할 줄 안다.
- 다른 사람들이 받아 쓸 수 있도록 이야기, 문장, 구절들을 만들어 내고 불러 줄 안다.
- 발달 단계에 맞는 유의미한 언어 활동에 참여함으로써 언어 활동에 즐거움과 재미를 느낀다.
- 읽기에 대한 태도와 습관을 형성하고, 글과 글자의 개념이나 기능 그리고 규약 등을 이해할 수 있다.

3. 언어 경험적 접근법의 지도 방법

언어 경험적 접근법은 간혹 '폭설에 관한 이야기' '그림자 만들기' '색칠하기' 등 유아들이 관심 있어 하는 것들을 중심으로 자연스럽게 언어 활동이 일어나게 한다. 이런 내용들은 유아들이 관심 있어 하는 것들이나, 유아들의 상상력을 촉진시킬 수 있는 사건이나 경험들이므로 좋은 학습 자료가 될 수 있다. 이런 내용들은 교사의 요령 있는 질문을 통해 도출될 수 있으므로 교사는 순간을 잘 포착하여 그때그때마다 유아들의 반응을 끌어낼 수 있는 질문들을 적절하게 만들어 내야 할 것이다.

그러나 무엇보다 효과적인 언어 경험적 접근법은 ① 계획, ② 경험, ③ 대화, ④ 대화의 기록, ⑤ 읽기 등의 순서로 진행된다.

1) 계획

교사는 되는 대로 아이들의 경험을 말하게 하고, 그것들을 읽기 자료로 만드는 것이 아니라, 유아의 경험을 확장시키고 언어 활동을 쉽게 할 수 있는 내용들을 잘 선정하여 수월하게 언어 활동이 일어날 수 있도록 그 과정들을 잘 계획할 필요가 있다. 예를 들면, 음식 만들기(음식 만들기 요령), 특별한 잔치(음식이나 그 분위기에 대한 적절한 묘사), 채소나 꽃 가꾸기(채소나 꽃의 성장 과정)에 대한 경험들을 먼저 하게 하고, 그것들을 중심으로 대화하고, 기록할 수 있도록 미리부터 계획하는 일이 필요하다.

만약 견학을 계획한다면, 견학을 가기 전이나 갔다 온 후에 견학에 대하여 어떻게 대화하고 기록할 것인지도 미리 생각해 둘 필요가 있다. 견학을 갈 때 가지고 가야 할 물건들은 무엇인지 그리고 견학을 갈 곳이 정확하게 어디인지 미리 지도를 찾아보고, 참고가 될 만한 다른 지표들을 유아들이 쉽게 이해할 수 있는 그림으로 지도를 다시 그려 보는 것도 좋다. 견학을 위해 필요한 주의 사항들도 미리 생각해서 기록하는 세심한 계획도 필요하다. 여러 가지 경험들을 어떻게 기록할 것인지, 언어 경험 차트는 어떻게 만들 것인지, 이전에 사용하던 차트를 변형시켜 새로운 방법으로 차트를 만들 수 있는 방법은 없는지 생각하여 유아의 관심을 끌 수 있는 방법들을 미리 생각해 보아야 한다. 견학을 할 때, 유아들이 들은 이야기나 노래들을 요약하여 사용할 수 있는 방법들에 관해서도 생각해 두는 것이 좋다.

2) 경험

말과 글은 반드시 내용을 가진다. 내용이 없는 말과 글은 없다. 내용은 경험에서 나온다. 특히, 유아들의 말거리, 글거리들은 유아들의 직접적인 경험에서 나오는 경우가 많다. 유아들에게 다양한 경험을 제공하는 일은 유아들에게 말거리, 글거리들을 많이 만들어 주는 결과가 된다. 말거리, 글거리가 없으면 말을 잘할 수 없고, 글을 잘 쓸 수 없다. 언어교육은 언어의 형태적 구조들만 습득시키면 되는 것이 아니라, 의미를 효과적으로 표현할 줄 아는 능력도 길러 주어야 한다. 의미를 효과적으로 드러낸다는 것은 곧 내용을 드러낸다는 것이다. 유아들에게 무엇을 경험시킬 것인지 미리 잘 계획하고, 그러한 경험들을 언어로 표현하게 하는 것이 언어 경험적 접근법의 핵심이다.

3) 대화

다음 순서는 유아들의 경험을 언어로 표현하게 하는 것이다. 많은 경우, 우리들은 경험한 것을 언어화하면 더욱 개념이 명확해지는 것을 안다. 의미는 개념이고, 개념은 사고의 기초 단위로서 단어와 문장이라는 그릇에 담겨져 표현되기 때문이다. 단어와 문장이라는 그릇이 없다면 의미는 다 쏟아지고 흩어져서 일정한 의미를 분명하게 드러내지 못한다. 유아의 경험을 언어로 표현하게 하는 것은 유아의 경험들을 일정한 관계로 연결짓고, 개념화하여 유아의 사고와 지식을 더욱 확장시키는 결과를 가져오게 할 것이다. 유아의 언어 능력은 유아의 사고와 지식이 병행하지 않으면 건전하게 발달할 수 없다. 유아들에게 많은 것을 경험하게 하고, 그 경험에 대하여 서로 대화하게 하여 유아들에게 경험에 대한 이해의 폭과 깊이를 더 하게 함은 물론이고, 언어 능력까지 발달시킬 수 있다.

많은 경우, 우리는 어떤 사람과는 말이 잘 통하는데, 어떤 사람과는 말이 통하지 않는 것을 경험한다. 마찬가지로 유아들도 그런 경험을 할 수 있을 것이다. 따라서 유아들이 대화를 할 때 서로 쉽게 말을 주고받을 수 있도록 교사는 유아들의 말의 형태나 구조에 너무 집착하지 말고 유아들이 무슨 말을 하려고 하는지 그 의도를 파악하고, 그러한 의도가 잘 표현될 수 있도록 돕는 일에 신경을 쓸 필요가 있다.

우리는 어떤 의미를 하나의 단어나 문장으로만 표현하지 않는다. 의미는 명제적 의미와 주제적 의미가 있다. 명제적 의미는 문장으로 표현되지만 주제적 의미는 문장이 연결되어 표현된다. 유아들은 아직 여러 문장으로 주제적 의미를 나타내는 것이 어려우며, 그러한 능력을 발달시켜 나가는 과정 중에 있다. 따라서 교사들은 유아들이 화제(주제)를 벗어나지 않으면서 말을 이어갈 수 있도록 도와주는 역할을 해야 할 것이다.

화제는 여러 가지로 산만하게 흩어질 수 있다. 교사는 가능하다면 다수의 유아들이 흥미 있어 하는 것으로 초점을 맞출 필요가 있으며, 너무 산만하게 흩어지지 않도록 조심해야 한다. 예를 들면, '추석'을 지내고 난 다음 각자 경험을 이야기하고 그 이야기를 더 심화시켜 나가는 활동이라면, 유아들은 추석에 먹은 음식과 음식 만드는 과정에 관한 이야기를 하고 싶어 할 것이고, 또 어떤 아이는 차례상을 차리는 일에 관하여 이야기하고 싶어 할 것이며, 또 어떤 아이는 오랫동안 보지 못했던 친지들에 관한 이야기를 하고 싶어 할 것이다. 이 모두에 대해 이야기를 나누고 언어 경험 차트를 만들 수는 없다. 유아들 간에 적절한 합의를 찾아내고, 선택된 화제에 초점을 맞추는 일도 필요하다.

4) 경험의 기록

일단 언어화된 경험은 기록해 둘 필요가 있다. 경험을 기록하면서 교사는 유아들에게 글자의 개념을 분명히 보여 줄 수 있도록 노력해야 한다. 기록은 유아들이 하는 것보다는 가능하다면 교사나 그 밖의 다른 성인들이 하는 것이 좋다. 그것은 말이 글의 형태로 바뀔 수 있다는 것을 유아들에게 확실하게 보여 주어야 하기 때문이다. 그러나 필요하다면, 유아들이 기록하는 것을 보조할 수도 있다. 기록을 할 때 교사는 기록되는 모든 것들을 모든 유아들이 분명히 볼 수 있도록 그리고 유아들의 관심이 다른 곳으로 흩어지지 않도록 조심해야 한다.

기록은 유아들의 말로 기록해야 한다. 가능하다면 유아들이 사용하는 언어를 그대로 옮겨 쓰도록 해야 하고, 뜻이 분명하도록 간결하게 표현하거나 요약할 필요도 없다. 이것은 그들이 하는 말과 기록하는 말이 적절히 일치해야 한다는 뜻이다. 유아들이 배울 수 있는 처음 글자들은 주로 자기 이름이므로 가능하다면 유아들의 이름들을 정확하게 언어 경험 차트에 기록해 주는 것도 좋다. 뿐만 아니라, 이런 경험들은 유아들의 경험을 후속 읽기로 연결해 주는 강화의 역할을 할 수 있기 때문에 매우 중요하게 다루어야 한다.

기록의 방법도 여러 가지 방법을 다양하게 사용하는 것이 좋다. 유아들의 경험이 큰 책이나, 게시판, 설명 차트에 기록될 수도 있고, 컴퓨터를 이용하여 인쇄될 수도 있을 것이다. 또 유아들의 경험이 기록되어 오랫동안 보관될 수 있도록 사진을 찍어 사진과 함께 보관할 수도 있을 것이다. 유아들이 불러주는 것을 기록하면서 글자의 개념이나 기록 방법들에 관해서 유아들과 함께 의논하면서 기록하는 것도 하나의 방법이다.

유아들에게 경험의 일부를 그림으로 그리게 하고, 그림을 설명하게 하여 그것을 기록하는 방법도 있다. 이때 경험의 순서들을 생각나게 하고, 그것들을 기록해 반영하는 일이 필요하다. 예를 들면, "자, 처음에 우리가 무엇을 했지? 그리고 그 다음에는?" 등의 말을 교사가 해 주면 유아들은 자신들이 겪었던 일들을 순서대로 기억해 내는 데 도움이 될 것이며, 그것들을 순서에 맞게 기록하면 바로 글의 응집성(cohesion)을 경험하게 될 것이다.

기록을 할 때, 가능하다면 모든 유아들이 다 참여할 수 있도록 노력해야 할 것이다. 그러나 모든 유아들이 한 말을 다 기록할 수 없다는 것을 기억해야 한다. 교사는 유아들 중에서 누가 말할 기회를 가지지 못했는지 파악하고, 말할 기회를 가지지 못한 유아들은 다음 기회에 우선적으로 배려하여 그런 유아의 말을 먼저 듣고 기록하는 것이 좋다. 언어 경험 차트를 만들 때, 유아들의 흥미가 떨어졌다고 판단되면 즉시 기록하기를 중단해야 한다.

5) 읽기

언어 경험적 접근법의 가장 중요한 목적은 유아들에게 의미 있는 텍스트를 제공하여 혼자 힘으로든지 혹은 남의 도움을 받든지 비교적 자신의 발달 단계에 맞는 자료를 읽게 하는 것이다. 교사는 유아들이 만든 언어 경험 자료들을 유아들에게 큰소리로 읽어 주고, 또 차트를 유아들이 쉽게 접근할 수 있고 잘 볼 수 있는 곳에 며칠간 혹은 몇 주일간 진열하여, 유아들이 혼자 혹은 짝으로도 되풀이하여 쉽게 읽을 수 있도록 해야 한다. 교사는 유아들에 의해 만들어진 언어 경험 차트를 손을 짚어 가며 읽어 보이기도 하고, 글자와 단어의 경계를 분명히 보여 가며 읽기의 시범을 보여야 하는 것은 물론, 유아들을 개별적으로 불러내어 그들 자신이 만든 글들을 직접 읽어 보게도 해야 한다. 언어 경험 차트를 만드는 데 기여한 유아들은 자신이 만든 문장들을 쉽게 읽어 낼 것이다. 그리고 읽기와 함께 그러한 경험들을 적절하게 제목을 붙이는 것도 유용한 읽기 활동이 될 수 있을 것이다.

이렇게 만들어진 언어 경험 차트는 다 같이 한 번 읽어 보고 또 다시 다른 차트를 만들 것이 아니라, 여러 가지 유형의 읽기가 일어날 수 있도록 다음에 활용할 필요가 있다. 다음과 같은 유형의 읽기 활동이 골고루 일어날 수 있다면 매우 좋을 것이다.

• 함께 읽기(shared reading)

함께 읽기는 교사가 학급의 모든 유아들이 보는 앞에서 제시된 자료들을 함께 읽어 나가는 방법이다. 이 활동은 거의 매일 빠짐없이 하는 것이 좋다. 이 활동은 특별히 가정에서 부모들이 책을 많이 읽어 주지 못하는 유아들에게 더욱 유용하다. 이 활동은 유아들에게 읽기에 대한 태도와 습관을 형성하고, 글과 글자의 개념이나 기능, 그리고 규약 등을 이해시키며, 유아의 동기나 흥미를 지속시킬 수 있는 활동이다.

• 혼자 혹은 집에 가져가서 읽기(independent and take home reading)

유아들이 자신들이 직접 만든 읽기 자료들을 집으로 가져가서 혼자 혹은 다른 가족들에게 설명해 주면서 읽어 주는 것은 유아들의 읽기 능력 신장에 필요한 방법이다. 유아가 교실에서 사용했던 읽기 자료들이나 사진들을 복사하여 집으로 가져가서 가족들에게 자신들의 경험을 설명하면서 읽기 자료들을 읽어 주는 것은 유아가 자신의 읽기 수준에 맞는 진정한 읽기를 경험할 수 있는 좋은 기회가 되며, 자신이 글을 읽을 줄 아는 사람이라는 것을 확인할 수 있는 좋은 기회가 될 수 있다. 이것은 유아들이 그동안 유치원이나 학교에서 배운 것들을 적용하고 응용해 볼 수 있는 좋은 기회다.

특별히, 유아가 가정에서 부모와 함께 하는 읽기 활동은 이미 많은 연구들에 의해서 그 효과가 충분히 입증된 바 있다(Holdway, 1979; Jalongo, 1992; Strickland & Taylor, 1989). 교사가 읽기 자료를 집으로 보내어 유아가 부모와 함께 글을 읽는 경험을 하게 하는 것은 유아의 읽기 능력 신장에 매우 효과적이다.

이러한 읽기는 반복적인 읽기로 발전할 가능성이 크다. 반복적 읽기는 여러 날을 두고 계속적으로 같은 읽기 자료들을 읽는 것을 말한다. 반복적인 읽기는 처음에는 재미로, 두 번째는 내용을 정확하게 이해하기 위하여, 세 번째는 재미 있는 소리나 어휘들에 초점을 맞추기 위하여, 네 번째는 반복적으로 나오는 단어의 재인을 위해 읽을 수도 있다. 반복 읽기는 특히 단어 재인, 해독 기술 습득에 매우 효과적이다(Bridge, Winograd, & Haley, 1983; Pikulski & Kellner, 1992).

• 해당 문장 읽기(sentence-matching reading)

읽기 차트나 경험 기록장에서 반복적으로 나오는 말이나 '함께 읽기'에서 읽었던 문장들 중 기억에 남는 것들을 찾아내어 읽어 보게 하는 것을 말한다. 집단 활동 시간을 이용하여 자원자를 불러내어 해당 문장을 찾아서 읽어 보게 하는 것도 하나의 방법이다. 문장을 가위로 잘라 순서를 새로 정하고 글을 다시 구성하게 해 보는 방법도 있다.

• 유아들이 주도한 다시 읽기(child-led rereading activities)

자원자를 불러내어 교사의 역할을 맡기는 방법이다. 그들이 한 번 읽었던 자료들을 중심으로 단어들을 짚어 가며 다른 아이들에게 크게 다시 읽어 주게 하는 방법이다. 언어 경험 차트가 많이 모이면 유아들이 좋아하는 차트를 골라서 다른 아이들에게 다시 읽어 주게 하는 방법도 좋다.

• 안내적 읽기(guided reading)

안내적 읽기는 읽고, 생각하고, 읽은 것에 대해 서로 의견을 나누면서 읽기 전략을 가르치는 활동이다. 교사는 이 활동을 날마다 할 필요는 없지만 정기적으로 행하여 읽기 과정 중에 유아들에게 문제 해결 전략을 시범해 보이고, 설명해 주고, 유아들도 교사를 따라 전략적 읽기를 하도록 권함으로써 유아들의 읽기 능력을 크게 향상시킬 수 있다(Bruneau, 1997). 유아들은 읽고, 읽은 것에 대해 서로 의견을 나누면서 교사나 다른 유아들이 어떻게 읽는지 또 읽으면서 어떤 전략들을 사용하는지 듣고, 보고, 배우게 된다. 한편, 교사들은 유아들이 글을 읽으면서 어떤 생각들을 하고, 어떤 읽기 전략들을 사용하는지 그리고 읽기의 수준은 어느 정도인지, 특별히 강한 측면과 약한 측면은 무엇인지 평가할 수 있으며, 또 그런 평가를 통하여 적절하게 수업을 설계할 수 있다.

4. 예 시

교사는 다음과 같은 절차로 유아들에게 언어 경험적 활동을 전개할 수 있을 것이다.

- 추석에 즈음하여, 교사는 유아들을 시장으로 데려갈 수 있다. 시장에는 여러 가지 물건들이 많이 있을 것이며, 사람들이 붐빌 것이다. 교사는 유아들에게 보통 때와는 다른 것이 무엇인지 잘 살피게 한다. 그리고 가능하다면 카메라를 가지고 가서 몇 가지 장면들은 사진을 찍어 둔다. 슬라이드 필름으로 사진을 찍어 두면 더 유용할 것이다. 시장에는 주로 어떤 물건들이 있는지, 사람들이 많이 사는 물건은 무엇인지, 사람들의 표정은 어떤지, 어떻게 흥정을 하는지 등을 잘 살펴보게 한다.
- 유치원으로 돌아와서 교사는 유아들과 대화의 시간을 가진다. 유아들이 새롭게 보고 알게 된 것이 무엇인지 기억해 내는 것을 돕는다. 보통 때의 시장 모습과 추석 때의 시장 모습의 차이가 무엇인지 생각해 내는 데 도움이 되도록 보통 때 시장 모습을 사진으로 담아 두었다가 함께 보여 주면 유아들이 비교하기 좋을 것이다. 그리고 중요한 단어나 문구들을 언어 차트에 교사가 미리 써 주면 유아들이 자기들이 본 것과 생각한 것

을 기억해 내는 데 도움이 될 것이다. 그리고 몇 가지 도움이 될 만한 중
요한 질문들을 한다. 예를 들면, 다음과 같은 질문들을 하면 유아들의 말
을 끌어내는 데 도움이 될 것이다.

"시장에서 무엇을 보았니?"
"너희들이 본 것 중에서 제일 신기한 것이 무엇이었니?"
"어디에 사람들이 제일 많이 있었니?"
"너희들이 본 것 중에서 추석 때 사용하는 것이 무엇이니?"
"보통 때의 시장 모습과 추석 때의 시장 모습 중 다른 것은 무엇이니?"
"다시 시장을 간다면 다시 한 번 보고 싶은 게 무엇이니?"

- 그리고 교사는 다음과 같이 말을 한다. "자, 지금부터 우리가 본 시장 모
  습에 관하여 모두 함께 이야기를 쓸 거야. 너희들이 지금까지 본 것과
  생각한 것들에 대해서 말해 주면 선생님이 이 차트에다 너희들이 불러
  주는 대로 쓸게. 그리고 그것을 나중에 다 함께 읽어 보면 정말 재미있
  는 이야기가 될 거야."
- 언어 경험 차트에 유아들이 불러 주는 대로 교사는 받아 적는다. 그리고
  유아들에게 한 번 읽어 보게 한다. 다 같이 소리 내어 읽어 보고, 더 추
  가하고 싶은 내용이나 더 정확하게 말하고 싶은 내용이 있으면 말하도록
  한다. 유아가 말하는 대로 이야기의 내용을 추가하기도 하고 고치기도
  한다. 추가한 내용이나 고친 내용은 다른 색깔의 필기구를 이용해도 좋
  다. 만약 다른 단어로 말하고 싶다면 처음 단어 옆자리에 새 단어를 써
  서 비교해 보는 것도 괜찮다.
- 마지막으로, 이야기를 다 만들고 난 다음 큰 책으로 만들어 유아들에게
  다시 읽어 준다. 그리고 읽기 영역에 비치하여 유아들이 돌아가며 혼자
  혹은 짝으로 그리고 반복적으로 읽어 볼 수 있게 한다.

13 총체적 언어교육 접근법

1. 언어교육의 의미

교육은 그 본질적 성격상 두 가지의 상호 모순적인 기능을 포함하고 있다. 하나는 적응 기능이고, 다른 하나는 창조 기능이다. 적응은 현실을 수용하고 이에 자신을 맞추는 것이며, 창조는 현실을 비판하고 자신에 맞추어 현실을 개선하는 것이다. 그런데 교육에서의 적응과 창조는 시대에 따라 그 비중을 달리한다. 변화가 심하지 않았던 과거에는 교육에서 적응 측면이 더 강조되었지만, 변화가 심한 현대 사회에서는 창조 측면이 더 크게 요청된다.

교육에서의 창조 측면은 지식의 획득 교육보다는 기존의 지식을 토대로 새로운 것을 만들어 내는 지력 교육을 의미하는데, 현재 학교에서 지도하고 있는 여러 가지 교육 중 지력 신장과 가장 가까운 교육이 바로 언어교육이다. 인간의 언어 사용이 곧 지식을 언어로 다루면서 새로운 것을 만들어 내는 지력의 활동인 것이다. 언어교육을 도구 교과, 기초 교과라고 하는 이유도 언어교육에서 지력의 활동인 말하기, 듣기, 읽기, 쓰기를 지도하기 때문이다.

그러나 우리의 교육 현실을 고려해 볼 때, 과연 언어교육이 교육 전반에서 제 몫을 하고 있는지 그리고 언어교육이 사고력을 신장시키는 방향으로 이루어지고 있는지는 의문의 여지가 있다. 지금까지의 언어교육이 기계적이고 주입적인 방법으로, 낱낱의 언어 요소들을 무의미한 방법으로 가르치는 데 치중되어 왔기 때문이다.

최근에 미국에서 시작된 총체적 언어교육은 종래의 언어교육 방법과는 달리, 사고력을 신장시킴과 동시에 그 결과가 매우 효율적인 언어교육 방법이어서 주목된다. 총체적 언어교육 방법의 이론적인 기저와 그 구체적인 교육방법을 알아보자.

2. 총체적 언어교육의 이론적 기저

어떤 교육적인 운동이 일어날 때 그 운동의 뿌리가 무엇인지를 알아보고 그것이 어떻게 발전되어 왔는지 이해하는 것은, 그 운동의 의미를 명료화하고 확실한 신념을 가지는 데 도움이 된다. 총체적 언어교육의 선구자로는 17세기 유럽에서 아동 학습을 위하여 최초로 그림책을 사용한 John Amos Comenius를 들 수 있다. Comenius의 그림책은 사물을 완전하게 그린 것도 아니고 부피가 두꺼운 것도 아니다. 그러나 아동에게 친숙한 사물을 전체적으로 그리고 총체적인 언어로 기술하려고 했다. 물론 Comenius가 오늘날 문식성 연구자들이 사용하는 것과 같은 의미의 총체적 언어(whole language)의 개념을 가지고 있었던 것은 아니다. 그러나 오늘날 우리가 알고 있는 총체적 언어교육의 접근법과 같은 학습 방법을 중요하게 생각했기 때문에 총체적 언어교육의 선구자로 지목되고 있는 것이다.

총체적 언어교육 운동에 영향을 미친 두 번째 인물은 교육 과정의 개발은 학습자를 중심으로 하여야 하고, 교과와 아동의 언어는 통합되어야 하며, 반성적 교수(reflective teaching)가 중요하다고 갈파했던 20세기의 교육 철학자 John Dewey이다. 그는 교육 과정을 논의할 때, 아동의 특성을 고려해야 하며, 아동의 경험과 활동에 대한 의미를 심각하게 고려해야 한다고 주장했다. Dewey는 이 세상의 모든 것은 하위 수준에서 상위 수준으로 엄밀하게 위계

지어져 있지 않으며, 모든 것은 상호 관련지어져 있다고 생각하였다. 또한 학교는 우리의 생활과 밀접하게 관련되어 있고, 우리의 생활은 끊임없이 변화하고 있기 때문에 학교 상황은 아동의 생활에서 오는 변화를 적절하게 반영할 수 있어야 한다고 생각했다. Dewey는 학교 교실은 여러 가지 도구들과 자료들로 가득 차서, 아동이 능동적으로 학습 활동에 참여하고 무엇인가를 구성해 내고 창조해 낼 수 있는 실험의 장이 되며, 생활의 장이 되어야 한다고 보았다. 그리고 여러 가지 도구들을 사용하면서 자연스럽게 그것들에 관하여 말하게 되므로, 언어도 실험 도구의 하나가 된다고 보았다. 도구의 사용과 마찬가지로, 언어도 사용하면서 점차 더욱 풍부해지고 세련되어 간다고 보았다.

총체적 언어교육에 영향을 많이 미친 세 번째 인물로는 세기의 발달심리학자 Piaget와 러시아 심리학자 Vygotsky를 들 수 있다. Piaget는 일생을 통하여 사람들이 어떻게 개념, 아이디어 그리고 도덕성을 형성시켜 나가는지를 탐구하여 교육에 지대한 공헌을 하였다. 그에 의하면, 아동은 다른 사람이 자신에게 지식을 전달해 주기를 언제까지나 막연히 앉아 기다리고 있는 수동적인 존재가 아니라, 자신의 세계를 이해하기 위하여 끊임없이 의문을 가지고 그런 의문을 풀기 위하여 적극적으로 노력하는 능동적인 존재다.

러시아의 심리학자 Vygotsky도 아동의 학습과 사회적·문화적 영향의 관계를 탐구하여 총체적 언어교육에 영향을 미쳤다. 그가 제안한 '근접 발달 영역(the zone of proximal development)'의 개념은 비록 아동의 개념 발달과 학습의 궁극적인 책임은 아동 개인에게 있지만, 이에 못지않게 교사의 역할을 강조하고 있다. 인간의 본질은 고립된 자아가 아니라 사회적 제 관계나 인간의 진정한 공동체 내에서 파악되어야 한다. 다시 말하면, 유적 존재(類的 存在, species being)로서의 인간은 고립된 개체로서의 실존을 초월하여 타인과의 적극적인 상호작용을 통한 관계 속에서 성장하고 발달해 나간다. 그러므로 인간은 환경의 영향을 받으면서 그리고 환경을 창조하면서 살아가는 존재인 것이다. 따라서 아동의 언어 발달이나 사고 발달은 교사나 성인과의 상호작용 그리고 놀이를 통한 또래와의 상호작용 속에서 이루어진다고 믿었다.

총체적 언어교육에 영향을 미친 네 번째의 인물은 기능주의 언어학자 Halliday다. 그는 언어의 습득과 사용에 있어서 상황적 맥락(the context of situation)의 힘이 얼마나 강한지를 보여 주었다. 그에 의하면, 아동의 언어 습득은 지속적인 생활 장면(persistent life situation) 속에서 이루어진다. 이 말은 언어란 실제적인 행위를 통해서 학습된다는 뜻이다. 즉, 언어는 정태적인 객체로 존재하는 관찰과 분석의 대상이 아니라 의사소통의 도구로 쓰이는 능동적인 언어다.

총체적 언어교육은 이상에서 언급한 철학자, 심리학자 그리고 언어학자들뿐 아니라 여러 가지 교육 이론, 읽기, 작문, 유아 교육 과정 이론의 영향도 많이 받았다. 그중 특히 1960년대 Goodman과 Smith의 읽기 교수 연구는 독자와 글과 언어의 상호작용적 관계로 읽기 과정을 새롭게 조명한 연구였으며, 그 이후 아동의 경험을 강조하는 언어교육 방법들의 개발에 큰 영향을 주었다.

이런 연구와 개발들이 있기 훨씬 이전에, Rosenblatt가 『탐색을 통한 문학(Literature through Exploration)』이라는 저서를 통해서 읽기 과정을 독자와 글의 상호 교류적 과정(transactional process)으로 보고 이를 언어교육에 적용시키고자 노력했던 적이 있다(Rosenblatt, 1938, 1976). 이는 독자와 글 사이의 풍부하고 복잡한 관계에서 상호 교류성(transaction)의 의미를 강조하고 있다는 최근의 총체적 언어교육관과 일맥상통하는 내용이다.

언어교육에서 아동의 경험을 강조한 Smith와 Goodman의 생각 그리고 글과 독자의 관계에서 상호 교류성의 개념을 강조한 Rosenblatt의 생각은 결과적으로 '언어 경험적 접근 방법(language experience approach)'이라는 프로그램은 읽기는 실제적이고 의미 있는 언어 활동을 통해서 길러질 수 있으며, 일찍부터 가정에서 문식성을 경험한 아동들이 나중 학교에서 높은 학업 성취도를 보인다는 사실을 이론적으로 지원하는 결과가 되었다.

총체적 언어교육은 언어 경험적 접근법과 매우 유사하다. 실제로 최근에 총체적 언어교육을 주장하는 많은 사람들이 원래는 언어 경험적 접근 방법을 주장하던 사람들이다. 이 두 접근법의 공통적 주장은 언어 학습은 여러 가지 경험과 관련해서만 효과적으로 일어날 수 있다는 것이다. 모든 언어와 경험은 교수 목적으로 사용될 수 있고, 또 그렇게 될 때 아동은 흥미를 느끼고 학습 활동에 마음을 쏟을 수 있게 되어 진정한 학습이 일어나게 된다는 것이다.

3. 총체적 언어교육의 개념

총체적 언어교육은 그동안 추상적이고, 탈상황적이며, 형식적이었던 언어 교육을 구체적이고, 상황적이며, 아동에게 의미 있는 학습 활동이 되게 함으로써 언어 활동이 의미 이해의 과정이 되도록 하여 아동의 사고력을 신장시키는 언어교육 방법이다. 언어를 음소나 낱자를 중심으로 가르치는 것이 아니라, 의미를 지닌 덩어리로 사용할 수 있도록 접근하는 방법이다. 총체적 언어교육 접근법에서 보는 언어는 언어 그 자체를 위해서 있는 것이 아니라, 다른 사람과 나를 이어 주는 의사소통의 수단이고, 나아가서는 생존 문제를 위한 수단이라고 생각한다(박혜경, 1990). 그러므로 아동에게 언어를 가르치기 위해서 의도적으로 언어를 쪼개고 분석하는 것은 피한다. 그리고 교사가 외부에서 개입하는 것보다는 아동 스스로가 자신이 지니고 있는 사전 지식(prior knowledge)과 경험에 따라 의미를 구성해 나가는 것을 권장한다.

총체적 언어교육에서 '총체적'이라는 말 속에는 세 가지 의미를 함축하고 있다(박혜경, 1990). 첫째, 언어의 기본 단위는 의미다. 둘째, 언어교육은 언어의 제 영역, 말하기, 듣기, 읽기, 쓰기 들을 인위적으로 구분하여 따로따로 가르칠 것이 아니라 총체적으로 또는 통합적으로 가르쳐야 한다. 셋째, 언어교육은 모든 교과들과 통합하여 가르치는 것이다. 통합이라는 말은 둘 이상을 하나로 묶는다는 뜻이다. 그림자 길이의 변화를 관찰하여 서로 대화하고 변화를 기록으로 남기는 것, 교통수단에 관하여 알아보고 논의하는 것 모두 총체적 언어교육에서 볼 수 있는 학습 활동들이다.

4. 총체적 언어교육의 원리

총체적 언어교육은 언어교육에 필요한 주요 활동들의 목록이 아니다. 교수와 학습의 본질에 대한 신념이다. 교실 속에서 아동에게 실제적이고, 의미 있는 언어교육을 시도하고 있는 교사들은 끊임없이 이러한 신념들에 관하여 말하고 있다. 우리는 이것을 총체적 언어교육의 원리라고 할 수 있을 것이다. 다음은 총체적 언어교육의 원리들이다.

첫째, 언어교육은 교사가 외부에서 개입하는 것보다 아동 스스로 자신의 경험과 배경 지식에 따라 선택할 때 의미있고 효과적이다. 따라서 언어교육은 내부에서 외부로 향하는 접근법(inside-out approach)을 사용해야 한다. 이것은 아동의 잠재 가능성에 대한 신뢰를 기초하지 않고는 불가능하다.

둘째, 언어 학습은 교사에게 책임이 있는 것이 아니라 아동 자신에게 있다. 언어 학습의 주도권이 교사가 아니라 아동에게 있기 때문에 교사는 읽어야 할 책과 써야 할 주제를 선정할 필요가 없으며, 아동의 말이나 글의 오류를 반드시 고쳐 줄 필요가 없다.

셋째, 배우는 아동의 말과 글은 결코 완벽할 수 없다는 것을 인정하고, 문법적으로 오류 없는 언어를 사용할 것을 강요하지 말아야 한다. 교사나 아동이 말과 글의 표준적인 사용에 너무 얽매이면, 언어 사용에 대한 도전보다는 익숙하고 자신 있는 말과 글만을 사용하게 될 것이며, 창의적이고 도전적인 언어 사용을 피하게 된다.

넷째, 말을 하고, 들으며, 글을 쓰고, 읽는 행위는 의미 구성의 과정이다. 의미 구성은 사고의 행위다. 따라서 언어를 말하기, 듣기, 읽기, 쓰기의 영역으로 구태여 구분하고, 또 각 영역을 하위 기능에서부터 상위 기능으로 인위적으로 세분화하여 낱낱의 기술들을 쪼개어 가르쳐서는 안 된다. 언어 학습은 반드시 의미를 전달하고 파악하는, 실제적이고 자연스러운 언어 활동을 통해서 일어나야 한다.

다섯째, 언어교육은 교실 내에서의 모든 생활뿐 아니라 교실 밖의 생활과 통합하여 가르쳐야 한다. 아동은 실생활에서 말하기, 듣기, 읽기, 쓰기를 경험하면서 그것의 표준적 사용을 자연스럽게 배운다.

여섯째, 언어교육은 유치원에서 또는 학교에서 배우는 모든 교과와 통합하여 가르쳐야 한다. 교과의 내용은 문식성(literacy)이라는 정미소에서 걸러지고 빻아질 곡식으로 비유될 수 있다. 아동은 과학, 예술, 음악, 산수, 사회, 교육적 게임, 요리, 바느질, 영양 등 아동의 유치원 생활에 필요한 그 무엇에 관해서든지 말하고, 듣고, 읽고, 쓸 수 있다. 이것이야말로 실제적이고 의미 있는 학습 활동이다.

일곱째, 총체적 언어 교사는 평가의 목적은 학습자에게 그 자신에 관한 정보를 주기 위한 것이라고 믿는다. 평가는 학습자의 능력을 규정짓기 위한 것이 아니라 학습자가 더 나은 학습을 할 수 있도록 도와주기 위한 것이다.

5. 총체적 언어교육의 전략

말과 글을 통하여 의미를 이해하고, 분석하고, 종합하고, 적용하고, 비판하는 일은 분명 고등 수준의 사고 활동이다. 언어교육은 단순히 언어 그 자체만을 학습하는 것이 아니라 아동의 사고 활동을 가능하게 하는 활동이다. 교실에서 혹은 가정에서 유아들에게 효과적인 언어 지도를 하기 위한 구체적 전략은 무엇일까?

첫째, 유아에 대해서 끊임없이 관심을 가지는 일이 중요하다. 유아의 언어 학습은 언어교육에 필요한 물리적 환경이 얼마나 풍부하냐에 있지 않고, 그러한 환경을 어떻게 다루면서 살아가는지 시범해 보이고, 또 유아가 그런 환경을 잘 이용할 수 있도록 도와주는 성인의 도움에 달려 있다. 성인은 유아의 관심사와 행동에 주의를 기울이면서 함께 토론하고, 성공과 실패의 경험에 대해 이야기를 나누는 것이 좋다. '양치질해라.' '손 씻어라.' '옷 갈아입어라.' '조용히 해라.' '책 봐라.' 등의 지시나 명령이 아니라 유아의 생활 내용이나 감정에 대해 진지한 대화를 나누는 일이 중요하다.

둘째, 가능하다면 유아에게 말하고 들을 수 있는 기회를 많이 허락한다. 말하기와 듣기에서 튼튼한 기초를 쌓은 유아는 글도 잘 읽고 잘 쓴다는 것을 입증하는 연구들이 많이 있는데, 이는 읽기와 쓰기가 음성언어적 기술에 바탕을 두고 있기 때문이다.

셋째, 유아들에게 그림책을 많이 보여 주고 또 그림책에 관심을 가지도록 유도한다. 그림은 실제 사물이 아닌 사물의 표상이다. 그림은 이름도 가지고 있기에 그림책 보기는 사물을 영상적 표상으로 대체하고, 그 영상적 표상을 다시 언어적 상징으로 대체하는 정신 작용을 하는 것이다.

넷째, 이야기책을 많이 읽어 준다. 비록 성인이 읽고 유아는 듣기만 하지만, 이야기책 속의 글은 나중에 유아가 읽을 글이기 때문이다. 유아의 읽기 기술은 글과 접촉하는 기회를 많이 가질수록 더욱 잘 길러진다. 그러므로 자음과 모음을 조합하여 말소리를 만드는 무의미한 활동보다는 생활 속에서 이야기책을 읽어 주는 것이 훨씬 더 효과적이다.

다섯째, 질문을 많이 하여 유아의 사고를 자극하고, 수렴적으로 또는 확산적으로 촉진시킨다. 질문은 학교에서는 물론, 유치원이나 가정 등 어디에서도 사용할 수 있는 가장 보편적이고 효과적인 지도 방법이다. 질문은 대화할 때, 이야기 들려줄 때, 책 읽어 줄 때 등 어떤 상황에서도 두루 사용할 수 있다.

여섯째, 부모나 교사가 질문을 하고 유아가 이에 답을 하게 하는 것도 좋지만, 스스로 질문을 만들게 하는 것이 좋다. 주어진 질문에 답하기는 이미 정해진 방향에 따라 사고하므로, 주어진 질문이 아무리 깊은 사고를 요구한다고 하더라도 이는 어떻게 보면 어디까지나 피동적인 사고라고 할 수 있다. 그러나 질문을 만들게 하는 것은 사고의 내용과 방향을 스스로 정하게 하는 것이기 때문에 능동적인 사고라고 할 수 있다.

일곱째, 쓰기 활동을 많이 시킨다. 사람들은 흔히 쓰기는 읽기를 다 배운 후에 배워야 한다고 생각한다. 그러나 쓰기를 생각의 표현(이에는 고정된 문자 언어가 아닌 다른 방법에 의한 표현까지도 포함된다)으로 본다면, 쓰기는 읽기보다 먼저 나타난다고 볼 수 있다.

6. 요약 및 결론

총체적 언어교육은 기능(機能)적이고, 자연스럽고, 실제적이고, 의미를 강조하는 언어교육이다. 따라서 총체적 언어교육에서 학습은 학습자, 학습 과제, 교사, 학습 환경의 복합적인 상호작용 속에서 이루어진다고 믿는다. 따라서 유아를 위한 언어 환경은 풍부하면서도 성인과의 사회적 상호작용이 있는 환경이어야 한다. 무의미하고, 반복적이며, 기계적인 방법을 사용해 오던 전통적인 언어교육 방법은 이제 총체적 언어교육의 방법으로 대체되어야 할 것이다.

앞에서 기술한 몇 가지 전략들은 유아들이 능동적이며, 구성적인 학습 활동과 실제적이고 의미 있는 학습 활동을 하게 하여 동기를 유발하고 사고를 깊게 할 수 있게 하는 전략들이다. 부모와 교사는 일상생활 속에서 유아의 주의와 관심을 이끄는 자료의 제공자가 되고, 공동의 관심사로 이야기를 나누는 대화의 상대가 되며, 재미있는 그림책이나 이야기를 들려주는 이야기꾼이나 호기심과 사고를 자극하여 지적 훈련을 시키는 질문자가 되어야 한다. 또한 부모와 교사는 자신의 사고를 언어로 나타내 보이는 언어 사용의 시범자가 되기도 해야 한다. 그 속에서 아동은 훌륭한 언어사용자, 지적인 학습자, 사회적 구성원으로 자라갈 것이다.

14

균형적 읽기 지도법

1. 균형적 읽기 지도법의 정의

균형적 읽기 지도법이란, 간단하게 정의하면 총체적 언어 접근법과 발음 중심 지도법을 혼합한 언어교육 방법이다. 주로 초기 읽기 지도의 방법에 관한 문제다. 최근 언어교육 연구자들이나 교육자들은 아동이 글을 읽고 글의 내용을 이해하기 위해서는 먼저 글자를 해독할 줄 알아야 하고, 글자를 해독하기 위해서는 반드시 음운 인식이 가능해야 한다고 주장하고 있다(California Department of Education, 1996; Kelly, 1997). Raven(1997)은 아동은 각기 다른 학습 양식을 가지고 있고, 그 양식에 따라 교수 방법 역시 달라야 한다고 주장한다. 분석적이고 청각적 감각이 뛰어난 유아들은 발음 중심 지도법으로 그리고 시각적, 촉각적 감각이 뛰어나고 총괄적 학습 양식을 가진 유아들은 총체적 언어 지도법으로 지도하는 것이 더 효과적이라고 말한다. 뿐만 아니라, 읽기 발달의 수준에 따라서도 각기 다른 언어 지도법이 적용되어야 한다고 한다.

최근 캘리포니아 주 교육부(1996)도 읽기 프로그램의 핵심은 매우 명시적이고 체계적인 읽기 기술들의 지도와 문학, 언어, 독해 지도 사이의 관계 문제라고 지적하고 있다. 읽기의 기초적 기술만으로는 결코 좋은 독자가 될 수 없지만, 반대로 기초적인 읽기 기술이 습득되지 않으면 또한 효과적인 독자가 될 수 없는 것이다. 이런 맥락에서, 최근 언어교육 분야에서는 총체적 언어 접근법과 단어 재인(word recognition)에 필요한 기초적인 읽기 기술들을 병행하여 가르칠 수 있는 언어 및 문학 활동을 제안하고 있는데, 이것이 바로 균형적 읽기 지도법이다(Honig, 1996).

균형적 읽기 지도의 이론적 기저는 문화적, 언어 심리학적 배경을 가지고 있다. 다시 말하면, 좋은 교수법이란 아동의 배경, 흥미, 강점, 필요들을 매우 사려 깊게 고찰하여 잘 계획된 지도를 할 때 가능하다. 시대에 따라, 발음 중심 지도법이 지배적일 때는 모든 유아에게 다 발음 중심 지도법을 적용하고, 총체적 언어 접근법이 지배적일 때는 또 모든 유아에게 다 총체적 언어 접근법을 적용할 것이 아니라, 유아 개인의 학습 양식과 발달 수준 그리고 흥미, 필요에 따라 적절한 방법으로 읽기 지도를 하자는 것이다.

균형적 읽기 지도는 날마다 좋은 글들을 골라 읽어 주고, 자연스럽게 글의 의미(내용)를 이해하고 또 의미를 구성하는 경험을 하게 하는 것은 물론이고, 명시적으로 그리고 체계적으로 자·모 체계의 구조, 자·모 결합의 원리 그리고 글자와 말소리의 대응 관계를 가르쳐서 글자 해독과 단어 재인(word recognition)을 효과적으로 할 수 있는 읽기의 기초적 기술 지도도 병행하여 가르치자는 것이다.

2. 균형적 읽기 지도의 쟁점

초기 읽기 지도의 방법에 관한 논쟁의 역사는 앞에서도 이미 기술했다. 발음 중심 지도법과 총체적 언어 접근법(의미 중심 지도)의 대립은 '전쟁'이라는 표현을 사용할 정도로 치열한 것이었다. 여기서 문제는 두 대립되는 이론은 상대편 이론을 서로 극단적으로 배제한다는 점과 어느 한쪽 이론이 시대에 따라 초기 읽기 지도의 현장에 절대적이고 지배적인 영향을 미쳤다는 점이다.

총체적 언어 접근법을 주장하는 사람들은 지시적 수업과 자연적 학습은 결코 융화될 수 없는 것이라고 주장한다. 처음부터 글자 해독을 지도하는 것은 유아들을 질식시키는 일이며, 유아들이 음성언어를 자연스럽게 배우듯이 문자언어도 자연스럽게 배우게 해야 한다는 것이다. 사전 지식을 넓혀 주고, 날마다 좋은 글들을 골라 읽어 주면 유아들은 자연스럽게 글의 의미를 이해하게 되고, 의미를 이해하게 되면 자연스럽게 글자나 단어에 관심을 가지게 되며, 모르는 글자나 단어들을 알게 된다. 그리고 모르는 단어가 나오면 사전 지식을 활용하여 무슨 단어인지 짐작해 보기도 하고 정확하지는 않지만 그런 단어들의 읽기를 시도하게 된다. 중요한 것은 유아들이 부담감 없이 즐기면서 글을 읽는 경험을 가져야 한다는 것이다.

그러나 발음 중심 지도를 주장하는 사람들은 총체적 언어 접근법을 주장하는 사람들과는 달리, 글자 해독을 가장 우선적으로 지도할 것을 주장한다. 불행하게도 총체적 언어 접근법은 하층 계급의 자녀들이나 학업이 뒤처진 유아들에게는 매우 불리하다는 것이다. 총체적 언어 접근법이 효과적이라는 것은 유아들이 읽기에 대해 흥미를 잃지 않으면서 읽기 기술들을 습득하는 데 효과적이라는 말이지, 읽기에 필수적인 자소·음소의 대응 관계나 해독(decoding) 능력이 필요 없다는 말은 아니라는 것이다. 중류층 가정의 자녀들은 가정에서 이미 자소·음소의 대응 관계나 해독에 관한 지도를 부모로부터 받고 유치원에 오기 때문에 유치원에서 총체적 언어 접근법으로 지도를 받을 때 그것이 매우 효과적일 수 있으나, 하층 계급의 자녀들이나 학업이 부진한 아동의 경우는 가정에서 이런 훈련을 받지 못하고 오기 때문에 읽기의 기초 기술들을 반드시 명시적으로 그리고 체계적으로 분명히 지도해야 할 필요가 있다는 것이다. 따라서 명시적으로, 체계적으로 글자 해독을 지도하는 것이 초기 읽기 지도의 가장 중요한 과제인 것이다.

이 문제를 교사나 부모의 입장에서 객관적으로 좀 쉽게 생각해 보면, 총체적 언어 접근법이 절대적으로 나쁘다는 것이 아니라 발음 중심 지도가 총체적 언어 접근법에서 얻을 수 없는 중요한 것들을 가능하게 한다는 사실이다. 문제는, 앞에서도 지적했지만, 대립적인 두 이론이 상대 이론을 서로 극단적으로 배제한다는 점이다. 시대에 따라 어느 한쪽 이론이 지배적인 영향을 미칠 때, 미국의 많은 교사들이나 부모들은 거의 누구라도 읽기 지도의 두 접근법이 병행되어야 한다는 사실을 알고 있었다. 그러나 이 양쪽의 이론을 전공하는 학자들은 상대 이론을 수용하는 것이 매우 곤란했다. 그리하여 치열한 공방전을 벌이곤 했다.

그러나 많은 사람들은 미국의 학자들이 더 이상 필요 없는 소모전을 계속할 것이 아니라, 유아들에게 실질적으로 효과적인 읽기 지도를 할 수 있는 방안을 검토해야 한다고 주장하기 시작했다. 이에 종합적인 연구들이 이루어지고, 양 진영 간에 합의를 도출하는 작업이 시작되기에 이르렀다. 그러나 이런 합의 도출을 위한 과정의 시작은 두 대립적인 이론을 주장하는 학자들 사이에서 이루어진 것이 아니라, 주 정부의 교육 과정을 담당한 사람들 사이에서 일어나기 시작했다.

그 결과 California, Texas, N. Carolina 등이 가장 먼저 균형적인 읽기 지도를 주장하고 나섰다. 이들 주들은 주 정부 차원의 평가에서 총체적 언어 접근법으로 읽기 지도를 시도한 이래 유아들의 읽기 능력이 현저히 저하되었다는 결과를 주지시키면서, 읽기 지도 방법에 대한 근본적인 검토를 하기 시작했다(California Department of Education, 1996; Texas Department of Education, 1999; N. Carolina Department of Education, 2000).

이들 주 정부들은 유아들에게 정말 도움을 줄 수 있는 초기 읽기 지도의 방법이 무엇인가를 정직하고 진지하게 검토할 것을 명령하기 시작했다. 그 결과, 교육 과정 구성자들은 초기 읽기 지도 방법은 균형적이고 종합적인 지도가 되어야 한다는 사실을 재확인하고 실천하기로 결정했다. 그들은 유아들이 좋은 글들을 읽고, 의미 있는 문학적 경험들을 가져야 하는 것도 사실이지만 음운 인식, 글자 해독 그리고 단어 재인 능력이 길러지지 않는다면 효과적인 읽기가 불가능하다는 사실을 재확인할 수밖에 없었던 것이다.

읽기 지도의 방법에 대한 주 정부들의 이러한 검토와 결정의 과정을 통하여 균형적 읽기 지도의 방법을 사용하기로 했다고 해도 여전히 문제는 남는다. 균형적 읽기 지도의 방법을 선택한다면 음운 인식, 글자 해독, 단어 재인

등 읽기의 기초적 기술들은 명시적으로 체계적으로 가르쳐야 하는데, 그렇다면, 어느 정도나 명시적으로 혹은 체계적으로 그러한 기술들을 가르쳐야 할지, 그리고 그것들을 얼마나 많이 가르쳐야 할지 여전히 단적으로 대답하기 곤란한 문제다. 그리고 비록 이것이 결정되었다고 하더라도 어떤 방법을 먼저 사용할지 그리고 어떤 순서로 가르쳐야 할지도 역시 단적으로 말하기 곤란한 문제인 것이다.

3. 균형적 읽기 지도의 방법

균형적 읽기 지도의 이상이 공허한 메아리로 들리지 않기 위해서 우리는 '균형'이라는 의미를 교실 현장에서 어떻게 찾아야 할지 진지하게 생각해 보아야 할 것이다. Cunningham과 Hall(1998)은 균형적 읽기 지도의 이상을 다음과 같이 교실에 적용해 볼 것을 권한다. 언어 활동을 크게 네 영역으로 나누어 적절하게 시간을 할애해야 하는데, 그 네 영역은 ① 안내적 읽기, ② 자기 선택적 읽기, ③ 쓰기 활동, ④ 단어와 관련한 활동이다. 각 활동은 30~40분씩의 시간을 할당하는 것이 좋다고 말한다.

또 Strickland(1998)와 Fowler(1998)는 '전체-부분-전체'의 방법을 도입할 것을 권한다. 처음에는 총체적 언어 접근법에서 주장하는 대로 가르쳐야 할 읽기 기술들이 포함된 글들을 먼저 제시하고 의미에 관해 대화를 나눈다. 그리고 난 다음, 읽기의 기초 기능들을 명시적으로 가르치고, 다시 의미의 이해나 구성을 위한 활동 시간을 가지게 한다. Strickland는 읽기 기술과 의미는 결코 분리될 수 없으며, 집중적인 읽기 기술 지도도 의미의 전제 위에서 가르칠 때 가능하다고 주장한다. 교사는 자신이 가르치고 있는 대상 연령의 아동을 위한 교수 목표가 무엇인지 분명히 알고 있어야 하지만, 그 연령의 아동들보다 더 어린 아동이나 나이 든 아동들을 위한 교수 목표도 분명히 이해하고 있어야 한다.

Lapp와 Flood(1997)는 균형적 읽기 지도에서 음운 인식이나 단어 지도를 할 때도 직접적이고 명시적인 지도를 하되, 재미 있는 책이나 총체적 언어 프로그램 내에서 그러한 지도가 이루어져야 한다고 주장한다. 유아들이 배워야 할 새로운 기술들과 내용들도 명시적으로 지도될 수 있지만, 가능하다면 유아들이 이미 알고 있는 것들과 통합할 수 있는 방법을 찾아 의미 있는 맥락 내에서 지도하는 것이 효과적일 것이라고 말한다.

유아들의 읽기 지도는 언어의 구조나 형태의 이해와 함께 글의 의미 이해 능력들이 동시에 지도되어야 한다. 유아는 글을 읽고, 쓰고, 읽어 주는 글들을 날마다 듣는 경험을 하는 것이 좋다. 이때 유아들이 접하는 글들은 가능하다면 글의 의미를 쉽게 예측할 수 있고, 이해할 수 있는 글들이어야 하지만 동시에 해독 가능한 규칙적 유형의 글들을 먼저 접하는 것이 좋다.

균형적 읽기 지도에서는 다양한 평가 방법 또한 중요하게 생각한다. 다양한 평가 방법은 교사의 교수 방법을 결정하는 데 도움을 줄 것이다. 교수는 문식성 습득에 관한 지식의 기초 위에서 이루어져야 한다. 유아가 읽기나 쓰기의 발달에 진전이 없다면, 교사는 가능하다면 빨리 다른 적절한 교수 방법을 찾아야 할 것이다. 효과적인 읽기 지도는 읽기 지도의 방법에 초점을 맞출 것이 아니라 개인 아동에게 초점을 맞추어야 한다. 가장 이상적인 읽기 지도의 방법을 선택하고 그것을 고집하는 것은 개인 아동에게 초점을 맞추는 것이 아니다. 균형적 읽기 지도 방법은 개인 아동의 특성에 따라 지도 방법이 융통성 있게 적용되는 지도 방법이다. 균형적 읽기 지도 방법에서는 유아들이 다양한 목적의 읽기를 경험할 수 있어야 한다. 자신이 직접 선택한 책은 물론이고, 교사가 제공하는 자료도 읽어야 한다. 적절하고 적당한 읽기 자료들은 얼마든지 있을 것이다. 유아는 모든 읽기 자료들을 쉽게 접근할 수 있어야 한다.

균형적 읽기 지도는 유아들을 개별적으로 다룰 것을 권한다. 때로는 지시적인 지도 방법으로 때로는 비지시적인 지도 방법으로, 때로는 읽기의 기초 기능들을, 때로는 의미의 이해나 구성 능력들을 개별 유아들의 필요에 따라 적절하게 그리고 균형 있게 지도해야 한다. 균형적 읽기 지도는 교사가 아동을 개별적으로 잘 알고 있다는 전제하에서 출발한다. 교사는 여러 가지 평가

방법들을 사용할 수 있다. 유아들이 소리 내어 읽는 읽기 활동을 통하여, 유아들이 글을 쓰다 만 낙서를 통하여, 평소에 글쓰기에서 나타나는 철자법에 대한 관찰을 통하여 혹은 표준화된 검사들을 통하여 개별 유아들에 대해 교사는 잘 알고 있고, 그들이 무엇을 필요로 하고 있는 것도 잘 알고 있어야 균형적인 읽기 지도가 가능할 것이다.

균형적 읽기 지도에서 유아들은 다양한 언어 경험을 할 수 있다. 이런 경험들은 음성언어를 더욱 확장시킬 수 있는 활동들이 될 수도 있을 것이며, 음성언어와 문자언어의 관계성을 파악할 수 있는 활동들도 될 수 있을 것이다. 또 유아들은 매우 구조적이고 계획된 활동을 통하여 명시적인 방법으로, 때로는 암시적인 방법으로 해독과 철자법에 대한 지도를 받을 것이며, 음운 인식, 자·모 결합의 원리, 자소·음소의 대응 관계에 대한 지도도 받을 것이다. 뿐만 아니라, 글의 의미를 이해하기 위해 그림이나 문맥을 어떻게 이용할 것인지, 사전 지식을 어떻게 활용할 것인지도 배울 것이다. 유아들이 이미 알고 있는 개념이나 어휘들을 중심으로 모르는 글의 의미를 어떻게 이해할 수 있을 것인지, 여러 가지 전략들도 동시에 배울 것이다.

균형적 읽기 지도는 읽기의 기초 기능들을 명시적으로 지도하지만 그것들을 반복적으로 연습하게 하여 읽기에 대한 흥미를 질식시키는 짓(drill-and-kill)은 하지 않는다. 또 총체적 언어 접근법만을 고집함으로써 모든 유아들의 필요를 충족시키지 못하는 일은 피한다. 역설적이지만 1980년대 총체적 언어 접근법의 유행은 1970년대 발음 중심 지도의 오용에 대한 발견 때문에 불이 붙었다. 다시 말하면, 총체적 언어 접근법이 대안적인 읽기 지도법으로 떠오른 것은, 발음 중심 지도법의 무의미하고 반복적인 연습으로 인한 잘못에 대한 발견 때문에 생겨난 것이다.

4. 균형적 읽기 지도의 문제점과 과제

균형적 읽기 지도법은 앞에서도 기술했지만, 간단히 말하면, 발음 중심 읽기 지도와 총체적 언어 접근법의 혼용이라고 했다. 즉, 이 두 지도법의 절충이라는 뜻이다. 많은 사람들이 초기 읽기 지도는 이 두 지도법이 절충되어 이루어져야 한다고 주장하고 있지만, 이 지도법의 문제는 아직도 너무나 많은 사람들이 이 중 어느 한쪽 이론을 절대적으로 배제하고 싶어 한다는 점이다. 그리고 이 두 지도법을 어떻게 혼합하여 교실에서 사용할 것인지 분명한 안내가 없다는 점이다. 발음 중심 지도로 먼저 지도하고 어느 정도 읽기의 기초 기능들이 습득되었을 때 총체적 언어 접근을 해야 할지, 아니면 총체적 언어 접근으로 의미 중심의 읽기 지도를 먼저 하고, 차차 유아들이 언어의 형태나 구조에 관심을 보이기 시작할 때 읽기의 기초 기능들을 지도해야 할지, 또 읽기의 기초 기능들을 가르친다면 어느 정도로 지시적이고 명시적인 방법으로 지도할 것인지, 그리고 왜 그렇게 해야 하는지 명확한 기준이 없다는 점이다. 유아들에게는 읽기의 기초 기능들에 대한 명시적 지도를 하면서 동시에 서로 연결되고, 실제적인 읽기 자료들을 그냥 제공만 하면 되는 것인지, 아니면 두 지도법을 아무런 원칙 없이 개별 유아의 학습 양식과 교사의 판단에 따라 그때그때 교수 방법을 달리 하면 되는 것인지 명확한 안내가 없다는 것이다. 물론 이런 문제에 대한 논쟁은 각 지도법이 지닌 중요한 단점들이 무엇인지 걸러 내는 역할을 하기도 하지만, 직접 유아들을 가르쳐야 하는 교사들에게는 지도 방법에 대한 좀 더 분명하고 구체적인 기준이 정해지고 적절한 안내를 해 준다면 훨씬 효과적인 교수를 할 수 있을 것이다.

이런 문제의 해결을 위하여, 읽기의 과정이나 읽기의 지도에 대한 더 구체적인 이해가 가능한 경험적 연구들이 나와야 할 것이다. 균형적 읽기 지도법이 제안되면서, 교사들은 이제 전통적으로 주장되어 오던 어느 한쪽의 주장에 집착하지 않고, 각 지도 방법이 안고 있는 한계성을 벗어나 여러 가지 목적에 맞는 지도 방법을 선택하고 결정하도록 권장하고 있다. 연구자들은 교사들이 아동의 개별적 필요에 따라 적절한 읽기 지도 전략을 사용할 수 있도록 연구를 통해 입증된 많은 실제적 자료들을 교사들에게 제공해야 할 의무가 있다. 그렇게 될 때, 교사는 하나의 철학이나 교수 접근법에 매이지 않고 아동의 발달 수준이나 학습 양식에 맞는 적절한 교수 방법을 찾아내는 것이 가능할 것이다.

연구자가 경험적 연구를 통하여 읽기 전략에 필요한 실제적 자료들을 모으고 읽기 지도의 전략들을 제공한다는 것은, 두 지도법 중에서 좋은 것들만을 골라내어 그것들을 적당히 얼버무려 놓는 것이 아니라 새로운 읽기 지도 모형으로 재창출하는 노력을 해야 한다는 뜻이다. 유아가 진정으로 읽기를 배우려면, 즉 능숙한 독자로 변해 가려면 반드시 길러 주어야 할 요소들이 무엇인지 찾아내는 일부터 시작해야 한다. 이 말은 읽기 지도의 모형이 발음 지도법의 장점과 총체적 언어 접근법의 장점이 적당히 섞여서 절충적인 모습을 드러내는 것만으로는 안 된다는 뜻이다. 연구자들은 유아들이 능숙한 독자로 변해 가는 데 필요한 읽기 지도의 요소들이 무엇인지 정확하게 찾아내고, 그것들을 어떤 방법으로 가르치는 것이 가장 효과적인지 경험적 연구를 통하여 밝혀내라는 뜻이다.

지금까지 균형적 읽기 지도에서 거론되는 가장 중요한 문제는 교사가 유아들에게 어떤 방법의 수업활동을 제공하느냐 혹은 어떤 순서로 수업 활동을 제공하느냐에 주로 초점을 맞추어 왔다. 이제 연구자나 교사는 이 문제를 초월하여 개별 유아들이 능숙한 독자가 되기 위해 반드시 갖추어야 할 요소가 무엇인지 찾아내는 일에 초점을 맞추어야 할 것이다. 수업 계획은 개별 유아의 필요에 따라 항상 개정되고 새롭게 조율되어야 한다.

읽기 지도법에 대한 지독한 논쟁을 마무리하는 것은 분명 좋은 일이다. 그러나 읽기 지도의 초점이 교사나 수업활동이나 읽기 지도의 자료에 초점이 맞추어지는 한 이 논쟁은 결코 마무리되지 않을 것이다. 문제의 핵심은 읽기의 과정에 대한 정확한 이해와 합리적이고 적절한 평가에 기초해 볼 때, 개별 유아들이 진정으로 필요로 하는 것이 무엇인지 찾아내는 쪽으로 옮겨 가야 할 것이다.

15

문학에 기초한 유아언어교수법

1. 문학에 기초한 유아언어교수법의 정의

'문학에 기초한 유아언어교수법(literature based instruction)'이란 문학작품에 나오는 이야기나 설명을 이용하여 여러 가지 학습 활동을 전개함으로써유아의 언어 능력을 길러 주는 교수법이다. 이 교수법은 유아나 교사가 함께좋은 글이나 책들을 찾아 읽고, 그 내용에 대해 자연스럽게 반응하고, 그런반응과 관련하여 여러 가지 학습 활동을 전개해 나가는 것이 핵심이다. 예를들면, 좋은 책을 찾아 읽은 후에, 내용에 대해 다른 사람들과 함께 서로 이야기를 나누거나, 그 책과 관련한 다른 책을 찾아 읽어 보는 등 매우 자연스러운 학습 방법을 강조한다. 이 방법에서 강조하는 교사의 역할은 유아에게 진정한 학습이 일어날 수 있도록 학습 활동을 잘 계획하고, 유아들이 학습 활동에 적극적으로 참여할 수 있도록 지지해 주는 것이다. 문학에 기초한 유아언어교수법은 유아들에게 양질의 책을 골라 주는 것 이상이다. 사람들이 일상생활에서 실제로 글을 읽고 쓸 때 하는 것처럼 교실에서도 실생활에서의 읽기, 쓰기가 그대로 일어날 수 있도록 유아들을 도와주는 것이다. 교사는 유아로 하여금 여러 가지 이유로 책을 찾게 하고, 책을 살펴보게 하며, 읽어 보게 하고, 읽은 내용에 대해 반응하게 하며, 읽은 내용을 따로 표시해 두기도 하고, 요약해 두기도 하며, 읽은 내용을 다른 사람에게 다시 이야기하게도 하고, 내용에 따라 책을 분류하기도 하며, 더 읽고 싶은 것이 있으면 메모해서 도서관에 가서 찾아보기도 하고, 실생활에서 일어나는 문학작품과 관련한 모든 활동들을 그대로 하게 함으로써 유아의 읽기와 쓰기 능력을 향상시켜 주는 것이다.

　Wells(1990)이 지적했듯이, 유아는 부모나 교사 혹은 자기보다 더 유능한 사람들이 실제로 어떻게 말하고, 듣고, 읽고, 쓰고, 생각하는지 보면서 자기도 그대로 따라해 봄으로써 배운다. 다시 말하면, 유아들은 언어의 요소들을 분절하여 배우는 것이 아니라 의미가 통하는 실제적인 말과 글을 다양한 방법으로 사용해 봄으로써 언어 능력을 키운다. 따라서 유아의 언어 능력을 키워 주려면 유아로 하여금 다른 사람들과 끊임없이 의사소통하게 해야 한다. 의사소통을 잘 하려면 여러 가지 상황에서 실제로 의미를 다양하게 구성해 보고, 의사소통 활동에 적극적으로 개입해야 한다. '문학에 기초한 유아언어 교수법'은 바로 이런 측면들을 강조한다. 유아가 다른 사람들의 이야기를 즐기고, 다양한 삶을 대리 혹은 실제로 경험하게 하며, 적극적인 의사소통자가 될 수 있도록 돕는다. 예를 들면, 이야기책은 여러 가지 글들이 그림과 기타 언어 외적 단서들, 즉 맥락과 함께 제시된다. 그러므로 유아들은 언어적 상호작용을 쉽게 하게 된다. 특별히 유아들이 이야기책을 읽으면 저절로 반응하게 되어 있다. 이야기책은 또 우리 사회의 가치를 반영하기 때문에 우리 사회가 가치롭게 여기는 언어적 태도와 행동을 배우게 된다. 이 모든 것들은 능숙한 의사소통자가 되는 데 반드시 필요한 요인들이다.

　문학에 기초한 유아언어교수법에서 주로 많이 사용하는 언어 활동은 문학에 반응하기(responding to literature)다. 문학에 반응하기는 이야기를 읽거나 듣고 반응하게 하는 것으로 이것은 문학작품을 읽거나 듣고 난 다음에 일어나는 언어 활동만을 지칭하는 것이 아니다. 이야기를 읽거나 듣고 반응하기 위해서는 이야기를 읽거나 듣기 전에 먼저 무엇을 읽을 것인지, 무엇을 들을 것인지 생각하는 과정이 있어야 하고, 이야기를 읽거나 듣는 과정 중에도 끊임없이 생각하면서 읽고 들어야 나중에 반응할 수 있다(Martinez & Roser, 1991). 언어 행위는 결코 사고의 과정 없이 일어날 수 없다. Rosenblatt (1938/1976, 1978)는 말이나 글을 많이 주고받으면 자연히 의미 구성을 하게 된다고 주장한다. 문학에 반응한다는 것은 바로 말과 글을 주고받는 자연스러운 언어 행위다. 따라서 이런 언어 행위는 아동으로 하여금 자신이 읽거나 들은 내용을 더욱 깊이 있게 이해하게 할 뿐 아니라 그런 내용들을 자신의 개인적 경험과 연결시킴으로써 어떻게 의미를 구성해야 할지 배우게 한다 (Gambrell, 1986; Hickman, 1983).

한마디로, 문학에 기초한 유아언어교수법은 내용이 없는 언어 활동은 없다는 것이다. 유아의 언어 활동은 반드시 내용이 있어야 하고, 그 내용을 언어로 다룰 줄 아는 능력이 참 언어 능력이라는 것이다. 내용이 없는 언어, 즉 연습을 위하여 인위적으로 만들어 내는 말이나 글은 어디까지나 연습일 뿐 실제적인 언어 능력이 될 수 없다는 것이다. 언어 능력의 향상은 내용과 언어를 통합하여 가르쳐야 가능하며, 내용과 언어를 통합하여 가르칠 수 있는 가장 좋은 방법은 문학을 이용하는 것이다. 문학은 많은 내용들을 다루고 있고, 그 내용들을 유아의 개인적 경험과 가장 쉽게 연결시킬 수 있으므로 자연스럽게 의미를 구성해 볼 수 있는 기회를 가지게 된다는 논리다.

문학에 기초한 유아언어교수법으로 유아들을 지도하려면 교사는 매우 전문적인 능력을 지니고 있어야 한다. 효과적인 지도를 위해 유아들을 위한 문학작품에 대한 깊은 지식을 가지고 있어야 하며, 양질의 문학작품을 선택할 수 있는 능력도 지니고 있어야 한다. 유아들이 다양한 장르의 작품들을 접할 수 있도록 유치원 교실을 다양한 읽을 거리들로 적절하게 공간 배치를 할 수 있어야 하고, 유아들이 어느 곳에서나 쉽게 책을 보고, 서로 이야기를 나눌 수 있는 교실 환경을 연출해 낼 줄 알아야 한다. 뿐만 아니라, 선택한 글들을 중심으로 가능한 한 최대의 의사소통이 일어날 수 있도록 유아들을 자극할 줄 아는 능력도 지니고 있어야 한다. 그러기 위해서, 교사는 날마다 주의 깊게 유아들의 언어 및 문학 활동을 살피며, 유아를 위한 교수·학습 활동 방법을 계속적으로 연구하고 생각해 내어 끊임없이 새로운 방법을 시도하는 자세를 지니고 있어야 한다.

2. 문학에 기초한 유아언어교수법의 지도 목표

유아언어교육의 궁극적인 목적은 유아로 하여금 말과 글을 효과적으로 사용할 수 있고, 즐길 수 있는 기초 능력을 길러 주는 것이다. 문학에 기초한 언어 교수법은 말과 글을 효과적으로 사용할 수 있는 기초 기능을 길러 주는 것도 물론이지만, 말과 글을 즐길 수 있는 태도와 습관 형성을 길러 주는 것을 매우 중요하게 생각한다. 책읽기를 즐기는 것이나 책을 읽는 습관은 어려서 길러진다. 즉, 어려서 길러진 책을 좋아하는 태도나 습관은 평생 간다. 따라서 이 교수법은 어려서부터 책을 읽는 즐거움을 경험하게 하여 스스로 책을 찾고, 즐기게 하는 것을 가장 중요한 목표로 삼는다. Morrow와 Weinstein(1982, 1986)은 유치원 교실에서 일상의 프로그램이나 쉬는 시간을 통하여 정기적으로 교사와 함께 즐거운 문학 활동을 경험한 아동은 그렇지 않은 아동에 비해 책읽기를 훨씬 즐기는 아동으로 변해 간다고 한다. 또 Morrow(1992), Morrow와 Weinstein(1982, 1986)은 유치원 교실에서 날마다 교사가 재미있는 책을 여러 가지 소품들, 즉 융판, 인형, 테이프 등을 사용해 가며 읽어 주고, 책을 다 읽고 난 다음 내용에 대해 서로 이야기해 보게 하는 것이 유아들로 하여금 책에 흥미를 갖게 하는 데 매우 효과적이라고 한다. Gambrell, Palmer와 Coding(1993)은 유치원 교실에서 유아들이 스스로 무엇을 읽을 것인지 선택하고, 그것을 읽고, 그 내용에 대해 서로 이야기해 보는 시간을 가지는 것이 유아가 책을 찾는 빈도를 높이는 데 효과가 있다고 말한다. 문학에 기초한 유아언어교수법의 가장 중요한 교수 목표는 유치원 교실에서 즐거운 문학 경험을 통하여 유아들에게 책 보기를 즐기는 좋은 태도와 습관을 길러 주는 것이다.

즐거운 문학 활동의 경험은 문학에 대한 좋은 태도와 습관뿐 아니라 개념 발달과 여러 가지 세상사에 대한 지식을 넓혀 주는 데 유효하다. 문학작품은 여러 가지 세상사에 대한 내용들을 담고 있다. 교사와 함께 이 내용들을 분석하고, 종합하고, 이해하며, 이 내용들에 대해 서로 의견을 나누어 보는 경험은 유아에게 여러 가지 개념 발달과 세상사에 대한 지식은 물론, 필요한 세상사에 대한 지식을 구하기 위해 어떤 것들을 찾아 읽어야 하는지 궁극적으로 고등 사고 기능까지도 길러 줄 수 있다. Craft와 Bardell(1984)은 이야기를 듣고, 다시 이야기해 보고, 그 이야기의 대해 자신의 생각을 말해 보는 경험을 계속하면 그 내용에 대한 앎이 무의식적으로 이루어진다고 하였다. 개념 발달과 세상사에 대한 지식 그리고 고등 사고 기능의 발달이 없는 언어 발달은 기대하기 곤란하다. 따라서 개념 발달과 세상에 대한 지식의 확장, 고등 사고 기능의 발달도 이 교수법의 중요한 목표 중의 하나다.

문학에 기초한 언어 교수법에서 가장 중요하게 생각하는 교육 목표는 읽기와 쓰기를 즐길 줄 아는 태도와 습관을 길러 주는 것이지만 읽기와 쓰기를 즐기게 되면 읽기와 쓰기의 기초 기능들이 자연스럽게 길러질 수 있다는 것이 이 교수법을 주장하는 사람들의 논리다. 따라서 읽기와 쓰기의 기초 기능들을 길러 주는 것도 이 교수법의 중요한 목표다.

예를 들면, 유아들이 계속적으로 책을 보게 되면 글자는 정해진 소리를 가지고 있다는 것을 알고, 말과 글의 관계를 인식할 수 있게 된다. 그리고 글은 어떤 방향으로 읽어 나가며, 책장은 한 장씩 넘겨야 할 것과, 시작 쪽은 어디이며 끝 쪽은 어디인지도 알게 된다. 그리고 책제목과 책 속에 들어 있는 소제목의 역할과 그 제목으로 책의 내용을 미루어 짐작할 줄도 알게 된다. 뿐만 아니라, 의미는 개념으로 구성되며, 개념은 어휘라는 그릇에 담겨져 표현된다. 즐거운 문학 활동을 통해 여러 가지 의미(내용)들을 다루다 보면 어휘 발달이 자연스럽게 이루어지고, 그 단어들을 읽기 위한 기초 기능으로서 해독(decoding) 및 단어 재인 기술 능력이 길러지는 것은 당연한 일이다. 그리고 내용 이해를 위한 기술과 전략(comprehension skills and strategies)도 당연히 길러질 수 있다(Bus, van Ijzendoorn, & Pellegrini, 1995; Dickinson & Smith, 1994; Feitelson, Goldstein, Iraqi, & Share, 1993; Robbins & Ehri, 1994; Senechal, Thomas, & Monker, 1995). 이러한 읽기의 기초 기능들의 발달 없이는 능숙한 독자가 될 수 없다. 또 주어진 작품 속에 나오는 그림이나 글들에 대한 자신의 생각을 그림으로 그리기도 하고, 말로 설명하기도 하며, 기호로 표시하기도 하고, 표로 나타내기도 함으로써 쓰기의 기초 기능도 발달시킬 수 있다.

마지막으로, 문학에 기초한 유아언어교수법은 문학적 요소들에 대한 인식 능력도 길러 줄 수 있다. 유아들이 좋은 작품들을 계속 접하다 보면 작품의 줄거리나 흐름, 인물의 성격 그리고 작품이 말하고자 하는 주제 등도 파악할 수 있게 된다. 뿐만 아니라 책, 잡지, 신문, 웹 페이지, 보고서 등등 여러 가지 종류의 글들을 접하다 보면 글의 형태나 종류에 대해서도 인식할 수 있게 된다. 또 글을 쓴 사람이 무엇을 말하고자 하는지 파악하기 위해 계속적으로 추리하고 상상함으로써 상상력도 길러 줄 수 있다. 좋은 작품은 생생하고, 분명하고, 적절한 단어들을 골라 사용한다. 이 모든 것들은 중요한 문학적 요소들이다. 문학적 요소들에 익숙해지게 함으로써 문학적 자질을 길러 주는 것도 이 교수법의 목표다.

3. 문학에 기초한 유아언어교수법의 지도 방법

문학에 기초한 유아언어교수법에서 교사의 역할은 다른 교수법에서와 마찬가지로 다양한 역할을 요구한다. 간단히 말하면, 유아가 자연스럽게 문학작품과 관련한 활동을 할 수 있도록 유아의 활동을 계획하고 지원하는 것이다. 즉, ① 교사는 주제를 계획하고, ② 주제와 관련한 작품들을 찾고, 소개하고, 전시해야 하며, ③ 유아가 주제에 대해 깊은 관심을 가지고 학습 활동에 적극적으로 참여할 수 있도록 도우며, ④ 문학작품의 내용과 유아의 개인적 경험의 내용을 연결지을 수 있도록 도와주고, ⑤ 문학작품을 어떻게 읽고 이해하는지 시범을 보이며, ⑥ 작품을 읽고 난 다음 어떻게 반응하는지, 그리고 얼마나 다양한 방법으로 반응할 수 있는지 시범을 보일 뿐 아니라 적극적으로 반응할 수 있도록 유도해야 한다.

　이상의 교수 방법을 하나씩 구체적으로 살펴보면, 첫째, 주제를 계획하는 일이다. 주제의 계획은 특별히 작품의 내용, 중요한 생각, 글쓴이 그리고 장르에 초점을 맞추어 학습 경험이 순차적으로 일어날 수 있도록 구성해야 한다. 설정한 주제가 유아의 읽기 및 쓰기 활동에 중요한 기초가 될 수 있도록 작품들을 경험시키는 일이 중요하다. 이때 다양한 장르의 글 구조(text structure)를 학습할 수 있도록 같은 주제를 가진 다양한 장르의 작품을 미리 생각해 두는 것도 필요하고, 같은 주제, 같은 장르의 작품을 골라 작품 내용의 유사성과 차이점을 비교할 수 있도록 교사가 미리 작품을 선정해 두거나 유아들이 부모님의 도움으로 직접 작품을 찾아낼 수 있도록 계획을 할 수도 있다. 이런 활동은 유아가 자연스럽게 작품의 내용을 분석하고, 종합하고, 요약하고, 비교하고, 핵심 내용을 찾아내는 읽기 능력과 그것들을 그림으로 글로 표현해 보게 함으로써 쓰기의 기초 기능들을 길러 줄 수 있는 좋은 기회가 될 수 있을 것이다. 그리고 이런 활동들을 통하여 여러 가지 의견들을 서로 주고받음으로써 말하기, 듣기 능력도 발달시킬 수 있을 것이다. 즉, 주제의 계획은 이런 활동들이 극대화될 수 있도록 충분히 유아들이 흥미로워할 수 있고, 발달적으로 적합하며, 다양한 활동을 연출해 낼 수 있는 주제를 선택하고, 그것들을 적절한 학습 단위로 제시할 수 있도록 미리 계획을 해 두어야 할 것이다.

　둘째, 주제와 관련한 작품들을 찾고, 소개하고, 전시하는 일이다. 주제와 관련한 좋은 작품들을 찾아내는 일은 매우 중요하다. Brown(1991), Cullinan(1989), Holdway(1980), Strickland와 Feeley(1991) 등은 이제 막 읽기와 쓰기를 배워 나가기 시작하는 발생적 단계의 문식자(emergent readers)들에게 적합한 문학작품의 선정 기준을 몇 가지로 제시하고 있다. ① 유아들의 흥미를 끌 수 있는 작품이어야 한다. 생생하고 흥미로운 언어와 매우 자연스러운 언어로 쓰인 글이라야 유아들의 흥미를 끌 수 있다. ② 발달적으로 적합한 내용이어야 한다. 발달적으로 적합한 작품이란 내용이 유아들에게 친숙하고, 약간 이해가 되지 않는 것이라도 교사의 도움만 있으면 쉽게 내용을 이해할 수 있는 작품이어야 한다. 너무 복잡하거나 추상적인 내용이나 너무 어려운 문장으로 쓰인 작품은 발달적으로 적합하지 않다. ③ 가능하다면 내용이 쉽게 예측될 수 있는 작품이 좋다. 어떤 책들은 그림과 글이 매우 밀접하게 관련되어 있어 그림만 보고도 내용을 예측할 수 있고, 또 어떤 책들은 내용이 반복적으로 제시됨으로써 내용을 예측할 수 있으며, 비슷한 발음을 이용하여 내용을 예측할 수도 있다. 제시되는 글을 예측할 수 있으면 단어 재인이 쉽게 이루어질 수 있고, 또 유아가 읽기에 자신감을 가지게 할 수도 있다. ④ 가능하다면 교사들에게도 재미있는 책이어야 한다. 교사가 재미있어 하면 유아들도 재미있어 할 확률이 높다.

교사가 좋은 작품, 즉 유아들이 충분히 흥미로워하고, 발달적으로 적합하며, 예측이 쉽고, 교사들에게도 재미있는 작품들을 선정하되, 유아의 학습 활동이 효과적이 되려면 다양한 작품들을 선정해야 한다. 문학작품이라고 하여 전통적 의미의 문학에만 초점을 둘 것이 아니라 실세계에서 사용되는 여러 가지 실제적 이유에서 쓰인 글들, 즉 진짜 글들(authentic literature)을 다양하게 섞어서 선정해야 한다. 예를 들면, 유치원 교실에서 사용되는 작품들은 동화나 동요뿐만 아니라 실생활에서 사용되는 포스터, 편지, 지도, 각종 책자, 차트, 컴퓨터 프로그램, 신문, 잡지, 전화번호부, 광고지, 요리책 등 무엇이나 의미를 전달하기 위해 글로 표현된 진짜 글들이면 다 사용할 수 있다. 교사가 혼자서 이런 작품들을 찾기 곤란하면 부모들에게 도움을 요청할 수 있다. 가정에서 사용하고 있는 특별한 문화예술작품, 책, 노래책, 요리책, 광고 등 무엇이나 유아들이 즐겨 읽을 수 있는 것이면 유치원으로 보내게 해서 함께 읽고, 내용과 관련한 활동을 하도록 하면 된다. '진짜 글들(authentic literature)'은 유아들의 읽기 능력을 감안하여 다시 쓸 필요도 없고, 유아들이 모를 것 같은 단어들은 유아들이 알 만한 다른 단어들로 바꾸어 놓을 필요도 없다. Simons와 Ammon(1989)은 유아들에게 제시하는 책이라고 해서 유아들이 쉽게 읽을 수 있도록 다시 고쳐 쓰면 오히려 더 어려워지는 경우가 많다고 한다. 모든 수준의 글들을 자연스러운 형태로 제시하면 유아들은 자신의 수준에서 어휘를 확장시키고, 재미있어 하며, 상상력을 개발시키고, 배우고 싶어 하는 동기를 가질 수 있게 된다는 것이다. Cullinan(1992)은 진짜 글들을 사용하는 것의 가장 큰 장점은 유아들에게 학습하고자 하는 동기를 불어넣어 줄 수 있고, 신나게 학습 활동을 하게 할 수 있다는 점이다.

유아들에게 진짜 글들을 제시하되, 다양한 장르의 작품들을 선정하는 일은 매우 중요하다. 이야기체와 설명체의 글들이 적당하게 균형을 이루어야 한다. 유아들은 이야기체의 글들을 읽으면서 즐거워하지만, 여러 가지 정보들을 제공하는 설명체의 글들을 읽으면서도 마찬가지로 즐거워하는 것이 사실이다.

셋째, 문학에 기초한 유아언어교수법이 강조하는 방법은 선택된 주제에 대해 유아가 깊은 관심을 가지고 학습 활동을 적극적으로 할 수 있도록 지지하는 일이다. 유아들이 선정된 작품의 내용에 깊은 관심을 가지고 내용과 관련한 학습 활동을 지속적으로 할 수 있도록 하기 위해 교사는 여러 가지 방법들을 고안해 내야 한다. 몇 가지 생각해 볼 수 있는 방법들로는 우선, 가정과 학교가 긴밀한 관계를 가지는 일이다(Guthrie & Greaney, 1991). 가정에서 유아의 문식성 발달을 도와줄 수 있는 가장 좋은 방법은 날마다 유아에게 책을 소리내어 읽어 주는 일이다(Durkin, 1966; Strickland & Taylor, 1989; Trelease, 1989). 이를 위해 각 유아들이 가진 책을 돌려가며 보게 하는 방법도 있고, 교실의 학급 문고를 대여해 주는 방법도 있다. 그리고 교사는 부모들에게 날마다 책을 읽어 줄 것을 권하고, 또 무슨 책을 읽어 주었는지 자주 점검해서 기록해 두게 한다. 가정에서 읽었던 책을 유치원으로 가져와 그것들을 다시 읽고, 책의 내용과 관련한 학습 활동을 하게 하면 유아의 흥미를 지속시키는 데 도움이 될 것이다. 같은 책을 가정에서도, 유치원에서도 읽는다면 유아들은 아마도 즐거워할 것이다. 이런 류의 읽기 활동은 유아의 사전 지식을 개발할 수 있음은 물론이고 개념 발달, 음성언어의 발달 그리고 어휘 발달을 가져올 수 있으며, 읽기를 즐기는 아동으로 키워 갈 수 있을 것이다. 뿐만 아니라, 글을 읽는 것이 매우 중요하다는 사실도 알게 할 수 있을 것이다(Cullinan, 1992).

책의 내용과 관련한 학습 활동에 몰두하게 하고, 관심을 지속시키기 위한 방법으로 생각해 볼 수 있는 또 하나는 교사가 주제나 작품을 선정할 것이 아니라 아동이 직접 선정하도록 하는 방법이다. 유아가 직접 선정하면 각 유아가 필요로 하는 것을 찾기 때문에 흥미를 지속시키는 데 유리하다. 유아가 무엇을 읽을 것인지, 어떻게 읽을 것인지, 읽고 난 다음 어떻게 반응할 것인지 모든 것을 유아가 결정하게 만드는 것도 하나의 방법일 수 있다. 이것은 결국 유아 자신이 의미를 적극적으로 직접 구성해 보게 하는 결과가 된다(Martinez & Roser, 1991).

학습 활동에 지속적으로 관심을 가지게 할 수 있는 또 하나의 방법은 우선 풍부한 작품과 다양한 학습 활동을 생각해 내야 한다. 언어 교수법의 명칭이 어떻든지 최상의 단일 방법은 없다. 아무리 맛있는 음식이라도 같은 음식을 계속 먹으면 질린다. 책도 마찬가지다. 아무리 재미있어도 같은 책 혹은 같은 장르의 책만을 고집하면 유아들은 곧 질리게 될 것이다. 따라서 교사는 유아들을 위한 다양한 장르의 책들에 친숙해 있어야 하며, 다양한 학습 활동 방법을 끊임없이 고안해 내야 한다.

넷째, 문학에 기초한 유아언어교수법에서 강조하는 교수 방법 중 하나는 문학작품의 내용과 유아의 개인적 경험을 연결시킬 수 있도록 도와주는 일이다. 독해는 책 내용이 개인의 사전 지식(prior knowledge)과 연결될 수 있을 때 가능하다(Anderson & Pearson, 1984). 아무리 재미있는 내용이라도 책 내용과 관련한 개인의 머릿속에 들어 있는 스키마(schema)가 활성화되지 않으면 내용의 이해는 곤란하다. 즉, 어른들은 일간 신문에서 시평이 담겨 있는 만화를 보고 재미있어 하지만, 유아들은 그 만화의 글자를 다 해독할 수 있음에도 불구하고 그 만화를 이해할 수도 없고, 재미를 느끼지도 못한다. 그것은 유아의 머릿속에 어른들이 가지고 있는 스키마가 없기 때문이다. 따라서, 글을 읽고 의미를 이해하기 위해서 개인이 가지고 있는 스키마를 활성화시키는 일은 매우 중요하다. 즉, 책 내용과 개인의 사전 지식을 서로 연결시킬 수 있어야 한다. 가장 보편적으로 사용할 수 있는 스키마 활성화의 방법은 책 내용과 관련한 개인적 경험이 있는지 물어보고, 서로 이야기를 나누게 하고, 또 관련된 경험을 시키는 방법이다. 예를 들어, '소방차'에 관한 책 내용이라면 소방서를 찾아가서 직접 소방차를 구경하고, 소방관 아저씨와 대화를 나누어 보는 경험을 먼저 가지게 하는 것이 스키마 활성화의 아주 훌륭한 방법이 될 수 있다.

　다섯째, 문학에 기초한 유아언어교수법에서 강조하는 교수 방법은 문학작품을 어떻게 읽고 이해하는지 교사가 직접 시범을 보이며 유아들도 따라하게 하는 방법이다. 실제로 작품을 읽으면서 읽기의 전략과 기술을 시범해 보이는 것이다. 이 과정에서 소위 비계설정(scaffolded instruction)이라는 교수 방법이 활용될 수 있다. 이 교수 방법은, Pearson(1985)의 표현을 빌면, 학습 활동의 책임을 교사에게서부터 점차 유아에게로 이양시키는 방법으로, 처음에는 교사가 유아에게 아주 많은 도움을 주고, 분명하게 시범을 해 보이지만 일단 유아들이 학습했다고 생각되는 부분부터 점차 유아들이 직접 할 수 있도록 유도하고, 교사는 슬슬 빠져나가는 방법이다. 그리하여 마침내 모든 학습 활동을 유아들이 전부 해결하게 하는 방법이다. 문학작품을 읽을 때도 같은 유형의 문장을 처음에는 교사가 읽기 전략과 기술을 시범해 보이고, 나중에는 부분적으로 교사가 시범해 보여 결국 유아가 읽기 전략과 기술을 적용하여 모든 글들을 다 읽게 하는 방법이다. Walmsley와 Walp(1990)는 이 방법을 '적용을 통한 기술 접근법(skills through application approach)'이라고 부르기도 한다.

　읽기 활동에서 시범을 보이는 것은 작품을 큰소리로 읽어 주는 방법을 통하여 가장 확실하게 보여 줄 수 있다. 작품을 읽으면서 이해가 되지 않은 부분이 나오면, "뭐지?" 하고 혼잣소리로 말해 보기도 하고, 다시 돌아가서 읽어 보기도 하며, 천천히 읽어 보는 전략도 사용할 수 있다. 그리고 유아에게 질문을 던져 확인해 보는 방법도 가능하다. 모르는 단어가 나오면 사전을 찾아보기도 하고, 그림을 보면서 예측해 보는 방법도 사용할 수 있다. 책을 읽는 과정에서 중요한 줄거리를 한 번씩 정리하며 읽기도 하고, 책 내용과 관련하여 이전에 읽었던 부분과 연결짓기도 하며 읽기에 필요한, 즉 내용 이해에 도움이 될 만한 전략들을 유아들 앞에서 의도적으로 사용해 보는 것이 좋다. 또 다양한 종류의 읽기 방법을 사용해 볼 수도 있다. 함께 읽기, 혼자 읽기, 소리 내어 읽기, 짝으로 읽기, 한 사람이 큰소리로 읽기, 소리 내지 않고 읽기 등 다양한 종류의 읽기도 시범해 보일 수 있으며, 또 유아들에게도 그런 다양한 종류의 읽기를 요구할 수 있다.

마지막으로, 문학에 기초한 유아언어교수법에서 강조하는 교수 방법은 교사가 작품을 읽고 난 다음 어떻게 반응하는지 그리고 얼마나 다양한 방법으로 반응할 수 있는지 시범을 보일 뿐 아니라 유아들이 적극적으로 반응할 수 있도록 유도하는 일이다. 작품을 읽고 작품에 대해 반응할 수 있는 방법은 다양하다. '이야기 다시 해 보기(retelling)' '요약하기(summarizing)' '분석하기(analyzing)' '일반화하기(generalizing)' 등은 유아들에게 작품에 반응하도록 만드는 좋은 방법이다. 유아들은 대체로 매우 간단한 방법으로 작품에 반응한다. 유아들은 점점 독자로서 필자로서 경험을 더해 감에 따라 점차 좀 더 정교한 수준으로까지 반응할 수 있는 능력을 가질 수 있게 될 것이다(Kelly & Farnan, 1991). 문학작품을 읽고 난 다음 쓰기를 통해 반응하는 것은 의미 구성 학습에 매우 효과적일 뿐 아니라 비판적 사고 능력을 키우는 데도 매우 효과적이다(Tierney & Shanahan, 1991). 쓰기는 반드시 표준적 쓰기이어야 할 필요는 없다. 그림으로 표현해도 좋고, 비슷한 그림을 오려 붙여도 좋으며, 또 간단한 표시이어도 좋다. 어쨌거나 읽은 작품에 대해서 쓰기를 통해 설명하고, 묘사하고, 개인사와 관련 짓고, 느낌을 표현하고, 다른 작품과 비교하고, 주인공의 성격에 대해 추리해 보는 것은 의미 구성이나 비판적 사고 능력의 향상에 매우 효과적이다.

이 과정에서 교사가 먼저 문학작품에 대해 어떻게 반응할 수 있는지 다양한 방법으로 시범을 보이는 것이 중요하다(Martinez & Roser, 1991). 예를 들면, 책 내용에 대해 어떤 질문을 어떻게 하는지 시범을 보일 수 있고, 유아들의 생각이 어떻게 다른지 서로 이야기하게 하여 비교할 수도 있으며, 책 내용을 교사가 전체적으로 요약할 수도 있다. 교사뿐 아니라 유아들도 읽은 작품에 대해 서로 토론하면 문학에 반응하는 좋은 시범을 서로에게 보여 줄 수 있는 좋은 기회가 될 것이다.

4. 예시

1) 계획 단계

① 그림책 선정하기
그림책: 『괴물들이 사는 나라』, 모리스 샌닥 · 그림/글 강무홍 옮김

② 활동 선정하기
다양한 활동 방법을 사용할 것, 그림책에 대한 유아의 다양한 반응을 끌어
낼 것

③ 자료 모으기
선정한 활동과 관련한 자료, 즉 책, 비디오, 괴물이나 세계 여러 나라에 관
한 자료 모으기

계획 단계에서 〈표 15-1〉과 같은 도표를 활용하면 활동 목표, 시간, 방법,
자료 등을 한눈에 볼 수 있다.

〈표 15-1〉

적용 목표 (교수 목표)	활동	대상	활동 시간	활동 자료
읽기, 듣기, 글의 기능, 구조, 규약 이해하기	책 읽어 주기	대집단	10분	그림책
경험, 생각, 느낌 말하기, 어휘 발달(확장 및 정교화)	괴물들에 관해 말해 보기	대집단	20분	그림책 쓰기 카드 마이크
이야기 내용 및 구조 이해하기	등장 인물, 배경에 관해 이야기하기, 슬라이드 보며 이야기하기, 이야기 다시 해 보기	소집단	20분	막대인형 이야기판 슬라이드
동시 짓기	괴물나라에 관한 동시 짓기	소집단	30분	동시판
이야기에 대한 느낌 표현하기	괴물소리 녹음하여 들어 보기, 노래, 가면 만들기, 책 만들기	소집단	30분	OHP 음향 테이프 녹음기 마이크 작업 재료
말과 글자와의 관계 알기	괴물들의 이름을 지어 보고 가면에 이름 쓰기	개별	20분	작업 재료
상상하여 말해 보기	등장인물의 이야기와 내용 주제를 바꾸기	소집단	20분	빈칸이 있는 이야기 내용 판
책에 관심 가지기	괴물나라 책 읽어 다시 보기, '괴물나라 이야기'와 비슷한 책 찾아보고 비교하기	개별	20분	그림책
동극 하기 / 상황에 따라 말하기	괴물나라에서 사용했던 노래, 가면 이용해 동극 해 보기	대집단	30분	동극 소품
동화 만들기	내가 만든 그림책, OHP 동화 만들기	소집단	30분	OHP 필름 전지

2) 활동 단계

• 활동은 다음 다섯 가지 요소가 포함되도록 하면 좋다.
  - 책 읽어 주기
  - 교사가 읽어 준 책을 아동이 혼자서 조용히 읽기 혹은 친구들과 함께
    읽기
  - 말하기, 듣기, 읽기, 쓰기의 적용
  - 타 영역(표현 생활, 사회 생활 … 등)과 연결 짓기
  - 평가

책 읽어 주기 전

• 책의 주제와 관련한 질문과 응답을 하여 유아의 흥미를 유발하고 내용을
  예견하게 한다.

예
  - 괴물들을 본 사람이 있나요?
  - 괴물들은 어떻게 생겼을까요?
  - 괴물들은 어떤 동물일까요?
  - 만약 여러분들이 괴물들을 만난다면 어떻게 할까요?

책 읽어 주기

• 먼저 제목을 읽어 준다.
• 그림을 처음부터 끝까지 보여 준다.
• 간혹 글자를 손가락으로 짚어 가며, 읽어 준다.
• 책을 읽는 도중, 주인공의 행위를 예측해 보게 한다.
• 주인공의 행위에 대한 이유를 물어본다.
• 특별한 그림들은 주의를 기울이며 비교 관찰하게 한다.

예

- 괴물들의 발 모양이나 머리 모양 관찰하기

책을 읽어 준 후

(활동 1) 괴물들에 관해 말해 보기

활동목표 : 어휘 발달

자신의 경험, 생각, 느낌을 자연스럽게 표현하기

활동방법 :

① 괴물들의 생김새, 성격, 괴물들에 대한 느낌들을 기술하게 한다.

예

- 괴물들은 친절하다. 무섭다. 재미있다. 못생겼다. 징그럽다. 크다.
- 괴물들은 무시무시하게 생겼다.
- 괴물들의 눈알이 툭 불거졌다. 머리가 너무 길다. 덥수룩하다.
- 괴물들의 발 모양이 각기 다르다.

② 큰 종이를 마련하고 쓸 것을 준비하여 유아들이 말하는 것을 받아 적는다. 혹은 녹음테이프를 준비하고 유아가 말하는 것을 녹음한다.

(활동 2) '괴물들이 사는 나라'(책내용)에 관해 이야기해 보기

활동목표 : 이야기 내용 및 구조 이해하기(문학적 요소의 이해)

활동방법 :

① 이야기의 내용에 관해 질문을 한다.

예

- 맥스 어머니는 왜 맥스를 '괴물'이라고 불렀을까요?
- 맥스가 처음 괴물들을 만났을 때 괴물들은 어떻게 했나요?
- 맥스가 처음 괴물들을 만났을 때 괴물들은 어떤 모양을 하고 있었나요?
- 맥스가 어떻게 괴물들의 왕이 될 수 있었을까요?

– 괴물들은 실제로 존재할까요?

– 괴물처럼 무서운 것들로는 무엇이 있나요?

– 여러분이 괴물을 만난다면 어떻게 할까요?

② 슬라이드로 동화를 들려준다.

– 슬라이드 상영 시작을 알려 주는 신호를 준다.

– 슬라이드가 진행되는 동안 교사가 동화를 구연한다.

– 슬라이드 상영 중 중간 몇 장면을 보여 주지 않고 빠진 장면에 관해 이야기한다.

'괴물들이 사는 나라' 이야기 판

시 작	중 간	마지막
아래 내용 관련 그림	아래 내용 관련 그림	아래 내용 관련 그림
• 맥스가 엄마 말을 듣지 않았어요. • 엄마가 야단치고 밥도 안 주었어요.	• 그래서 맥스가 장난쳤어요. • 맥스가 괴물나라에 갔어요. • 맥스가 괴물나라에서 임금이 되었어요. • 괴물나라에서 장난치고 놀았어요.	• 장난치다가 집에 오고 싶었어요. • 집에 와서 밥 먹었어요.

③ 이야기를 다시 해 보게 하고 사건의 순서대로 이야기 연결망을 만든다. 이때 '이야기 판'을 사용하면 좋다.

(활동 3) 괴물나라 동시 짓기

활동목표 : 동시 즐기기 및 동시 짓기

활동방법 :

① 괴물나라에 대한 느낌에 대해 이야기를 나눈다.

② 유아의 느낌에 대한 이야기를 모아 동시를 짓는다.

③ 되풀이되는 말은 생략하고, 순서를 생각하며 교사가 받아 적어 준다.

④ 완성된 동시를 읽어 준다.

⑤ 개별적으로 동시 짓기가 가능한 유아는 내용과 관련한 그림을 그린다.

(활동 4) 괴물나라 노래 만들기

활동목표 : 이야기의 내용 이해 및 느낌 표현하기

활동방법 :

① 유아들이 좋아하는 노래를 선곡한다.

② 춤을 출 때 음악이 있으면 좋겠다고 제안하고, 괴물들이 부를 노래를 만든다.

(활동 5) 괴물나라에서 장난치기를 할 때 사용할 가면 만들기

활동목표 : 이야기의 느낌 표현하기

　　　　　 말과 글자와의 관계 알기

활동방법 :

① 다양한 작업 재료(예: 은박접시, 종이봉지, 신문지…)를 준비해 주고, 유아가 어떤 재료를 사용하여 가면을 만들 것인지 결정하게 한다.

② 가면을 만들고 괴물들의 이름을 짓게 한다. 이때 가능하다면 재미있는 이름을 짓도록 한다.

③ 가면에 괴물들의 이름을 쓰게 한다. 글을 쓸 수 없는 유아는 교사가

써 준다.

(활동 6) 괴물나라에서 장난치기

활동목표 : 이야기의 내용 이해 및 느낌 표현하기

활동방법 :

① 맥스가 괴물들을 만나 어떻게 장난치며 놀았는지 우리도 괴물들처럼 춤추며 놀아 보자고 제안한다.

② 활동 5에서 만든 가면을 쓰고 활동 4에서 만든 노래를 부르면서 '괴물나라에서 장난치기'를 한다.

③ 이때, 유아들이 녹음한 괴물소리 테이프를 들어 주고, OHP 필름으로 제작한 배경 판을 벽에 비춰 준다.

(활동 7) '괴물들이 사는 나라'와 비슷한 책 찾아 비교하기

활동목표 : 책에 관심 가지기

활동방법 :

① '괴물들이 사는 나라'와 비슷한 책을 찾아 읽고 비교하기

② 다음 그림에 유아들의 반응을 기록해 준다.

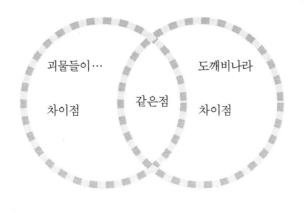

활동 8 괴물나라 동극하기

활동목표 : 상황에 맞게 말하기

활동방법 :

① 동극을 하기 전 이야기의 구조를 이해시키기 위해 '이야기 구조 이
해하기' 활동에서 사용한 '이야기 판'을 다시 사용하거나 이야기를
다시 들려주어 이야기의 순서를 기억하게 한다.

② 등장인물들을 결정한다.

③ 동극을 위해 다시 한 번 이야기를 들어 보라고 권하고, 다시 책을 읽
어 준다.

④ 동극에 필요한 소품을 만든다.

⑤ 준비한 소품을 가지고 동극을 한다.

활동 9 내가 만든 그림책

활동목표 : 이야기 짓기

활동방법 :

① 이야기책 만들기를 소개한다.

② 다양한 형태의 그림책을 소개한다.

③ 유아는 어떤 그림책을 만들 것인지 결정한다(예: 글이 있는 그림책, 글
이 없는 그림책).

④ 이야기책을 만든다.

활동 10 OHP 동화 만들기

활동목표 : 이야기 짓기

활동방법 :

① 동화를 만들기 위해 필요한 요소(글, 그림)를 결정한다.

② 동화를 만든다. 이때 교사는 유아가 적절한 문장을 사용할 수 있도록
도움을 준다.

③ OHP 필름 여백에 글의 내용에 맞는 적절한 그림을 그리게 한다.

④ 상영하고 관람 후 평가한다.

3) 평가 단계

- 교사는 '괴물들이 사는 나라'를 통하여 유아들이 총체적으로 무엇을 새롭게 알게 되었을까 생각해 보고 기록한다.
- 활동 중, 개별 유아들에게서 나타나는 특이한 점과 발달의 정도를 기록하고, 유아들의 작품 중 유아를 이해하는 데 도움이 되는 것들은 따로 포트폴리오를 만들어 보관한다.

제2부

유아언어교육의 실제

나는 찢어진 책입니다

> **목   표** : 책을 좋아하고 소중하게 다루기
> **대상연령** : 6~7세
> **자   료** : 책 모양을 그린 4절 하드보드지 4장, 하드보드지 중간 구멍
> 에 끼울 실, 평소 유아들이 좋아하는 동화책 4권

활동방법 :

① 유아들이 평소에 좋아하는 동화책 네 권을 고른 후, 네 장의 하드보드지
를 동화책의 겉표지처럼 꾸민 뒤, 하드보드지를 둘러맬 수 있도록 목걸
이를 만든다.

② 색연필이나 물감으로 색칠을 하고 네 권 중 한 권은 찢어진 모양으로 만
든다.

③ 활동하기 전날, 유아들에게 동화책과 하드보드지의 그림을 보여 주며,
네 권의 동화책 중에서 가장 좋아하는 책의 내용을 친구들에게 이야기
해 줄 수 있도록 잘 알아오게 한다.

④ 다음 날 네 명씩 나오게 해서 자신이 좋아하는 책 앞에 서도록 지시한
다. 네 명의 유아들은 자기가 좋아하는 책 앞으로 가서 하드보드지를 앞
으로 맨다.

⑤ 나머지 유아들은 네 권 중에서 하나의 책 제목을 골라 그 책을 읽어 달
라고 한다. 해당되는 책을 둘러맨 유아는 자신이 책이 되어 집에서 준비
해온 내용을 이야기해 준다.

⑥ 찢어진 책을 읽어 달라고 하면, 그것을 둘러매고 있는 유아는 "나는 몸
이 찢어져서 아무 말도 할 수 없어요."라고 하면서 책 내용을 이야기하
지 않고 울상만 짓는다.

⑦ 이야기 시간이 다 끝나고 나면, 책 역할을 한 유아는 책장으로 지정한 벽 한쪽으로 가서 일렬로 선다. 교사는 "이렇게 정리가 잘 되었으니, 다음에 또 볼 수 있겠네요." 하며, 찢어진 책과 책의 정리에 관하여 유아들이 알아듣기 쉽게 설명해 준다.

내 티셔츠

> **목   표** : 자신을 짤막한 말로 표현하기
> **대상연령** : 6∼7세
> **자   료** : 무늬가 없는 밝은 색깔의 헌 티셔츠(각 가정에서 가지고 옴)
>   물에 지워지지 않는 수성 마크펜 혹은 페인트

활동방법 :

① 티셔츠에 자기가 좋아하는 그림이나 글자를 그려 넣는 활동에 관하여
   미리 이야기를 나눈다.

② 그림이 그려진 티셔츠를 입고 있는 유아들을 일어서게 한 뒤, 그림에
   대해 이야기를 나눈다.

③ 그림을 그려 넣을 수 있는 헌 티셔츠를 집에서 하나씩 가지고 오도록
   한다. 그리고 알림장을 통하여 부모님들께도 부탁을 드린다.

④ 다음 날 무엇을 그릴 것인지 서로 이야기해
   보게 한다. 그림이나 자기 이름 혹은 가족들
   의 얼굴을 그려 넣어도 좋고, 좋아하는 말을
   적어 넣어도 좋다고 말해 준다.

⑤ 활동에 앞서 유아들을 앉히고, 무엇을 써 넣
   을 것인지 혹은 무엇을 그려 넣을 것인지 먼
   저 말하게 한 뒤, 그것을 간단하게 칠판에 이
   름과 함께 써 둔다.

⑥ 유아들에게 써 넣거나 그려 넣고 싶은 것을
   먼저 종이에 해 보게 하여도 좋다.

⑦ 유아들의 준비가 끝났으면 각자 원하는 것을

쓰거나 그리게 한다.

⑧ 작업이 끝나면, 티셔츠를 펼쳐 놓고 각자 무엇을 그려 넣었는지, 왜 그
려 넣었는지 말해 보게 한다. 이웃반 아이들을 초청해서 구경하게 해도
좋다.

⑨ 유아들에게 자신이 만든 티셔츠를 가정으로 가져가게 하고, 다음날 입
고 오게 한다.

03
활동 03

내가 가 본 곳

목　　표 : 자신의 경험을 친구들에게 말하기
대상연령 : 6~7세
자　　료 : 크레용, 연필, "어디 갔었니?"를 묻는 예문 틀(아래)

이름 _____ , 날짜 _____

어디 갔었니?
나는 _____ 에 갔었어요.
나는 그곳에서 _____ 을 보았어요.
나는 그곳에서 _____ 을 들었어요.
나는 그곳에서 _____ 냄새를 맡았어요.
나는 그곳에서 _____ 을 먹었어요.
나는 그곳에서 _____ 을 만져 보았어요.

활동방법 :

① 유아들을 소그룹 혹은 짝으로 앉힌다. 그리고 자신이 가 본 적이 있는
　 장소를 생각해 보게 한다. 가족이 함께 가 본 곳 혹은 자주 가는 곳 등
　 에 대해 친구들에게 말해 보는 활동이라고 설명해 준다.

② 자신이 가 본 곳을 말하는 유아 외 나머지 유아들은 질문을 하게 한다.
　 예를 들면, "너는 어디 갔었니?" "그곳에서 무엇을 보았니?" "그곳에
　 서 무엇을 했니?" 등의 질문을 하게 하고, 질문을 받은 유아가 대답하
　 게 한다.

③ 모든 유아들이 다 말해 보게 한 다음, '어디 갔었니?' 예문 틀을 나누
　 어주고 거기에 말한 내용을 간단히 적어 넣게 하고, 그 아래에 그림을

그리게 한다. 써 넣지 못하는 유아들은 교사나 친구들이 도와준다.

④ 작업을 끝내면 '어디 갔었니?' 예문 틀을 보면서 각자 읽어 보게 한다. 그리고 그림에 대해서도 더 이야기해 보게 한다.

⑤ 교사나 유아 중 잘할 수 있는 유아가 있으면 먼저 시범을 보이는 것도 좋다.

⑥ 어려워하는 유아가 있으면 교사가 문장을 완성해 주고, 유아가 그림을 완성하도록 권한다.

겨울이야기

> **목　　표** : 겨울에 대한 기억을 말, 글, 그림으로 표현하기
> **대상연령** : 6~7세
> **자　　료** : 똑같은 크기로 자른 도화지, 그리기 도구, 펀치, 털실이나
> 　　　　　 기타 도화지를 책으로 묶을 수 있는 예쁜 끈

활동방법 :

① 유아들에게 겨울에 찍은 자신이나 가족의 사진을 가지고 오도록 부탁
한다.

② 가지고 온 사진에 대해 이야기해 보게 한다. 그리고 사진이 그때 일을
기억하는 데 어떻게 도움이 되는지 말해 보게 한다.

③ 유아들이 가지고 온 사진으로 겨울에 관한 책을 만들 것이라고 말해 준
다. 겨울에 어떤 일들이 일어났는지 그리고 어떤 경험을 했는지를 그림
과 함께 글로 써서 책을 만들 것이며, 그 책은 나중에 여름이 되었을
때 다시 볼 것이라고 말해 준다.

④ 겨울에 관한 좋은 그림들이 있으면 그것들을 오려와 붙여도 좋다고 말
해 준다.

⑤ 유아들에게 각 페이지에 제목을 붙이도록 권한다. 예를 들어, 썰매 타
는 이야기나 그림이 있다면, '신나게 썰매 타기' 등의 제목을 붙이고
꾸미도록 도와준다.

⑥ 완성된 종이를 모아 예쁜 색실로 묶어 준다. 그리고 표지를 완성하도록
   돕는다.

⑦ 표지에는 '겨울이야기'라는 제목이나 기타 유아가 원하는 제목을 붙이
   게 하고 유아의 이름과 날짜를 기록하게 한다.

위험한 행동을 하면 안 돼요

05
활동 05

목　　표 : 말과 글의 관계 알기, 글의 기능 알기
대상연령 : 6~7세
자　　료 : 큰 도화지, 여러 가지 색깔의 마크펜

활동방법 :

① 칠판에 '모르는 약은 절대로 먹지 말 것' 이라는 안전 규칙을 쓴다. 그리고 왜 먹지 말아야 하는지 서로 이야기해 보게 한다. 생활에서 위험한 행동은 하면 안 된다는 것을 설명하고, 집에서 어머니와 의논하여 위 예문과 비슷한 안전 규칙을 가능한 한 많이 만들어 오라고 부탁한다.

② 다음 날 안전 규칙에 대해 발표하게 한다. 유아가 발표한 내용을 칠판에 적는다.

③ 칠판에 적은 안전 규칙들 중 가장 중요한 것 열 개를 고르게 한 후, 중요하다고 생각하는 이유를 설명하게 한다. 그래서 최종적으로 열 개를 선정한다.

④ 열 개의 안전 규칙을 도화지에 여러 가지 색깔의 마크펜으로 크게 적는다.

⑤ 유아들이 소리 내어 다 같이 읽어 보게 한다.

⑥ 준비된 교실 벽에 그것을 붙인다.

⑦ 다음 날도 소리 내어 읽어보게 한다.

06

활동 06

내가 가장 기분 나빴을 때는?

> **목　　표** : 자신의 느낌과 생각을 말, 글, 그림으로 표현하기
> **대상연령** : 5~7세
> **자　　료** : 도화지, 쓰기 도구

활동방법 :

① '기분 나쁨'이라는 말을 칠판에 쓰고, 기분 나쁜 것이 무엇인지 서로 이야기해 보게 한다.

② 어떤 경우에 기분이 나쁜지 생각해 보고, 말해 보게 한다. 예를 들면, 오랫동안 아플 때, 친구들이 같이 놀아 주지 않을 때, 엄마가 없을 때, 엄마가 야단칠 때 등을 생각해 볼 수 있다.

③ 기분이 나쁠 때는 어떤 생각이 드는지 그리고 어떤 기분인지 자세히 말해 보게 한다.

④ 기분이 나쁠 때는 어떻게 해야 하는지도 말해 보게 한다.

⑤ 각자 자기가 가장 기분 나빴던 때를 기억하게 하고 그것을 말해 보게 한다. 그리고 간단하게 요약하여 써 보게 한다. 그때를 기억하면서 그림도 그려 넣게 한다. 잘 못하는 유아가 있으면 교사가 도와준다.

⑥ 각자 그림을 가지고 나와 자신의 그림에 대해 설명하게 하고, 그 결과 어떻게 되었는지 말해 보게 한다.

내가 만약 … 라면?

활동 07

> **목　　표** : 상상하여 말하기
> **대상연령** : 5~7세
> **자　　료** : 큰 도화지, 그리기 도구

활동방법 :

① 유아들을 소집단으로 나누어 앉힌다. 그리고 사람의 신체에 관하여 간단하게 이야기를 나눈다.

② 각 집단별로 팔이 셋 있는 사람이 있다면 어떨지 이야기해 보게 한다. 그리고 만약 팔이 세 개 있다면 어디에 붙어 있을지 생각해 보게 한다.

③ 집단별로 어디에 팔 세 개를 붙일 것인지 결정하고, 나누어 준 큰 도화지에 그림을 그리게 한다.

④ 팔이 세 개라면 어떤 이점이 있는지, 어떤 단점이 있는지 집단별로 의논하여 발표하게 한다.

⑤ 계속해서 다리가 하나라면, 눈이 하나라면, 귀가 하나라면 등의 상황을 주고 ①~④의 과정을 반복하게 한다.

08
활동 08
나는 여행이 좋아요

> **목　　표** : 경험한 것, 생각한 것, 느낀 것에 대하여 말하기
> 　　　　　　남의 이야기를 주의 깊게 듣기
> **대상연령** : 6~7세
> **자　　료** : 여행 가서 찍은 사진이나 기념품, 함께 여행한 가족의 인터
> 　　　　　　뷰를 녹음한 테이프, 녹음기

활동방법 :

① 유아들에게 가족들과 여행했을 때 찍은 사진이나 수집한 기념품을 가져오게 한다.

② 알림장을 통하여 여행했을 때 있었던 일이나 여행지의 풍경에 대하여 부모님들이 설명하고, 그것을 테이프에 녹음하여 가져오게 한다.

③ 유아들이 가지고 온 사진이나 기념품을 들고 나와 설명하게 하고, 녹음 테이프를 전체 유아들에게 들려준다.

④ 다른 유아들은 들은 내용 중에서 관심 있는 것에 대하여 질문한다. 다른 유아들의 질문에 답하거나, 답할 수 없으면 질문을 녹음하여 집으로 가져가게 한다. 이때 답하지 못한 질문과 질문에 답해야 할 아동의 이름을 교사가 따로 메모하여 둔다.

⑤ 유치원에서 답하지 못한 질문이 녹음된 테이프를 집으로 가져온 유아는 부모님과 함께 들어 보고, 질문에 대한 답변을 부모님들이 설명하고 이를 녹음한다. 그리고 그 녹음테이프를 다음 날 다시 유치원으로 가져오게 한다.

⑥ 다음날 유치원에서 다시 여행이야기 시간을 갖고, 메모해 둔 어제의 질문을 상기하여 해당 유아의 녹음테이프를 다시 들어 보고, 간단하게 요약하며 정리한다.

09
활동 09

분홍색 원을 그려요

> **목   표** : 지시 듣고 따르기
> **대상연령** : 4~7세
> **자   료** : 녹음기, 크레용이나 색깔 마크펜, 그림을 그릴 수 있는 종이

활동방법 :

① 유아들을 앉히고 그리기 도구를 나누어 준다.

② 유아들에게 몇 가지 지시 사항을 들려준 후 지시대로 종이에 그릴 것을 말해 준다. 지시 사항은 "분홍색 원을 그리세요." "초록색으로 자기 이름을 써 보세요." "자기가 제일 좋아하는 동물의 이름이나 그림을 그리세요." 등이다.

③ 여러 가지 지시 사항을 미리 녹음하여 준비해 둔다.

④ 녹음기를 틀어 녹음기에서 지시하는 대로 해야 함을 말해 준다.

⑤ 녹음기를 틀어 유아들이 지시 사항을 따라하게 만든다.

⑥ 지시사항을 다 들려주었으면 여러 아이들이 그린 것을 비교해 본다.

이야기를 듣고 그림을 그려 봐요

활동 10

목   표 : 이야기를 듣고 내용 이해하기
대상연령 : 6~7세
자   료 : 동화, 그리기 도구, 녹음기

활동방법 :

① 유아들에게 재미있는 이야기를 들려주면 잘 듣고 그것을 그림으로 나
타내보라고 말해 준다.

② 짧고 재미있는 동화를 골라 들려준다. 동화를 들려줄 때 녹음기를 틀어
서 동화의 내용을 녹음해 둔다.

③ 동화의 내용에 관해 질문이 있으면 서로 질문하고 답하
게 한다. 유아들이 동화를 다시 듣고 싶어하
면 다시 들을 수 있게 한다.

④ 유아들이 동화의 내용을 듣고 그림을
그릴 수 있는 충분한 시간을 준다.

⑤ 그림이 완성되었으면 각자 그린
그림에 대해 간단하게 설명하게
한다.

11 활동 11 동화 속에는 무엇이 있을까요?

> 목　　표 : 이야기를 듣고 내용 이해하기
> 대상연령 : 4~7세
> 자　　료 : 여러 인물과 사건이 있는 재미있는 동화

활동방법 :

① 이야기 속에 여러 인물과 사건이 있는 재미있는 동화를 고른다.

② 유아들을 두 집단으로 나누고 퀴즈 게임을 한다.

③ 퀴즈는 동화 속에 들어 있는 인물의 이름과 사물의 숫자, 사건의 순서 등 간단하게 답할 수 있는 것으로 미리 준비해 둔다.

④ 퀴즈를 들려주고 아는 사람이 먼저 손을 들게 한다.

⑤ 퀴즈를 맞히면, 맞힌 집단의 답과 점수를 칠판에 써 준다.

⑥ 준비한 퀴즈를 다 풀었으면 다시 동화를 천천히 읽어 주고 칠판의 답과 비교한다.

⑦ 최종 승리 팀에게 박수를 쳐 준다.

12 나도 동화를 들려줄 수 있어요
활동 12

> **목　표** : 책에 관심 가지기, 책 보기를 즐기기
> **대상연령** : 6~7세
> **자　료** : 녹음기, 녹음테이프, 평소 유아들이 교실에서 즐겨 읽는 동화책 몇 권

활동방법 :

① 공테이프와 녹음기를 읽기 영역에 준비해 둔다.

② 유아들에게 언제든지 읽기 영역으로 가서 자기가 좋아하는 동화책을 골라 녹음할 수 있다는 것을 말해 준다.

③ 녹음하는 방법과 녹음을 끝내고 다시 들어 보는 방법을 가르쳐 준다.

④ 유아들에게 다음 부분에서 다른 사람이 녹음할 수 있도록 자기가 녹음한 부분까지 테이프를 감아 놓으라고 말한다.

⑤ 유아들이 읽기 영역으로 가서 동화책을 읽고 녹음할 수 있도록 권한다.

⑥ 대집단 시간에, 녹음기를 가지고 와서 유아들이 녹음한 것을 들어 본다. 누구의 목소리며, 무슨 동화책인지 알아맞히게 한다.

13
활동 13

나도 동화를 만들 줄 알아요

목　　표 : 읽어 주는 글 이해하기, 이야기 꾸미기

대상연령 : 6~7세

자　　료 : 예측이 가능하고 쉽고 재미있는 동화책, 쓰기 도구

활동방법 :

① 오늘은 유아들이 모두 작가가 될 것이라고 말해 준다. 교사가 동화를 읽어 주면 잘 듣고 나머지 부분은 마음대로 이야기를 만들 수 있다고 말해 준다. 이야기 내용은 그림으로 그려도 좋고, 쓸 수 있는 사람은 써도 좋다고 말해 준다.

② 동화책을 끝까지 다 읽어 주지 않고, 마지막 부분을 남겨 둔다

③ 동화의 내용에 관해 질문을 받고 답을 해 준다.

④ 유아들이 동화의 마지막 부분을 완성하면, 각자 그림을 가지고 나와 친구들에게 자신이 만든 마지막 이야기를 들려주게 한다.

⑤ 유아들의 이야기가 끝나면, 읽어 주지 않은 동화책의 마지막 부분을 읽어 준다.

14
활동 14

동시를 즐겨요

> **목　표** : 동요, 동시 즐기기
> **대상연령** : 6~7세
> **자　료** : 완전한 동요판이나 동시판, 부분적으로 단어나 구절 대신 빈칸이 있는 동시판

활동방법 :

① 먼저 완전한 동요나 동시를 소리 내어 암송하고, 동요나 동시에 관해 이야기를 나눈다.

② 여러 차례 소리 내어 암송하면서 동시를 즐기게 한다.

③ 부분적으로 단어나 구절이 빠진 동시판을 보여 주고, ②처럼 소리 내어 암송하게 한다.

④ 빠진 부분을 암송할 때 교사는 유아들이 말할 때까지 기다린다. 유아들이 소리 내어 말하면 교사는 그 부분을 모든 유아들이 다 볼 수 있도록 동시판 빈칸에 써 준다.

⑤ 동시판이 완성되면 처음에 보았던 완전한 동시판을 놓고 두 개를 비교하면서 다시 소리 내어 암송한다. 틀린 부분이 있는지 비교하게 한다.

⑥ 다시 소리 내어 암송하고 다음 활동으로 넘어간다.

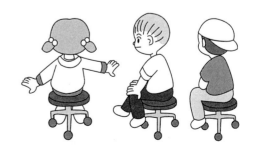

15
활동 15

우리 가족

> **목   표** : 말과 글과의 관계 알기, 글자에 관심 가지기
> **대상연령** : 6~7세
> **자   료** : 벽에 붙이거나 바닥에 깔 수 있는 큰 종이, 그리기 도구, 스카치테이프, 풀 등

활동방법 :

① 유아들에게 각자 자기 가족을 소개하게 한다.

② 벽에 큰 종이를 붙이거나 공간이 부족하면 바닥에 깔아도 좋다.

③ 유아들에게 각자 적당한 공간을 배분해 준 후 가족의 이름을 쓰게 한다. 이름 밑에는 얼굴을 그리거나 사진을 붙이도록 한다.

④ 가족들에 관한 간단한 설명을 써 넣어도 좋다고 말해 준다.

⑤ 유아가 글을 쓸 줄 모르면 교사가 유아의 말을 받아 써 준다.

⑥ 작품이 완성되면 한 사람 한 사람 가족들을 살펴보면서 함께 이야기를 나눈다. 가족들의 특징에 관해서 해당 유아가 설명할 수 있는 기회를 준다.

16

이상한 나라의 말 만들기

목   표 : 바른 문장으로 말하기

대상연령 : 6~7세

자   료 : 여러 가지 낱말 카드가 들어 있는 몇 개의 글상자(예를 들면, 문장의 주어에 해당하는 낱말들, 목적어에 해당하는 낱말들, 술부에 넣을 수 있는 낱말들 등 문장을 여러 개 만들어 그것을 부분으로 잘라 각 글상자에 넣으면 된다. 문장은 유아의 수만큼 준비한다)

활동방법 :

① 유아들에게 각 글상자에 손을 집어넣어, 카드를 하나씩 꺼내도록 한다. 그리고 그것을 자기 앞에 차례로 늘어 놓게 한다.

② 모든 유아들이 낱말 카드를 다 집어내고, 자기 앞에 나열했으면 각자 앞에 놓인 카드들을 연결하여 읽어 보라고 한다.

③ 교사는 각 유아들이 자기 앞의 카드들을 읽을 때마다 무슨 뜻인지 물어본다. 읽지 못하는 유아가 있다면 교사나 글을 읽을 줄 아는 다른 유아들이 대신 읽어 준다.

④ 무슨 뜻인지 모른다고 하면 맨 앞의 낱말을 알려 준 뒤에 뜻이 통하도록 문장을 만들어 보라고 권한다.

그림에 제목을 붙여 주세요

활동 17

> **목　　표** : 적절한 문장으로 의미를 간결하게 표현하기
> **대상연령** : 6~7세
> **자　　료** : 인터넷의 그림 자료들

활동방법 :

① 인터넷의 그림 자료 중 동화 그림, 명화 등 사실적인 그림들을 다운받는다.

② TV나 컴퓨터 모니터로 그림들을 보여 주면서 제목을 붙여 보라고 말한다.

③ 유아들이 붙인 여러 가지 제목과 그 이유를 말하게 한다.

④ 최종적으로 가장 많은 유아들이 좋다고 말하는 제목을 선정하여 차례로 칠판에 적는다.

⑤ 그림을 다시 보면서 그림에 대해 말하기 원하는 유아들을 지적하여 그림에 대해 설명하게 한다.

⑥ 이야기를 듣고 그림의 제목이 잘 지어졌는지 검토하게 한다.

이야기를 만들어요
활동 18

목   표 : 그림을 보며 이야기 꾸미기
대상연령 : 6~7세
자   료 : 여러 가지 헌 잡지, 가위

활동방법 :
① 유아들을 5~6명씩 소집단으로 앉힌다.
② 집단별로 여러 가지 잡지들을 나눠 주고, 그중에서 원하는 그림을 선택
   하여 가위로 오리라고 한다.
③ 오린 그림들 중 네 장을 선택하여 원하는 대로 순서를 정하도록 한다.
④ 그림을 정한 순서대로 나열하고, 나열한 그림을 보면서 집단별로 이야
   기를 만들어 보도록 한다.
⑤ 집단별로 만든 이야기를 그림을 보면서 친구들 앞에서 발표하게 한다.
⑥ 다른 유아들은 이야기를 듣고 궁금한 것이 있으면 질문한다.

19 활동 19 '한글 공부' 책을 만들어요

> 목   표 : 낱자 인식하기, 글자에 관심 가지기
> 대상연령 : 6~7세
> 자   료 : 한 유아당 같은 크기의 종이 24장, 종이를 묶을 수 있는 털
>   실이나 케이크 살 때 묶어 주는 색 끈, 종이의 크기와 같은
>   두꺼운 마분지 혹은 천

활동방법 :

① 각 종이 왼쪽 맨 위에 한글 자·모를 미리 한 자씩 써 둔다.

② 자·모 낱자가 쓰인 종이를 묶어 책을 만든 후, 이름을 표시하여 각 유
   아들에게 한 권씩 나누어 준다.

③ 유아들에게 자·모로 시작하는 낱말을 아는 대로 모두 써 넣게 한다.
   모르면 친구들 것이나, 간판 혹은 엄마에게 도움을 받아도 좋다고 말해
   준다.

④ 책은 하루 만에 만드는 것이 아니라 일주일 동안 만들 것이니, 집으로
   가져가도 좋다고 말해 준다.

⑤ 글자를 너무 크게 쓰지 않도록 미리 주
   의를 준다.

⑥ 마지막 날 유아들의 한글 공
   부 책을 서로 바꾸어 가며
   보게 한다. 틀린 것이 있으면
   찾아낸다.

말 이어 가기

활동 20

목　　표 : 남의 말을 주의 깊게 듣기

　　　　　이야기를 듣고, 확장하여 말하기

대상연령 : 3~5세

활동방법 :

① 확장 가능한 문장을 하나 만들어 유아들에게 들려준다.

② 친구들의 말을 잘 듣고 문장을 어떻게 확장하여 말할 것인지 유아들에게 예를 들어 자세하게 설명해 준다.

③ 예를 들면, 교사가 "순이가 밥을 먹는다."라고 하면 그 다음 유아는 교사의 말에 또 다른 말을 보태어 "순이가 아침밥을 먹는다."라고 말한다.

④ 그 다음 유아는 "순이가 아침밥을 맛있게 먹는다."라고 확장하여 문장을 만든다.

⑤ 이런 식으로 유아의 말이 끊어질 때까지 계속한다.

⑥ 유아의 말이 끊어지면 교사는 다른 문장을 말해 준다. 그리고 ①~④의 과정을 되풀이한다.

21 활동 21 짝을 맞춰 보세요

> 목   표 : 이야기를 듣고 기억하기
> 대상연령 : 6~7세
> 자   료 : 동화책, 지퍼 백 2개, 동화책에 나오는 인물들의 그림, 동화
>   책에 나오는 인물들의 이름이 적힌 카드

활동방법 :

① 먼저 학습 자료, 즉 동화책에 나오는 인물들을 그린 그림 카드와 인물들의 이름이 적힌 카드를 준비하여 지퍼 백에 각각 담는다.

② 유아들에게 동화책을 읽어 줄 것이라고 말하고, 동화에서 나오는 인물과 그 인물의 이름을 잘 기억해 두라고 말한다.

③ 동화책을 되도록 천천히 읽어 준다. 동화책에서 어떤 인물이 나왔는지, 각 인물들은 동화 속에서 어떤 사람으로 나오는지 인물의 성격에 대해 물어본다.

④ 한 유아가 나와서 지퍼 백에서 인물그림을 고르고, 해당 인물의 이름을 찾아 짝을 짓게 만든다.

⑤ 다음 유아가 나와 다른 인물그림을 고르게 하고, 그 인물의 이름 또한 다른 지퍼 백에서 찾아내게 한다.

⑥ 인물과 이름을 모두 짝지었으면, 그림을 가지고 다시 이야기를 해 볼 사람이 있는지 물어본 후 발표하게 한다.

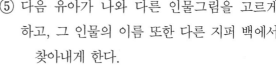

22 활동 22 우리 교실에는 이런 글자들이 있어요

> **목   표** : 주변 글자에 관심 가지기
> **대상연령** : 6~7세
> **자   료** : 종이와 쓰기 도구

활동방법 :

① 유아들을 두 명씩 짝지어 앉힌다.

② 한 유아가 교실을 둘러보고 교실에서 볼 수 있는 글자들 중 하나를 지적하여 읽으면, 다른 유아는 그것을 종이에 받아쓰는 놀이라고 설명해 준다.

③ 한 유아가 교실에서 볼 수 있는 글자들 중에서 하나를 골라 소리 내어 읽으면, 나머지 유아는 그 글자를 보고 써도 좋고, 보지 않고 써도 좋다는 말을 해 준다. 그리고 글자 쓰는 것이 어려운 유아는 그 말을 잘 기억해 두었다가 말해도 좋다고 말해 준다.

④ 한 유아가 글자를 소리 내어 읽으면, 나머지 유아는 그 글자를 받아쓰게 한다. 10개의 단어를 받아 적었으면, 역할을 바꾸어서 해 본다.

⑤ 받아 적은 것이 맞는지 교실의 글자들과 비교하면서 점검하게 한다.

⑥ ⑤의 과정이 끝나면, 유아들을 대집단으로 앉게 하고, 각자 받아쓴 것을 가지고 나와 서로 소리 내어 읽으면서 교실 어디에 그 글자가 있는지 찾아보게 한다.

23 물고기를 잡아요
활동 23

> **목　　표** : 글자에 관심 가지기, 글자놀이 즐기기
> **대상연령** : 6~7세
> **자　　료** : 종이, 클립, 큰 바구니, 낚싯대로 쓸 수 있는 막대기, 자석,
> 　　　　　쓰기 도구

활동방법 :

① 적당한 크기로 자른 종이에 여러 가지 낱말들을 쓴다. 그리고 반으로
접어 클립을 끼운다.

② 막대기 끝에 자석을 끈이나 고무밴드로 고정하여 낚싯대를 만든다.

③ 큰 바구니에 클립으로 끼운 낱말 카드를 담는다.

④ 유아들을 두 집단으로 나누고 낚시대회를 연다. 유아들은 차례대로 나
와 낚싯대로 바구니 속에 있는 글자 카드의 클립에 갖다 대어 글자 카
드를 건져낸다.

⑤ 건져 올린 카드를 펴 보고, 글자 카드에 적힌 단어를 그 집단의 종이에
쓴다. 그리고 글자 카드는 클립을 끼워 다시 바구니에 담는다. 만약 건
져 올린 글자 카드의 단어가 같은 집단의 다른 유아가 건져 올린 것과
같은 것이면, 그 단어는 종이에 쓰지 않는다.

⑥ 유아들이 차례로 글자를 건져 올리게 한다.

⑦ 두 집단이 건져 올린 단어의 수를 헤아려 보고, 어느 집단이 더 많이 건져 올렸는지 비교하여 이긴 집단을 결정한다.

⑧ 두 집단의 단어 수를 헤아릴 때, 두 집단이 건져 올린 단어 중에서 같은 단어가 몇 단어인지, 다른 단어가 몇 단어인지도 비교하게 한다.

24
활동 24
낱말을 만들어요

> **목   표** : 말과 글의 관계 알기
> **대상연령** : 6~7세
> **자   료** : 두꺼운 마분지, 색연필, 가위, 주머니

활동방법 :

① 두꺼운 마분지에 24개의 낱자 모두를 각각 여러 개씩 쓴다. 글자는 되도록 크게 쓴다.

② 여러 개씩 쓴 낱자들을 색연필로 색칠한다. 이때 색깔은 자유롭게 선택한다.

③ 낱자들을 가위로 오린다.

④ 가위로 오린 낱자들을 주머니 속에 넣는다.

⑤ 같은 수의 유아들로 4~5개 집단을 만들고, 각 집단의 유아들이 차례로 나와 눈을 감고 주머니에 손을 넣어 낱자를 10개씩 집어낸다.

⑥ 각 집단은 집어낸 낱자들을 섞고 그것으로 단어를 만든다. 일정한 시간 동안 단어를 가장 많이 만들어 낸 집단이 이긴다. 글자는 되지만 단어가 아닌 것은 포함시키지 않는다.

⑦ 각 집단이 만들어 낸 단어들의 성립 여부를 각 집단이 평가하게 한다.

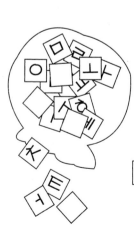

플라스틱 계란 속에는 무슨 말이 있을까?

목　표 : 일상생활에 필요한 문장 만들기
대상연령 : 6~7세
자　료 : 플라스틱 계란 여러 개, 종이, 쓰기 도구

활동방법 :

① 유아들을 4~5개의 집단으로 나누고, 집단 수만큼 플라스틱 계란을 준비한다.

② 여러 개의 문장을 만들어 얇고 작은 종이에 쓴다. 플라스틱 계란 하나에 다섯 문장이 들어갈 수 있도록 숫자를 생각하여 만든다. 즉, 집단을 네 집단으로 나눈다면 20개의 문장을 만들어야 한다.

③ 조사를 포함하여 단어별로 자른 종이를 플라스틱 계란에 넣는다.

④ 각 집단별로 플라스틱 계란을 하나씩 가져간다. 플라스틱 계란을 열고 종이를 꺼내서 가장 먼저 다섯 문장을 모두 만들어 내는 집단이 이긴다. 유아들이 문장을 쉽게 만들 수 있도록 각 문장의 종이 색깔을 달리해주면 좋다.

26
활동 26

잡지 만들기

> **목　표** : 글자에 관심 가지기, 복잡한 생각을 요약하여 표현하기
> **대상연령** : 6~7세
> **자　료** : 가위, A4 용지 여러 장, 풀, 매직펜, 색연필, 기타 쓰기 도구

활동방법 :

① 매주 글자 하나를 정한다. 예를 들면, 가, 나, 다…

② 헌 잡지에서 정한 글자로 시작하는 단어가 들어 있는 그림을 오린다.

③ A4 용지에 오린 그림을 풀로 붙이고, 그림 아래에 제목을 붙인다.

④ A4 용지 윗부분에 그 주의 글자, 즉 '가 혹은 나로 시작되는 것'이라는 전체 제목을 붙인다.

⑤ A4 용지 한 장에 찾아서 오린 그림을 모두 붙이고, 그림마다 제목을 써 넣는다.

⑥ 여러 날 동안 매일 이 활동을 조금씩 하게 한다.

⑦ 약간 두꺼운 종이로 커버를 만든다.

⑧ 유아들이 의논하고 결정하여 커버에 제목을 붙이고, 그림을 그려 넣는다.

⑨ 여러 날 동안 작업한 A4 용지들을 하나로 묶어 책으로 만들고, 읽기 영역에 전시한다.

활동 27 순서대로 놓아요

> 목   표 : 낱자 인식하기, 낱자의 순서 알기, 낱자의 이름 알기
>
> 대상연령 : 6~7세
>
> 자   료 : 플라스틱 낱자들 혹은 낱자를 써서 코팅한 것

활동방법 :

① 여러 가지 낱자들을 준비한다. 상품화된 플라스틱이나 자석 낱자들이 있다면 그것을 이용해도 좋고, 아니면 교사가 직접 쓰거나 유아들이 쓴 낱자를 코팅해서 이용해도 좋다.

② 유아들을 자리에 앉히고, 누가 가장 빨리 낱자를 순서대로 놓을 수 있을지 시합한다.

③ 낱자의 순서를 모르는 유아들을 위하여 교실 벽에 낱자를 순서대로 써서 전시해 두는 것이 좋다.

④ 교실 벽에 걸려 있는 낱자를 참조해도 좋다고 말해 준다.

⑤ 모두 완성한 유아는, 자기가 놓은 낱자의 이름을 차례로 소리 내어 읽도록 한다. 다른 유아들도 따라 읽는다. 순서가 틀렸으면 교사나 친구들이 고쳐 준다.

28 우리는 예술가
활동 28

목   표 : 분명하게 지시하기,
          지시를 잘 듣는 것이 중요하다는 사실 알기
대상연령 : 6~7세
자   료 : 그림을 그릴 수 있는 종이, 그리기 도구

활동방법 :

① 유아들을 둘씩 짝지어 앉힌다.

② 한 유아에게 먼저 "네모를 그리세요." "동그라미를 그리세요." 등의 지시를 하게 한다. 지시의 예는 선생님이 미리 많이 들려주는 것이 좋다.

③ 한 유아가 지시를 하면, 다른 유아는 지시대로 그림을 그린다.

④ 지시와 그림을 확인하고 지시대로 되었으면 역할을 바꾸게 한다.

⑤ 시간이 지나면 유아들이 그릴 수 있는 그림을 지시하게 할 수 있다. 처음과 마찬가지로 지시의 많은 예문들을 미리 들려줄 필요가 있다. 예를 들면, "동그라미를 그리세요." "동그라미 속에 사람의 눈을 그려보세요." "삐뚤어진 코를 그려 넣으세요." 등 유아들이 따를 수 있는 범위 내에서 지시를 확장시켜 나가도록 교사가 미리 예를 들려준다.

나는 자라서 무엇이 될까요?

활동 29

> **목   표** : 말과 글의 관계 알기, 자신의 생각과 느낌을 적절하게 말로
> 표현하기
> **대상연령** : 6~7세
> **자   료** : 그림이 있는 헌 잡지, 가위, 풀, 종이, 쓰기 도구, 그리기 도구

활동방법 :

① 유아들에게 자라서 무엇이 되고 싶은지 생각해 보라고 한다.

② 유아들이 생각한 것을 차례로 말해 보게 하고, 왜 그런 인물이 되고 싶
은지 물어본다.

③ 그 주 동안에 자기가 되고 싶은 인물과 관련한 그림을 찾아서 오려 오
라고 한다.

④ 모아 온 그림들을 종이에 붙이고, 밑에 적절한 설명이나 제목도 함께
붙이도록 한다. 그림을 구하지 못한 유아나, 직접 그림을 그리고 싶어
하는 유아가 있으면 직접 그리게 한다.

⑤ 그림과 설명을 붙였으면, 자신의 그림을 들고 나와 나는 어떤 사람이
될 것이고, 그런 사람이 되어서 무엇을 할 것인지 발표해 본다.

⑥ 유아들의 그림을 교실 벽에 붙여 주고, 유아가 되고 싶어 하는 사람이
이 세상에서 무슨 일을 하는지 다시 한 번 설명해 준다.

나는 눈을 감고도 알아요

활동 30

목   표 : 일상생활에 관련된 낱말과 문장을 듣고 뜻 이해하기
대상연령 : 5~7세
자   료 : 유아의 눈을 가릴 수 있는 수건

활동방법 :

① 한 유아는 수건으로 눈을 가리고 다른 유아는 교실에 있는 아무 물건 중 하나를 손가락으로 지적하면, 눈을 가린 유아가 수건을 푼 후 나머지 유아들의 설명을 듣고 그 물건을 알아맞히는 게임을 한다고 말해 준다.

② 게임의 규칙과 범위를 교사가 미리 생각하여 유아들에게 잘 주지시킨다.

③ 물건을 지적할 유아와 술래를 할 유아를 정하여 술래가 된 유아의 눈을 가린다.

④ 물건을 지적하기로 한 유아는 여러 유아들이 보는 앞에서 교실의 물건들 중 하나를 손가락으로 가리킨다.

⑤ 술래가 수건을 풀면, 교실에 있는 유아들은 "나는 봤어요." "나는 봤어요."라고 손뼉을 치며 말한다.

⑥ 술래가 "무엇을 보았나요?"라고 묻는다.

⑦ 나머지 유아들은 손가락으로 지적한 물건의 속성들을 하나씩 말해 준다. 예를 들어, 교실의 벽에 붙어 있는 둥근 시계를 가리켰다면, "모양이 둥글게 생겼어요."라고 말해 준다.

⑧ 술래나 유아가 물건의 속성을 설명해 주는 말을 듣고도 알아맞히지 못하면, 계속해서 다른 속성들을 말해 준다. "그 속에 짧은 막대기, 긴 막대기가 있어요."

⑨ 그래도 맞히지 못하면 계속 다른 속성들을 말해 준다. "그 속에 숫자가

있어요."

⑩ 맞힐 때까지 ⑤~⑧의 과정을 되풀이하게 한다.

지금은 인터뷰 시간

활동 31

목   표 : 자신의 생각을 적절하게 말하기, 궁금한 것 적절하게 묻기,
　　　　　말과 글의 관계 알기
대상연령 : 6~7세
자   료 : 동물에 관한 자료, 공책이나 글을 쓸 수 있는 종이, 녹음기

활동방법 :

① 유아들을 두 집단으로 나눈다. 한 집단은 질문을 하고, 한 집단은 그 질
　문에 대답할 것이라고 말해 준다. 인터뷰의 준비나 활동 방법에 대해
　교사가 먼저 자세히 설명해 준다.

② 각 집단별로 유아들이 좋아하는 동물을 하나씩 선택한다. 공룡, 사자,
　악어, 오리, 표범 등 무엇이든 상관없다.

③ 유아들은 선택한 동물에 대한 질문을 만들기 위해 그 동물에 관한 자료
　를 찾는다. 인터넷에서 찾아도 좋고, 교실에 있는 동물도감을 이용해도
　좋다.

④ 선정한 동물에 관한 질문을 집단별로 만든다. 상대 집단에게 할 질문을
　공책이나 백지에 쓴다. 유아들이 직접 못 쓰면 교사가 도와준다. 그리
　고 만든 질문을 상대 집단에게 미리 알려 준다.

⑤ 상대 집단의 질문에 관한 답을 찾기 위해 자료를 찾거나, 여의치 않을
　경우 부모님께 물어봐서 답할 준비를 한다.

⑥ 다음날 교사는 책상과 의자를 준비하고, 녹음기를 책상 위에 올려 놓
　는다.

⑦ 먼저 한 집단의 유아가 의자에 앉고 질문을 받을 준비를 한다. 녹음기
　를 틀어 놓고 상대 집단의 유아가 나와 한 가지씩 질문을 한다. 질문을

받은 유아는 아는 대로 대답을 한다. 가능하면 모든 유아들이 질문과
대답을 해 볼 수 있게 한다.

⑧ 질문과 대답이 끝났으면, 녹음한 내용을 다시 들어 본다.

⑨ 각 집단이 선정한 동물에 관해 교사가 덧붙일 말이 있으면 해 준다.

강아지 돌보기

> 목   표 : 궁금한 것 물어보기, 말과 글의 관계 알기
> 대상연령 : 6~7세
> 자   료 : 강아지 사진들, 카메라, 쓰기 도구

활동방법 :

① 강아지를 어떻게 돌볼 것인지에 대해 알아보는 활동을 할 것이라고 말해 준다. 인터넷 자료를 찾아도 좋고, 동물병원 선생님이나 부모님께 물어봐도 좋다고 말해 준다.

② 유아들에게 강아지를 좋아하는지 물어보고, 강아지 관련 경험을 서로 나눈다.

③ 인터넷에서 어떤 강아지들이 있는지 찾아본다. 교사는 여러 장의 강아지 그림이나 강아지의 특징에 대한 자료를 준비한다.

④ 유아들에게 강아지 관련 자료를 책이나 잡지를 통해 찾아오라고 말한다. 부모님에게 물어보고, 부모님과 함께 자료를 만들어도 좋다고 말해 준다.

⑤ 유아들은 찾아온 자료들을 차례로 가지고 나와 소개한다.

⑥ 강아지 목욕시키기, 강아지 밥 주기, 강아지 털 깎아 주기, 강아지 예방주사 맞히기 등 제목을 정하여 유아들의 자료를 모은다.

⑦ 동물병원 의사 선생님에게 양해를 구해 동물병원도 방문한다.

⑧ 강아지 사진도 찍고, 강아지 주사 맞는 것, 털 깎는 것, 강아지 장난감 등 동물병원의 모습을 사진 찍는다.

⑨ 동물병원에서 찍은 사진들을 정리하고, 사진 아래 제목을 붙인다.

⑩ 교사와 함께 강아지 사진들과 강아지 돌보기 관련 자료들을 정리하여

전시한다.

⑪ 이웃반 유아들을 초대하여 전시를 구경하게 하고, 이웃반 유아들의 강
아지 관련 이야기도 들어 본다.

33 활동 33

말을 듣고 신체부위 가리키기

목   표 : 말을 정확하게 듣기

대상연령 : 3~5세

자   료 : 얼굴과 몸의 형태가 그려져 있는 판

활동방법 :

① 교사가 눈, 코, 입, 귀, 팔, 다리 등 신체부위를 불러 준다.

② 교사의 말을 듣고, 유아는 그 부위를 가리킨다.

③ 유아가 가리킨 부위가 맞으면 준비된 그림에 유아가 맞힌 부위의 그림을 그릴 수 있다.

④ 계속 반복하여 그림을 완성하게 한다.

천장에 글자가 나타났어요

활동 34

> **목　　표** : 글자에 관심 가지기, 낱자를 변별하기, 동화 듣기를 즐기기
> **대상연령** : 4~7세
> **자　　료** : OHP, 색 마크, OHP에 옮겨 담은 동화책의 그림

활동방법 :

① 유아들이 잠자기 전이나, 잠에서 깨어났을 때 할 수 있는 활동이다.

② 커튼을 치고 교실을 어둡게 한 후, 유아들을 편안히 자리에 눕게 한다.

③ 교사가 OHP를 이용하여 색 마크로 낱자를 써서 천장에 비춘다.

④ 유아들이 소리 내어 낱자의 이름을 읽는다. 이때 교사도 유아들과 함께 크게 소리 내어 읽는다.

⑤ 여러 개의 낱자를 천장에 비추고, 소리 내어 읽었으면 OHP에 옮겨 담은 동화책의 그림을 보여 주면서 조용히 동화를 들려 준다.

⑥ 동화가 끝났으면 조용한 음악을 들려 주어 유아들이 잠들게 한다.

35  활동 35   우리는 예술가예요

> **목　　표** : 단어 재인하기, 글자놀이를 즐기기
> **대상연령** : 5~7세
> **자　　료** : 이동할 수 있는 작은 칠판, 여러 자루의 붓, 대야

활동방법 :

① 교실에서 사용하는 작은 칠판을 밖으로 가지고 나간다. 칠판이 너무 클 필요는 없다. 작은 칠판이라도 충분히 효과를 발휘할 수 있다.

② 대야에 물을 담아서 가지고 나간다.

③ 유아들에게 각자 필요한 붓을 준다.

④ 붓에 물을 찍어, 칠판에 자기가 원하는 글자를 마음껏 쓰게 한다.

⑤ 글자를 쓰고, 마르기를 기다려 또 쓰고, 또 마르기를 기다린다.

⑥ 글자가 마르는 것을 유아들은 매우 즐긴다.

36 활동 36 나는 손으로 만져만 봐도 글자를 알아요

> 목   표 : 낱자 인식하기, 글자에 관심 가지기
> 대상연령 : 4~7세
> 자   료 : 구두 상자, 플라스틱으로 된 낱자들이나 두꺼운 합판 종이
> 로 만든 낱자들

활동방법 :
① 구두 상자에 플라스틱이나 합판 종이로 만든 낱자들을 넣는다.
② 유아들을 둘씩 짝을 짓게 한다.
③ 한 유아가 구두 상자에 손을 넣고 낱자 하나를 집는다.
④ 낱자를 보지 않고 손으로 만지기만 하여 그 낱자의 이름을 알아맞힌다.
⑤ 상대 유아가 보고, 그 낱자의 이름이 맞으면 낱자를 집은 유아가 그 낱
자를 갖는다.
⑥ 역할을 바꾸어 다른 유아가 구두 상자에 손을 넣어 낱자를 손으로 집어
보고 무슨 낱자인지 알아맞힌다.
⑦ 유아가 말한 낱자가 맞으면, 그것을 맞힌 유아가 그 낱자를 갖는다.
⑧ 최종적으로 누가 낱자를 많이 가졌는지 헤아려서 이긴 유아를 결정
한다.

나는 이야기꾼

> **목   표** : 여러 가지 낱말과 문장을 활용하여 바르게 말하기
> **대상연령** : 6~7세
> **자   료** : 주변에서 찾기 쉬운 물건을 그린 그림 카드, 찍찍이, 융판

활동방법 :

① 주스를 마시는 장면, 양말을 신는 장면, 장갑을 끼는 장면, 공을 가지고 노는 장면 등의 일상적인 그림들을 준비한다.

② 준비한 그림을 바구니 속에 넣고, 유아에게 그림을 서너 개 정도 뽑게 한다.

③ 유아가 뽑은 그림을 자유롭게 융판에 붙이고, 그림을 보면서 이야기를 만들어 보게 한다. 그림을 놓은 순서대로 이야기할 것을 부탁한다.

④ 만약 유아가 "철이는 주스를 마시고, 양말을 신고, 장갑을 끼고, 공을 가지고 밖에 놀러 나갔습니다."라고 말하면 교사는 이 말을 가지고 이야기를 더욱 확장해 나갈 수 있도록 돕는다.

⑤ 교사는 "철이는 무슨 주스를 마셨을까? 그 주스의 맛은 어떨까?" 등 이야기를 더욱 확장시켜 나갈 수 있도록 도와주고, 정리해서 한 번 더 이야기하게 한다.

⑥ 다른 유아가 나와 순서를 바꾸어가며, 다른 이야기를 꾸며 나갈 수 있
게 한다.

동시를 읽어요

활동 38

> 목   표 : 동화, 동시를 듣고 내용이나 느낌 말하기
> 대상연령 : 6~7세
> 자   료 : 원 모양의 동시판

활동방법 :

① 교사는 동시판을 만든다. 동시판은 두꺼운 종이 두 장을 원모양으로 오린 다음, 한 장은 4등분하여 각 칸에 동시의 내용에 맞게 그림을 그리고, 다른 한 장은 원의 1/4을 오려 내고 나머지 부분에 동시를 적는다. 두 장을 겹쳐서 가운데에 구멍을 뚫고 압정을 꽂아 돌릴 수 있게 한다.

② 교사는 원판에 적혀 있는 동시를 읽으며, 내용에 맞게 원판을 한 칸씩 차례로 돌린다.

③ 동시를 들려주고 난 후, 유아들이 자연스럽게 느낌을 말해 보게 한다.

④ 교사는 유아들에게서 다양한 대답이 나올 수 있도록 유도한다.

> 예 여러분이 아기였을 때에는 무엇을 하고 있었을까요?
>
> 지금 여러분이 하고 있는 놀이에는 무엇이 있나요?
>
> 여러분이 학교에 들어가서 공부를 많이 해서 어른이 되었을 때에 어떤 일을 하고 싶나요?

빗방울

구름이 끼더니
빗방울이
후두둑 후두둑

떨어지네 연못 속에
연꽃들
우산없이 어쩌나...

39 글자를 밟아요
활동 39

> 목　　표 : 다양한 글자놀이 즐기기
>
> 대상연령 : 6~7세
>
> 자　　료 : 글자 카드, 매트, 실로폰

활동방법 :

① 8절지 도화지 글자 카드를 만들고, 만들어진 글자 카드를 찢어지지 않도록 코팅하거나, 비닐로 씌워서 매트나 교실 바닥에 순서 없이 어지럽게 붙인다.

② 유아들을 두 집단으로 나눈다.

③ 두 집단의 대표를 정하고, 한쪽 대표의 지시하에 노래를 부른다. 되도록 쉬운 노래를 고를 수 있도록 교사가 도와준다. 다른 쪽 유아들은 노래의 제목에 들어 있는 글자들을 찾아 발로 밟고 선다.

④ 유아들이 밟은 글자 카드 중에서 틀린 것과 찾지 못한 것을 가려서 그 수를 계산한다.

⑤ 모두 맞혔으면 교사는 실로폰으로 '딩동댕'을 쳐 준다. 두 집단의 점수를 계산해서 유아들의 흥미를 지속시킨다.

강을 건너자

활동 40

목　　표 : 낱자의 이름 알기, 글자에 관심 가지기

대상연령 : 6~7세

자　　료 : 낱자 카드 24장

활동방법 :

① 유아들을 두 집단으로 나누고, 간격을 두고 마주 보고 앉게 한다.

② 유아들에게 24장의 한글 자모가 적힌 카드를 한 장씩 나누어 준다.

③ 지금 유아들은 강을 사이에 두고, 마주 보고 있다고 말해 준다. 그리고 강을 건너기 위해서는 낱자 카드의 징검다리를 놓아야만 한다고 말해 준다. 낱자 카드의 징검다리는 최소 7장 이상 나와야 한다고 말해 준다.

④ 한쪽에서 크게 낱자의 이름을 부르면, 그 낱자를 가진 상대 집단의 유아들은 그 카드를 강에 던져 주어야 한다. 카드는 상대편에서 볼 수 있도록 낱자가 쓰인 쪽이 상대편을 향하게 한다.

⑤ 반대로 다른 집단이 낱자의 이름을 부르고, 상대 집단은 카드를 내 놓는다. 만약 상대 집단에서 부른 낱자의 카드를 가지고 있는 유아가 없다면 카드를 내 놓지 않아도 된다.

⑥ 먼저 7개의 카드를 강에 띄우게 한 집단의 유아 중 한 명이 카드 7개를 밟고 상대 쪽으로 건너간다.

⑦ 유아가 카드를 밟고 건너갈 때 나머지 유아들은 모두 함께 소리 내어 낱자의 이름을 말한다. 유아가 다 건너갔으면, 그 카드는 섞어서 다시 배분한다.

⑧ ④~⑦의 과정을 반복한다.
⑨ 상대 쪽으로 모든 유아가 먼저 건너가는 팀이 이긴다.

오자미를 던져요

> **목   표** : 글자의 첫소리 인식하기, 음운 인식하기
> **대상연령** : 4~7세
> **자   료** : 오자미 6개

활동방법 :

① 유아들을 네 집단으로 나눈다.

② A4 용지에 자 · 모를 한 자씩 쓴다. 그리고 용지 오른쪽 아래에 각각의 자 · 모의 값을 정한다. 점수는 1~5점 사이로 임의로 정한다. 다만 다양한 점수가 골고루 나오도록 하면 된다.

③ 교실 바닥에 네 개의 줄을 긋고 자 · 모를 배열한다. 24개의 자 · 모를 네 줄에 배열하려면 한 줄에 6개의 자모를 배열한다. 자 · 모의 배열을 반드시 순서대로 할 필요는 없다.

④ 자 · 모가 배열된 줄로부터 적당하게 띄어진 공간에 시작선을 만들어 준다.

⑤ 유아들이 시작선에 서서 집단별로 오자미를 던지게 한다. 오자미를 던져서 떨어지는 지점이 자모의 몇 째 줄인지 점검하여 그 줄의 자 · 모가 무엇인지 확인한다.

⑥ 그 줄의 자 · 모로 시작하는 단어를 생각해 내어 준비한 A4 용지에 적는다. 생각해 낸 단어의 숫자와 A4 용지에 적힌 점수를 곱하여 점수를 가져가게 한다.

⑦ 그 줄의 6개 자모 중 그 자모로 시작하는 단어를 3개만 생각해 냈으면 생각해 낸 단어의 자모 점수를 모두 더하여 점수를 내면 된다.

⑧ 집단의 모든 점수를 더하여 어느 집단이 이겼는지 결정한다.

ㄱ$_1$	ㅇ$_2$	ㄷ$_3$	ㄹ$_4$	ㅂ$_5$	ㅊ$_1$
ㅁ$_3$	ㅋ$_2$	ㄴ$_3$	ㅅ$_1$	ㅈ$_4$	ㅌ$_4$
ㅎ$_3$	ㅍ$_4$	ㅏ$_2$	ㅕ$_2$	ㅗ$_5$	ㅡ$_3$
ㅠ$_4$	ㅑ$_5$	ㅓ$_5$	ㅍ$_1$	ㅜ$_1$	ㅣ$_2$

자 전 거

4+2+4+5+3+
1+5
= 24

우리는 우체부

활동 42

> **목   표** : 말과 글의 관계 알기, 글자에 관심 가지기
> **대상연령** : 4~7세
> **자   료** : 인덱스 카드 여러 장, 색 마크

활동방법 :

① 인덱스 카드에 유아들의 전체 수에서 하나 모자라는 수만큼 도나 시 이름, 구 이름, 동 이름 그리고 유아들 각자의 이름을 색 마크로 써 둔다.

② 유아들의 의자를 원 모양으로 빙 둘러 놓는다. 의자도 유아들의 전체 수에서 하나 모자라게 놓는다.

③ 유아들에게 우리 모두는 우체부라고 말해 둔다. 우체부는 쓰인 주소대로 편지를 전달해야 하므로 주소를 잘 찾아야 한다고 말해 준다.

④ 교사가 "말을 타고 찾아갑시다." "기차를 타고 찾아갑시다." "비행기를 타고 찾아갑시다." "자전거를 타고 갑시다." "자동차를 타고 갑시다." "걸어서 찾아갑시다." 등의 신호를 보내면 유아들은 거기에 맞는 속도로 원 모양으로 둘러 놓은 의자 주변을 돈다.

⑤ 교사가 "자, 어느·도나 시로 갈까요?"라고 말하면 유아들은 의자에 놓인 카드를 한 장씩 집는다. 카드가 전체 유아들의 수보다 하나 모자라기 때문에 카드를 집지 못한 유아가 있을 것이다.

⑥ 유아들이 한 장씩 카드를 집었으면 구 이름의 카드를 의자에 놓는다. 그리고 다시 "자 말을 타고 찾아갑시다." 등의 말을 하면서 유아들을 의자 주변을 돌게 한다.

⑦ 돌다가 또 "자 무슨 구로 갈까요?" 하고 말한다. 그러면 유아들은 또

의자에 놓여 있는 구 이름의 카드를 한 장씩 집는다. 또 카드를 집지 못한 유아가 있을 것이다. 계속해서 ④~⑦의 과정과 같이 동을 찾게 한다. 그리고 마지막으로는 유아들의 이름을 집게 한다. 유아들의 이름은 전부 다 써서 교사가 한 장을 손에 쥐고 있다.

⑧ 모자라는 의자를 하나 더 갖다 놓고 유아들을 모두 의자에 앉힌다.

⑨ 차례로 나와 자기 카드의 이름들을 차례로 열거하면서 "나는 경기도 광장구 오류동에 사는 김민지를 찾아갑니다." 하고 말하게 한다. 시간적인 여유가 있다면 김민지라는 이름을 가진 유아에게 사는 곳을 물어본다. 유아가 잘 모르면 집에 가서 부모님께 여쭤보라고 한다. 이 활동을 하기 전에 미리 알아오게 하는 것도 하나의 방법이다.

⑩ 유아들 중에 카드가 모자라는 아이들이 있으면 "무슨 구에 사는지 모르는군요." 혹은 "이름을 쓰지 않았군요." 등의 말을 하면서 재미있게 진행한다.

⑪ 맨 마지막으로 교사가 쥐고 있는 유아의 이름을 내 놓고 "이 친구의 주소는 어디일까요?"하면서 그 이름의 유아를 불러내어 재미있게 이야기를 나눈다.

눈가리고 말하기

활동 43

> **목   표** : 적절하게 질문하기, 묻는 말에 적절하게 대답하기
> **대상연령** : 3~7세
> **자   료** : 유아의 눈을 가릴 수 있는 수건

활동방법 :

① 유아들을 한 명씩 나오게 한다. 한 명의 유아에게 친구나 사물을 지정하여 5초 동안 잘 보라고 말한다.

② 5초 후에 수건으로 눈을 가린다.

③ 눈을 가린 유아에게 방금 전에 잘 보라고 한 것들에 관해 다른 유아들에게 질문하라고 한다.

④ 예를 들면, "민지는 무슨 색깔의 스웨터를 입고 있나요?" "민지는 무슨 신발을 신고 있나요?" 혹은 "선생님의 책상 위에는 무엇이 있나요?" 등 눈을 가리지 않은 유아들은 계속해서 질문을 만들어 하게 하고, 눈을 가린 유아는 5초 동안 집중해서 본 것을 기억하며 대답하게 한다.

⑤ 모양, 숫자, 색깔, 형태 등에 관하여 무엇이든지 질문할 수 있다고 말해주고, 질문을 잘 만들어 낼 수 있도록 교사가 도와야 한다.

44
활동 44

우리 모두 슈퍼에 가요

> **목   표** : 글자의 첫소리 인식하기, 낱자의 순서 알기,
> 주변 글자에 관심 가지기
> **대상연령** : 3~7세
> **자   료** : 낱자 카드

활동방법 :

① 유아들에게 낱자의 순서대로 슈퍼에서 파는 물건 이름을 생각해 내는 게임이라고 말해 준다. 예를 들어 간단하게 시범을 보이는 것도 좋다.

② 교사가 'ㄱ'의 낱자 카드를 손에 들고 보여 주면, 첫 자리에 앉은 유아가 "나는 '가위'를 사러 슈퍼에 갑니다."라고 말한다.

③ 교사가 'ㄴ' 낱자 카드를 들어 보여 준다. 그러면 그 다음 유아가 "나는 나물을 사러 슈퍼에 갑니다."라고 말한다.

④ 교사가 'ㄴ' 다음 낱자인 'ㄷ'을 들고 보여 준다. 그러면 그 다음 유아가 "나는 '다리'를 사러 슈퍼에 갑니다."라고 말한다. 그러면 '다리'는 슈퍼에 팔지 않으므로 그 유아는 게임에서 빠진다.

⑤ 최종까지 남는 유아가 이기게 된다.

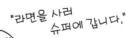
"라면을 사러 슈퍼에 갑니다."

어디로 갈까요?

목   표 : 지시 듣고 따르기

대상연령 : 3~7세

자   료 : 도시의 거리를 나타내는 두 개의 큰 지도, 작은 모형 자동
　　　　　차 2대

활동방법 :

① 학교, 우체국, 백화점, 병원, 교회, 경찰서, 소방서 등이 잘 나타난 지도
　두 장을 준비한다. 크기는 좀 커야 한다.

② 유아들을 두 집단으로 나눈다.

③ 각 집단에서는 미리 정한 곳에 자동차를 둔다.

④ 교사가 지시를 한다. 예를 들면, "오른쪽 길이 나올 때까지 직진하세
　요." "오른쪽으로 돌아서 첫 번째 건물 앞에 서세요." "그 건물 이름은
　무엇입니까?" 등의 지시와 질문을 한다.

⑤ 최종적으로 두 집단이 동일한 곳에 와 있는지
　확인한다.

⑥ ①~⑤의 과정을 몇
　번 되풀이해도 좋다.

⑦ 두 집단 중에서 한 집
　단은 지시를 하고, 한
　집단은 지시를 따르는
　집단이 되어 계속하다가
　역할을 바꿔도 좋다.

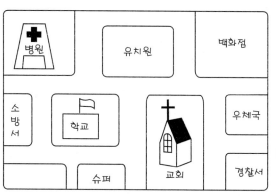

뭐, 뭐, 뭐

활동 46

목   표 : 어휘력 신장하기

대상연령 : 5~7세

자   료 : 유아들에게 도전이 될 수 있는 단어들

활동방법 :

① 유아들에게 약간의 도전이 될 만한 단어들을 미리 뽑아 둔다.

② 그 단어들을 종이에 적어, 구두 상자나 바구니에 담는다.

③ 교사가 그 단어들 중에 하나를 선택한다. 만약 그 단어가 '바구니'라면 교사는 '바구니'라는 단어를 넣어 짧은 글을 만든다. 예를 들어, "뭐, 뭐, 뭐에 맛있는 과일이 담겨져 있어요."라고 문장을 만든다.

④ 유아들은 '뭐, 뭐, 뭐' 자리에 들어가야 할 말을 알아맞힌다.

⑤ 유아들이 대여섯 번 정도 계속 틀린 답을 대면, 교사가 정확한 단어를 말해 주고, 다음 단어를 선정하여 ②~④의 과정을 되풀이한다.

"뭐, 뭐, 뭐를 타고
학교에 갑니다."

나는 달라요

활동 47

> 목   표 : 자신의 생각, 느낌을 적절하게 표현하기
> 대상연령 : 6~7세
> 자   료 : 적당한 크기의 두꺼운 종이들, 색 마크

활동방법 :

① 자신이 다른 친구들과 얼마나 다른지에 대해서 서로 이야기를 나눈다. 주로 취미, 식습관, 재주, 성격 등에 관해서 이야기한다. 교사는 유아들이 쉽게 표현할 수 있도록 "어떤 사람은 머리가 길고, 어떤 사람은 짧다." "나는 김치를 잘 안 먹지만 내 동생은 김치를 잘 먹는다."라는 식으로 도움을 준다.

② 유아들 각자의 이름도 다르다는 것을 상기시킨다. 두꺼운 종이에 각자 자기의 이름을 쓰게 한다. 유아들에게 예쁜 색 마크를 쓰고, 옆에 그림도 그려 넣어서 할 수 있는 한 가장 예쁘게 만들도록 한다.

③ 자기가 가장 잘하는 것에 대해서도 생각하게 한다.

④ 자기 이름을 쓴 두꺼운 종이 밑에 자기가 다른 사람과 다른 점, 자기가 가장 잘하는 것을 쓰도록 한다.

⑤ 완성되면 교실 벽에 붙이고 전시한다.

48
활동 48

이것들은 무엇하는 것인가요?

목　　표 : 어휘력 신장하기

대상연령 : 6~7세

자　　료 : 뚜껑이 있는 상자, 여러 가지 물건들 혹은 여러 가지 물건들을 그린 그림이나 사진

활동방법 :

① 상자를 하나 구하여 여러 가지 물건들을 모은다. 장난감, 연필, 컵, 스카치테이프, 자, 면도기, 화장품, 옷감, 부엌 도구 등 어떤 물건이든지 좋다.

② 대집단 시간에 유아들을 크게 원으로 둘러앉히고 상자 속에 들어 있는 것들을 소개한다.

③ 유아들에게 나와서 눈을 감고 상자에서 물건을 하나씩 꺼내게 한다. 그리고 그것들이 무엇인지 설명하게 한다.

④ 물건들의 크기, 색깔, 기능, 이름 등에 관해서 말하게 한다.

⑤ 그림이나 사진을 보여 주면서 그런 것들이 어디 있는지 짝지어 보게도 한다.

⑥ 교실 곳곳에 이 물건들을 숨기고, 색깔, 크기, 기능, 이름 등을 말해 주
고 찾는 등 활동을 확장하면 더 좋다.

49 이 글자가 있는 단어 카드를 찾아보세요
활동 49

> **목   표** : 낱자 인식하기, 단어 재인하기
> **대상연령** : 6~7세
> **자   료** : 단어 카드, 낱자 카드, 녹음기, 모자

활동방법 :

① 인덱스 카드를 많이 준비하고 유아가 알고 있는 단어를 모두 쓰라고 말한다.

② 낱자 카드를 낱자 수만큼 만들어 둔다. 그리고 그것들을 모자에 담는다.

③ 유아들이 좋아하는 노래를 골라 녹음해 둔다.

④ 유아들이 쓴 카드를 교실 바닥에 모두 펼쳐 놓는다.

⑤ 유아들에게 녹음기의 노래를 따라 부르면서 원을 그리며 돌다가, 교사가 모자에서 낱자 카드를 집어 들면 그 낱자가 들어 있는 단어를 고르는 게임이라고 말해 준다. 그리고 유아가 고른 단어에 교사가 모자에서 집어 든 그 낱자가 들어 있으면, 그 단어 카드는 유아가 갖게 된다고 말해 준다.

⑥ 유아가 녹음기의 노래를 따라 부르면서 원을 그리며 돈다.

⑦ 교사가 모자에서 낱자 카드를 집어 든다.

⑧ 유아들은 단어를 찾아 단어 카드 한 장씩 집어 든다.

⑨ 차례로 유아가 집어 든 단어 카드가 옳은지 단어 카드의 단어를 소리 내어 읽도록 한다.

⑩ 단어 카드를 맞게 고른 아이들은 단어 카드를 쥐고 있고, 틀린 유아들은 단어 카드를 다시 바닥에 놓는다.

⑪ 음악을 틀고 ⑥~⑩의 과정을 반복한다.

⑫ 교실 바닥에 단어 카드가 모두 없어질 때까지 반복한다.

⑬ 최종적으로 누가 단어 카드를 가장 많이 가졌는지 헤아려 본다.

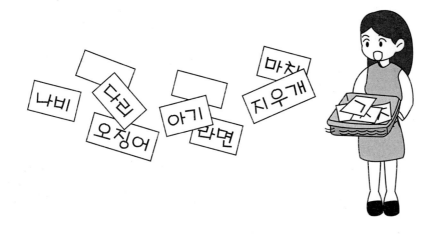

50 _{활동 50} 예쁜 상자를 만들어요

> **목   표** : 주변 글자에 관심 가지기, 말과 글의 관계 알기
>
> **대상연령** : 5~7세
>
> **자   료** : 헌 시리얼 상자, 시리얼 상자에 붙일 하얀 종이, 색 마크,
>   스카치테이프, 가위, 풀

활동방법 :

① 유아들에게 시리얼 상자가 있으면 유치원으로 가지고 오라고 말한다.
  시리얼 상자가 학급의 유아들 수만큼 모였을 때 활동을 시작할 수 있으
  므로 미리 조금씩 모아 두게 하면 좋다.

② 유아들에게 시리얼 상자를 하나씩 나누어 주고, 그것으로 자기 물건을
  담을 상자를 만든다고 말해 준다.

③ 시리얼 상자의 맨 위 뚜껑 부분을 가위로 오려 낸다.

④ 시리얼 상자의 맨 위 모서리 두 군대를 대각선으로 5cm 자른다. 그리
  고 5cm 부분의 왼쪽에서 오른쪽으로 더 잘라 낸다. 교사가 직접 시범
  을 보이는 것이 좋다.

⑤ 다 잘라 냈으면, 예쁘게 흰 종이로 시리얼 상자를 바르라고 말해 준다.

⑥ 시리얼 상자를 흰 종이로 다 발랐으면 그늘에서 잘 말린다.

⑦ 시리얼 상자의 모서리 부분을 스카치테이프로 붙여서 너덜너덜한 부분
  과 날카로운 부분을 없앤다.

⑧ 흰 종이를 바른 시리얼 상자에 자신의 이름과 예쁜 그림을 마음대로 그리라고 말해 준다.

⑨ 시리얼 상자를 학습지나 유아가 그린 그림들을 보관하는 개인 사물함으로 사용하면 좋다.

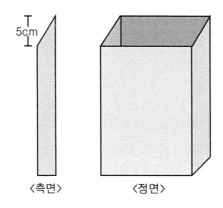

〈측면〉　　　〈정면〉

물고기에게 이름을 지어 주자

활동 51

> **목   표** : 말과 글의 관계 알기, 글자로 아이디어 표현하기
> **대상연령** : 3~5세
> **자   료** : 금붕어, 어항, 투표용지, 칠판, 분필

활동방법 :

① 교실에서 금붕어를 키우고 있다면(금붕어가 없고 다른 동물들이 있다면 다른 동물이나 혹은 식물을 가지고 활동해도 좋다) 금붕어의 이름을 지어 주자고 말한다.

② 어떤 이름을 지어 주면 좋을지 유아들에게 묻는다. 너무 많은 이름이 나오지 않도록 하기 위해, 유아들이 이름을 말할 때마다 칠판에 적는다. 다섯 개가 넘지 않도록 한다.

③ 유아들에게 이 다섯 개의 이름 중에서 금붕어의 이름을 결정하자고 말한다. 그리고 투표용지를 나누어 준다.

④ 나누어 준 투표용지에 유아들이 좋아하는 이름을 쓰게 한다.

⑤ 글자를 모르는 유아는 칠판을 보고 쓰면 되고, 칠판에 적혀 있는 이름들을 어떻게 읽는지조차 잊어버렸다면 교사가 다시 말해 준다.

⑥ 유아들이 이름을 쓴 투표용지를 가지고 나와, 한 사람은 투표용지에 쓰인 이름을 읽고, 한 사람은 칠판에 적혀 있는 이름 옆에 이름이 불린 횟수 만큼 숫자 표시를 하게 한다.

⑦ 가장 많은 숫자가 나온 이름으로 금붕어의 이름을 결정하고, 어항에 그
   이름을 써서 붙인다.

나는 조각가예요

목   표 : 자신의 생각과 느낌을 적절하게 말하기
대상연령 : 6~7세
자   료 : 알루미늄 호일, 스카치테이프, 쓰기 도구

활동방법 :

① 유아들에게 약 1m 정도의 알루미늄 호일을 나눠 준다.

② 유아들에게 알루미늄 호일을 마음대로 구겨서 만들고 싶은 동물을 만들어 보라고 한다.

③ 알루미늄 호일이 더 필요하다면 스카치테이프로 연결해서 더 사용하라고 말해 준다. 동물의 모습은 한 장의 호일로 만드는 것이 가장 보기가 좋으므로 처음에 양을 잘 조절할 필요가 있다.

④ 템페라 물감에 세탁용 물비누를 몇 방울 떨어뜨려 페인팅을 해도 좋다. 색칠을 하지 않고 모양만 가지고 이야기를 나누어도 괜찮다.

⑤ 테이블을 잘 정돈해 놓고 그 위에 유아들의 작품을 나열한다. 유아들의 작품 아래 유아들의 이름과 작품의 이름을 쓴다.

⑥ 유아들은 자기 작품에 대해 설명을 한다.

⑦ 다른 유아들은 작품 설명을 듣고, 질문하고 싶은 것이 있으면 질문한다.

⑧ 자기 차례가 되면 각자 자기 작품에 대해 설명한다.

⑨ 그날은 하루 종일 유아들의 작품을 테이블 위에 전시한다.

53
활동 53
내 벙어리 장갑

> 목   표 : 동화 듣기를 즐기기, 동화를 듣고 느낌을 적절하게 표현하기
> 대상연령 : 6~7세
> 자   료 : 동화(장갑), 마분지, 가위, 스티커, 풀, 크레용, 털실, 털실
>   용 바늘

활동방법 :

① 유아들에게 먼저 '장갑'이라는 동화책을 읽어 준다.

② 동화책을 읽고 서로 이야기를 나눈다. 장갑 속에 누가 살게 되었는지 말해 본다. 겨울에 관한 이야기도 함께 나눈다.

③ 유아들에게 마분지를 적당한 크기의 장갑 모양으로 오려서 준다. 유아들은 마분지 두 장을 털실로 꿰메거나 풀로 붙여서 장갑을 만든다.

④ 장갑에 유아의 이름을 쓰고, 장갑 속에 들어갈 여러 동물들의 그림이나, 이름을 쓴다. 장갑을 예쁘게 꾸민다.

⑤ 자기 장갑을 보면서 책 내용을 다시 말해 보게 한다. 그리고 자기의 생각도 말해 보게 한다.

54 아기 곰 세 마리
활동 54

목   표 : 동화를 듣고 내용 이해하기, 자신의 생각을 적절하게 말하기
대상연령 : 5~7세
자   료 : 도화지, 이젤, 크레용이나 색 마크, 동화(아기 곰 세 마리)

활동방법 :

① 먼저 집에 낯선 사람이 찾아왔을 때 어떻게 해야 할지 묻는다. 이때 교
   사는 유아들의 말에 귀를 기울인다.

② '아기 곰 세 마리' 라는 동화책을 읽어 준다.

③ 동화책을 읽어 주면서 중간 중간 이야기를 멈추고, "그래서 다음에 어
   떻게 될까?" 하고 질문을 한다.

④ 유아들이 아기 곰의 문제를 해결할 수 있도록 도와준다. 마치 유아들이
   신문기자인 것처럼 '누가, 언제, 어디에서, 언제, 왜, 어떻게' 라는 요소
   를 포함시켜 아기 곰의 문제를 해결할 수 있도록 도와준다.

⑤ "어떻게 하면 아기 곰이 늑대를 물리칠 수 있을까?" 등의 질문을 해서
   유아들이 생각하게 한다.

⑥ 유아들이 아이디어를 생각해 냈으면 그보다 더 나은 창의적 아이디어
   를 생각해 낼 수 있도록 도와준다. 유아들이 가장 좋은 해결책을 생각
   해 내면 구체적으로 어떻게 할 것인지 계획을 세워 보라고 한다.

⑦ 유아들에게 세 가지 사실을 환기시킨다. 첫째, 문제가 무엇인가?, 둘째, 문제를 어떻게 해결할 것인가?, 셋째, 문제 해결을 위한 구체적인 방법은 무엇인가?

⑧ 이 과정을 그림으로 표현해 보도록 한다.

내 이름을 만들어요

활동 55

목   표 : 낱자 인식하기

대상연령 : 3~7세

자   료 : 낱자 관련 책들, 자석으로 된 플라스틱 글자, 종이, 연필,
크레용, 마크펜, 풀, 가위

활동방법 :

① 유아들의 이름을 여러 장 쓴다. 그리고 그것을 자기 사물함 곳곳에 갖다 붙인다.

② 자·모 관련 노래를 골라 부른다.

③ 자석으로 된 플라스틱 자·모 낱자로 유아가 원하는 글자를 만들어 붙일 만한 곳에 갖다 붙인다.

④ 상품 상자나 커버에 있는 글자 중에 아는 글자를 모두 오려 온다.

⑤ 그중 글자들을 조합하여 자기 이름을 만들어 보게 한다. 자기 이름을 다 만들었으면, 아는 사람의 이름도 만들어 본다.

56
활동 56

글자가 없는 그림책도 재미있어요

> 목　　표 : 그림 보며 이야기 꾸미기
> 대상연령 : 3~6세
> 자　　료 : 글자가 없는 그림책, 가위, 헌 잡지, 종이

활동방법 :

① 먼저 글자가 없는 그림책을 처음부터 끝까지 다 보게 한다.

② 유아들에게 "무엇에 관한 이야기일까?"하고 묻는다. 그림을 한 장 한 장 넘기면서 무엇에 관한 이야기일지 말해 보게 한다.

③ 그림책 한 장 한 장에 무슨 물건, 무슨 동물, 어떤 사람들이 있는지 말하게 한다. 그림들에 관하여 이야기하게 하고, 그것들은 실생활과 관련하여 이야기해 보게 한다.

④ 그림책에 대해 다른 친구들에게 이야기해 준다. 마치 책을 읽듯이 이야기해주도록 말한다.

⑤ 유아들도 잡지의 그림들을 오려서 그런 그림책을 만들어 보도록 한다.

도장 만들기

목　　표 : 글자에 관심 가지기, 낱자 인식하기

대상연령 : 5~7세

자　　료 : 고구마나 감자, 위험하지 않은 끌, 스탬프잉크, 종이

활동방법 :

① 유아들에게 고구마나 감자를 반쪽씩 나누어 준 뒤, 끌을 가지고 자기의 성이나 이름을 새기게 한다.

② 다 새겼으면, 고구마나 감자를 스탬프잉크에 찍어 종이에 찍어 본다.

③ 가능하면 다른 유아들의 도장도 찍어 본다.

④ 종이에 찍힌 도장을 보면서 누구의 것인지 알아맞힌다.

내 이름은 임 아무개입니다

활동 58

목　　표 : 글자에 관심 가지기

대상연령 : 3～5세

자　　료 : 종이, 풀, 쌀, 좁쌀 혹은 반짝이 종이

활동방법 :

① 유아들에게 종이와 쌀, 좁쌀 혹은 반짝이 종이를 조금씩 나누어 준다.

② 글자를 쓸 줄 아는 유아는 풀로 자기 이름을 쓰도록 한다.

③ 교사는 이름을 써 달라고 하는 유아들의 종이 위에 풀로 유아들의 이름을 써 준다.

④ 그 위에 쌀, 좁쌀 혹은 반짝이를 뿌려 본다.

⑤ 풀로 글씨를 쓴 부분에 쌀, 좁쌀, 반짝이 등이 붙어 각 유아들의 이름이 나타난다.

누구의 손일까요?

활동 59

목　　표 : 말과 글의 관계 알기, 글자에 관심 가지기
대상연령 : 3~5세
자　　료 : 마분지, 가위, 그림 도구, 쓰기 도구

활동방법 :

① 유아들에게 마분지를 나누어 주고, 각자 자기 손을 그리라고 한다.

② 가위로 손 모양을 오리게 한다.

③ 손 모양을 오렸으면, 그 위에 원하는 그림과 자기 이름을 쓰도록 한다.

바구니에 과일을 담아요

활동 60

> 목　　표 : 정확하게 듣기
> 대상연령 : 3~5세
> 자　　료 : 코팅된 종이 바구니와 과일 그림

활동방법 :

① 한 팀에 4~5명씩 몇 팀으로 나눈다.

② 일렬로 앉힌 뒤, 교사가 각 팀의 맨 앞 유아들에게 한 개의 문장을 귓속말로 전한다.

　　예 영희는 아침에 세수를 했습니다.

　　　　영희는 유치원에 갔습니다.

　　　　영희는 엄마의 심부름을 했습니다.

　　　　영희는 놀이터에서 재미있게 놀았습니다.

③ 앞사람에게서 들은 말을 뒷사람에게 귓속말로 전한다.

④ 계속 전달한 후, 각 팀 맨 뒤의 유아가 들은 문장을 확인한다.

⑤ 정확한 문장을 말한 유아의 팀은 과일 그림을 선택해서 바구니에 넣는다.

⑥ 게임을 몇 번 반복한 후 종결한다.

나는 말을 할 줄 몰라요

활동 61

목   표 : 간단한 문장을 듣고, 뜻 이해하기

대상연령 : 3~5세

자   료 : 유아들의 일상생활과 관련 있는 간단한 문장이 쓰인 카드

　　　예 양말을 신는다. 머리핀을 꽂는다.

　　　　　장갑을 낀다. 모자를 쓴다.

　　　　　세수를 한다. 밥을 먹는다.

　　　　　책을 읽는다.

활동방법 :

① 이 활동은 집단으로 하면 좋다.

② 교사가 준비된 문장의 카드를 유아들에게 보여 주면서 읽는다.

③ 유아들은 교사가 읽어 주는 문장을 듣고 문장의 의미대로 행동한다.

62
활동 62

암호 풀기

> **목   표** : 말소리를 정확하게 듣고 차이 알기
> **대상연령** : 3~5세

활동방법 :

① 교사는 아, 에, 이, 오, 우에 따라 유아들이 해야 할 동작들을 설명해 준다(아: 일어선다. 에: 앉는다. 이: 손뼉을 친다. 오: 발을 구른다. 우: 점프한다).

② 유아들을 여러 가지 형태(원형, 세모형, 종렬, 횡렬)로 세운다.

③ 교사는 아, 에, 이, 오, 우를 섞어 가면서 정확하게 발음한다.

④ 다소 소란스럽거나 혼란스러울 수 있으므로 교사는 큰 목소리로 정확하게 발음한다.

⑤ 주의를 집중시킬 수 있도록 벌칙을 정하는 것이 좋다.

⑥ 게임을 너무 오래 지속하면 싫증나기 쉬우므로 짧게 하는 것이 좋다.

낱말 연결하기

활동 63

> **목　　표** : 어휘력 신장하기, 기본적인 문형 익히기
>
> **대상연령** : 3~5세
>
> **자　　료** : 형용사가 적힌 낱말 카드, 사물이 그려진 그림 카드, 찍찍이, 융판

자료제작 방법 :

① 유아들이 알기 쉬운 형용사로 된 낱말 카드를 두꺼운 도화지로 만든다.

② 형용사와 관련 있는 사물들을 가능한 한 많이 그림으로 그린다.

③ 낱말 카드와 그림 카드를 코팅하고 글자와 그림이 없는 뒷부분에 찍찍이를 붙인다.

활동방법 :

① 교사가 형용사 낱말 하나를 제시하고 그 뜻의 의미를 간단히 설명해 준다.

② 유아들로 하여금 형용사와 관련 있는 낱말을 연상하도록 한다.

　　📋 아름다운 - 꽃, 나비, 새

　　　 시원한 - 얼음, 바람, 부채, 선풍기

③ 제시된 형용사와 관련 있는 그림 카드를 바구니 속에서 모두 골라 융판에 붙여 보도록 한다.

④ 낱말 카드와 그림 카드를 바르게 짝지었는지 서로 이야기해 본다.

⑤ 짝지은 것을 가지고 서술 형태의 문장으로 만들어 본다.

　　　　예 꽃은 아름답다.

　　　　　얼음은 시원하다.

　　　⑥ 모든 유아가 참여할 수 있도록 배려한다.

가족과 함께

활동 64

> **목   표** : 자신의 경험, 생각, 느낌을 적절하게 말하기
> **대상연령** : 6~7세
> **자   료** : 가족 행사 사진들

활동방법 :

① 유아들 각자가 가지고 온 사진들을 테이블 위에 나열한다.

② 유아들이 나와서 친구가 가지고 온 사진들을 본다.

③ 각자 자신이 가져온 사진 속의 인물과 행사들을 소개하고 궁금한 것을 질문한다.

④ 유아들이 나와서 사진 속의 인물과 사진의 행사가 무슨 행사였는지 설명한다.

　예 생일잔치, 결혼식, 동생의 백일 등

⑤ 유아들은 질문을 하고, 교사는 유아가 발표를 편안하고 쉽게 할 수 있도록 중간 중간 개입한다. 예를 들면, "그때 너는 어떤 일을 했니?" "너의 기분은 어땠니?" 등

얼굴

활동 65

> **목   표** : 자신의 경험, 생각, 느낌을 적절하게 말하기
>
> **대상연령** : 6~7세
>
> **자   료** : 유아의 얼굴만한 크기의 도화지에 사람의 표정을 그린 그림
>   (웃는 얼굴, 우는 얼굴, 무서운 얼굴, 화난 얼굴, 미안한 얼굴)

자료제작 방법 :

① 여러 가지 얼굴의 표정을 유아의 얼굴만한 크기로 그린다.

② 얼굴 그림을 잘 자른다.

③ 자른 얼굴 그림을 코팅하여 끝을 잘 정리한다.

활동방법 :

① 자유놀이 시간이 끝나면 유아들을 한 자리에 모이게 한다.

② 앞 탁자에 미리 준비해 놓은 얼굴 그림을 뒤집어 놓는다.

③ 교사는 이 그림이 사람의 여러 가지 얼굴 표정을 그린 그림이라고 말해 준다.

④ 한 명의 유아를 지적하여 앞으로 나오게 한 후, 준비된 그림 중 하나를 선정하게 한다.

⑤ 선정한 그림을 유아에게 보여 준 후 유아에게 어떤 표정의 그림인지 물어본다.

⑥ 그 얼굴 표정에 대해 유아의 느낌을 말해 보게 한다.

⑦ 교사는 유아가 선정한 그림과 관련하여 여러 가지 질문을 던져 유아의 말을 유도한다.

예 무서움을 느껴 본 적이 있니?

너는 왜 무서웠니?

무엇이 너를 무섭게 했니?

활동상 유의점 :

① 교사는 질문을 한 후 유아가 답을 생각하여 스스로 얘기할 때까지 충분한 시간을 주며, 재촉하거나 강요하지 않도록 한다.

② 그림 하나가 끝날 때마다 교사는 유아가 말한 것을 정리해 주기도 하고 그 느낌에 대해 반응해 주기도 한다.

66 이럴 때 어떻게 하나요?
활동 66

> 목   표 : 장소나 상황에 맞게 말하기
> 대상연령 : 6~7세
> 자   료 : 융판, 장소나 상황을 나타낸 카드, 장소를 나타내는 글씨와
>   그림, 깡통, 바구니

활동방법 :

① 깡통에 들어 있는 카드(장소나 상황이 적힌 것) 중 하나를 선택해서 뽑도
   록한다.

② 뽑은 카드와 일치하는 장소를 나타내는 그림과 글자가 있는 카드를 바
   구니 속에서 찾아 융판에 붙인다. 이때 유아가 글을 읽을 줄 모르면 교
   사가 도와준다.

③ 장소나 상황에 알맞은 대화나 이야기를 가상해서 해 본다.

모의재판

활동 67

목   표 : 말할 차례를 지키며 바른 태도로 말하기
대상연령 : 6~7세

활동방법 :

① 재판이 무엇인지 유아들에게 설명해 준다.

　예를 들어, 법원이 무엇이며, 변호사, 검사, 판사의 역할을 설명해
　준다.

② 유아 중에서 판사, 변호사, 검사를 미리 선출한다.

③ 철수와 영수가 각자의 자동차를 타고 가다가 좁은 골목길에서 부딪히
　게 되었으며, 서로 양보하지 못하고 싸우게 되었다는 상황을 설정해
　준다.

④ 다른 유아들은 방청객이 되어 사건을 지켜보게 한다.

⑤ 유아들은 각각 판사, 변호사, 검사의 역할을 맡아 모의재판을 실시
　한다.

⑥ 이때 교사는, 각자 발언을 할 때 차례를 잘 지켜 바른 태도로 말할 수
　있도록 지도한다.

활동상 유의점 :

① 교사는 유아들이 자신 있는 목소리로 주저하지 않고 자연스럽게 말하
   도록 지도한다(큰 목소리로 소리 지르듯이 말하는 것, 상대방의 말 중간에
   끼어들어 말하는 태도는 바른 태도가 아님을 알려준다.).

② 바르게 말하는 태도를 교사와 서로 이야기하면서 느끼도록 지도한다.

우리 집에는 무엇이 있을까요?

> **목   표** : 주변 글자에 관심 가지기
> **대상연령** : 3~5세
> **자   료** : 그림 카드 24장, 기본 판(24장의 그림 카드와 복판에 그림 카드
> 를 쌓아 둘 수 있는 공간의 칸이 있어야 함), 규칙판(하드보드지)

자료제작 방법 :

① 하드보드지 위에 카드 크기의 빈칸을 그린다.

　(가로 5개, 세로 5개씩 25개의 칸을 만든 후 화살표로 방향을 지시한다.)

② 그림 글자 카드를 만든다.

　(앞면에는 집에서 흔히 볼 수 있는 물건의 이름을 글자로 적고, 뒷면에는 그 물건의 그림을 그린다.)

활동방법 :

① 교사가 미리 자료를 만들어 제시한다.

　(교사가 유아들에게 먼저 그림 카드를 보여 주어 놀이에 대한 호기심과 흥미를 불러일으킨다)

② 유아와 함께 규칙판을 만든다.

③ 기본 판에서 가운데는 비워 두고 나머지 네모 안에 24장의 그림, 글자 카드를 그림이 보이게끔 네모 칸에 펼쳐 놓는다.

④ 유아들끼리 가위바위보로 순서를 정한다.

⑤ 출발점을 정하고, 출발에서 시작한다. 그림 카드의 글자를 바르게 읽으면 그 카드를 유아가 갖게 되지만, 틀리면 가운데 빈칸에 카드를 놓아 둔다.

⑥ 다음 순서의 유아는 화살표를 따라 다음 카드의 글자를 읽는다.

⑦ 기본 판 네모에 있는 카드가 모두 없어지면 놀이는 끝난다.

⑧ 놀이가 끝난 후 가운데 쌓아 둔 카드의 글자를 읽어 주고, 그림을 유아
들에게 보여 준다.

⑨ 규칙에 따라 그림 카드를 다른 것으로 바꾸어 실시한다.

글자 오리기

활동 69

> **목   표** : 주변 글자에 관심 가지기
> **대상연령** : 6~7세
> **자   료** : 신문, 잡지, 가위, 풀, 스케치북

활동방법 :

① 신문, 잡지, 상표 등의 글자를 가위로 오리게 한다.

② 이때 글자 모양대로 오려도 좋고, 글자 모양으로 오리기가 어려우면 네 모로 오려도 좋다.

③ 가능하면 글자가 큰 것을 선택하게 하고, 가위질을 잘 못하는 유아들이 있으면 교사가 도와준다.

④ 오려진 글자들을 이용하여 마음대로 말을 만들어 스케치북에 붙이게 한다.

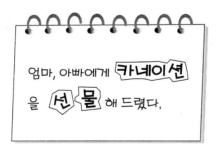

활동 70

우리 동네 만들기

> **목　　표** : 주변 글자에 관심 가지기
> **대상연령** : 6~7세
> **자　　료** : 부직포로 싼 2절 스티로폼판, 도화지, 찍찍이

활동방법 :

① 도화지를 적당한 크기로 잘라 동네에서 볼 수 있는 여러 가지 장면들의 그림과 글자 카드를 만든다.

② 글자로 표현하기 곤란한 강, 산, 도로 등은 그림으로 하고, 글자 카드의 뒷면은 그림을 그려서 글자를 모르는 유아들이 쉽게 찾을 수 있도록 한다.

③ 슈퍼, 우체국, 학교, 소방서, 교회, 도로, 큰 나무 등 가능하면 다양하게 준비한다.

④ 부직포로 싼 스티로폼판을 유아들에게 보여 주고, 그림과 글자 카드로 우리 동네를 만들어 보자고 말한다.

⑤ 글자 카드로 붙이기 곤란한 도로나 강, 산 등의 그림을 먼저 붙이게 한다. 그림이 잘 붙을 수 있도록 교사가 도와준다.

⑥ 유아들이 원하는 대로 글자 카드를 붙이도록 한다.

⑦ 완성된 동네 모습을 보면서 빠진 부분과 잘못된 부분이 없는지 살펴보고, 우리 동네에 관한 이야기를 하면서 활동을 마무리짓는다.

71 주인공은 어떻게 되었을까?
활동 71

목　　표 : 그림책을 보고 이야기를 꾸며서 말해 보기

대상연령 : 3~5세

자　　료 : 3~5세 유아들이 이해할 수 있는 쉬운 동화책

활동방법 :

① 유아들에게 동화책의 그림만을 처음부터 끝까지 보여 준다.

② 무슨 내용의 이야기일까 예측해 보게 한다.

③ 유아들에게 동화책을 읽어 준다.

④ 동화책 내용의 반 정도를 읽어 주고, 뒤에 나올 내용을 가상하여 이야 기해 보게 한다.

⑤ 동화책의 나머지 내용을 읽어 주고, 자연스럽게 마무리한다.

72
활동 72

나는 소설가

> 목   표 : 그림책을 보고 이야기를 꾸며 말해 보기
> 대상연령 : 6~7세
> 자   료 : 그림만 그려져 있는 동화책

활동방법 :

① 유아들에게 처음부터 끝까지 그림을 천천히 보게 한다.

② 유아 한 명을 지정하여, 앞에 나와 그림을 보며 자연스럽게 이야기할 수 있도록 한다.

③ 유아의 이야기와 그림이 불일치할 때는 불일치한 것을 지적해 주고, 그 이유를 물어본다.

④ 유아의 이야기를 바른 태도로 귀담아 들어 주고 반응을 보인다.

⑤ 유아의 이야기가 끝나면 교사는 지금까지의 유아의 이야기를 다시 요약, 정리하고, 유아에게는 재미있는 이야기라고 칭찬해 준다.

73 활동 73   요술 글자

목   표 : 낱자 인식하기, 글자에 관심 가지기
대상연령 : 3~5세
자   료 : 도화지, 풀, 반짝이 가루

활동방법 :

① 특별히 하는 일이 없이 두리번거리거나, 멍하게 있는 유아를 부른다.

② 미리 유아의 이름이나 재미있는 글자를 풀칠해 놓은 도화지를 유아 앞에 내놓고, 반짝이 가루를 뿌려 보도록 한다.

③ 신문지를 바닥에 넓게 깔고, 반짝이 가루를 뿌린 도화지를 털어 낸다.

④ 도화지에 나타난 글자를 읽을 수 있는 지 물어보고, 모르면 교사가 읽어 준다.

활동상 유의점 :

• 도화지에 풀을 칠할 때 너무 빨리 칠해 놓으면 풀이 말라 반짝이 가루가 붙지 않으므로 활동하기 직전에 칠하도록 한다.

74
활동 74

뒷이야기 상상하여 그리기

목   표 : 그림책을 보고 이야기를 꾸며 말해 보기
대상연령 : 6~7세
자   료 : 그림책, 도화지, 크레파스, 그림책에 나와 있지 않은 뒷이
          야기를 그린 여러 장의 그림

활동방법 :

① 아이들이 좋아할 만한 그림책을 한 권 고른다.

② 그림책의 그림을 한 장 한 장 보여 주면서, 그림들이 어떤 내용을 담고
   있는지 물어본다.

③ 이야기를 하고 싶어 하는 유아들 몇 명을 선정하여 이야기하게 한다.

④ 유아들의 이야기가 다 끝난 후, 그 뒷이야기가 어떻게 되었을지 다른
   유아들에게 물어본다.

⑤ 그림책의 뒷이야기를 그림으로 그려 보도록 말한다.

⑥ 유아들에게 자신들이 그린 뒷이야기 그림을 설명해 달라고 한다.

⑦ 교사가 그린 그림을 보여 주면서, 교사의 생각도 아이들에게 이야기해
   준다.

활동상 유의점 :

• 교사의 생각을 먼저 말하지 말고, 유
아들의 생각을 먼저 말하게 한다.

동물원에 갔었어요

활동 75

> **목　　표** : 말과 글의 관계 알기
> **대상연령** : 3~5세
> **자　　료** : 여러 가지 그림 카드, 칠판(연습장), 분필(사인펜)

활동방법 :

① 그림이 그려진 카드를 탁자 위에 흩어 놓는다.

② 교사는 "애들아! 너희들 동물원에 가 본 적 있니?" "그래, 가 보았구나." "동물원에서 무엇을 보았니?" "이 카드들 중에 너희가 동물원에서 본 것이 있으면 골라 봐."라고 말한다.

③ 유아가 카드를 집으면, 그 카드에 그려진 그림이 무슨 동물인지 물어본다.

④ 유아가 동물의 이름을 말하면, 그것을 연습장에 써서 보여 주며, "사자를 보았구나."라고 말해 준다.

⑤ 동물원뿐만 아니라 시장, 유치원, 바다 등 장소를 바꾸어가며 카드 찾기를 한다.

⑥ 카드 뒷면에 자석을 붙이고 자석 달린 낚싯대를 만들어, 낚시하듯 카드를 낚아 보는 것도 좋다.

소꿉놀이

> 목   표 : 말과 글의 관계 알기
> 대상연령 : 3~5세
> 자   료 : 칠판이나 차트, 여러 가지 종류의 소꿉들

활동방법 :

① 소꿉놀이를 하려고 할 때 어떤 사람들이 있어야 하는지 유아들에게 물어본다.

② 유아들이 엄마, 아빠, 형, 누나, 오빠, 언니, 동생을 말하면 교사는 그것들을 칠판이나 차트에 받아 적는다.

③ 칠판에 적힌 글자들을 짚어 가며 엄마, 아빠, 형, 누나, 오빠, 언니, 동생 등을 정한다. 그리고 각 인물 밑에 정해진 유아의 이름을 써준다.

④ 배역이 정해졌으면, 자유롭게 소꿉놀이를 한다.

이야기해 봅시다

활동 77

목　　표 : 동화를 듣고 내용 이해하기

대상연령 : 3~5세

자　　료 : 동화의 내용과 관계있는 4~5장의 그림

활동방법 :

① 미리 준비한 그림을 보여 주면서 유아에게 이야기를 해 준다.

② 이야기를 끝낸 후, 그림을 섞어 놓고, 유아들에게 들려준 이야기의 내용에 따라 그림을 순서대로 놓아 보라고 권한다.

③ 유아들이 그림을 순서대로 놓지 못하면 교사가 도와준다.

④ 그림을 보면서 교사가 들려준 이야기를 그대로 다시 해 보도록 지시한다.

78
활동 78   '우리 반' 만들기

> **목   표** : 글자놀이 즐기기
> **대상연령** : 3~5세
> **자   료** : 색도화지, 색테이프, 크레파스, 양면 스카치테이프

활동방법 :

① 교실 벽에 빈 공간을 마련한다.

② 준비한 공간에 학급의 모든 유아들의 이름이 다 들어갈 정도의 크기로 색테이프로 붙인다.

③ 유아들에게 이름을 쓸 수 있는 크기의 색도화지를 나누어 준다.

④ 나누어 준 색도화지에 자신의 이름을 예쁘게 쓰도록 한다.

⑤ 교사는 유아들의 이름 뒤에 양면테이프를 붙여 준다.

⑥ 유아들이 차례로 나와 자신의 반 이름 안에 자신의 이름을 붙인다.

⑦ 모든 유아들이 이름을 다 붙이고 나면 색테이프를 떼어 낸다.

⑧ 유아들이 색 도화지에 써서 붙인 이름만 남긴다.

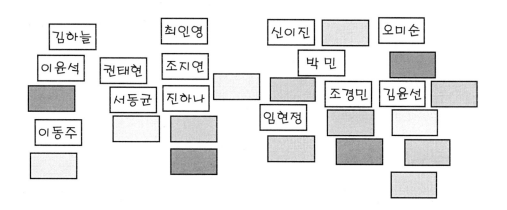

나의 책 만들기

> 목   표 : 책에 관심 가지기
> 대상연령 : 6~7세
> 자   료 : 유아들이 손으로 쉽게 잡을 수 있을 만한 크기의 도화지,
>   스테이플러, 색테이프

활동방법 :

① 유아들에게 도화지를 나누어 주고, 그림과 글씨를 마음대로 그리고 쓰
   게 한다.
② 여러 장을 그리고, 쓰고 싶어 하는 유아들은 그렇게 하도록 한다.
③ 그림과 쓰기가 끝난 도화지는 각자 사물함 속에 잘 보관하게 한다.
④ 며칠간 위의 과정을 반복한다.
⑤ 어느 정도 도화지가 모아졌으면, 표지로 쓸 수 있는 약간 두꺼운 도화
   지를 나누어 주고 표지를 만들게 한다.
⑥ 스테이플러로 도화지를 찍어 책 모양을 만들고, 스테이플러로 찍힌 부
   분과 가장자리를 색테이프로 발라 준다.

⑦ 표지에 '나의 책'이라는 제목을 쓰고, 본인의
   이름을 쓴다.
⑧ 표지에 예쁘게 그림을 그려 넣는 것도 좋다.

책 읽기

활동 80

> **목   표** : 책을 좋아하고 소중하게 다루기
> **대상연령** : 6~7세
> **자   료** : 다양한 책이 제시된 도서 영역, 책꽂이

활동방법 :

① 유아들을 도서 영역 쪽에 모여 앉게 한다.

② 유아들이 원하는 책을 선택하게 한다.

③ 선택된 책 중에서 구겨진 책, 찢어진 책, 밑줄이나 낙서가 있는 책은 펴거나, 테이프를 붙이거나, 낙서를 지우도록 한다.

④ 책을 소중히 다루는 방법에 대해 유아들에게 말해 준다.

⑤ 책을 소중히 다루면서 바른 자세로 유아들에게 책을 읽게 한다.

⑥ 책 읽기가 끝나면 유아들을 다시 모아 그 책을 선택한 이유와 재미있었던 부분에 대해 이야기를 나눈다.

⑦ 책을 다 본 후, 정리하게 한다.

81
활동 81

친구에게 카드 보내기

> **목   표** : 여러 종류의 쓰기 도구의 차이 알기, 쓰기의 기능 이해하기
> **대상연령** : 3~5세
> **자   료** : 두꺼운 도화지, 가위, 연필, 색연필, 크레파스, 사인펜, 볼펜

활동방법 :

① 두꺼운 도화지를 적당한 크기로 잘라 유아들에게 나누어 준다.

② 좋아하는 친구에게 보낼 카드를 만들라고 한다.

③ 여러 가지 쓰기 도구를 섞어서 사용하면 더욱 예쁜 카드를 만들 수 있
   다고 말해 준다.

④ 교사는 카드를 보낼 친구를 결정하지 못했거나, 글자를
   쓸 줄 몰라 망설이는 유아를 도와준다.

이 책은 정말 재미있었어요

활동 82

> **목   표** : 책을 좋아하고 소중하게 다루기
> **대상연령** : 6~7세
> **자   료** : 그림책, 색연필, 매직펜, 책의 느낌을 표시할 수 있게 도화
> 지로 만든 카드

자료제작 방법 :

① 도화지에 줄을 세 줄 긋고서 읽은 사람, 책 제목, 읽고 난 느낌을 매직
펜으로 써 놓는다.

② 그 밑에 원을 하나 그리고, 유아가 읽고 난 느낌을 얼굴로 표현할 수
있도록 한다.

③ 이렇게 여러 장 만들어서 펀치로 구멍을 낸 후 고리로 연결하여 둔다.

활동방법 :

① 유아들에게 친숙하고, 대화가 짧고, 전체적으로 이야기가 길지 않은 그
림 이야기책 하나를 선정한다.

② 그림책의 그림을 보여 주며, 어떤 이야기가 나올 것인지 예측해 보고
자유롭게 말해 보도록 한다.

③ 이야기 속에 나오는 인물의 특징들에 관하여 이야기해 준다.

④ 그림 이야기책을 천천히 읽어 준다.

⑤ 책을 다 읽어 준 다음, 느낌이 어떠했는지 준비된 카드의 세 가지 얼굴 중 하나를 선택하게 한다.

⑥ 느낌을 표시한 카드에 본인의 이름과 그림 이야기책의 제목을 적게 한다.

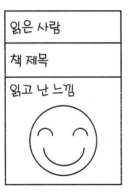
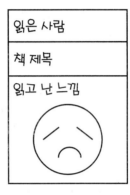
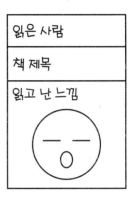

내가 만든 이름표

활동 83

목　　표 : 낱자 인식하기, 말과 글의 관계 알기

대상연령 : 6~7세

자　　료 : 매직펜, 큰 도화지, 작은 색도화지, 환경판 위에 붙일 유
아들의 사진들

활동방법 :

① 아무것도 쓰여 있지 않은 큰 도화지를 바닥에 잘 펼쳐 놓는다.

② 환경판에는 유아들의 사진을 전부 붙인다.

③ 동그란 원을 만들어 짧은 노래를 부르면서 한 명씩 원 안으로 들어가
바닥에 펼쳐져 있는 도화지에 자기 옆 사람의 이름을 쓰고 나오게 한다.

④ 이름을 빠짐없이 다 써 넣었으면, 각자 가위로 자기가 쓴 친구의 이름
을 오려서 환경판에 붙어 있는 그 친구의 사진 밑에 붙인다.

⑤ 작은 색도화지에 자기의 이름을 써서 친구의 이름 밑에 붙인다.

84
활동 84

귓속말을 합시다

> 목　　표 : 정확하게 듣기
>
> 대상연령 : 6~7세
>
> 자　　료 : 4~5문장으로 설명할 수 있는 그림이나 사진, 그림이나 사
> 진을 담을 수 있는 바구니

활동방법 :

① 4~5명씩 조를 짠다.

② 각 팀은 일렬로 서고 그림이나 사진이 든 바구니는 한 곳에 놓는다.

③ 교사는 첫 번째 유아에게 한 개의 사진이나 그림에 대하여, 다른 유아
　는 듣지 못하도록 4~5문장으로 설명한다.

④ 설명을 들은 유아는 그 다음 유아에게 귓속말로 전달한다.

⑤ 맨 마지막 유아는 설명을 듣고, 적합한 그림이나 사진을 찾는다.

⑥ 사진이나 그림을 찾은 유아는 그것을 들고 맨 앞으로 가서 선생님께 드
　린 후 선생님의 말씀을 듣는다.

⑦ 위의 과정을 반복한다.

85
활동 85

우리는 친구

> **목　　표** : 말과 글의 관계 알기
> **대상연령** : 6~7세
> **자　　료** : 유아들의 사진, 하드보드지, 매직펜

활동방법 :

① 유아들의 사진을 미리 준비하고 코팅을 하여 하드보드지에 붙일 수 있도록 준비해 둔다.

② 교사와 유아들은 친구에 대한 이야기를 나눈다.

③ 유아 한 명을 나오게 한 뒤 좋아하는 친구 한 명을 소개하게 한다.

④ 교사는 두 유아의 사진을 하드보드지에 붙여 준다.

⑤ 유아는 "~와~는 좋은 친구다."라는 칸에 이름을 쓰게 한다.

⑥ 한 명씩 나와서 하는 것이므로 남아 있는 유아들이 산만해질 수 있다. 유아의 수가 많으면 진행에 무리가 있을 수 있으므로 신경을 써야 한다.

⑦ 친구와의 관계에 대한 말(예: 사이좋은 친구, 유치원 친구…)은 교사가 정해 주기보다 유아가 직접 선택하게 하는 것이 좋다.

민규와 종현이는 좋은 친구다.

시장에 가면

활동 86

> **목   표** : 정확하게 듣고, 들은 내용 기억하기
> **대상연령** : 6~7세

활동방법 :

① 원형으로 모두 둘러앉는다.

② 교사가 먼저 "시장에 가면 무엇이 있다."라고 시작한다.

③ 바로 옆자리에 앉은 유아가 교사가 말한 내용을 먼저 말하고, 이어서 새로운 내용을 이야기한다.

④ 그 다음 유아가 앞사람이 한 말과 자기 말을 보태어 말을 잇는다.

⑤ 계속하다 보면 기억해야 할 것이 너무 많아, 말의 내용이나 순서가 틀리거나 막히게 된다.

⑥ 처음부터 다시 시작한다.

활동상 유의점 :

① 집단이 너무 크면 문장이 길어져, 소극적인 유아의 경우 실패를 두려워하여 활동 자체를 싫어할 수 있다.

② 가능하다면, 소집단으로 활동하는 것이 좋다.

③ 시장으로 견학을 가거나, 시장에 대한 정보를 충분히 제공하고 난 뒤에 시행하면 효과적이다.

책 바꿔 읽기

활동 87

> **목　　표** : 책을 좋아하고 소중하게 다루기
>
> **대상연령** : 6~7세
>
> **자　　료** : 유아들이 감동 깊게 읽은 책이나 재미있게 읽은 책, 도서목록 카드, 지우개로 만든 도장

자료제작 방법(도서목록 카드) :

① 잘 구겨지거나 찢어지지 않도록 두꺼운 종이로 만든다.

② 크기는 10×15cm로 한다.

활동방법 :

① 유아들이 감동 깊게 읽은 책이나 재미있게 읽은 책을 유치원에서 고르거나 집에서 가져오게 한다.

② 만들어 놓은 도서목록 카드를 가져온 책 뒷장에 붙인다.

③ 유아가 가져온 책(또는 고른 책)에서 재미있었던 부분이나 감명받은 부분을 다른 친구들에게 이야기한다.

④ 유아들은 자신이 읽고 이야기한 책을 서로 바꾸어 읽는다.

⑤ 바꾸어 읽었으면 뒷장의 도서목록 카드에 반, 이름을 쓰고, 도장을 찍는다.

활동상 유의점 :

① 다른 유아들이 재미있어 하는 책이므로 자신도 읽어 보고 싶을 것이며, 뒷장에 붙인 도서목록 카드에 자신의 이름을 쓰고 도장을 찍고 싶기도 해서 서로 책을 읽으려고 할 것이다.

② 친구들에게 빌려서 읽는 책이라서 함부로 다루지 않을 것이며, 소중하게 다루는 습관이 길러질 것이다.

바둑판 무늬 종이 채우기

활동 88

> **목   표** : 여러 가지 쓰기 도구의 차이 알기
> **대상연령** : 3~5세
> **자   료** : 바둑판 무늬 종이, 크레용, 색연필, 심이 굵고 부드러운 연필

활동방법 :

① 깨끗하고 하얀 종이(30×30cm)를 준비한다.

② 준비된 종이에 가로, 세로의 길이가 3×3cm인 칸을 10개 만들고, 바둑판 모양으로 색을 칠한다.

③ 바둑판 무늬 종이와 여러 가지 쓰기 도구들을 책상 위에 가지런히 놓고, 색이 칠해진 곳에만 무엇이든 원하는 글자를 써 넣게 한다.

④ 글자는 가능하다면 여러 가지 쓰기 도구들(크레용, 색분필, 심이 굵고 부드러운 연필)을 골고루 사용하게 한다.

아		차		만
	좋		주	
러		버		소
	녀		기	
유		커		파

내가 좋아하는 색깔로

> 목   표 : 여러 가지 쓰기 도구의 차이 알기
> 대상연령 : 3~5세
> 자   료 : 색이 칠해지지 않은 밑그림 2장, 여러 가지 쓰기 도구들

활동방법 :

① 전지에 시골 풍경을 연필로 크게 그린다.

② 그림이 꼭 시골 풍경이 아니라도 좋다.

③ 같은 그림을 하나 더 그린다.

④ 유아들을 두 집단으로 나눈다.

⑤ 양쪽 벽에 준비한 그림을 붙인다.

⑥ 교사의 출발신호에 따라 유아들은 자기 조의 그림으로 한 명씩 뛰어가, 자신이 칠하고 싶은 부분에 준비된 쓰기 도구로 색을 칠하고 돌아온다.

⑦ 다른 유아가 다시 뛰어가서 다른 부분에 다른 쓰기 도구를 이용해서 색을 칠하고 돌아온다.

90
활동 90

글자 먹는 깡통

> 목   표 : 여러 가지 낱말과 문장을 듣고 뜻 이해하기
> 대상연령 : 6~7세
> 자   료 : 여러 가지 모양의 깡통들(동물, 탈것, 과일, 곡식 등), 사물의
>   이름과 사물을 설명하는 글이 적힌 카드

활동방법 :

① 유아들을 깡통 수만큼 조로 나누고, 조별로 앉힌다.

② 처음에는 교사가 카드 한 장을 골라 "코가 길며 몸집이 큰 동물" 하고
   카드 뒷면의 내용을 읽어 준다.

③ 동물 깡통을 가진 조의 유아들이 "코끼리"라고 말한다.

④ 교사는 코끼리가 적힌 카드의 앞면을 보여주고 그 카드를 동물 깡통 속
   에 넣어 준다.

⑤ 코끼리를 맞힌 조의 유아들
   이 다른 카드를 골라 조금 전
   에 교사가 했던 것처럼 카드
   의 뒷면을 읽는다.

⑥ 위의 과정을 반복하고, 정
   해 놓은 시간 뒤에 조별로
   카드의 수를 헤아린다.

이야기 꾸미기

활동 91

> 목   표 : 낱말과 문장의 관계 알기
> 대상연령 : 6~7세
> 자   료 : 여러 장의 낱말 카드

활동방법 :

① 여러 장의 낱말 카드를 글자가 보이지 않도록 뒤집어 놓는다.

② 한 명의 유아가 몇 장의 카드를 뒤집는다.

③ 카드에 적혀 있는 낱말을 서로 연결하여 하나의 문장을 만든다.

④ 문장이 완성되면, 문장을 완성시킨 유아가 뒤집은 낱말 카드를 갖는다.

⑤ 차례로 위의 과정을 반복한다.

⑥ 낱말 카드를 가장 많이 가진 유아가 이긴다.

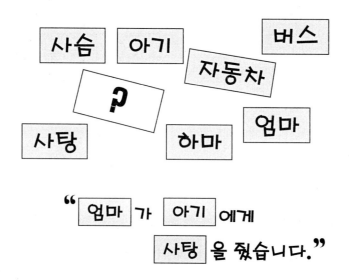

내 말을 들어봐!

활동 92

목　　표 : 여러 가지 내용의 지시 듣고 따르기

대상연령 : 6~7세

자　　료 : 지시 카드

활동방법 :

① 유아 수에 맞게 16절 도화지를 준비한다.

② 한 장에 세 가지씩 지시 사항을 적는다.

③ 도화지에 펀치로 구멍을 뚫고 고리로 묶는다.

④ 학급의 유아들을 두 조로 나누고 일렬로 앉힌다.

⑤ 각 조 맨 앞에 앉은 유아가 나와 가위바위보로 진 팀과 이긴 팀을 결정한다.

⑥ 가위바위보에서 진 유아가 이긴 유아에게 카드에 적힌 내용을 읽어준다.

⑦ 지시를 받은 유아는 지시대로 한다. 지시를 정확하게 이행했으면 3점, 두 가지만 이행했으면 2점, 한 가지만 이행했으면 1점을 준다.

⑧ 위의 과정을 반복한다.

○　○
- 한 발로 선다.
- 양팔을 펼친다.
- 주먹을 쥔다.

93
활동 93

동화, 동시 듣기

> 목   표 : 동화, 동시 듣기를 즐기기
>
> 대상연령 : 3~5세
>
> 자   료 : 동시가 적힌 판, 그림을 붙일 수 있는 빈칸이 있는 동시판,
>   동시에 나오는 인물과 사물을 그린 그림

활동방법 :

① 크고 두꺼운 도화지에 동시를 적어 동시판을 만든다.

② 그림을 붙일 수 있는 빈칸이 있는 동시판을 따로 만든다.

③ 유아들에게 동시판을 보여 주며, 천천히 읽어 준다.

④ 빈칸이 있는 동시판을 보여 주며 동시를 읽어 준다.

⑤ 교사는 동시를 읽고, 유아는 준비된 적절한 그림을 골라 동시판에 붙인다.

산딸기
-유정환

산딸기 세 개
개미 나라 가로등
꼬불길 어두울까
가로등 세 개

산딸기
-유정환

○ 세 개
● 나라 가로등
꼬불길 어두울까
가로등 ③

94
활동 94

내 그림은…

> 목   표 : 이야기를 듣고 중심 내용 말하기
> 대상연령 : 6~7세
> 자   료 : 동화를 녹음한 테이프나 동화책

활동방법 :

① 교사가 적절한 동화를 선정한다.

② 교사는 유아들에게 재미있는 동화를 들려준 뒤, 동화에 관한 그림을 그
   릴 것이라고 말해 준다.

③ 교사는 동화를 천천히 들려 주고, 유아들은 동화를 다 듣고 그림을 그
   린다.

④ 그림을 다 그렸으면, 다른 친구들에게 자기가 그린 그림에 대해 설명하
   게 한다.

⑤ 그림에 대한 설명을 들으면서 자연스럽게 질문한다.

저절로 꺼지는 TV

활동 95

> 목   표 : 바른 태도로 듣기
> 대상연령 : 6~7세
> 자   료 : 라면 상자 1개, 8절 도화지 10매 정도, 포장지나 부직포, 가
>   위, 칼, 본드, 색연필, 풀, 검은 도화지 1장, 매직펜, 색종이

자료제작 방법 :

① 라면 상자의 한 면을 8절지 도화지 크기로 자른다.

② 상자의 윗부분에 구멍을 뚫고, 나머지 부분은 부직포나 포장지로 TV
상자를 만든다.

③ 도화지에 동화 화면을 구성하여 각각을 연결한다.

④ 각 끝은 대를 만들어 동화에 연결하여 돌아갈 수 있게 한다.

활동방법 :

① 유아들에게 TV 동화를 들려준다.

② 한 장면씩 들려준다.

③ 들려주는 과정에서 남을 방해하는 유아가 있으면, TV 화면을 검은 도
화지로 가리고 TV를 꺼 버린다.

④ 유아가 행동을 멈추면 멈춘 화면부터 다시 시작한다.

⑤ 다시 동화를 들려주다가 또 남을 방해하는 유아가 있으면, 다시 TV 화
면을 검은 도화지로 가리고 꺼 버린다.

⑥ 유아가 행동을 멈추면 멈춘 화면부터 다시 시작한다.

⑦ TV 동화가 다 끝나면 왜 도중에 화면이 꺼졌는지 이야기해 본다.

⑧ 처음부터 다시 한 번 TV 동화를 보여 준다.

활동상 유의점 :

① TV 동화를 시작하기 전에 진행 도중 남을 방해하는 친구가 있으면 꺼진다는 것을 유아들에게 미리 알려 준다.

② 동화 내용이 너무 어렵거나 쉬워서 유아들이 흥미를 잃으면 안 된다.

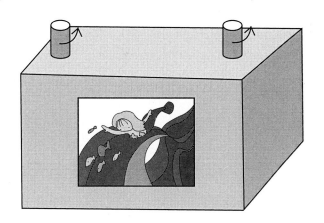

96

당신 말의 속도는?

목　　표 : 알맞은 속도와 크기의 목소리로 말하기

대상연령 : 6~7세

자　　료 : 구두 상자 2개, 두꺼운 도화지 2매, 색종이, 가위, 칼, 풀,
부직포, 본드, 할핀, 녹음기, 공테이프, 마이크

자료제작 방법 :

① 구두 상자 1개는 속도별로 눈금을 그리고, 바늘을 가운데 설치한다.

② 다른 상자 1개는 목소리 크기별로 눈금을 그리고, 바늘을 가운데 설치한다.

③ 속도의 눈금은 클수록 빨라지는 것을 의미하고, 크기의 눈금은 클수록 목소리가 커지는 것을 의미한다.

활동방법 :

① 활동 전에 유아들에게 카세트 작동법을 설명해 주거나 카세트 사용법에 대한 수업을 먼저 실시한다.

② 구두 상자로 속도계를 만든다. 속도의 눈금을 유아가 선택하게 한다.

③ 그 눈금의 속도에 맞추어 말하게 하고, 그것을 테이프에 녹음시킨다.

④ 목소리 크기의 눈금을 유아에게 선택하게 한다.

⑤ 그 눈금의 크기에 맞추어 말하게 하고, 그것을 테이프에 녹음시킨다.

⑥ 속도와 크기의 눈금을 다르게 하여 동시에 말하게 하고, 그것을 테이프에 녹음시킨다.

⑦ 녹음한 테이프를 들려주어, 가장 적절한 속도와 크기의 목소리가 어느 것인지 느끼게 한다.

활동상 유의점 :

① 가능하면 자유놀이 시간을 이용하여 유아들이 자유로이 이용할 수 있
   게 한다.

② 여러 가지 속도와 크기가 나올 수 있게 교사가 주의하여야 한다.

③ 자유놀이 시간 직후에 녹음한 테이프를 들어 보는 것이 효과적이다.

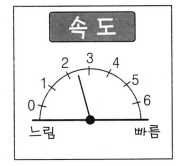
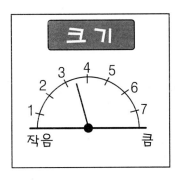

우리 아기 예쁜 입

> **목   표** : 동화, 동시 듣기를 즐기기
> **대상연령** : 3~5세
> **자   료** : 크리넥스 티슈, 립스틱, '아기 입' 동시

활동방법 :

① 유아들을 소집단(5~6명)으로 나누고 둘러앉게 한다.

② "아기 입은 어떻게 생겼을까? 우리 모두 아기 입을 만들어 보자."라고 하며, 교사가 먼저 아기 입을 흉내 낸다.

③ 유아들이 교사를 따라 모두 아기 입을 흉내 내면, 입술에 립스틱을 조금씩 발라 주고, 크리넥스 티슈 한 장씩을 준다.

④ 유아들은 크리넥스 티슈에다 자기의 입술을 찍는다. 여러 가지 입술 모양이 있는 크리넥스 티슈를 유아들이 잘 볼 수 있는 곳에 붙여 놓고, '아기 입'이라는 동시를 천천히 낭송한다.

⑤ 동시는 유아들이 충분히 이해할 수 있도록 두 번 이상 들려 준다.

⑥ 동시를 들려 준 후 "우리 모두 아기 입이 되어 보자."라고 제안하며, 동시를 다시 낭송한다.

⑦ 이때 동시의 전부를 낭송하지 말고, '엄마가 뽀뽀하면 아기 입… 한다.' 부분만 낭송하고, 유아는 동시에 표현한 대로 입 모양을 흉내 낸다.

• • •

아기 입

아기 입은 빨간 앵두
엄마가 뽀뽀하면
아기 입 쏘옥 나오고
엄마가 맘마 하면
아기 입 아-벌리고
엄마가 지지야 하면
아기 입 앵-다물고

〈아기 입〉

아기 입은 빨간 앵두
엄마가 뽀뽀하면
아기 입 쏘옥 나오고
엄마가 맘마 하면
아기 입 아~ 벌리고
엄마가 지지야 하면
아기 입 앵~ 다물고

끝말 잇기

> 목   표 : 다양한 글자놀이 즐기기
> 대상연령 : 3~5세
> 자   료 : 융판, 그림으로 된 낱말 카드

자료제작 방법 :

① 낱말 카드를 만들 때 교사는 의도적으로 끝글자로 시작되는 새로운 단어를 만든다.

② 글자를 모르는 유아도 알아보기 쉽도록 각 단어에 맞는 그림을 명확하게 그린 후, 단어를 우측 상단에 쓴다.

활동방법 :

① 우선 교사가 융판에 끝말이 이어지도록 그림 카드를 두세 개 순서대로 붙여 둔다.

② 나머지 그림 카드는 융판 밑에 아무렇게나 섞어 둔다.

③ 유아들이 차례대로 나와 끝말이 이어지도록 그림 카드를 붙이고 들어간다.

④ 다음 카드를 잘 찾지 못해서 당황하는 유아가 있다면 교사가 도와준다.

⑤ 모든 유아들에게 순서가 한 번씩 모두 돌아가면, 모든 유아들이 처음부터 소리 내어 읽어 보고, 틀린 것이 있는지 확인한다.

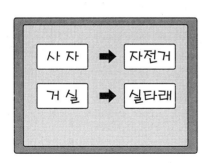

우리 동네 알기

활동 99

목   표 : 주변의 글자에 관심 가지기

대상연령 : 3~5세

자   료 : 유치원 근처에 있는 가게들의 사진(간판이 분명히 보이도록
　　　　　찍는다)

활동방법 :

① 사진을 제시하기 전에 우리 동네에는 어떤 것들이 있는지 자유롭게 토
   론하게 한다.

② 교사는 유아들이 잘 볼 수 있도록 사진을 제시하고, 무슨 가게인지 물
   어본다.

③ 맞히면 어떻게 알게 되었는지 물어보고, 같이 간판을 읽는다.

④ 만약 유아가 알아맞히지 못하면, 가게에 진열해 놓은 물건들을 가리키
   며 힌트를 준다.

⑤ 마지막으로 간판을 손가락으로 짚어 가며 읽어 준다.

활동상 유의점 :

• 외래어로 된 간판 또는 유흥가의
  간판 등은 배제하도록 한다.

친구에게 카드 쓰기

활동 100

> **목   표** : 말과 글의 관계 알기
> **대상연령** : 6~7세
> **자   료** : 빈 상자를 이용하여 만든 우체통, 두꺼운 도화지, 색지, 가위, 색연필, 매직펜, 크레파스 등의 쓰기 도구들

활동방법 :

① 빈 상자를 이용하여 우체통을 만든다. 색지를 붙이고, 그림을 그리고 '우체통'이라는 글자를 써 넣는다.

② 편지나 엽서 그리고 카드를 받아 본 경험이 있는지 유아들에게 물어보고, 그런 경험에 대하여 자유롭게 말해 보게 한다.

③ 편지나 엽서 그리고 카드의 역할에 대하여 이해하기 쉽게 설명해 준다.

④ 유아들에게 두꺼운 도화지나 가위를 주고 원하는 모양으로 카드를 만들어 보도록 한다.

⑤ 함께 만든 카드를 보며, 보내는 사람과 받는 사람의 이름을 각각 기입하게 한다.

⑥ 유아들에게 글 쓰는 시간을 주고, 다 쓰고 나면 준비된 우체통에 카드를 넣게 한다.

⑦ 우체통에 있는 카드를 꺼내 받을 사람의 이름을 부른다.

⑧ 누구로부터 온 편지인지 말해 준다. 내용은 큰 소리로 읽지 않아도 된다.

⑨ 친구 이외 선생님이나 부모님이 대상이 되어도 좋다.

이름표를 붙여 주세요

활동 101

목   표 : 주변 글자에 관심 가지기

대상연령 : 3~5세

자   료 : 주변에 있는 물건의 이름 카드, 양면 테이프

활동방법 :

① 놀이실 바닥에 이름 카드들을 늘어 놓고, 그 주위에 유아들이 둘러앉게 한다.

② 유아들에게 모든 물건에는 각각의 이름이 있다고 설명해 준다.

③ 유아들에게 주변에 있는 물건의 이름을 하나씩 말해 보게 한다.

④ 교사가 물건을 지적하고, 유아들은 그 물건의 이름 카드를 찾아 붙인다.

⑤ 교실에 있는 다른 물건들도 이름 카드를 붙이게 한다.

라디오

텔레비전 거울 의자

102
활동 102

글자를 찾아라

목　　표 : 낱자 인식하기

대상연령 : 3~5세

자　　료 : 유아의 수에 맞게 만든 단어 카드, 자·모 낱자 카드

활동방법 :

① 유아들에게 단어 카드를 한 장씩 나누어 준다.

② 교사가 유아들에게 글자 찾기에 관하여 설명한다.

③ 교사가 칠판에 'ㄱ'이라는 글자를 붙인 후, 'ㄱ'이 들어 있는 단어 카드를 갖고 있는 유아를 앞으로 나오게 한다.

④ 다른 유아들과 함께 확인해 본다.

⑤ 다른 글자에 대해서도 위와 같은 방법을 실시한다.

활동상 유의점 :

① 단어 카드 작성에 유의한다(ㄱ에서 ㅎ까지의 글자 카드를 모두 사용한다.).

② 자음(ㄱ~ㅎ)에 대한 변별력이 숙달되면, 모음(ㅏ~ㅣ)에 대한 활동도 실시해 본다.

동화책에서 자기 이름 찾기

활동 103

목　　표 : 낱자 인식하기

대상연령 : 6~7세

자　　료 : 헌 동화책, 색연필

활동방법 :

① 짧은 이야기가 적힌 동화책 한 권을 복사하여 유아들에게 나누어 준다.

② 자기 이름 찾기에 관하여 설명해 준다.

③ 동화책에서 자기 이름 속에 있는 글자와 같은 글자를 찾아서 모두 색연필로 표시하도록 한다.

④ 동화책에 자기 이름이 나오는 글자가 없는 경우에는 교사가 다른 것으로 바꾸어 준다.

⑤ 표시를 끝낸 유아들은 앞으로 가지고 나와 교사와 함께 확인해 본다.

⑥ 자기의 이름과 같은 글자를 쉽게 찾아내면, 단어, 문장 단위로 활동을 넓혀도 좋다.

람이 물었어요.
"우리 멧토끼들은 새끼들을
엄마 혼자서 기른답니다."
엄마 멧토끼가 말했어요.
람은 곰곰이 생각해
보았어요.
"우리 굴토끼들은 모든 게
다르답니다. 우리 애들은
땅속에 있는 굴에서 지내거든요."
람이 말했어요.
계속해서 람은 …

이 보 람

104
활동 104

우리는 말 만드는 요술쟁이

> 목   표 : 다양한 글자놀이 즐기기
> 대상연령 : 6~7세
> 자   료 : 세 종류(주어, 목적어, 동사)의 글자 카드

자료제작 방법 :
- 카드의 크기는 가로 5cm, 세로 8~10cm 정도가 적당하며, 각각 8~10 장의 카드를 준비한다.

활동방법 :
① 교사는 먼저 동사 카드를 유아에게 한 장씩 주고, 이 카드에 무엇이 쓰여 있는지 물어본다.
② 카드에 쓰여 있는 글자를 동작으로 표현해 달라고 한다.
③ 교사는 유아에게 카드에 쓰여 있는 대로 글자를 읽어 봐 달라고 한다.
④ 주어 카드를 책상 위에 펼쳐 놓고, 그중에서 하나를 골라 유아들이 읽어 보게 한다.
⑤ 동사 카드와 주어 카드를 잘 읽고, 뜻이 잘 통할 수 있도록 목적어 카드를 고르게 한다.
⑥ 의미가 통하도록 카드를 배열하게 한다.

⑦ 카드가 모두 없어질 때까지 위의 과정을 반복한다.

⑧ 카드가 다 배열되었으면 다 함께 소리 내어 읽어 본다.

영희가	노래를	부른다
먹는다.	동생이	과자를

105
활동 105

우리가 만든 책

> **목　표** : 책에 관심을 가지고 친숙해지기
> **대상연령** : 3~5세
> **자　료** : 여러 가지 색깔의 색상지, 동물, 일상용품, 식물, 교통 수단
> 을 소재로 한 카드, 풀, 스테이플러, 색연필

활동방법 :

① 유아 5~6명을 한 조로 해서 한 테이블에 앉게 한다.

② 바구니 4개에 동물, 일상용품, 식물, 교통 수단별로 그림을 나누어 담
는다.

③ 유아들이 원하는 대로 좋아하는 그림을 바구니에서 가져와 색상지에
붙이게 한다.

④ 평균 4~5장 정도 만들게 하되, 제한하지는 않는다. 2장의 그림책이 되
어도 괜찮다.

⑤ 유아에게 별도의 색상지를 주어 겉표지를 꾸미게 한다.

⑥ 겉표지에 이름을 쓰고 그림을 그려 마음대로 꾸미도록 한다.

⑦ 겉표지가 꾸며졌으면, 그림을 붙인 색상지와 스테이플러로 찍어 하나로
만든다.

⑧ 스테이플러로 찍은 자리에 꽃표 색종이를 붙여서, 모양도 정돈하고 튀
어나온 철사로 인한 상처도 방지한다.

⑨ 유아들이 만든 그림책을 가지고 나와, 왜 이런 그림을 붙였는지 발표하
는 시간을 가지고 그림책 만들기 활동을 마친다.

활동상 유의점 :

① 풀을 충분히 준비해 두어 유아들이 그림을 색상지에 붙이는 작업이 원
활이 이루어지도록 한다.

② 스테이플러 사용법을 미리 알려 준다.

③ 바구니 네 개에 담을 그림들을 충분히 준비하도록 한다.

106
활동 106

무엇이 어디에 있을까?

> **목　표** : 글자에 관심 가지기
> **대상연령** : 3~5세
> **자　료** : 두꺼운 종이, 펀치, 색실, 양초, 도화지, 물감, 붓, 물, 색
> 　　　　밀가루 반죽, 스티로폼, 무

활동방법 :

① 교사가 두꺼운 종이에 펀치로 구멍을 뚫어 유아들에게 보여 준다.

② 유아들에게 "이게 무엇일까?" 하고 물어보고 대답을 들어 본다.

③ 구멍에 바느질하듯 색실을 끼우게 한다.

④ 완성된 것을 보여 주면서 무엇이냐고 다시 물어보고, 색실을 끼우기 전과 후의 대답을 비교하여 본다.

⑤ 유아들에게 도화지에 양초로 그림을 그리거나 글자를 쓰라고 한다.

⑥ 양초로 그린 그림이나 글자는 잘 보이지 않으므로 "어머! 그림이 숨었네."라고 하면서 유아들의 호기심을 자극한다.

⑦ 양초로 그린 그림이나 글자를 쓴 도화지를 촛불 위에 비추어 본다.

⑧ 무엇이 보이는지 유아들에게 물어본다. 그리고 자신이 그린 그림이나 글자가 맞는지 물어본다.

⑨ 교사가 무나 스티로폼에 여러가지 도형이나 글자 모양의 홈을 내어 유아들에게 "이건 무고 이건 스티로폼인데, 선생님이 이렇게 예쁘게 모양을 냈어요."라고 말한다.

⑩ 교사는 유아들에게 홈이 파인 무나 스티로폼에 예쁜 색깔의 밀가루 반죽을 넣어 보게 한다.

⑪ 유아들이 무나 스티로폼에 밀가루 반죽을 다 넣었으면 그것이 무엇인

지 물어 본다.

활동상 유의점 :

① 두꺼운 종이에 펀치를 뚫을 때 유아의 연령에 맞게 간격을 조절해서 뚫도록 한다.

② 흰색 도화지가 아니라 색도화지를 사용해도 좋으며, 양초가 아닌 흰색 색연필이나 흰색 크레파스를 사용해도 좋다.

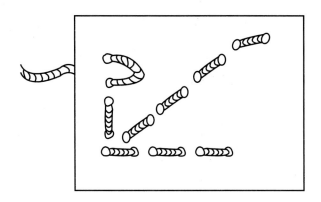

107
활동 107

이 책 이름은?

목   표 : 책을 좋아하고 소중하게 다루기
대상연령 : 6~7세
자   료 : 글자 돌림판, 책 제목 카드, 책 그림 카드

자료제작 방법 :

① 두꺼운 종이에 지름 30cm 정도의 커다란 원을 그린다.

② 원 안을 8등분한다.

③ 한 칸에 책 제목의 첫 글자만 써 넣는다.

④ 가로 2cm, 세로 1cm 정도의 크기로 화살을 원 중심에 부착시킨다.

⑤ 책 제목을 쓴 카드를 8장 만든다.

⑥ 책 제목에 해당하는 상징적인 그림을 한 장씩 그려, 8장의 카드를 만든다.

활동방법 :

① 유아가 돌림판의 화살을 돌려서 가리키는 곳의 글자를 읽는다.

② 첫 글자가 같은 카드를 카드 상자에서 찾는다.

③ 책 제목을 한 번 읽는다.

④ 책 제목에 맞는 상징적인 그림을 다른 카드 상자에서 찾는다.

⑤ 책 제목 그림이 맞는지 확인한다.

⑥ 교사는 유아와 함께 그 책에 관한 내용이나 유아가 흥미 있어 하는 부
분에 대해서 이야기를 나눈다.

⑦ 다 맞춘 후 카드는 상자에 담고, 교구는 제자리에 두고, 책도 다 본 후
에는 정리해야 함을 일러준다.

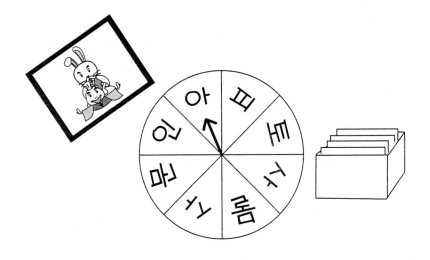

108 글자를 써 보자
활동 108

> 목   표 : 여러 종류의 쓰기 도구 사용해 보기
> 대상연령 : 3~5세
> 자   료 : 쓰기 도구 그림이 그려진 카드 12장, 여러 종류의 쓰기 도
>   구들(연필, 색연필, 사인펜, 크레파스, 매직펜, 붓)

자료제작 방법 :

① 두꺼운 종이로 된 10×10cm 크기의 카드를 12장 만든다.

② 카드에 연필, 색연필, 사인펜, 크레파스, 매직펜, 붓을 그린다.

③ 같은 그림을 두 장씩 준비한다.

활동방법 :

① 책상 위에 여러 종류의 쓰기 도구들(연필, 색연필, 사인펜, 크레파스, 매직
   펜, 붓)을 준비한다.

② 여러 종류의 쓰기 도구 그림이 그려진 카드 12장을 그림이 보이지 않도
   록 뒤집어 놓는다.

③ 유아들이 카드를 뒤집어서, 카드에 그려진 쓰기 도구를 확인한다.

④ 카드에 그려진 쓰기 도구와 동일한 쓰기 도구를 찾아, 백지 상태인 앞
   면에 자기가 원하는 대로 아무 글자나 써 본다.
⑤ 다른 사람이 써 놓은 그림이나 글자 옆에 또 쓸 수도 있다.

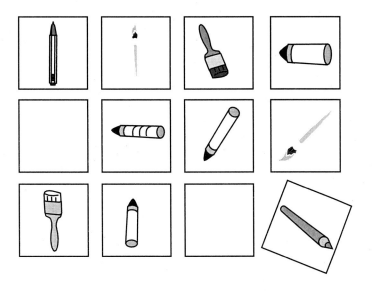

109
활동 109

움직이는 종이 금붕어

> **목   표** : 읽어 주는 동시 즐기기
> **대상연령** : 3~5세
> **자   료** : 자석 2개, 클립, 물고기와 동시판, 막대

활동방법 :

① 도화지에 어항 그림을 그리고, 동시를 써서 코팅한다.

② 금붕어 한 마리는 따로 그려 코팅한다.

③ 금붕어에 클립을 끼운다.

④ 동시판 안쪽에 금붕어를 보관할 때 사용할 수 있도록 자석을 붙여둔다.

⑤ 삼각대를 만들어 동시를 붙인다.

⑥ 금붕어 동시를 들어 본다.

⑦ 막대 자석을 동시판 뒤에 두고, 동시판 위에는 금붕어를 올려 놓아, 금붕어가 떨어지지 않고 붙어 있음을 보게 한다.

⑧ 동시 내용에 따라 금붕어를 움직여 다시 한 번 동시를 들어 본다.

⑨ 동시를 들은 후, 느낌을 이야기해 본다.

⑩ 유아들이 스스로 금붕어를 작동하면서 동시를 읽어 본다.

110
 활동 110

내 이름은?

목   표 : 상대를 바라보며 자연스럽게 말하기
대상연령 : 6~7세
자   료 : 녹음기, '당신은 누구십니까?' 노래가 들어 있는 테이프

활동방법 :

① 유아들을 동그랗게 세운다.

② 다 같이 테이프에서 나오는 노래를 따라 부르게 하고, 노래에서 '당신은 누구십니까?'라는 노랫말이 끝나자마자, 지명된 유아는 나는 '김아무개' 하고 자기를 소개한다.

③ '당신은 씩씩하구나' 혹은 '당신은 아름답구나' 하며, 소개한 유아의 특징을 묘사한 말을 골라 교사가 크게 소리 내어 노래하면 다른 유아들도 따라한다.

④ 위의 과정을 반복한다.

111
활동 111
짝짓기

> **목   표** : 여러 가지 낱말이나 문장을 듣고, 그 뜻 이해하기
> **대상연령** : 3~5세
> **자   료** : 융판, 여러 가지 사물과 행위를 나타내는 그림들

활동방법 :

① 교사가 여러 가지 그림을 테이블 위에 놓고, 먼저 그림 하나를 집어 융판에 붙인다.

② 그 그림이 무엇인지 물어본다.

③ 그 그림으로 무엇을 할 수 있는지 물어본다.

④ 유아가 말한 것을 하기 위해 더 필요한 것이 없는지 물어보고 그것을 찾아보게 한다.

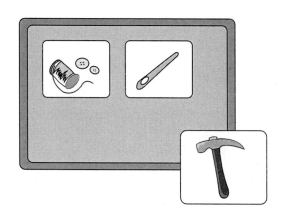

상호작용의 예 :

• 교 사 : 실 그림을 붙인다. 자, 이게 뭐예요?

• 유 아 : 실이요.

• 교 사 : 실로 무엇을 하나요?

• 유 아 : 옷을 꿰매요.

• 교 사 : 옷을 꿰매려면, 또 무엇이 필요할까요?

• 유 아 : 바늘이요?

• 교 사 : 자, 바늘을 찾아보세요.

활동 112

어디에 쓰일까?

목　　표 : 여러 가지 낱말을 듣고, 낱말들의 관계를 이해하기
대상연령 : 6~7세
자　　료 : 융판, 공통된 특징을 지닌 여러 가지 사물의 그림들

활동방법 :

① 여러 가지 그림들 중에서 교사가 말하는 것을 찾는다.

② 이때 교사는 공통적인 특징이 있는 사물들을 묶어서 부른다.

③ 유아가 찾은 그림을 순서대로 융판에 붙인다.

④ 융판에 붙일 그림들의 공통적인 특징을 찾아내게 한다.

⑤ ④와 관련된 일화들을 자유롭게 말해 보게 한다.

상호작용의 예 :

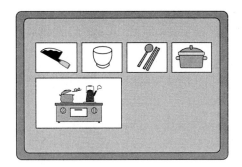

• 교 사 : 칼, 도마, 밥그릇, 숟가락, 젓가락…
　　　　　(부엌에서 사용하는 물건들을 불러 준다.)
　　　　　이것들은 어디에서 쓰이는 걸까요?

• 유 아 : 부엌에서 쓰는 거예요.

• 교 사 : 우리는 부엌에서 무얼 하지요?

• 유 아 : 음식을 만들어요.

• 교 사 : 부엌에 제일 많이 가는 사람은 누구지요?

• 유 아 : 엄마요.

• 교 사 : 융판에 그림 카드를 붙이고, 부엌에서 엄마가 일하는 모습과 식
　　　　　사하는 모습을 붙이세요.

길 찾아가기

113
활동 113

> **목   표** : 이야기를 듣고, 세부 내용 기억하여 말하기
> **대상연령** : 6~7세
> **자   료** : 그림판, 그림 카드

활동방법 :

① 교사가 이야기를 들려준다.

② 이야기를 듣고, 은희가 할머니 댁에 가면서 본 것들의 그림을 차례대로 붙이게 한다.

③ 할머니 댁에 도착한 은희의 기분은 어떠했을까요? 등의 질문으로 이야기 결과에 대한 예측을 하게 한다.

상호작용의 예 :

• 교 사 : 은희는 엄마의 심부름으로 할머니 댁에 가게 되었어요.

　　　　　 할머니 댁에 가는 길에는 커다란 밤나무가 있어요.

　　　　　 그 밤나무를 지나면 냇가가 있어요.

　　　　　 은희는 냇가를 건너기가 힘들어, 옆에 있는 돌을 놓고 건너갔어요.

　　　　　 길을 따라가다 보니, 산을 만났어요.

　　　　　 은희는 산을 넘어 할머니 댁에 도착했어요.

• 유 아 : (이야기를 한다)

• 교 사 : (그림 카드를 나열해 놓는다) 누가 이야기해 줄래?

114
활동 114

기차놀이

목   표 : 여러 가지 낱말과 문장을 듣고, 그 뜻 이해하기
대상연령 : 6~7세
자   료 : 하드보드지로 만든 주머니가 있는 기차, 학급 유아들의 사진과 이름이 적힌 카드, 역 이름이 적힌 카드

활동방법 :

① 교사는 유아들에게 준비된 기차를 보여 주고, 지시하는 대로 유아들은 승·하차할 것을 설명해 준다.

② 아직 글자를 모르는 유아들은 사진을 사용한다.

③ 교사는 기차역을 임의로 정하고 유아들의 승·하차를 지시한다.

④ 기차 여행을 한 적이 있는 유아에게 그 경험을 말해 보게 한다.

활동 115

시장놀이

목　　표 : 이야기를 듣고, 세부 내용 기억하여 말하기
대상연령 : 3~5세
자　　료 : 시장에 있는 여러 종류의 가게들이 그려진 그림 이야기책

활동방법 :

① 교사는 유아들에게 그림 이야기책을 읽어 준다.
② 교사는 유아들에게 그림 이야기책에 나온 여러 가지 가게의 이름들을 말해 보게 한다.
③ 각 가게의 특징과 가게 안의 물건들 그리고 하는 일 등을 말해 본다.
④ 마지막으로, 유아가 만약 시장을 간다면 어떤 가게에 가서 무엇을 살 것인지 혹은 무엇을 할 것인지 물어본다. 그리고 왜 그것을 살 것인지 혹은 할 것인지도 물어본다.

116 즐거운 이야기 시간
활동 116

> **목   표** : 이야기 듣고, 중심 내용 말하기
>
> **대상연령** : 6~7세
>
> **자   료** : 동화책(예: 장화 신은 고양이), 배경판(마분지 이용), 인물 그림(두꺼운 도화지 이용)

자료제작 방법 :

① 배경판은 마분지를 이용하여 '장화 신은 고양이'에 나오는 배경인 숲, 목장, 마왕의 성을 그린다.

② 배경판을 탁자 위에 세울 수 있게 만든다.

③ 인물 모형을 마분지 또는 두꺼운 도화지로 만든다.

④ 인물 모형 밑에는 손잡이를 붙여, 손잡이를 붙들고 이야기할 수 있게 한다.

활동방법 :

① 배경판을 탁자 위에 세운 뒤 고양이, 임금님 등의 인물 모형을 가지고 교사가 먼저 이야기를 시작한다. 이때 유아들을 둥글게 앉히고 교사도 유아 옆에 앉는다.

② 이야기를 끝낸 후, 교사는 한두 명의 유아들을 앞으로 나오게 해서 배경판에 인물 모형을 붙이면서 중심 내용을 말해 보도록 한다.

활동상 유의점 :

① 아동의 눈에 잘 띄고 기억에 오래 남게 하기 위해 인형 크기는 20cm로 한다.

② 동화책에 나오는 모든 인물을 다 만드는 것이 아니라, 중요한 인물들만 만든다.

117
활동 117

노랑나비

> **목   표** : 동시 듣기를 즐기기
> **대상연령** : 6~7세
> **자   료** : 동시(제목: 노랑나비), 아크릴판, 자석이 붙은 나비

자료제작 방법 :

① 나비그림 뒤에 자석을 붙인다.

② 아크릴판에 나비가 움직이는 배경을 그려서 붙인다.

③ 아크릴판 뒷면에 또 하나의 자석을 붙여 아크릴판 앞에 있는 나비를 조정한다.

활동방법 :

① 교사가 먼저 시를 읽으면서 내용에 맞게 나비를 움직인다.

② 교사는 시의 내용에 따라 나비의 위치를 움직이고, 아이들은 다 같이 소리 내어 시를 낭독한다.

● ● ● ●

노랑나비

나비 소뿔에서
나비 한잠 자고
노랑나비 나비
꽃잎에서 나비
한잠 자고 노랑나비
나비
나비 길손 따라
노랑나비 훨훨 갔네

118
활동 118   비누 풍선

> **목　　표** : 동시 듣기를 즐기기
> **대상연령** : 3~5세
> **자　　료** : 철사, 실, 방울, 시에 나오는 사물을 그린 그림(예: 무지개,
> 　　　　　　풍선, 구름)

자료제작 방법 :

① 도화지에 동시에 나오는 그림을 하나씩 그린다.

② 그린 그림을 색칠한 다음, 그 모양대로 오린다.

③ 튼튼하게 하기 위해 코팅을 하고, 밑에 방울을 단다.

④ 그림 윗부분에 실을 길게 단 다음, 고리에 묶는다.

⑤ 철사를 예쁘게 꾸며도 좋다.

활동방법 :

① 동시 '비누 풍선'을 읽어 준다.

② 동시에 나오는 단어들의 그림을 찾아 고리를 만들어 철사에 연결한다.

③ 그림이 움직일 때마다 방울 소리가 나도록 해서 집중력이 약한 3, 5세
유아들이 집중할 수 있게 한다.

● ● ● ●

비누 풍선

　무지개 풀어서
　오색구름 풀어서
　동그란 풍선을 만들어서요
　달나라로 가라고
　꿈나라로 가라고
　고이 고이 불어서 날리웁니다.

〈비누 풍선〉

무지개 풀어서
오색구름 풀어서
동그란 풍선을 만들어서요
달나라로 가라고
꿈나라로 가라고
고이 고이 불어서 날리웁니다,

119 무슨 소리일까요?
활동 119

목　　표 : 주의 깊게 듣기
대상연령 : 6~7세
자　　료 : 동화 내용을 담은 그림 카드 5장, 녹음기, 동화가 녹음되어
　　　　　있는 테이프

활동방법 :

① 유아들에게 동화의 내용이 그려져 있는 5장 정도의 그림을 나누어 준다.

② 교사가 먼저 구연으로 동화를 들려 준다.

③ 동화가 들어 있는 테이프를 틀어 주고, 테이프에서 나오는 동화의 내용에 따라 차례대로 그림을 배열하도록 한다.

④ 교사와 유아가 함께 테이프를 들으면서 교사가 다시 그림을 순서대로 배열해 본다.

⑤ 유아들이 배열한 것과 교사가 배열한 것을 비교해 보게 한다.

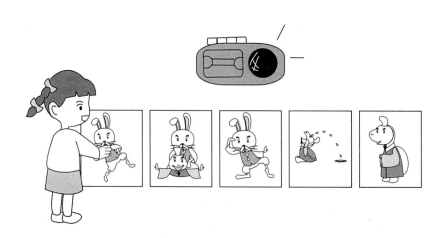

참\고\문\헌

교육부(1993). 제5차 유치원 교육과정.

교육부(1998). 유치원 교육 과정. 교육부 고시 제 1998-10호.

김소양(1995). 쓰기 교육 접근법에 따른 유아의 쓰기 행동 및 인식에 관한 연구. 이화여자대학교 대학원박사학위 청구논문.

김진우(1992). 인간과 언어. 집문당.

노명완(1992). 언어, 사고, 그리고 교육 : 국어과 교육의 기본 성격과 사고력 교육. 국어교육연구, 제11호, 서울초등국어연구회, pp. 1-11.

노명완·박영목·권경안(1988). 국어과 교육론. 갑을출판사.

노명완·박인기·손영애·이차숙(1990). 언어와 교육. 한국방송통신대학교.

노은희(1993). 상황맥락의 도입을 통한 말하기 지도 연구. 서울대학교 대학원 석사학위 논문.

민재원(1994). 상징놀이에서 문해 환경 개입이 유아의 문해 행동에 미치는 영향. 이화여자대학교 대학원 석사학위 청구논문.

박영목(1991). 말하기 능력 신장을 위한 국어과 수업절차모형. 국어교육, 75·76.

박혜경(1990). 유아를 위한 총체적 언어 교육 접근법의 효과에 관한 연구. 이화여자대학교 대학원박사학위청구논문.

백정희(1997). 의미중심 쓰기 교수 방법이 4세 유아의 쓰기 능력에 미치는 효과. 한국교원대학교 대학원 석사학위 청구논문.

이문옥(1994). 유아의 읽기, 쓰기 발달에 영향을 미치는 가정환경의 특성. 한국교육학회 유아교육연구회, 유아교육연구, 제14집, 2책.

이영자·이종숙(1990a). 유아의 문어 발달과 구어 문어 구별 능력 발달에 대한 질적 분석 연구. 한국교육학회 유아교육연구회, 유아교육연구, 제10집, pp. 41-65.

이영자·이종숙(1990b). 유아의 문어 발달과 비지시적 지도 방법이 문어 발달에 미치는 영향에 관한 연구. 교육학 연구, vol. 28, no. 2.

이차숙(1999). 유아의 음운 인식과 읽기 능력과의 관계에 관한 연구. 교육학 연구, 제37권, 제1호, pp. 389-406.

이차숙(1992). 유아의 그림이야기책 읽기 활동에서 어머니의 매개적 역할이 유아의 문식성 발달과정에 미치는 영향. 고려대학교 대학원 박사학위 청구논문.

이차숙(1995). 효과적인 유아 문식성 지도를 위한 이론적 탐색. 한국교육학회 유아교육연구회, 유아교육연구, 제15권, 제2호.

이차숙(2000). 제6차 유치원 언어 교육과정 내용 체계 분석연구. 한국유아교육학회 춘계학술대회 발표 논문집.

이차숙·노명완(1994). 유아언어교육론. 동문사.

임원신(1994). 그림상징책이 유아의 읽기 흥미와 능력에 미치는 영향. 이화여자대학교 대학원 석사학위 청구논문.

전은주(1999). 말하기·듣기 교육론. 도서출판 박

이정.

전지형(1994). 총체적 언어접근법에서 '저널쓰기'가 유아의 쓰기 발달에 미치는 영향. 이화여자대학교 대학원 석사학위 청구논문.

정영숙(1990). 부모의 읽기·쓰기 지도 방법에 관한 연구 : 4, 5세 유아를 중심으로. 중앙대학교 교육대학원 석사학위 청구논문.

정혜승(1998). 단어 의미에 관한 이론적 고찰. 고려대학교 대학원 석사학위논문.

조미송(1992). 읽기를 위한 가정환경 요인과 책읽기에 나타난 어머니-유아의 상호작용 분석. 이화여자대학교 대학원 석사학위 청구논문.

천경록(1997). 말하기·듣기 교육 내용 구성과 교과서 개발. 서울대학교 교육 종합연구원 국어교육연구소, 97년도 연구보고서.

최영순(1993). 책읽기 활동에서 '쉬운 책'이 유아의 읽기 능력에 미치는 영향. 이화여자대학교 대학원 석사학위 청구논문.

한미리(1987). 학령전 아동의 읽기 및 쓰기에 대한 연구. 경남대학교 논문집.

허경철·윤병희·임선하·양미경·이혜원·김홍원(1989). 사고력 신장을 위한 프로그램 개발 연구(III). 한국교육개발원, pp. 44-45.

Adams, M. J. (1990). *Beginning to read: Thinking and learning about print.* Cambridge, MA: MIT Press.

Anderson, R. C., Hiebert, E. H., Scott, J. A., & Wilkson, A. G. (1985). *Becoming a nation of readers: The report of the commission on reading.* Washington, DC: National Academy of Education, Commission on Education and public Policy.

Anderson, R. C., Wilson, P. T., & Fielding, L. G. (1988). Growth in reading and how children spent their time outside of school. *Reading Research Quarterly, 23,* 285-303.

Aukerman, R. C. (1984). *Approaches to beginning reading* (2nd ed.). New York: John Wiley & Sons.

Aukerman, R. C. (1981). *The basal reader approach to reading.* New York: John Wiley & Sons.

Bellack, A. A., Kliebard, H. M., Hyman, R. T., & Smith, F. L., Jr. (1966). *The language of the classroom.* New York: Teachers College Press.

Bissex. C. (1980). *Gyns at work: A child learns to write and read.* Cambridge, MA: Harvard University Press.

Bissex. C. (1981). Growing writers in classrooms. *Language Arts, 58,* 785-791.

Bloom, B. S. (1956). *Taxonomy of educational objectives.* New York: David Mckay.

Bloom, L., & Lahey, M. (1978). *Language development and language disorders.* New York: Wiley.

Bodrova, E., & Leong, D. (1995). *Tools of the mind.* Englewood Cliffs, NJ: Prentice-Hall, Inc.

Bolinger, D. (1975). *Aspects of language.* New York: Harcourt Brace Jovanovich.

Bond, G., & Dykstra, R. (1967). The cooperative research program in first grade reading. *Reading Research Quarterly, 2,* 5-14.

Book, C. L. (1981). Speech communication in the secondary school. In G. W. Friedrich (Ed.), *Education in the 80 s:*

Speech communication (pp. 22–29). Washington, DC: National Education Association.

Brazelton. T. B. (1979). Evidence of communication in neonatal beha-vioral assessment. In M. Bullowa (Ed.), *Before Speech*. London: Cambridge UP.

Bredekamp, S. (1987). *Developmentally appropriate practice in early childhood education*. Belmont, CA: Wadsworth.

Bredkamp, S. (1987). 발달에 적합한 유아교육실제. 강숙현 역, 광주: 전남대 출판부.

Bridge, C. A., Winograd, P. N., & Haley, D. (1983). *Using predictable materials vs. preprimers to teach beginning sight words*. The Reading MD: University Press of America.

Britton, J. (1970). *Language and learning*. Harmondsworth: Penguin.

Britton, J. (1971). Talking to learn. In D. Barnes (Ed.), *Language, the learner and the school* (pp. 81–115). Harmondsworth: Penguin.

Brown, G., Anderson, A., & Shillcock, R. (1984). *Teaching talk: Strategies for production and assessment*. Cambridge: Cambridge University Press.

Brown, H. D. (1994). *Teaching by principles: An interactive approach to language pedagogy*. Prentice Hall, Englewood Cliffs, New Jersey.

Brown, K. L. (1984). Teaching and assessing oral language. In F. W. Parkkay, S. O' Bryan & M Hennessay (Eds.), *Quest for quality: Improving basic skills instruction in the 1980's* (pp. 78-87). Lanham, MD: University Press of America.

Brown, K. L., Burnett, N., Jones, G., Matsumoto, S., Langford, N. J., & Pacheco, M. (1981). *Teaching speaking and listening skills in the elementary and secondary schools*. Boston: Massachusetts Department of Education.

Bruneau, B. (1997). The literacy pyramid organization of reading/writing activities in a whole language classroom. *The Reading Teacher, Vol. 51*, No. 2.

Bruner, J. (1964). The course of cognitive growth. *American Psychologist, 19,* 4.

Bruner, J. (1975). The ontogenesis of speech acts. *Journal of child language, 2*, 1-19.

Bullock, A. (1975). *A language for life*. London: HMSO.

Bus, A., van Ijzendoorn, M. H., & Pelligrini, A. (1995). Joint book reading makes for success in learning to read: A meta-analysis on intergenerational transmission of literacy. *Review of Educational Research, 65*, 1-21.

California Reading Task Force (1995). *Every child a reader*. Sacramento, CA: Department of Education.

California Department of Education (1995). *Every child a reader: The Report of the California Task Force*. California Department of Education, Sacra-mento. Available: http://w3.dcache.net/everychild/taskforce.htm

California Department of Education (1999). *Teaching reading: A balanced,* comprehensive approach to teaching reading in prekindergarten through grade three. Internet 자료, www. goldmine. cde. ca. gov/cilbranch/ teachrd.htm.

Capps, R., & O'Connor, J. R. (1978). *Fundamentals of effective speech communication*. Winthrop Publishers, Inc., Cambridge, Massachusetts.

Cazden, C. (1988). *Classroom discourse, the language of teaching and learning*. Portsmouth, NH: Heinemann.

Chall, J. S. (1967). *Learning to read: the great debate*. New York: McGraw–Hill.

Childers, P. R. (1970). Listening ability as a modifiable skill. *Journal of Experimental Education, 38,* 13.

Chomsky, N. (1955). *Aspects of the theory of syntax*. Cambridge: MIT Press.

Chomsky, N. (1958). *Language and mind*. New York: Harcourt, Brace, and World.

CIERA (1998). *Improving the reading achievement of america's children*: 10 research-based principles. Internet 자료, html.

Clay, M. (1975). *What did I write?* Exeter, New Haven: Heinemann Educational Books

Clay, M. (1979). Reading: *The patterning of complex behavior*. Auckland, New Zealand: Heinemann.

Clay, M. (1982). Learning and teaching writing: A developmental perspective. *Language Arts, 59*(1), 65–70.

Clay, M. (1991). *Becoming literate: The construction of inner control*.

Portsmouth, NH: Heinemann Educational Books.

Craft, A., & Bardell, G. (1984). *Curriculum opportunities in a multicultural society*. London: Harper and Row.

Cullinan, B. E. (1992). Leading with literature. In B. E. Cullinan (Ed.), *Invitation to read: More children's literature in the reading program* (pp. x–xxii). Newark, DE: International Reading Association.

Cullinan, B. E. (1989). *Children's literature in the reading program*. New York, DE: International Reading Association.

Cunningham, P. M., & Hall, D. P. (1998). *The four blocks: A balanced framework for literacy in primary classrooms in teaching every child everyday. Learning in diverse schools and classrooms*. Cambridge, Mass: Brookline Books

Czerniewska, P. (1981). Teaching children language. In N. Mercer (Ed.), *Language in school and community* (pp. 161–178). London: Edward Arnold.

DeLawter, J. A., & Eash, M. J. (1966). Focus on oral communication. *Elementary English, 43,* 880–883.

deVillers, J., (1984). Form and force interactions: The development of negatives and questions. In R. Schiefelbusch, & J. Pickar (Eds.), *The acquisition of communicative competence*. Baltimore: University Park Press.

Devine, T. G. (1978). Listening: What do we know after fifty years of research and theorizing? *Journal of Reading, 21,*

296-304.

Dickinson, D. K., & Smith, M. W. (1994). Long-term effects of preschool teacher's book readings on low income children's vocabulary and story comprehension. *Reading Research Quarterly, 29*, 104-122.

Durkin, D. (1966). *Children who read early.* New York: Teachers College Press.

Dykstra, R. (1968). The effectiveness of code-and meaning-emphasis in beginning reading programs. *The Reading Teacher, 22,* 17-23.

Dyson, A. H. (1981). Oral language: The rooting system for learning to write. *Language Arts, 58,* 777-782.

Dyson, A. H. (1982). Reading, writing, and language: Young children solving the written language puzzle. *Language Arts, 59,* 829-839.

Dyson, A. H. (1985a). As individual differences in emerging writing. In T. Garcia (Ed.), *Advanced in writing research: Children's early writing development,* Norwood, NJ: Ablex, 59-126.

Dyson, A. H. (1985b). Three emergent writers and the school curriculum. *The Elementary School Journal,* 85, 497-512.

Dyson, A. H. (1985c). Research currents: Writing and social lives of children. *Language Arts,* 62, 632-639.

Dyson, A. H. (1988). Appreciate the drawing and dictating of young children. *Young Children, 43*(3), 25-32.

Eeds, M., & Wells, D. (1989). Grand conversations: An exploration of meaning construction in literature groups. *Research in the Teaching of English, 23,* 4-29.

Ehri, L. (1991). Development of the ability to read words. In R. Barr, M, Kamil, P. Mosenthal, & P. Pearson (Eds.), *Handbook of reading research* (Vol. 2, pp. 383-417). New York: Longman.

Ehri, L. (1992). Reconceptualizing the development of sight word reading and its relationship to recoding. In P. Gough, L. Ehri, & T. Treiman (Eds.), *Reading acquisition* (pp. 107-143). Hillsdale, NJ: Erlbaum.

Ehri. L. (1994). Development of the ability to read words: Update. In R. Ruddell, M. Ruddell, & H. Singer (Eds.), *Theoretical models and processes of reading* (4th ed., pp. 323-358). Newark, DE: International Reading Association.

Feitelson, D., Goldstein, Z., Iraqi, U., & Share, D. (1993). Effects of listening to story reading on aspects of literacy acquisition in a diglossic situation. *Reading Research Quarterly, 28,* 70-79.

Ferreiro, E., & Teberosky, A. (1982). *Literacy before schooling.* Portsmouth, NH: Heinemann.

Festinger, L. (1957). *A theory of cognitive dissonance.* New York: Haper and Row.

Flanders, N. (1970). Analyzing teaching behavior. *Reading.* MA: Addison-Wesley.

Foorman, B. R., Francis, D. J., Fletcher, J. M.

Schatschneider, C., & Mehta, P. (1998). The role of instruction in learning to read: Preventing reading failure in at risk children. *Journal of Educational Psychology, 90,* 37-55.

Fowler, D. (1998). Balanced reading instruction in practice. *Educational Leadership, 55*(6), 11-12. [EJ560963].

Freedman, D. G. (1954). Smiling of blind infants. *Journal of Child Psychology and Psychiatry, 5,* 174, 85-92

Gambrell, L. B., Palmer, B. M., & Coding, R. M. (1993). *Motivation to read.* Washington, DC: Office of Educational Research and Improvement, U.S. Department of Education.

Gambrell, T. (1986). Growth in response to literature. *English Quarterly, 19,* 130-141.

Garton, A., & Pratt, C. (1989). *Learning to be literate: The development of spoken and written language.* Basil Blackwell, Ltd. New York, NY.

Getzel, J., & Jackson, P. (1962). *Creativity and intelligence.* New York: Wiley.

Gilchrist, R. (1999). Beginning Reading Instruction: Component and features of a research-based reading program. Internet 자료, www.tea.state.tx.us/reading/brihtml. html.

Glazer, S. M., & Burke, E. (1994). *An integrated approach to early literacy: literature to language.* Allyn and Bacon, Boston.

Goodman, K. (1989). Research and whole language. *Elementary School Journal, 190,* 207-221.

Goodman, K. (1993). *Phonics Pacts.* Portsmouth, NH: Heinemann.

Goodman, K., & Goodman, Y. (1979). *A comprehension centered whole language curriculum* (occasional paper No. 1). Tucson: University of Arizona.

Goodman, K. S., Smith, E. B., Meredith, R., & Goodman, Y. M. (1987). *Language and thinking in school: A whole language curriculum* (3rd ed.). New York: Richard C. Owen Publishers.

Goodman, Y. (1986). Children coming to know literacy. In W. Teale, & Sulzby (Eds.), *Emergent literacy: writing & Reading.* Ablex Publishing Company, Norwood, New Jersey.

Gordon, A. M., & Williams-Browne, K. (2000). *Beginnings and Beyond.* Delma: Thomson Learning.

Gough, P., & Tunmer, W. (1986). Decoding reading, and reading disability. *Remedial and Special Education, 7,* 6-10.

Graves, D. (1980a). Research Update: A new look at writing research. *Language Arts, 57,* 913-919.

Graves, D. (1980b). *Writing: Teachers and children at work.* Portsmouth, N.H.: Heinemann.

Grice, H. P. (1975). Logic and conver-sation. In P. Cole, & J. Morgan (Eds.), *Syntax and semantics, Vol. 3: Speech acts* (pp. 41-58). New York: Academic Press.

Grundin, H. U. (1994). If it ain't whole, it ain't language-or back to the basics of freedom and dignity. In F. Lehr & J. Osborn (Eds.), *Reading, language, and literacy,* pp. 77-88, Mahwah, NJ: Erlbaum.

Guthrie, J. T., & Greaney, V. (1991). Literacy acts. In P. Barr, M. L. Kamil, P. Mosenthal, & P. D. Pearson (Eds.), *Handbook of reading research* (Vol. 2, pp. 68-96). New York: Longman.

Halliday, M. (1975). *Learning how to mean.* London: Edward Arnold.

Harris, L. et. al. (1970). *Survival Literacy Study.* New York: Louis Harris and Associates, Inc.

Harris, T., & Hodges, R. (Eds.)(1995). *The literacy dictionary.* New York, DE: International Reading Association.

Harste, J., & Burke, C. (1977). Reading: Theory, research and practice. In P. D. Pearson (Ed.), *Twenty-sixth yearbook of the national reading conference* (pp. 32-40). Clemson, SC: National Reading Conference.

Hawisher, G. E. (1994). Blinding insights: Classification schemes and software for literacy instruction. In C. L. Selfe, & S. Hilligoss (Eds.), *Literacy and computers: The complications of teaching and learning with technology* (pp. 37-55). New York: The Modern Language Association of America.

Heath, S. B. (1980). The Functions and Uses of Literacy. *Journal of Communication, 30*(1), 123-133.

Heath. S. B. (1983). *Ways With Words.* Cambridge: Cambridge University Press.

Hendricks, B. L. (1980). The status of elementary speech communication education. *Communication Education, 29,* 34-369.

Hickman, J. (1983). Everything considered: Response to literature in an elementary school setting. *Journal of Research and Development in Education, 16,* 8-13.

Hodge, B. (1993). *Teaching as communication.* London: Longman.

Hoff-Ginsberg, E. (1997). *Language development.* Brooks/Cole Publishing Company, New York.

Holbrook, H. T. (1983). ERIC/RCS Report: Oral language: A neglected language art? *Language arts, 60*(2), 255-58. [EJ 276 124].

Holdaway, D. (1979). *The foundations of literacy.* Sydney, Australia: Ashton Scholastic, Heinemann, Portsmouth, NH.

Hong, Z., & Aiex, N. K. (1998). *Oral language development across the curriculum.* Internet 자료, WWW. indiana.edu/~eric-rec/digests/d107.html

Honig, B. (1996). *Teaching our children to read: The role of skills in a comprehensive reading program.* Corwin Press, Inc. Thousand Oaks, CA. [ED396242]

Hoover, W., & Gough, P. (1990). The simple view of reading. *Reading and Writing, 2,* 127-160.

Hopper, R., & Wrather, N. (1978). Teaching functional communication skills in the elementary classroom. *Communication Education, 27.*

House, E. R., & Others (1978). No simple

answer: Critique of the follow through evaluation. *Harvard Educational Review, 48*, 2, 128-160.

Hoy, J., & Somer, I. (1974). *The language experience*. New York: Dell.

Huck, C. (1977). Literature as the content of reading. *Theory Into Practice, 16*(5), 363-371.

Humboldt, W. (1836). *Uber die Verschiedenheit des Menschlichen Sprachbaues* (Berlin, 1836), cited by N. Chomsky in *Aspects of the Theory of Syntax* (Cambridge, MA: MIT Press, 1965), 51.

Jalongo, M. R. (1992). *Early childhood language arts*. Needham Heights, MA: Allyn & Bacon.

Juel, C. (1998). *The reader and the process of reading acquisition*. Internet 자료, www.umich.edu/~ciera/about~ciera/-iews/program-1-overview.html#project-I-1.

Kamii, C., Manning, M., & Manning, G. (Eds.)(1991). *Early literacy: A foundation for whole language* (pp. 9-15). Washington, DC: National Education Association of the United States.

Kelly, H. (1997). *How children learn to derive meaning from text*. [ED416459].

Kelly, P. R., & Farnan, N. (1991). Promoting critical thinking through response logs: A reader response approach with fourth graders. In S. McCormick, & J. Zutell (Eds.), *Learner factors/ teacher factors: Issues in literacy research and instruction, 40th Yearbook of the National Reading Conference* (pp. 277-284). Chicago: National Reading Conference.

Kennedy, E. C. (1972). The development of oral language skills. In H. Newman (Ed.), *Effective language arts practices in the elementary school: selected readings*. John Wiley and Sons, Inc., New York.

Lapp, D., & Flood, J. (1997). Where's the phonics? Making the case (again) for integrated code instruction. (point-counterpoint) *Reading Teacher, 50*(8), 96-98. [EJ548863].

Levin, H., & Williams, J. (1970). *Basic studies on reading*. New York: Basic Books.

Lieb-Brihart, B. (1984). Oral communication instruction: Goals and teacher needs. In F. W. Parkay, S. O'Bryan, & M. Hennessay (Eds.), *Quest for quality: Improving basic instruction in the 1980's* (pp. 69-77).

Lipson, M. Y. (1994). *Teaching With Themes. A speech delivered at the California Reading Association*. November 4, Long Beach, CA.

Lipson, M., Valencia, S. W., Wixson, K., & Peters, C. W. (1993). Integration and Thematic Teaching: Integration to Improve Teaching and Learning. *Language Arts, 70*(4), 252-263.

Louis, E. (1985). *Le Pouvoir des signes*. 이한헌 역, 인간과 언어·예술. 도서출판 예하, p. 17.

Lundsteen, S. W. (1979). *Listening: Its impact at all levels on reading and the other language arts*. National Council of

Teachers of English, Urbana, Ill.

Marten, M. (1978). *Classroom relevant research in the language arts.* Washington, D. C.: Association for Supervision and Curriculum Development.

Martinez, M. G., & Roser, N. L. (1991). Children's responses to literature. In J. Flood, J. M. Jensen, D. Lapp, & J. R. Squire (Eds.), *Handbook of research on teaching the English language arts* (pp. 643-654). New York: Macmillan Publishing Company.

Marzano, R. J., et al. (1988). *Dimension of thinking: Framework for curriculum.* Alexandria, VA: ASCD (성일제·곽병선 외 5인, 사고력 신장을 위한 프로그램 개발 연구(II), 한국교육개발원, pp. 81-82에서 재인용).

McKenna, M., Stahl, S., & Reinking, D. (1994). A critical commentary on research, politics, and whole language. *Journal of Reading Behavior, 26,* 211-233.

Mehan, H. (1981). Social constructivism in psychology and sociology. *The quarterly newsletter of the laboratory of comparative human cognition, 3,* 71-77.

Moffett, J., & Wagner, B. (1992). *Student centered language arts.* Boynton/Cook Publishers, Portsmouth, N.H.: Heinemann.

Morphett, V., & Washburne, C. (1931). When should children begin to read? *Elementary School Journal, 31,* 495-503.

Morrow, L. M. (1992). The impact of a literature-based program on literacy achievement, use of literature, and attitudes of children from minority backgrounds. *Reading Research Quarterly, 27,* 250-275.

Morrow, L. M., & Weinstein, C. S. (1982). Increasing children's use of literature through program and physical design changes. *Elementary School Journal, 83,* 131-137.

Morrow, L. M., & Weinstein, C. S. (1986). Encouraging voluntary reading: The impact of a literature program on children's use of library centers. *Reading Research Quarterly, 21,* 330-346.

National Reading Panel (2000). *Teaching children to read: An evidence-based assessment of the scientific research literature on reading and its implications for reading instruction.* NIH Pub. No. 00-4754.

National Research Council (1998). *Preventing reading difficulties in young children.* Academic Press.

Nebraska Department of Education (1997). Nebraska reading /writing standards. Internet 자료, www.edneb.org/IPS/READ/ RDWRITE.html.

New Jersey State Department of Education (1996). Core curriculum content standards for language arts literacy. Internet 자료, www.state.nj.us/njded/ccs/081angintro. html.

Newman, S., Copple, C., & Bredkamp, S. (1999). *Learning to read and write:*

Developmentally appropriate practices for young children. NAEYC, Washington, D. C.

O'Donnell, R. C., Griffin, W, J., & Norris, R. C. (1967). *Syntax of kindergarten and elementary school children: A transformational analysis* (National Council of Teachers of English Research Report, No. 8). Urbana, IL: National Council of Teachers of English.

Oklahoma state department of education (1999). *Priority Academic student skills.* internet 자료, www.sde.state.ok.us/pulb/pass.html.

Ornstein, R., & Sobel, D. (1987). *The healing brain.* New York: Simon & Schuster.

Owens, Jr. R. (1992). *Language development: An introduction.* Macmillan Publishing Company, New York.

Pearson, P. D. (1985). Changing the face of reading comprehension instruction. *The Reading Teacher, 38,* 724-738.

Pearson, P. D., & Fielding, L. (1982). Research update: Listening comprehension. *Language arts, 59,* 617-629.

Petty, W. T., & Jensen, J. M. (1980). *Developing children's language.* Allyn and Bacon, Inc. Boston.

Piaget, J. (1923). *The language and thought of the child.* New York: Harcout, Brace.

Piaget, J. (1973). *To understand is to invent.* New York: Grossman Publishers.

Pikulski, J. J., & Kellner, M. (1992). The repeated, shared reading of big books: More than the memorization of text.

Trade Secrets, 11(2), 3-5.

Premack, D. (1985). Gavagai! or the future history of the animal language controversy. *Cognition, 19,* 207-295.

Raven, J. N. (1997). *Phonics and whole language: Friends or foes?* [ED413583]

Robbins, C., & Ehri, L. C. (1994). Reading storybooks to kindergartners helps them learn new vocabulary words. *Journal of Educational Psychology, 86,* 54-64.

Rosenblatt, L. (1938/1976). *Literature as exploration.* New York: Modern Language Association.

Rosenblatt, L. (1978). *The reader, the text, the poem: The transactional theory of the literacy work.* Carbondale: Southern Illinois University press.

Ross. R. S. (1986). *Speech Communication: Fundamentals and practice.* Prentice Hall, Englewood Cliffs, New Jersey.

Rubin, D. L. (1990). *Teaching elementary language arts.* Prentice Hall, Englewood Cliff. New Jersey.

Rubin, D. L. (1985). Instruction in speaking and listening: Battles and options. *Educational Leadership, 42,* 31-36.

Rubin, D. L., & Kantor, K. (1984). Talking and writing: Building communication competence. In C. Thaiss, & C. Suhor (Eds.), *Speaking and writing K-12* (pp. 29-73). Urbana, IL: National Council of Teachers of English.

Schikedanz, J. A, (1982). The acquisition of written language in young children. In B. Spodek (Ed.), *Handbook of research in early childhood education* (pp. 242-

263). New York, The Free Press.

Schikedanz, J. A. (1986). *More than the ABCs: the early stages on reading and writing.* Washington DC.: NAEYC.

Searle, J. (1972). Chomsky's revolution in linguistic capabilities. *Psychological Bulletin, 84,* 503-528.

Senechal, M., Thomas, E., & Monker, J. (1995). Individual differences in four-year-old children's acquisition of vocabulary during storybook reading. *Journal of Educational Psychology, 87,* 218-229.

Shale, D. (1988). Toward a reconceptualization of distance education. *The American Journal of Distance Education, 2*(3), 25-35.

Shale, D., & Garrison, D. R. (1990). Education and communication. In D. R. Garrison, & D. Shale (Eds.), *Education at a distance: From issues to practice* (pp. 23-39). Malabar, FL: Robert E. Krieger Publishing Company.

Share, D. (1995). Phonological recoding and self-teaching: Sine qua non of reading acquisition. *Cognition, 55,* 151-218.

Shatz, M. (1983). On transition, continuity, and coupling: An alternative approach to communicative develop-ment. In R. M. Golinkoff (Ed.), *On transition from prelinguistic to linguistic communication* (pp. 43-56). Hillsdale, NJ: Erlbaum.

Shatz, M., & McCloskey, L. (1984). Answering appropriately: A developmental perspective on conversational knowledge. In S. Kuczaj (Ed.), *Discourse development* (pp. 19-36). New York: Springer-Verlag.

Shatz, M., & Watspm O'Reilly, A. (1990). Conversational or communicative skill? A reassessment of two-year-old's behavior in miscommunications episodes. *Journal of Child Language, 17,* 131.

Simmons, D. C., & Kameenui, E. J. (1998). *What reading research tells us about children with diverse learning needs: Bases and basics.* Mahwah, NJ: Lawrence Erlbaum Associates.

Simons, H., & Ammon, P. (1989). Child knowledge and primerese text: Mismatches and miscues. *Research in the Teaching of English, 23*(4), 380-398.

Sinclair, J. M., & Coulthard, R. M. (1975). *Towards an analysis of discourse.* Oxford: Oxford University Press.

Slavin, R. E. (1987). Cooperative learning and the cooperative school. *Educational Leadership, 45,* 7-13.

Smith, N. B. (1965). *American Reading Instruction.* Newark, DE: International Reading Association.

Spencer, K. (1988). *The psychology of educational technology and instructional media.* London: Routledge.

Stahl, S. A. (1999). *Why innovations come and go: The case of whole language.* Education Researcher.

Stebbins, L. B., & others (1977). *Education as experimentation: A planned variation model: An evaluation of project follow through.* Cambridge, MA:

Abt Associates.

Stokes, W. T. (2001). Understanding Early Literacy Development: A Review of Research and Practice. Internet 자료, Http:///currents/v2n2/earlyliteracy. html

Strickland, D. S. (1998). What is basic in beginning reading? Finding common ground. *Educational Leadership, 55*(6), 6-10.

Strickland, D. S., & Taylor, D. (1989). Family storybook reading: Implications for children, families, and curriculum. In D. S. Strickland, & L. M. Morrow (Eds.), *Emerging literacy: Young children learn to read and write* (pp. 27-34). Newark, DE: International Reading Association.

Sulzby, E. (1986). Writing and reading: Signs of oral and written language orgarnization in the young child. In W. Teale, & E. Sulzby (Eds.), *Emergent literacy*. Ablex Publishing cooperation, Norwood, New Jersey.

Sulzby, E., Barnhart, J., & Hieshima, E. (1989). Forms of writing and prereading from writing: A preliminary report. In J. Mason (Ed.), *Reading and writing connections*. Newton, Ma: Allyn & Bacon.

Taylor, D. (1998). *Beginning to read & the spin doctors of science: The political campaign to change America's mind about how children learn to read*. Urbana, Il.: National Council of Teachers of English.

Teale, W. H. (1982). Toward a theory of how children learn to read and write naturally. *Language Arts, Vol. 59*, No. 6.

Temple, C., Nathan, R., & Burris, N. (1982). *The beginning of writing*. Allyn and Bacon, Inc. pp. 186-205.

Texas Education Agency (1997). *Texas essential knowledge and skills for English language arts and reading*. Internet 자료, www. tea.state.tx.us/ rules/tac/ch110-128a. html.

Tierney, R. J., & Shanahan, T. (1991). Research on the reading-writing relationship: Interactions, transactions, and outcomes. In R. Barr, M. L. Kamil, P. Mosenthal, & P. D. Pearson (Eds.), *Handbook of reading research* (Vol. 2, pp. 246-280). White Plains, NY: Longman.

Trelease, J. (1989). *The new read-aloud handbook*. New York: Penguin Books.

Tronick, E. (1987). *Born communicators*. Orlando Sentinel.

Tulving, E. (1972). Episodic and semantic memory. In E. Tulving, & W. Donaldson (Eds.), *Organization in memory*. New York: Academic Press.

Tunmer, W., & Chapman, J. (1998). Language prediction skill, phonological recoding ability, and beginning reading. In C. Hulme, & R. Joshi (Eds.), *Reading and spelling: Development and disorder* (pp. 33-67). Mahwah, NJ: Erlbaum

Villarruel, F. Imig, D., & Kostelnik, M. (1995). Diverse families. In E. Garcia, & B. McLaughlin (Eds.), *Meeting the challenge of linguistic and cultural diversity in early childhood education*.

New York: Teachers College Press.

Vygotsky, L. S. (1962). *Thought and language*. 신현정 역(1985), 사고와 언어. 성원사.

Vygotsky, L. S. (1978). *Mind in society: The development of higher psychological processes*. London: Harvard University Press.

Walmsley, S. A., & Walp, T. P. (1990). Integrating Literature and Composing into the Language Arts Curriculum: Philosophy and Practice. *Elementary School Journal, 90*(3), 251-274.

Weaver, C. (1998). Experimental research: On phonemic awareness and on whole language. In C. Weaver (Ed.), *Reconsidering a balanced approach to reading* (pp. 321-371). Urbana, Il.: National Council of Teachers of English.

Wells, G. (1974). Learning to code experience through language. *Journal of Child Language, 1*, 243-269.

Wells, G. (1990). Creating the conditions to encourage literate thinking. *Educational Leadership, 47*(6), 13-17.

Whitehurst, G. (2002). The development of pre-reading skills. In S. Patton, & M. Holmes (Eds.), *The keys to literacy, Council for Basic Education*. Washington, D.C.

Wixson, K., &, E. (1998). Standards for primary-grade reading: An analysis of state frameworks. Internet 자료, 31. html.

Wolf, F. (1938). [Uber die Veranderung von Vorstellungen (Gedachtnis und Gestalt).] In W.D. Ellis (trans and condensed), *A source book of Gestalt psychology*. London: Routledge and Kegan Pau l (Anderson, R. C. and Pearson, D. P., A schematic-theoretic view of basic).

Wood, M. (1994). *Essentials of classroom teaching elementary language arts*. Allyn and Bacon, Needham, Heights, Massachusetts.

Yawkey, T., Askov, E., Cartwright, C., Dupuis, M., Fairchild, S. H., & Yawjey, M. (1981). *Language arts and the young child*. F. E. Peacock Publishers, Inc. Itasca, Illinois.

찾\아\보\기

인 명

내 용